阅读成就思想……

Read to Achieve

《证券分析》前传

Benjamin Graham on Investing

格雷厄姆投资思想与证券分析方法

Enduring Lessons from the Father of Value Investing

[美] 罗德尼 · G. 克莱因（Rodney G. Klein） 戴维 · M. 达斯特（David M. Darst）◎ 编著

袁艺榕 ◎ 译

中国人民大学出版社

· 北京 ·

图书在版编目（CIP）数据

《证券分析》前传 ：格雷厄姆投资思想与证券分析方法 /（美）罗德尼·G. 克莱因 (Rodney G. Klein),（美）戴维·M. 达斯特 (David M. Darst) 编著 ；袁艺榕译. -- 北京 ：中国人民大学出版社，2025. 1. -- ISBN 978-7-300-33288-8

Ⅰ. F830.91

中国国家版本馆 CIP 数据核字第 2024JJ6024 号

《证券分析》前传：格雷厄姆投资思想与证券分析方法

[美] 罗德尼·G.克莱因（Rodney G.Klein）
戴维·M.达斯特（David M.Darst） 编著

袁艺榕 译

《ZHENGQUAN FENXI》QIANZHUAN：GELEIEMU TOUZI SIXIANG YU ZHENGQUAN FENXI FANGFA

出版发行	中国人民大学出版社		
社　址	北京中关村大街 31 号	邮政编码	100080
电　话	010-62511242（总编室）		010-62511770（质管部）
	010-82501766（邮购部）		010-62514148（门市部）
	010-62515195（发行公司）		010-62515275（盗版举报）
网　址	http：//www.crup.com.cn		
经　销	新华书店		
印　刷	北京联兴盛业印刷股份有限公司		
开　本	700 mm×1000 mm　1/16	版　次	2025 年 1 月第 1 版
印　张	27.25　插页 2	印　次	2025 年 1 月第 1 次印刷
字　数	369 000	定　价	119.90 元

前言

这本书的起源可以追溯至 1983 年。当时我对收集有关股市的旧书非常感兴趣，想要以此来增进对市场和华尔街历史的了解。虽然还没有到沉迷的程度，但我去各地旅行时都会在能找到旧书的地方停留，比如书店、跳蚤市场、收藏品展览会和古董店等。相较而言，出售旧书的书店是最主要的来源，我在上述其他二手市场的收获则普遍很少。这是因为有些商店店主认为旧书毫无价值，就把它们都扔掉了。但在 1983 年 7 月的某天，我在美国俄亥俄州阿克伦市（Akron）的一家古董店停下了脚步。在店里大量陈旧乏味的书籍中，我发现了一堆早年印刷的《华尔街杂志》（*Magazine of Wall Street*）。我知道理查德 · D. 威科夫（Richard D. Wyckoff）是这本杂志早期的编辑和出版商，但当我浏览这些杂志时，我惊讶地发现许多文章的作者署名都是本杰明 · 格雷厄姆。

1960 年，我在加州大学洛杉矶分校求学时曾是格雷厄姆的学生。1959 年，我在哥伦比亚大学获得了工商管理硕士学位（MBA），当时他已经搬到了洛杉矶。虽然我确实读过他的投资书籍，但我没有意识到，他在职业生涯的早期还是一位多产的金融作家。于是我开始努力搜集所有刊登了他的文章的《华尔街杂志》。最终，我搜集到了理查德 · D. 威科夫出版的所有杂志。

1914 年 6 月，格雷厄姆毕业于哥伦比亚大学。虽然他在念本科时对经济研究不是特别感兴趣，但由于和纽约证券交易所（New York Stock Exchange）的一个会员机构老板的一次偶然会面，他接受了纽伯格 – 亨德

森 – 洛布公司（Newburger，Henderson & Loeb）的雇用。格雷厄姆从最底层的工作做起，再到销售债券，然后开启了他的华尔街生涯。在那个时候，人们认为债券才是有价值的投资，而股票只是投机工具。虽然格雷厄姆没有受过正式的金融教育，但他认真自学了许多债券投资的文章和铁路证券的报告。工作之余，格雷厄姆写了一份关于铁路证券的分析报告，推断出某家公司的财务状况处于危险状态，并且不建议投资者持有它的债券。这给他的雇主留下了深刻的印象，于是公司同意了让格雷厄姆加入新成立的统计部门。

到 1916 年，格雷厄姆已经在证券交易中获得了多次成功，包括他的初次套利。然而谁也不知道，他即将面临首次严重的财务挫折。格雷厄姆与好友在股票市场上的共同账户业绩表现不佳，并且他的资金都投在了与他哥哥合开的一家留声机店里，以至于他在收到追加保证金通知时，没有办法及时补足保证金。但他和好友在股票市场的合作关系仍在持续，即使格雷厄姆后来的投资状况有所改善并保持了盈利，他仍有义务每月支付一笔款项来弥补资本账户的赤字。

此前，格雷厄姆就通过在夜校授课和辅导等方式来赚取额外的收入，现在他还偶尔为《时尚》（*Vogue*）杂志的社论版撰写月刊文章。这种情况一直持续到杂志社聘请了一位编辑来接替他的工作才结束。正是在这个时候，格雷厄姆撰写并发表了他的第一篇金融文章《令人好奇的债券市场》。《华尔街杂志》收录了这篇文章，并在 1917 年 9 月 1 日出版了这期杂志。之后，格雷厄姆在下一期杂志上又发表了另一篇文章。《华尔街杂志》对他的文章非常满意。从那时起，格雷厄姆就成了这本业内发行量领先的金融杂志的固定撰稿人。事实上，第一年他就被任命为这本杂志的首席编辑，并获得了可观的薪酬和分红。格雷厄姆在他的回忆录中写道："我一直爱好写作，而这正是一个将文学与金融工作相结合的好机会。"尽管格雷厄姆抱有这样的想法，但纽伯格经纪公司（Newburger Brokerage）为他提供了一份更好的工作，让他改变了主意。在 1920 年 1 月 1 日的《纽约时报》(*New York Times*)上，纽伯格经纪公司刊登了一则任命公告，正式声明格雷厄姆“已经成为我们公司的合伙人”。

三年后，格雷厄姆离开了这家公司，开始了自己的投资事业。这也是他在华尔街职业生涯中创办的第一家公司。

格雷厄姆曾写道，他非常欣赏《华尔街杂志》的出版商威科夫夫妇。事实上从 1920 年起，格雷厄姆的哥哥维克多就供职于该杂志社的广告部，并最终成为杂志社的广告副总裁。虽然威科夫是一位著名的市场分析师和“看盘”理念的倡导者，但格雷厄姆并不认同这些理念，而是继续研究自己的证券分析方法。

他在《华尔街杂志》上的最后一篇文章写于 1927 年 1 月，也许是因为那时他要准备秋季学期到哥伦比亚大学讲授证券分析课程。也正是在这门课上，他遇到了后来与他合著《证券分析》(*Security Analysis*)的戴维·多德(David Dodd)。

罗德尼·G. 克莱因于洛杉矶

目录

第一部分 1917 年 9 月至 1918 年 9 月

第二部分　1918 年 9 月至 1919 年 1 月

第三部分　1919 年 4 月至 1924 年 12 月

第四部分　1925 年 1 月至 1927 年 1 月

第一部分

1917 年 9 月至 1918 年 9 月

Benjamin Graham
on Investing:
Enduring Lessons from
the Father of Value Investing

导读

戴维·M. 达斯特

据沃伦·巴菲特所说，本杰明·格雷厄姆（1894—1976）曾表示，他希望可以每天做一些“愚蠢的、有创造性的、慷慨的事情”。但书中收录的这些文章并不愚蠢，反而充分展现了后两种品质。1914 年，20 岁的格雷厄姆从哥伦比亚大学毕业。三年后，在为纽约证券交易所的会员机构纽伯格 – 亨德森 – 洛布公司工作期间，他开始为《华尔街杂志》撰写这些你即将阅读到的文章。

第一部分的六篇文章写于 1917 年 9 月 11 日至 1918 年 9 月 28 日之间。这时候，欧洲战争已经打响，第一次世界大战自 1914 年 8 月开始，因导致 4000 万人死亡而被称为“世界大战”。美国豪萨托尼克号（Housatonic）邮轮于 1917 年 2 月 3 日被一艘德国潜艇击沉。同年 4 月，美国国会正式宣布参战，到 12 月时，美国政府已全面接管国家铁路。此时，大部分公司的利润由于受到更高税率、价格管制和原材料短缺的限制而大幅缩水。根据道琼斯工业平均指数（Dow Jones Industrial Average）显示，由于交易量大幅减少，1917 年的股票价格指数下跌了 21.7%。许多个人投资的股票，尤其是铁路股票的表现更糟糕。

到了 1918 年，武装冲突的局势成为决定证券价格的关键因素之一。美国邮政署（U.S. Post Office）于当年 7 月接管了美国电话电报公司（AT&T）的运营（该公司于 1919 年重新私有化）。超过半数的美国人在 9 月末购买了第四次也是最后一次发行的自由债券。这其中的很多人都是第一次进入证券市场。1918 年 11 月 11 日，各国相继签署了停战协议，随着整体商业活动的减少和战时的订单被取消，人们开始纷纷抛售几只龙头股票。从那以后，美国经济进入了衰退期，直到 1919 年初才逐渐恢复。虽然道琼斯工业指数在 1918 年总体上涨了 10.5%，但这个时候的指数水平比 10 月 18 日的最高点仍低了 8%。

所以，23 岁的格雷厄姆正是在这样一种充满挑战的经济金融和地缘政治条件下，构思并撰写了这六篇文章。除了少数矿业、铁路、公用事业、工业（比如你能想到的皮革、烟草和罐头公司）、零售业（杂货店和邮购商店）和有轨电车公司发行的普通股票、优先股票以及（通常）由抵押留置权担保的高级或次级债券外，投资者能选择投资的行业和工具都非常有限。人们做梦都想不到以后会有共同基金、期货合约交易和通胀指数证券，也从未听说过科技、医药、保险、银行和航空公司股票，更不用说广播、广告、房地产、建筑业、有线电视和博彩股票了。

除了某些对投资极度狂热的读者，谁会关心一个近百年前的投资新手所写的文章呢？除了能了解一段历史，以及对作者的写作风格进行思考，我们还能获得什么呢？

首先，这些文字和图表可以简单明了地呈现出作者深刻的思考和全面的分析。即便是在格雷厄姆早期的文章中，我们也可以发现他非常重视对每一家公司进行自下而上和基于事实的评估，从而了解到公司最根本的优点。在格雷厄姆发表的前几句话中，就已经阐明了他后来所有工作的原则："人们常常认为是价格决定价值，而不是价值决定价格。通常情况下市场是正确的，但它并非永远正确。"

作为一名坚定不移的诚实者和现实主义者，格雷厄姆深知价格与价值的不同。他认为，价格是由市场形成的；人们在市场上的交易行为反复无常，使得市场如此变幻莫测，狂热与绝望并存。通过严谨的选择和规范的方法，格雷厄姆反复勾勒，描绘出了决定价值的几个因素，即现金产生能力、现金流发生的时间和规模，以及它的持续性和可靠性。即使在这些早期文章中，格雷厄姆的分析也是从事实和现实主义的角度出发，而非不切实际的希望和预测。

20世纪初，作为证券分析师的格雷厄姆就厘清了决定公司核心优势的三组因素，即公司的利润表、资产负债表和质量因素。这种评价方法极为有效，并一直沿用至今。公司利润表因素包括销售增长、盈利能力和现金流，这些影响着公司的持续经营价值。资产负债表因素包括存货、应收账款、固定资产、折旧费、资本要求和负债结构，这些会对公司的清算价值产生影响。而质量因素则是影响公司生存和发展的因素，包括基础业务的可理解性、进入壁垒、技术时效性、与客户和供应商（包括劳动力）的关系，以及竞争状态。

其次，仔细研读这些文章不仅有助于你增进对事物的洞察和理解，还可以让你从中悟到本杰明·格雷厄姆思想的演变过程。如果你持续研究格雷厄姆的作品，就会自然而然地与其开放的思想和灵活的思维产生共鸣。格雷厄姆在评价某些行业或者股票时总是一视同仁，不带偏见，并且愿意在其他人回避或容易忽视的事情上花时间研究，从而审慎地得出自己的结论。

格雷厄姆如此审慎的选股策略并不是为了显示自己与众不同。实际上，他对所有的事情都秉承有所选择且耐心谨慎的态度。

我们可以看到，他的文章中有很多反事实的论点和箴言警句。这导致了人们开始普遍关注投资操作中的下行风险，并引发了大量“如果我们错了该怎么办”的思考（现在也称为“压力测试”）。

格雷厄姆认为投资的重点在于避免损失，所以他非常注重保护本金，并且总是在投资中寻求安全边际。英国作家弗吉尼亚·伍尔芙（Virginia Woolf）曾坚定地表示：“正如爱因斯坦、普朗克（Planck）和玻尔（Bohr）在量子力学领域所做的一切，我将以笔为矛，投身于写作中。”或许格雷厄姆正呼应了这句话，他以行动和成果证明了他不仅是伍尔芙和新派物理学家的同时代者，同样出类拔萃，更是玛丽·居里（Marie Curie）、詹姆斯·乔伊斯（James Joyce）、达达主义者、立体主义者和未来主义者，以及音乐家阿希尔－克洛德·德彪西（Achille-Claude Debussy）、埃里克·萨蒂（Eric Satie）、莫里斯·拉威尔（Maurice Ravel）和那个年代其他开拓者的同路人。格雷厄姆在工作之初就曾断言，给定的债券、优先股或者普通股是无法确定适当价值的；他在后来的职业生涯中依然如此坚信。同样，世上也不存在一个能够计算出内在价值的神奇公式，内在价值也绝非一个精确的数字。

格雷厄姆一步步向读者展示了如何思考，如何对证券进行分级，而不是试图确定某只证券的内在价值。他认为，内在价值是综合了收益、现金流、股利、息票、资本结构以及对未来切合实际的评估的一个区间。

在格雷厄姆看来，长线投资的成功在于只投资市场价格远低于其内在价值的资产，当市场价格开始反映证券内在价值的时候，投资者就会获利。或者换种说法，当一张 100 美元的钞票售价为 50 美元时，市场的变化趋势就会唤醒投资者。

在旺盛的好奇心和求知欲的驱使下，加上好为人师的性格，格雷厄姆从一开始就想要找到或者建立一套评估和交易证券的体系，并不断完善这套体系的概念和标准，深化它的逻辑推理路径和一般原则。格雷厄姆对学习和授课的热爱，就如金字塔的基石一般，构成了他经典著作中的每一个短语和例子。

这些文章值得我们阅读的另一个原因是，从本书第一部分中的创作于 1917 年 9 月的首篇文章到第四部分中于 1927 年写的最后一篇文章，在近 10 年的时间里，这些文字具体而生动地展现了格雷厄姆的性格、才能和对投资的热情。虽然文中引用的例子以及那些值得或不值得购买的证券与现在的读者相隔近百年，但格雷厄姆的投资思想和证券分析方法已经跨越了时间，成为不朽的经典。

任何年龄段的投资者都可以学习格雷厄姆的方法并用于实践，包括如何提出或大或小的关键问题，要重视可能出错的情况，强调内部交叉检查和一致性的必要，以及始终保持对市场在短期内可能偏离现实的清晰认知。

格雷厄姆的文章是一门可以长久学习的课程，它不仅为投资者提供了指引，而且给出了在不同经济金融环境下，面对资产类别、投资工具和经理人风格各不相同的情况，以及投资者如何解决投资评估问题的方法。

…

格雷厄姆最早的文章《令人好奇的债券市场》的亮点就在于他举的例子清晰明了，并且能够通过研究具体的差异和特点来说明观点或是纠正误解。

那时，格雷厄姆就已经认识到了复利对于债券投资的重要性。他在描述投资者有忽视折价购买债券对收益影响的内在倾向，以及对溢价购买债券会产生厌恶情绪时写道：

> 投资者显然会想，用 1180 美元购买一张票面价格为 1000 美元的债券，最终必会损失 180 美元。这个例子恰恰说明了以上论点的谬误。事实上，每年只需得到 59 美元的利息，这 1180 美元的投资就能实现 5% 的收益率——与非优先债券的利率持平。而利率 7% 的债券实际为每张债券支付 70 美元的利息，这样每年会有 11 美元的盈余。如果不加利息简单累计，到期时的盈余约为 300 美元。这比购买债券时支付的 180 元溢价还多 120 美元。如果以复利计算，其收益将远远超过利率 5% 的债券。

在同一篇文章中，格雷厄姆评估了由相同财产抵押的五只芝加哥 – 密尔沃基 – 圣保罗铁路公司债券的转换特征、收益率和到期日后，对它们的相对吸引力进行了排名。通过梳理这几组铁路债券，格雷厄姆发现了一个“可以解释但很难验证的情况”，即本质相似的债券之间收益率存在差异。

无论在什么情况下，格雷厄姆总能迅速找到影响价值投资的细枝末节：“美国电话电报公司于 1929 年发行的第四次自由债券还有一个优势，那就是在新英格兰州的某些储蓄银行可以合法地持有它。”他总是以礼貌而坚定的方式表明立场并呼吁行动：

> 这是一个价值迅速变化的时代，证券投资人应当保持警惕，了解任何可能会影响持仓的新情况，并且在有利机会出现时毫不犹豫地进行调仓。

...

在《大北方矿业股票的估价》这篇文章中，格雷厄姆表现出了他想要探寻事物更深层次含义的意愿，而不仅限于浮于表面的了解。令格雷厄姆不解的是，他发现“大北方铁矿产物公司的年度报告里有很多数据，但披露的信息非常匮乏”，这种情况与大北方铁路公司的信托证书在市场上的知名度并不相称。于是他以实际行动纠正了这个状况，“删除了未正确计入利润表的项目并做了许多必要的调整”，按照当时的会计准则重新计算了信托的收益。

格雷厄姆还探讨了可能导致大北方矿业价格表现相对较差的一些因素，包括微观的——大西部矿业公司租约的废除、宏观的——五大湖船舶吨位空间的“灾难性”短缺。他在和一位受托人的谈话中得知，大北方铁矿产物公司未来几年的生产趋势很难再与三年前的产量水平相提并论。于是他得出结论，早期的证书价格可能“代表了当前条件下证书的最高估价”。

其后，格雷厄姆采取了三个步骤：（1）重新计算了大北方矿业的收益；（2）评估了影响信托的微观和宏观因素；（3）比较现在和过去的生产量，并且敏锐地抓住了市场给出的明确信号。大北方矿业“在过去一段时间里持续出现明显的成交量堆积”，格雷厄姆认为“这是一个利好消息”，从而得出了“所以，我们倾向于买入大北方矿业”的结论。

…

在《灵感铜业1917年的困难与成就》这篇文章中，格雷厄姆研究了该公司保存的两套账簿中的差异和矛盾之处。他指出，灵感铜矿公司的损耗费只出现在了纳税申报表中，并没有体现在它公布的利润表里。

为分析上述情况，格雷厄姆开启了一段三站式的探索之旅。在这段旅程中，他向读者展示了如何：（1）估计灵感铜矿公司矿石储量的规模和精算净现值；（2）合理而准确地计算公司的生产成本和经营效率；（3）构建商业模型来描述灵感铜业在不同产出水平上的盈利能力。

正如19世纪70年代法国巴比松（Barbizon）的外光派[①]（plein-air）画家所习惯的那样，格雷厄姆并不囿于这块画布，而是为读者提供了一个更广阔的视角。他还指出，铜矿公司相对于大多数制造企业的优势是：

> 它们不会在库存上占用太多资金，而是以现金为基础销售。最重要的是，它们每年通常很少开设新的工厂。

…

而《内华达联合公司——矿业不死鸟》这篇文章表明了格雷厄姆敢于和大众观点唱反调的态度。对于“内华达铜矿的储量即将耗尽，以及内华达联合公司即将破产”的舆论，他用讽刺的散文提出了异议：“从公司清算的角度来说，内华达联合公司似乎拥有非凡的生命力。”为了证明他的观点，格雷厄姆带领读者仔细分析了内华达联合公司的“固定资产折旧费、矿石枯竭准备金和剥离成本的摊销费用”。

格雷厄姆一向说得少、做得多，总是以实际行动忠告读者（“正如大多数预测的那样，这只是最接近现实的结果”），让他们理解什么是现金创造能力和支付流的时间价值，告诉他们复利对于积累资本的极度重要性。

① 外光派又称“印象派”（impressionism），是西方绘画史中的重要艺术流派，产生于19世纪60年代的法国。外光派画法认为，画家应该在户外作画以捕捉光线。——译者注

他的结论也从来不绕弯子，而是开门见山：

> 总有一天，公众会意识到内华达铜业作为一只低成本、管理出色、现金充裕且没有债务的铜矿股，不仅和铁路或工业债券一样安全，利润也丰厚得多。

对那些自认为在这里发现了沃伦·巴菲特的言论和推理的读者来说，要记住的是，这些文章来自巴菲特的导师和朋友。正如霍林希德（Holinshed）的《英格兰、苏格兰和爱尔兰编年史》（*Chronicles of England, Scotland, and Ireland*）给莎士比亚历史剧带来的意义一样，在某种程度上，格雷厄姆的作品也启发了巴菲特无与伦比的投资理念。

…

格雷厄姆最初的六篇文章结束于系列文章《已投资本的秘密》和《已投资本的秘密2：钢铁巨头的税务之谜》。通过一组巧妙的运算公式，格雷厄姆可以很容易地确定一家公司的有形已投资本水平，并得出相对准确的结果。20世纪初，由于当时的会计准则存在漏洞，并非所有公司都会如实披露它们的有形资产。例如，古德里奇公司（Goodrich）如实报告了它的有形资产，但美国橡胶公司（U.S. Rubber）没有这么做。格雷厄姆发现，通过公司的净收益和战时超额利润税收入可以反推出不少信息。这个方法被称为“逆向工作法”，现在的许多从业者也称之为“逆向工程”。

格雷厄姆对那些“看待资本化过于随意”的公司并不讳莫如深。但总的来说，让他感触最深的是公司对战时所得利润的利用方式：

> 与其说这些公司议论的是工厂账户中隐藏的大量商誉，不如说是它们能够在多大程度上用实际价值取代这些原始的水分，并为它们的普通股票创造坚实的价值基础。

系列文章中的第二篇则讨论了一个问题，假如某公司的战时超额利润税准备金过多或不足，对已投有形资本的估算会产生什么影响。格雷厄姆用上文提到的相对灵活的工作方法分析了几家钢铁公司，包括美国钢铁公司、共和国钢铁公司、鲍德温机车厂、拉克万纳钢铁公司、美国钢铁铸造厂和其他一些公司。

在进行了大量挖掘和分析后，格雷厄姆得出了一个假说，即有些公司低估了税收要求，另一些公司则夸大了税收准备金的数字。格雷厄姆以他独特的视角申明：

> 我们的结论并不是一定会发生的事实，而是根据已有资料推算出的可能结果。如果在我们计算时，这些公司给出的数字是准确的，那么确实可以保证结论的准确性。

瞧，到了最后，他都是这般审慎而圆滑。

第 1 章

Benjamin Graham on Investing:
Enduring Lessons from the Father of Value Investing

令人好奇的债券市场

不合逻辑的债券价格——投资者误区——某些外国债券的价格异常

市场的检验，正如巴里市（Barrie）的警察一样，常被认为是“一贯正确的”。对此，经济学家勾勒出这样一个场景：1000 名买家和卖家齐聚在市场上斗智斗勇，最终为每一种商品定出准确的价格。尤其是在证券市场上，行情被公认为金科玉律。也正因为如此，人们常常认为是价格决定价值，而不是价值决定价格。

通常情况下市场是正确的，但它并非永远正确。股票和债券市场都存在着不确定性，相较而言，后者更适合于研究。因为债券价格更容易进行比较，尤其是在比较同一公司发行的两只债券时。近期，债券价格的普遍调整引发了比平时更多的价格异常。因此，投资者有许多机会将其持有的债券换成价格“差不多”但收益率更高的债券。下文将讨论其中的几个异常现象。

让我们先来看一看罗瑞拉德烟草公司（Lorillard Tobacco Company）发行的 1944 年到期、票面利率为 7% 的债券和 1951 年到期、票面利率为 5% 的债券。利率 7% 的债券对罗瑞拉德烟草公司的资产具有优先权，但它的市场价格为 118 美元，实际收益率 5.62%。与此同时，利率 5% 的债券的价格与票面价格相等（即 100 美元），收益率即为基础利率——5%。

投资误区

由上述情况可知，利率 7% 的债券的收益率比非优先债券（即利率 5% 的债券）高出约 0.62%；且利率 7% 的债券的到期日更近，价格波动会更小。这意味着利率 7% 的债券更值得投资，但理论与现实却不相符。究其原因，是因为人们普遍对溢价债券存在偏见。投资者显然会想，用 1180 美元购买一张票面价格为 1000 美元的债券，最终必会损失 180 美元。这个例子恰恰说明了以上论点的谬误。事实上，每年只需得到 59 美元利息，这 1180 美元的投资就能实现 5% 的收益率——与非优先债券的利率持平。而利率 7% 的债券实际为每张债券支付 70 美元利息，这样每年会有 11 美元的盈余。如果不加利息简单累计，到期时的盈余约为 300 美元。这比购买债券时支付的 180 元溢价还多 120 美元。如果以复利计算，其收益将远远超过利率 5% 的债券。

相反的案例

相反的情况同样存在。例如巴尔的摩 – 俄亥俄州铁路公司（Baltimore & Ohio）发行的 1933 年到期的可转换债券（票面利率为 4.5%）和 1995 年到期的再融资一般债券（票面利率为 5%），两者的对比表明人们对折价债券也存在偏见。尽管上述债券有相同的抵押贷款担保，但利率 4.5% 的债券售价为 87.5 美元，其收益率为 5.70%；而利率 5% 的债券售价为 96.75 美元，其收益率仅为 5.16%。更特别的是，利率 4.5% 的债券可以按照发行时约定的价格转换为公司的普通股票。可想而知，这会让这只债券变得更有价值。同时，它的到期日更近，市场价格更稳定，并且发行量仅限于现在未偿还的债券。而利率 5% 的再融资债券却几乎可以无限期地增发，使偿债风险加大。事实上，公司发行利率 5% 的再融资债券时，就会偿还利率 4.5% 的债券。

造成这种差异的原因可能有两方面。一方面，比起其他息票，投资者似乎更喜欢5%的息票。这绝对不合常理，因为4%的债券息票如果售价为80美元，它的吸引力不该低于以票面价格发行的5%的债券。另一方面，人们往往容易忽视折价购买的债券以票面价格被赎回时的那部分收益。对此，通常的论调是他们并不打算持有债券至到期，所以不指望能获得折价收益。

但其实这个论点根本站不住脚。人们完全不必为了收回折价部分的收益而一直持有债券至到期日。随着每年的到期日越来越近，债券的市场价值理应逐渐增加至票面价格——除非它的收益率因为某些一般或特殊条件另外增加了。长期债券的年涨幅往往不易察觉，但中短期债券的上涨就很明显。因此，巴尔的摩–俄亥俄州铁路公司发行的利率4.5%的债券将在相对较短的13年时间里实现票面价格12%的涨幅，从而显著增加投资者的收益。

问题的不寻常之处在于，那些无视折价债券隐含收益的投资者，同样也排斥购买溢价债券。他们沉浸在罗瑞拉德烟草公司利率7%的债券的180美元溢价将在1944年消失的想法中，根本不去想如果购买的是巴尔的摩–俄亥俄州铁路公司利率4.5%的债券，到1933年就能收回120美元的折价收益。

巧合的是，由于这只售价为87.5美元的债券的可转换性，它的直接收益率实际上等同于利率5%的债券。因此，上文提到的这些优点都使投资者更加青睐该债券，甚至消除了折扣因素的影响。

巴尔的摩–俄亥俄州铁路公司新发行的两年期债券以上述利率5%的再融资债券和雷丁（Reading）铁路公司的股票为担保，担保比例为120%。相比长期债券仅5.17%的收益率，它的收益率可达5.73%。在如今动荡的债券市场上，这只新债的安全性至少与1995年发行的债券相当。因为它可以提前按票面价格赎回，从而显示出更好的价格稳定性。

圣保罗铁路公司债券

芝加哥－密尔沃基－圣保罗铁路公司 1932 年到期的利率 4.5% 的可转换债券和 2014 年到期的利率 5% 的可转换债券的情况几乎和巴尔的摩－俄亥俄州铁路公司的债券完全相同。1932 年到期的债券售价为 88.25 美元，收益率为 5.65%。另一只长期债券的售价则为 97.25 美元，收益率为 5.14%。两个到期时间不同的债券都有相同的抵押担保，且在这个案例中，它们都能以票面价值转换为普通股票。2014 年到期的利率 5% 的债券有一些优势，因为它的可转换时间延长到了 1926 年，比 1932 年到期的债券转换时间长四年。但这个优势可能会被后者更近的赎回期和限量发行的特征所抵消。因此，在这个基础上前者多出的约 0.5% 的收益率会让它们更吸引投资者。

圣保罗铁路公司还发行了另外三只由前述相同抵押担保的债券，不过都是不可转换债券。其中，2014 年到期的利率 4.5% 的债券售价为 93.5 美元，收益率为 5.39%；1934 年到期的利率 4% 的债券收益率为 5.45%，现在的价格仅为 84 美元；而 1925 年到期的利率 5.45% 的债券售价为 89.25 美元，收益率可达 5.65%。

其他差异问题

圣路易斯－旧金山（St. Louis and San Francisco）、佩雷·马奎特（Pere Marquette）和密苏里太平洋（Missouri Pacific）三家铁路公司重组后发行的以相同抵押物担保的债券中也出现了类似的差异问题。以 1950 年到期的利率为 4% 和 5% 的旧金山债券为例，利率 4% 的债券售价 61 美元，收益率为 7.05%，而利率 5% 的债券售价 80 美元，收益率却只有 6.48%。两者相差了 0.57%。即使算上转换为股票的直接收益，利率 4% 的债券收益率也有 6.57%，而利率 5% 的债券收益率仅有 6.25%。

这可能是利率 4% 的债券发行量更大所导致的。这样的差异可以解释，但很难验证。比如，1950 年到期的利率 4% 的佩雷 · 马奎特债券比利率 5% 的债券数量更少，但利率 4% 的佩雷 · 马奎特债券售价为 71 美元，收益率可达 5.92%，而利率 5% 的债券售价为 88 美元，收益率仅有 5.76%。

密苏里太平洋铁路公司在合并重组后发行的利率 5% 的债券则呈现出更明显的差异。这只债券分三期发行，分别于 1923 年、1926 年和 1965 年到期。人们自然而然会按照以往的情况来预测，认为到期日更近的债券售价会更低。例如，1918 年到期的巴尔的摩 – 俄亥俄州铁路公司债券的收益率仅有 5.12%，而 1919 年发行的该债券收益率可达 5.73%。但密苏里太平洋铁路公司 1923 年到期的利率 5% 的债券售价为 94.25 美元，回报率为 6.15%；1926 年到期的债券售价为 91.25 美元，收益率 6.22%；相较而言，1965 年到期的（第三期）债券发行规模最大，它的售价为 90 美元，但收益率不会高于 5.60%。

人们只需简单分析就会知道这种情况有多么荒谬。1923 年，到期日最近的债券必然会以票面价格被赎回，增值约 6%。如果 1965 年到期的债券仍然以 5.60% 的收益率出售，那么在接下来的六年里，它只会上涨 0.5 个百分点。为了与 1923 年到期的债券涨幅持平，它的售价必须为 96 美元，相应的收益率就只有 5.25% 了。

顺道一提，密苏里太平洋铁路公司 1938 年到期的利率 4% 的债券经过三次延期后，现在的价格是 80 美元，收益率为 5.62%，并且它对铁路主干线有优先抵押权。

值得注意的是，通用电气（General Electric）1952 年到期的利率 5% 的债券现在的售价仍有 103 美元，收益率是 4.82%。而通用电气新发行的利率 6% 的债券（1920 年到期）和前者有相同的排名，现在的价格仅为 100.75 美元，回报率却达到 5.7%。再说到公用事业领域，美国电话电报公司 1929 年到期的利率 4% 的抵押债券，其回报率为 5.37%，售价为 88 美元。相比之下，该公司新发行的利率 5% 的债券（1946 年到期）回报率为

5.12%，售价却达到98.25美元。另外，这只利率4%的债券还有一个优势，那就是新英格兰州的某些储蓄银行可以合法持有它。

纽约中央铁路公司债券

另一只重要的铁路债券是纽约中央铁路公司（New York Central）发行的利率4%的抵押债券（1988年到期）。相比2013年到期的利率4.5%的债券，这些债券实际上可以优先受偿，风险更小。由于限量发售，投资者也会更青睐这些债券，而且它们的售价为77美元，收益率达5.24%；而利率4.5%的债券售价为93.75美元，收益率却只有4.82%。

同样地，诺福克和西部铁路公司（Norfolk and Western）1931年到期的利率6%的一般债券优先于1996年到期的利率4%的组合债券。它现在的售价是112.875美元，收益率为4.72%；而1996年到期的这只非优先债券的售价是88美元，收益率为4.56%。

最后，我们来看外国政府债券，尤其是日本政府1925年发行的利率4.5%的债券。它分两期发行，均以日本烟草专卖公司为抵押。不同寻常的是，第二期债券是非优先债券，烟草公司会优先偿还第一期的债券，然而两期债券的售价却是一模一样的。在最近某些情况下，第二期债券的售价甚至高于第一期。再看古巴政府，它在1904年以其关税留置权抵押发行债券后，又发行了一只1914年到期的利率5%的非优先债券。后者现在的售价比1904年发行的债券低了6个百分点，这样的情况才是正常的。

一个耐人寻味的案例

从某些方面来说，最有意思的价格差异出现在日本利率为5%的“德国印花”债上。这只债券的售价比普通债券低7个百分点。尽管这些债券曾经是德国公民的财产，但就利息支付而言，它们和其他债券没什么不同，只不过偿债基金可能不会频繁回购该债券。表面上来说，债券必须保证按时支付本金和利息，即使对敌国的公民也是如此。但实际上这个原则不适用于本案，因为这些债券现在是美国公民的合法财产了。

如果你仔细研究债券市场，可能还会发现其他和上述情况本质相同的差异现象。本文仅限于讨论投资者普遍关心的债券，希望能为各地的投资者提供一些实用的建议，从而发现或者抓住交易的最佳时机。这是一个价值迅速变化的时代，证券投资人应当保持警惕，了解任何可能会影响持仓的新情况，并且在有利机会出现时毫不犹豫地进行调仓。

第2章

Benjamin Graham on Investing:
Enduring Lessons from the Father of Value Investing

大北方矿业股票的估价

基于1914年和1916年的经营状况——矿山的寿命——与斑岩铜矿的对比——对当前市场价格的看法

对普通投资者来说，大北方铁矿产物公司（Great Northern Iron Ore Properties）的年度报告里有很多数据，但披露的信息非常匮乏。与常见的公司给股东的报表不同，这份报告是债券受托人给受益人的财务报告，因此不涉及损益问题，只反映收支情况。例如，所有支出都计入经营费用或短期投资项目进行核算。

另外，大北方铁矿产物公司的资产结构也很复杂。受托人既是信托的管理人，也是控股公司的代理人；受益人则同时是资金的借入方和出借方，也是（自1914年起的）公司经营者。因此，人们对大北方铁矿产物公司的实际经营和收入情况的了解实际上相当有限。这与它的股票在市场上的知名度并不相称。所以，下文将运用一些工具对大北方铁矿产物公司的报告进行分析（详见图2-1）。

其目的首先是将财务报表转换为容易理解的利润表，然后根据其盈利能力和矿山的预期寿命来确定股票的价值。

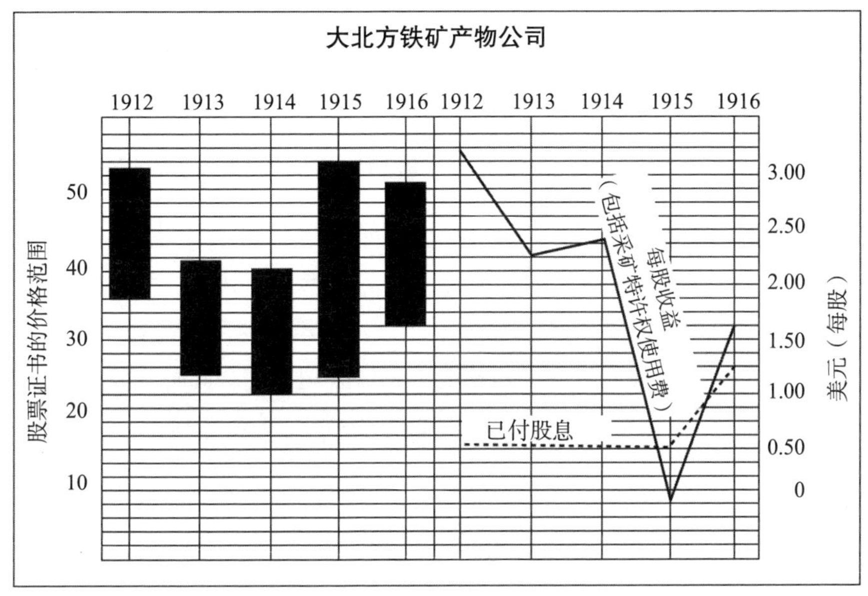

图 2–1　大北方铁矿产物公司

1907 年成立的信托

如人们所知，大北方铁路公司（Great Northern Railway）在 1907 年成立了大北方铁矿信托，以更好地管理沿线众多铁矿的收益。每股铁路股票的持有人都有权分到矿产收益的分红，当时已发行的无面值股票数量已经达到了 150 万。其中，一部分铁矿完全归大北方铁路公司所有，另外的则以不同期限的租约或采矿特许权使用费的形式间接被公司持有。但到后来，所有的资产都被租赁或转租给了外部经营者。大多数情况下，公司从转租者那里收到的特许权使用费和从直接租赁人那里收到的差不多。于是大北方铁路公司逐渐放弃了这些无利可图的“二手租约”。但其中的七座矿山已经按照浮动费率出租了，采矿特许权使用费平均下来每吨不到 16 美分。可以看出，这些“旧租约”提供了很大一部分产量，但所得只占该公司收入的一小部分。

而另外所有的矿山（包括自有和租赁的）都被租给了以大西部矿业公司（Great Western Mining Co.）为代表的美国钢铁公司（U. S. Steel Corporation）。合同规定每年增加的产量均以每吨 1.18 美元的价格支付使用费。1912 年，这些矿的产量约为 750 万吨，其采矿特许权使用费净额达到了 900 万美元。但这个时候因为一些不可解释的理由，美国司法部对大西部矿业公司租约的合法性提出了质疑，并威胁将根据《谢尔曼法案》（*the Sherman Act*）提起诉讼，迫使美国钢铁公司行使合同解除权。美国钢铁公司没有办法，最终于 1914 年底解除了合同。

前途未卜

这项重要协议的废除使得大北方铁矿产物公司的经营状况急转直下，陷入了动荡，一直到现在都没有完全恢复。美国钢铁公司被迫让出的矿山一部分被租给了其他公司，另一部分由大北方铁矿产物公司自己经营，其余的矿山在上一财年末仍处闲置状态。因此，1916 年报告的盈利能力大概率比不上 1914 年大西部矿业公司正常在租情况下的指标。所以，我们打算通过对比 1914 年和 1916 年的经营状况对股票进行估价。

根据大北方铁矿产物公司 1914 年的报告，删除未正确计入利润表的项目并做了许多必要的调整后，形成了如表 2–1 所示的利润表。

表 2–1　大北方铁矿产物公司 1914 年的收益　（单位：美元）

“旧租约”收入			336 202
大西部矿业公司租约收入		11 161 627	
减：货物成本	3 440 398		
采矿特许权使用费	2 167 648		
不计入股票的部分	1 736 260	7 344 306	3 817 323

续前表

其他收入		207 496	
减：财产账户贷款		49 466	158 030
大北方铁矿产物公司的其他收入，减：费用			47 126
利润总额			4 358 681
支出	3 479 822		
减：所得税费用	2 682 370		797 452
净利润			3 561 229
每股收益			2.37

因此，1914 年的实际每股收益是 2.37 美元，而受托人以公司分红形式收到的每股净利润是 53 美分。

对股票证书估价的下一步是根据目前的矿石储量和 1914 年的产量来确定矿山的寿命。

矿山的寿命

为了更加准确，我们将分别分析“旧租约”和大西部矿业公司的租约。据大西部矿业公司估算，12 月 31 日（上一财年末）时公司租赁的矿山土地中含有 2.03 亿吨矿石；而 1916 年的产量共计 601.4 万吨。因此，如果继续保持 1914 年的产量，这些矿山将在 34 年内枯竭。

1914 年，在计入其他收入并减去费用的情况下，大北方铁矿产物公司资产的收益为每股 2.15 美元。按照所谓的 7% 和 4% 的估算标准，这些收益的每股利息将价值 25.4 美元。简单地说，这 2.15 美元的收益每年将会产出 7% 的回报，并且每年产生 0.372 美元的超额收益；如果再按照 4% 的复利计算，那么到 34 年后矿山枯竭时，超额收益将达到 25.4 美元。

据明尼苏达州税务委员会估计，上一财年末“旧租约”名下的矿山剩余的矿石为 8935 万吨。1914 年这些矿山的产量为 182.56 万吨，那它们的开采寿命约为 49 年。而“旧租约”的收益仅每股 22 美分。以上文的估计方法计算，旧租约的每股利息仅为 2.86 美元。

因此，所有这些资产收益的总价值等于每股 28.26 美元，而财年末的每股流动资产净额则是 5.4 美元。根据大北方铁矿产物公司 1914 年的经营状况，再加上这些项目，每张股票证书的最终现值为每股 33.66 美元。

在讨论以上结果前，让我们对 1916 年的报告进行同样的估算。这份报告中已经没有了大西部矿业公司租约的收入，取而代之的是一些新的租约和大北方铁矿产物公司自己的经营状况（见表 2–2）。

表 2–2　大北方铁矿公司 1916 年的收益　（单位：美元）

“旧租约”收入		562 705
“新租约”收入		984 967
直接经营的净利润		544 994
其他收入	858 761	
减：财产账户贷款	373 130	485 631
从希尔和沃克矿山（Hill & Walker）运出的 69.5 万吨货物的估值，计入股票，但不含在上述项目中		659 000
利润总额		3 237 297
支出	1 480 796	
减：所得税费用	820 671	668 125
净利润		2 569 172
每股收益		1.71

当然，大北方铁矿产物公司 1916 年收益较差的原因主要是与大西部矿业公司的租约废除后导致产量下降，同样也与五大湖船舶吨位空间的灾难性短缺密切相关。之前钢铁公司从矿山运出的货物只有 390.2 万吨，而 1914 年时达到了 601.4 万吨。“旧租约”的产量增加了 138.2 万吨，但由于采矿特许权使用费的费率太低，这些预付的收益仅有 22.6 万美元。

不同寻常的年份

暂且假设未来公司将以 1916 年的水平保持经营，上述估价方法将产生如表 2–3 所示的结果。

表 2–3 **估价结果**

	矿山的寿命 / 年	1916 年的每股收益 / 美元	每张证书的价值 / 美元
"旧租约"	28	0.375	4.17
其他矿山和杂项	52	1.335	17.56
流动资产净额			5.4
总计		1.71	27.13

从大北方铁矿产物有限公司的角度来看，1916 年是极不寻常的一年，因为它们被要求尽可能多地承担一份矿山的经营和管理工作。这是信托基金成立时没有考虑到的发展。于是它们付出了巨大的努力，想尽办法把美国钢铁公司被迫让出的矿山重新租了出去。据我所知，最后一部分矿山的合同现在已经履行完毕，所以明年年初，大北方铁矿产物公司的资产将再次出租给外部利益者。

由于商业原因，公司不能披露最新的协议里的条款。但上一年的年度报告有充足的数据说明了新的租约和大西部矿业公司租约的收入对比情况。1914 年是铁矿价格异常低迷的一年，钢铁公司支付的采矿特许权使用费净额为平均每吨 1.28 美元。到 1916 年，矿石的报价比前五年的平均价格高了近 50 美分，但这些直接经营资产的利润却仅为每吨 1.21 美元。更重要的是，新租约的采矿特许权使用费的平均费率仅为每吨 81 美分。

至于新的管理方式下的产量将会如何，一位受托人表示这个数字将远远超过 1916 年的水平，尤其是这些出租矿山的公司都有自己的货舱，但总的来看，这个产量仍然无法达到 1914 年那样高产的水平。换言之，该公司未来的产量和采矿特许权使用费都比不上之前美国钢铁公司租约中的数额。因此，根据1914年大北方铁矿产物公司经营状况得出的每股33.66美元的估价将会是当前条件下股票证书的最高估价。

不可再生的矿山

尽管大北方铁矿产物公司一直强调，这些矿山的矿石储量正在持续减少，但人们并不理解，反而普遍认为矿山资源是取之不尽、用之不竭的。诚然，1907年时估算的大北方铁矿产物公司的资产中包括了4.7亿吨矿石，但其中近五分之二的矿石都已经被开采完了，如表2–4所示。

表2–4　大北方铁矿产物公司的矿石情况　（单位：吨）

原始储量		470 000 000
已开采的矿石	75 000 000	
二次租赁权	104 000 000	179 000 000
余留矿量		292 000 000

需要注意的是，这些资产的大部分都被租出去了，这些租约将在13至40年的时间里陆续到期。其中，产量最好的两座矿山迪恩（Dean）和伦纳德（Leonard）租期分别为15年和13年。当然这些租约到期后可以续签，但以后的采矿特许权使用费可能就不止现在的价格了（比如最近伦纳德矿山的例子），而且任何情况下续约都会涉及不确定因素。

大北方铁矿产物公司一直都是市场操纵最喜欢的工具。这或许是因为人们普遍对股票的盈利能力一无所知。尽管过去的十年里出现了多次牛市，这些股票支付的年红利从未超过1.25美元。无论这些大北方铁矿产物公司的股票对投机者来说有多大的吸引力，我们得出的结论是它的股票在34年后将分文不值，这显然是一项几乎无利可图的投资。

然而，这个问题还有另外一个答案，并且我们无法通过统计推断出来。这里指的是，大北方矿业在过去一段时间里持续出现明显的成交量堆积，其股票价格的波动也证实了这一情况。虽然不知道股票成交量堆积的原因，但过去的经验告诉我们这是一个利好消息。所以，尽管它的股利和收益率不算高，我们仍倾向于买入大北方矿业。

第 3 章

Benjamin Graham on Investing:
Enduring Lessons from the Father of Value Investing

灵感铜业 1917 年的困难与成就

矿石的估价与战争税——成本与利润——股票的投资价值

历经两年时间，灵感铜业（Inspiration）的历史重演了。1915 年 7 月 1 日，采矿作业尚未开始；而 1917 年 7 月 1 日的灵感铜业已全面停止开采。到 1916 年 4 月，灵感铜业达到了计划的每月 1000 万磅产量。就在这个月，该公司宣布恢复正常运营。但事实证明，去年夏天亚利桑那州的罢工对灵感铜业造成了不小的打击。至于罢工带来了多大的影响，我们可以发现，恢复运营状态的灵感铜业为达到标准产量所花的时间，几乎与它第一次开采时一样漫长。而历史的相似性就在于，1918 年 4 月灵感铜业的价格恰好与两年前持平。这个惊人的巧合值得深思，下文将通过一张产量和价格表分析该现象（见表 3–1）。

表 3–1　灵感铜业的产量和价格

	产量 / 磅		平均价格 / 美元	
	1915—1916	1917—1918	1915—1916	1917—1918
7 月	1 095 909	矿井闲置	30.75	57.5
8 月	2 189 425	矿井闲置	34.5	54.25
9 月	2 746 066	2 250 000	38.75	51

续前表

	产量 / 磅		平均价格 / 美元	
	1915—1916	1917—1918	1915—1916	1917—1918
10 月	4 017 604	2 400 000	44.5	46.25
11 月	4 855 526	2 250 000	44.25	41.5
12 月	5 541 140	5 600 000	45	42.5
1 月	5 354 815	5 000 000	45.5	45.25
2 月	7 931 022	6 200 000	45.75	46.5
3 月	9 594 762	8 750 000	46.5	45
4 月	10 122 686	*10 000 000	45.75	47

* 估计值。

从当年的 11 月开始，灵感铜业在两个时期的股票价格区间就极为相似。股东们虔诚地祈祷同样的涨势会一直持续到年底。回想 1916 年 8 月的时候，大众突然意识到了灵感铜业的投资价值，它已经成了一座真正的宝矿。随后，灵感铜业的股票价格在接下来的一个月里迅速飙升至 69.56 美元，以 10 个百分点的优势超过了它的老对手——奇诺铜业（Chino），并且在 11 月创下了 74.75 美元的最高纪录。但好景不长，它在一年后又落回了 38 美元的价格水平。自那以后，灵感铜业的采矿作业和股票价格都恢复了正常水平，且前者的恢复速度更快，股票价格的回落则相对滞后。

1916 年 3 月 25 日，就在开始采矿八个月后，灵感铜业发布了 1.25 美元的初始股利。我们可以看到，下一季度它的股利就上调到了 2 美元，之后就一直维持在年度股利 8 美元的水平。考虑到罢工对灵感矿业的打击，以及成本上升和高昂的税金，人们一度非常担忧它上个月的股利会降到 6 美元。所以本季度灵感矿业的固定股利能够保持不变，对投资者来说已经是一个很大的惊喜了。

年度报告的要素

最近公布的 1917 年年度报告中，我们发现了灵感铜业能够继续保持支付每季度 2 美元股利的原因。尽管它的产量大幅下降，只有 1916 年产量的三分之一水平，但从灵感铜业的利润表中可以看出，它在缴纳战争税后仍有一定的收益，且每股下跌了 9.37 美元。这代表公司需要支付的股利也减少了。虽然灵感铜业已经向股东们支付了每股 8.25 美元的股利，但它的流动资产净额实际上增加了 168.87 万美元，达到了 1448.29 万美元的水平，折合每股 12.25 美元。

报告中的某些要素非常值得讨论。灵感铜业是第一家公布 1917 年联邦所得税额的大型铜矿公司，它的所得税和超额利润税加起来总共只有 118.52 万美元。这个数据简直低得惊人！如果这些税是根据报告中的收入来算的，那么只需一些运算就能知道它们的税率为 6%。其中，所得税必然占了税收总额的一半以上，故而它的超额利润税实际少于 50 万美元。

然而报告中的一段话颇有意思，似乎暗示了矿业公司是如何巧妙应对战争税带来的损耗的。灵感铜业对 1913 年 3 月 31 日前开采的矿石进行了估价，然后从已开采矿石的收益中扣除了相当于该年开采量的那部分矿石的价值。最终，这些因收益损耗而产生的费用只出现在了公司的纳税申报表中，没有体现在它公布的利润表里。

矿石的估价与战争税

我从灵感铜矿公司的内部人员那儿了解到，他们对矿石储量的估价程序大致如下：首先估计所有矿石中铜的含量，从中扣除尾矿的损失，得到可收回的铜矿石总量；其次根据其售价，比如 1913 年 3 月某含量的铜矿石的售价是 15 美分，我们就可以进一步算出金属铜的总价值；最后从这个总数中减去预计的生产成本和设备的全部价值，剩下的就是该含量的铜矿石的净值。但是这些铜矿石并不是一次性开采完的，它们的收益将在接下来的若干年里分年度获得。因此，这部分收益的价值实际上比1913年3月买入铜矿石时一次性支付的金额还要低。对于这样的情况，我们有必要在最后按照美国财政部规定的矿体估算法来计算每年产量的现值，这也是大众公认的一种精算方法。灵感铜矿公司自然不愿意就这个敏感的问题给出数据，但作者可以确信，报告中提及的这个估值必然能够达到资产负债表中固定资产账的几倍。因此，该公司出于税收方面的考虑而在收益开支的损耗费无疑将达到每年几百万美元。铜是战争税的课税对象，这个估价方法对铜矿公司来说普遍有着重要的意义。相比起《战争税法案》（*War Revenue Act*）给小型资本带来的负担会令投资者感到担忧，灵感铜矿公司受到的影响则并没有那么沉重。

报告中另一个颇有意思的要素是生产成本的适度增长。由于工资和原材料的价格显著增加，再加上罢工造成的困难，投资者本以为灵感铜矿公司的经营费用将出现灾难性的上涨。

在这些条件下，公司的经营者能够将成本控制在每磅10.44美元，使它仅增加了1.77美分，从任何意义上来说这都是一项相当不错的成就。然而，这些数字并不能呈现故事的全貌。事实上，公司的管理层故意开采低于往年品位的矿石，从而增加了每磅产出的成本。而每磅矿石的经营成本（衡量效率的真正标准）上涨了6美分，从1.95美元涨到了2.01美元。换句话说，它的单位成本仅增加了3%，这一点令人印象深刻。

可能的成本与利润

通过对1917年前六个月铜的产量估算，这个速度超过了每年1.3亿磅，但在这个夏天停工的阴霾下，灵感铜业今年的总产量降到了8056.7万磅。我们不得不问，按现在的成本与价格，在保持正常生产的情况下，这家公司的盈利能力是怎样的？我们假定正常的年产量是1.2亿磅，这也是公司在 1916 年的产量。各种迹象表明，目前的产量已经非常接近两年前的产量了，但这些产量也只占了该工厂产能的 80%，说明其经营规模已经超过了实际需要。这一条件为日后灵感铜矿公司临时缩减经营规模留出了余地。

1917 年，在不包括联邦税和固定资产折旧的情况下，铜的平均成本是每磅 10.47 美分。这表示价格为 23.5 美分的铜可以得到约 13 美分的净利润。我们有理由相信，假使 1918 年的费用大幅上涨，金属铜的价格将会出现补偿性的增长。因为许多高成本的生产者会发现，他们在现有利润条件下的经营可以说是举步维艰，所以 13 美分应当是灵感铜业在战争条件下的合理利润。按照 1.2 亿磅的年产量来计算，灵感铜矿公司的收益总计为 1560 万美元；从中还应扣除联邦税，我们粗略估计这个数字约为 200 万美元；再减去应付股利和固定资产折旧费，余下的净利润即为 1360 万美元，或者说每股 11.5 美元。1916 年和 1917 年，灵感铜矿公司的固定资产折旧费都在 75 万美元上下，折合每股约 0.64 美元。但由于后文提到的一些原因，公司派发的股息收益中并没有扣除这笔费用。

考虑到每股 11.5 美元的利润，这只股票在现有条件下保持 8 美元的股息率是非常合理的，尤其当公司流动资产的状况又很可观时。至于对战争税的估计，自然也是基于 1917 年的报告中矿石储量计算正确的假设。

通常而言，铜矿公司比起大部分制造企业具有明显的优势。它们不会在库存上占用太多资金，而是以现金方式销售。最重要的是，它们每年通常很少开设新的工厂。

事实上，所有的收益都可以作为公司的股利。灵感铜矿公司正面临着一项重要的建设工程，它需要一个浸出装置来处理已开采矿石储量中的硫化物，其中硫的含量约为 23%。对该公司来说，这项工程迟早会实施，但在各种意义上都不太可能影响它的股利政策。因为这些重要的矿体不能通过普通的浓缩方法来提取硫化物，必须用特殊的还原工艺进行处理。灵感铜矿公司对处理这类矿石的试验大获成功，这与新科尼利亚（New

Cornelia）铜矿成功提取氧化物的优秀示范分不开。作为大规模经营的有利结果，新科尼利亚铜矿中提取出的铜含量约为80%。水蚺（Anaconda）铜矿公司则声称，它从氧化矿尾矿中提取的铜含量达到了83%。至于灵感铜矿公司，它从矿石中提取硫化物形态的铜含量约为90%，相比前者对矿石的利用率高多了。

目前灵感铜矿公司对过滤厂的需求还没到非常迫切的程度，再加上相关机械设备的价格极为昂贵，它明智地将这项扩建工程推迟到了战后实施。这项成本最终将从收益中开支；但到那时，灵感铜矿公司无疑已经为此积累了足够的现金储备（假如那时还没有开始进行这项工程）。综上所述，这笔支出不应侵占投资者的股利。

股票的投资价值

灵感铜业现在的价格低吗？从数学的角度来说，我们可以在铜价分别为23.5美分和14.5美分的条件下，通过计算股票的最小价值来回答这个问题。这里的14.5美分就是人们常说的最低价格。但在计算股票价格前，我们必须先估算出矿山的寿命。

在1915年的报告中，灵感铜矿公司将其矿石储量情况总结如表3–2所示。

表3–2 灵感铜矿公司的矿石储量情况

	吨	铜含量
硫化矿	46 252 000	2.01%
低硫矿	28 698 000	1.26%
氧化矿	17 460 000	1.31%
混合矿	4 731 000	1.31%
总计	97 141 000	1.63%

从那时起，灵感铜矿公司就不再继续开采矿石了。但以前的采矿作业

已经处理了 926.8 万吨略低于平均品位的矿石，所以到了 1918 年初，它的矿石储量只剩下 8787.4 万吨。如果以 1916 年 531.6 万吨的产量为指标，估算出的矿山最短寿命约为 16 年。

在确定正常生产的情况下和铜矿的最短寿命以后，我们就可以分别对在战争与和平条件下的灵感铜业的股票进行计算估价，如表 3–3 所示。

表 3–3　战争与和平状态下的灵感铜业

	“战争条件”	“和平条件”
铜的价格	23.5 美分 / 磅	14.5 美分 / 磅
铜的成本（扣除税费和折旧费）	10.5 美分 / 磅	约 0.8 美分 / 磅
净收益	13.2 美元 / 股	6.6 美元 / 股
联邦税（估计值）	1.7 美元 / 股	（1916 年）0.34 美元 / 股
股息余额	11.5 美元 / 股	6.26 美元 / 股
铜矿的最短寿命	16 年	16 年
矿石资产的最小价值	91.42 美元 / 股	49.77 美元 / 股
流动资产净额（1917 年 12 月 31 日）	12.25 美元 / 股	12.25 美元 / 股
最小价值总计	103.67 美元 / 股	62.02 美元 / 股

这些评估是基于 H. C. 胡佛（H. C. Hoover）先生的标准表格进行的，他曾是一名采矿工程师，现在是美国食品管理局的局长。根据评估，灵感铜矿公司的收益将净增 8%；假如以 4% 的复利计算年度盈余，那么 16 年后，该公司累积的年度盈余就会超过原始资本了。

至于计算每股收益时为什么不扣除固定资产折旧费，答案应该很明显了。这些设备的使用寿命大概率比这座矿的寿命还长。而且理论上投资者在留出偿债基金时，就已经对固定资产折旧过了。假如这座矿可以开采 50 年，那么这些设备可能就需要更新了，但相应的整个估价基准都必须大幅上调。

需要注意的是，我们的估价是基于现在的矿石储量。实际上，这个储量在以后一定会增加，因为该公司迄今只对一小部分土地勘测过矿产。一旦采矿作业恢复，灵感铜矿公司就会重现它在开采其他大型斑岩上取得的成功。正如内华达铜业在短短三年时间里将可开采的矿石量从 3900 万吨增加到了 6800 万吨。对于这项成就，人们至今仍记忆犹新。

如果真的如专家们所说的那样，14.5 美分的铜与我们 62 美元的“和平时期估值”相去甚远，那么我们的估价完全可以再大胆一些。现在的估价仅代表了保守主义的高度，更确切地说，是深度。即使在铜价为 14.5 美分的市场行情中，它的收益也证明了 5 美元的股利是合情合理的，而且这个回报绝对算不上微薄。

一般来说，斑岩铜矿股没有钢铁股那样耀眼的回报率。但它们的公司不发行债券或者优先股；所有的资产和收益都属于普通股的股东，任何恐慌或者经济萧条都不可能让他们的投资触礁。而在这个价格水平上买入铜矿股的投资者必定可以在铜矿枯竭前收回他们的本金，并且获得丰厚的回报。金属价格、矿石储量或产能的每次上涨都会使他们持有的股票更有价值。灵感铜业就是这类投资中最新的一个优秀范例，它在一个长久以来以“经营有方”著称的行业里，出人意料地在生产效率方面创下了令人羡慕的纪录（见表 3–4）。

表 3–4　市场数据　（单位：美元）

		道琼斯工业平均指数		50 指数			
	40 只债券	20 只工业股	20 只零售行业股	高	低	成交量	宽度（股票数量）
周一，4 月 8 日	75.01	77.69	79.53	68.29	67.76	242 400	156
周二，4 月 9 日	75.77	77.4	79.21	67.86	67.42	170 900	172
周三，4 月 10 日	75.83	76.85	78.9	67.54	67.07	190 200	157
周四，4 月 11 日	75.85	75.58	78	67.04	66.22	343 500	195
周五，4 月 12 日	75.91	76.25	78.45	66.84	66.23	211 400	153
周六，4 月 13 日	75.91	76.01	78.26	66.71	66.42	115 100	127

续前表

	40只债券	道琼斯工业平均指数		50指数		成交量	宽度（股票数量）
		20只工业股	20只零售行业股	高	低		
周一，4月15日	75.92	77.51	79.15	67.57	66.88	305 600	161
周二，4月16日	75.98	77.21	78.98	67.7	67.14	360 300	150
周三，4月17日	75.93	76.89	78.6	67.23	66.68	336 200	189
周四，4月18日	75.91	78.11	79.28	68.07	67.29	523 200	173
周五，4月19日	76.05	78.6	79.38	68.7	68.07	521 200	187
周六，4月20日	76.16	79.73	79.52	68.78	68.29	302 400	147

第 4 章

Benjamin Graham on Investing: Enduring Lessons from the Father of Value Investing

内华达联合公司——矿业不死鸟

拒绝咽气的“垂死矿井”——不断变化的资产负债表——内华达股票的投资价值

1912 年 12 月，内华达联合公司的董事宣布为普通股额外派发每股 50 美分的股息。同时他们谨慎地指出，这 50 美分不是从收益中支出的，而是从公司的矿石枯竭准备金中获得的资本回报。就在内华达联合公司不久以后发布的报告中，可开采矿石的吨位出现了自经营以来的首次下降。这两个事件衍生出了著名的内华达铜矿即将枯竭的说法。许多年来，这个说法甚嚣尘上，完全主导了内华达联合公司股票的市场表现，甚至如今仍是投资者脑海中挥之不去的阴影。

内华达铜矿即将枯竭的悲伤故事如表 4–1 所示。

表 4–1　可开采的矿石

时间	数量 / 吨
1907 年 9 月 30 日	14 433 000
1908 年 9 月 30 日	20 000 000
1909 年 9 月 30 日	29 000 000
1910 年 12 月 31 日	40 361 000
1911 年 12 月 31 日	40 853 000

续前表

时间	数量 / 吨
1912 年 12 月 31 日	38 854 000
1913 年 12 月 31 日	39 108 000
1914 年 12 月 31 日	41 020 000
1915 年 12 月 31 日	50 525 000
1916 年 12 月 31 日	67 993 000
1917 年 12 月 31 日	70 025 000
迄今为止开采的矿石吨位总计	25 841 000

在开采了相比 1907 年最初开采量近两倍的矿石后，内华达联合公司仍有大约原始吨位五倍的矿石。从地图上看，该公司的大部分资产还没有被勘测过，现在的管理层对未来可能增加的矿石储量非常有信心。根据去年开采的吨位记录，这座矿山的最短寿命可以达到 17.5 年，而灵感铜矿公司的矿山最短寿命仅有 15 年。从公司清算的角度来说，内华达联合公司似乎拥有非凡的生命力。

尽管内华达联合公司去年打破了开采吨位的纪录，但精炼铜的产量却出现了大幅的下降，从 9073.5 万磅降到了 8204 万磅。出现这个情况的主要原因是露天开采的矿石品位从 1.53% 降到了 1.28%。此外，从中提取的铜的百分含量也出现了轻微缩减，从每吨 24.12 磅降到了每吨 21.81 磅。

从对剩余矿石储量的分析来看，开采出的矿石品位下降只是暂时的。露天矿的平均铜含量为 1.415%，而鲁斯（Ruth）地下矿中有更丰富的物质，铜含量更高，因此总的矿石品位能够达到 1.58%。至于提取量下降的主要原因，则是工厂还需要处理公司的其他矿石，以至于出现了产能不足的情况。该公司已经采取了措施来应对这一困难，故而第四季度的提取率有所上升，达到了 73.94%，超过 1916 年的平均水平。

表 4–2 列出了该公司最新的利润表。内华达联合公司从净利润中支付了 829.79 万美元的股利，平均每股 4.15 美元，并且将 52.87 万美元用于工

厂改造。最终公司盈余的增量为 66.11 万美元，折合每股 33 美分。另外，计算中还必须加上其子公司内华达北部铁路公司（Nevada Northern RR.）的 10.84 万美元收益，相当于它支付给母公司的股利超额部分。

表 4–2 1917 **年的利润表** （单位：美元）

			每磅
铜的销量		19 484 271	23.75 美分
经营费用（扣除税费和折旧费）	10 254 466		12.50 美分
减：其他收入	2 088 702		2.54 美分
经营成本净额	8 165 764		9.96 美分
税费	896 458		1.09 美分
固定资产折旧与损耗费	934 517		1.14 美分
总成本		9 996 739	12.19 美分
净利润		9 488 532	11.56 美分
每股利润 4.75 美元			

这张表还对公司的数据做了一些更正，由于当时的免税额与最终估算的值相差很大，为符合实际，表 4–2 加上了额外的 16.58 万美元税费。另外，管理层解释了他们实际收到的铜的价格之所以比 23.75 美分的平均价格高出 2 美分以上，是因为未售出的铜（按照以往的惯例）实际库存价格为 13.5 美分。根据作者估算，公司手头 1400 万磅的成品铜到年底已经全部售出，那时成品铜的售价会比它的账面价格高 10 美分，达到 23.5 美分。

因此，根据公司生产的铜售价，1917 年的每股收益会比报告中的收益高出约 70 美分，总计每股约 5.5 美元。

通过观察，我们可以发现不计折旧和税前的净经营成本平均为每磅 9.96 美分，而前一年为 7.62 美分，两者相差 2.34 美分。这个差值代表了在不考虑税费变化的情况下，是战争因素导致了内华达联合公司增加了采矿费用。但实际上是税费从每磅 0.51 美分增加到了 1.09 美分，导致该公司预付的单位成本达到了每磅 3.43 美分。内华达联合公司这两年的经营费用中都包括了借记的每吨 30 美分的矿石开采费用，并用于摊销每磅 1.5 美分的预付开发成本。后面这项支出主要是移除露天矿中工业矿石上的表土或废料层的成本。虽然前述成本每年都会结转到递延资产账户，但事实上已经按照每吨 30 美分的比例摊销掉了。

下文对内华达联合公司的固定资产折旧费、矿石枯竭准备金和对剥离成本的摊销费用进行了细致的分析。对于该公司的真实财务状况，作者发现了一些非常惊人的事实，同时对本文开篇提到的资本分配问题也有了新的认识。

为了简单起见，我们假设公司不再发现新的矿石，并保持了去年的生产速度，其结果是该公司的矿山将在 1935 年夏天枯竭。另外，假设目前的固定资产折旧等费用继续保持不变，那么内华达联合公司未来的账簿上即将出现以下大事记。

1. 到 1925 年，选矿厂和冶炼厂彻底从资产负债表中消失，这时的账面价值已经通过固定资产折旧减少了 47%。正常来说，这些维护良好的工厂不可能在八年内就变成一片废墟。所以理论上这个时候它们应该已经消失，但实际上工厂的生产线很可能还在全速运转中。
2. 到 1927 年，对露天矿现有储量的矿石的剥离作业全部完成，资产负债表中的预付经营成本迅速缩减，公司不再需要支付每吨矿石 30 美分的费用（我们无法对鲁斯矿做出类似的预测，但这并不重要）。
3. 到 1928 年，地下矿中矿石的全部成本被摊销完毕，虽然这座矿的剩余矿石量还有最初报告的两倍多，但它在资产负债表中已经没有任何价值了。
4. 到 1931 年，所有剥离作业的成本全部按经营成本摊销完毕。这意味着在最后三年的生产中不再需要计算剥离成本。目前该项成本等于生产成本，即每磅 1.5 美分。

然而，随着这些资产逐渐从资产负债表中消失，报表中又会出现什么呢？答案是现金，除非该公司（1）购买了新的资产，或（2）以超额利润的形式支付股利而减少了盈余。假设内华达联合公司没有走这两条路，而是从现在起用所有的收益向股东派发股利，并将盈余保持在 1917 年的水平，那么按照当前的趋势发展，内华达联合公司未来的资产负债表就会如表 4–3 所示。但是预言未必准确，正如大多数预测的那样，这只是最接近现实的结果。尤其是在估算预付费用时，准确性更难以保证。

表 4–3　内华达联合公司每股资产的账面价值　（单位：美元）

	1913	1917	1925（预计）	1928（预计）	1931（预计）
矿	2.16	1.63	0.43		
选矿厂和冶炼厂	3.24	2.62			
预付费用	1.64	2.72	2.72	2.12	
流动资产净额（包括投资）	3.02	8.16	11.98	13.01	15.13
每股总账面价值	10.06	15.13	15.13	15.13	15.13

事实上，假如投资者以每股 20 美元的价格购买了内华达联合公司的股票，那么他们根本不必担心 1935 年矿井会发生枯竭问题。因为在矿井发生枯竭前的三年里，内华达联合公司就已经把所有的资产转换为流动资产，以供分配或是购买新的财产了。

从另一个角度来看，假如铜的价格为 23.5 美分，内华达联合公司就能维持它以前的固定资产折旧等费用，在保持其 2000 万美元盈余不变的情况下继续支付每股 4.5 美元的股息。对于 14.5 美分的铜，假定它的成本保持在 1915 年的水平，扣除所有费用后，每股还可以获得 2.5 美元。因此在接下来的 13 年时间里，股东们每年都可以收取 2.5 美元至 4.5 美元不等的股利。等到 13 年后，股东们仍有每股 15 美元的公司净流动资产权益，以及按照目前的速度还有三年多时间里的产量，但要记得从经营成本中扣除每磅 1.5 美分的剥离费用。如果内华达联合公司能如公司管理层预期的那样开发出更多矿石资源，那么它的股票价值还将进一步增加。

内华达联合公司与其他公司的不同之处在于，股东们不需要用股利来设立偿债基金，从而获取资本回报，因为该公司已经在为投资者赚取资本回报了，而且比一般情况下要求的速度更快。至此，资本分配的含义已经很清楚了。这些分配并不代表董事们认为这些矿即将枯竭，只不过有必要对部分现金进行分割。通过计提折旧费用，公司固定资产在资产负债表中的位置会逐渐被现金取代。如果不进行更多这样的分配，内华达联合公司很快就会从一座资源丰富的矿场变成装满现金的银行了。

从市场的角度来看，内华达联合公司很少得到关注，也几乎从来不受投资者的重视。即使在过去，还没有出现内华达联合公司即将破产清算的说法时，它也被视作为少数派，受到人们的轻视。时光轮转，当年控股内华达联合公司的犹他（Utah）铜矿公司，如今又成了肯尼科特（Kennecott）铜矿公司的控股子公司。对于这一变化，内华达联合公司的股东们纷纷对老大哥肯尼科特加入少数派的行列表示欢迎。

总有一天，公众会意识到内华达铜业作为一只低成本、管理出色、现金充裕且没有债务的铜矿股，不仅和铁路或工业债券一样安全，利润也丰厚得多。

第 5 章

Benjamin Graham on Investing:
Enduring Lessons from the Father of Value Investing

已投资本的秘密

战争税准备金牵扯出的有形资产——实际价值与账面价值

去年 10 月颁布的《战争税法案》将已投资本、净收益和超额利润税之间的关系说得清清楚楚，所以在计算时，假如已知其中任意两个因素，就能推算出第三项的值。在公司如实报告收益和税收准备金的情况下，我们可以用一组公式来计算出公司纳税申报表中已投资本的金额。

可以肯定的是，财政部收到的报告中所反映的资本金额，通常和公司的纳税申报表中填报的资本金额大不相同。公司公布的工厂固定设备账户估值很少反映原始成本的情况，但通常都会包括不定金额的无形资产，又称为“商誉”或“水分”。但已投资本是根据实际现金支出来计算的，所以我们能够确定优先股和普通股的有形资产价值。

在讨论具体问题前，我们不妨先讨论一下这些信息的重要性。

就在几年以前，一般的工业普通股还只是一种投机工具，它的市场价格往往被一些人所操纵，唯一值得考虑的内在价值因素就是股票的当前收益和未来前景。投资者们理所当然会认为，这些股票几乎不存在或者说根本没有实际价值；资本总额中“水分”的确切含量并不重要，无论是像古德里奇公司一样直截了当地展示出“商誉”，或者像美国橡胶公司那般将它隐藏在工厂账目中，结果都没有什么不同。

有形资产价值的重要性

然而，战争的到来以迅雷不及掩耳之势改变了当下的局势，将这些彻头彻尾的投机问题变成了半投资或者纯粹的投资问题。于是人们开始采用一些投资标准来确定股票的价值。在这个过程中，有形资产的担保变得相当重要。我们每年都会对美国钢铁公司的有形资产价值进行十几次分析。结果显示，公司最初所有的“水分”都蒸发了，取而代之的是“砖块和砂浆”。古德里奇公司的资产负债表也亟待细致的审查，或许在这个过程中我们就能发现，该公司是如何将这些虚无缥缈的普通股转变为有形资产的。

在这样的情况下，投资者对有形价值产生了新的兴趣。变化最明显的就是税法，它对真实资产和虚拟资产进行了严格的区分，通过提高税率的方式来惩罚给资产注水的公司。不过，这只是政府管制体系中的一个方面。通过制定价格和发放补贴的标准，政府可以关注到企业资产负债表的数字背后的实际现金投资。

这里可能还涉及另外一个重要的因素。随着工厂的产能大幅增加，我们最终可能会进入一个激烈竞争的时代。这时，利润将被限制在一个合理的范围内，而这个范围通常是基于生产资产价值的合理回报。

考虑到以上情况，我们看待投资问题便不能简单地参照 1912 年的投资眼光。古德里奇公司和美国橡胶公司对于其普通股的有形资产价值到底选择了隐瞒还是披露，不再只是一个无关紧要的问题。因此，为了确保这些信息被公众知道，无论 1917 年的税收准备金为我们提供了什么样的线索，都应该得到关注。即使在某些情况下，这些信息是不完整的，或者只是接近大致的事实。所以，我们建议从工业龙头股所在公司的税收准备金开始反推，看看从中可以了解到哪些信息，以及它们的普通股究竟有多少有形资产价值。

由于篇幅有限，本文不再详述已投资本所涉及的数学运算过程，仅对一些更重要的问题进行探讨。由于税收准备金一贯是由超额利润税和税率为6%的所得税组成的，我们有必要将这两个要素分开，如下文公式A。该公式的准确性可以通过实际数据得到验证。

公式A

$$超额利润税 = \frac{100 \times 总税额 - 6 \times 净收入}{94}$$

在公式A中，我们已知净收入和超额利润税这两个因素的值，已投资本作为未知的另一个因素，它的值还有待确定。因此，我们构建了一系列的五个公式来进行计算。这五个公式分别对应五种不同的“等级”，换句话说，对应了20%~60%不等的五种税率下的运算。例如，通用电气的税率达到了35%，此时应使用公式B来计算：

公式B

$$已投资本 = \frac{3500 \times 净收入 - 10\ 0000 \times 超额利润税}{275+20 \times 免税额}$$

在这个情况下，减免的税率显然已经达到了最高的9%。如果战前的利润降到了资本的7%~9%之间的某个值，那么就必须通过实验和试错的方法来确定具体减免的税率了。假如读者有兴趣进一步了解，验证的方法也很简单，只要根据税率选择适当的公式并代入已投资本的数值，结果就会发现，计算得出的超额利润和所得税额的总和与公司公布的税收准备金几乎完全一致。

研究方法

表5–1列出了一些重要公司的已投资本、资产中包含的“商誉”成分以及上一财年末普通股的有形资产价值和当前市场价格的对比分析。注意，表格中忽略了钢材和设备的问题，这是因为它们已经留作下期使用了。必须记住的是，计算结果的准确性直接取决于所讨论的公司公布的

表 5–1　根据工业普通股的战争税准备金得出的有形资产价值的粗略值（以千美元计）

公司	1917 年的税前收益	税收准备金	“已投资本”	有形资本（扣除允许的商誉）	1916 年底的账面资本	资产账目中隐藏的商誉价值	1917 年底普通股的有形资产价值	普通股当前市场价格
美国罐头公司	18 000	6000	48 000	31 500	93 500	62 000	0	48
美国冶炼和精炼厂	23 931	3850	147 000	117 000	调整后 167 000	50 000	85	78
美国羊毛公司	14 126	3000	63 700	51 900	71 400	19 500	88	58
中央皮革公司	22 250	6000	76 000	61 400	93 400	32 000	98	71
玉米深加工产品公司	14 850	3500	58 700	42 800	92 800	50 000	44	44
通用化工公司	10 775	1800	46 000	46 000	46 000		200	185
通用电气公司	34 193	7289	145 000	145 000	135 600		160	147
古德里奇公司	12 794	2250	65 300	47 900	49 300	1400	45	45
国家斗篷和西装公司	2570	524	11 200	7900	8000	100	37	70
国家搪瓷和冲压厂	5345	1100	25 100	20 280	29 985	9705	100	53
西尔斯百货公司	19 002	3977	80 200	66 600	60 000		90	136
安德伍德打印机公司	3027	500	12 600	10 100	10 100		80	103
美国工业酒精公司	12 350	5240	22 430	18 500	30 500	12 000	120	128
美国橡胶公司	18 800	3465	90 000	70 000	140 000	70 000	32	62
弗吉尼亚–卡罗来纳化工公司	10 885	估计 2 500	36 100	26 400	62 400	36 000	50	55

税收准备金的准确性。如果公司出于保守或者其他的原因留出了过多的税收准备金，那么相应的已投资本就会比实际更少。因此，比起公布粗略值或者近似金额的公司，以具体数字公布税收准备金的公司的计算结果会更准确。

基于上述段落中参考的一些文献，我们在考虑美国橡胶公司的资产价值时多留一点余地也是合情合理的。根据我们的计算，1916 年底该公司 1.3 亿美元的工厂账户实际上还包括了 7000 万美元的“水分”。这个金额相当于全部普通股的发行额，同时也等于一半优先股的价值。然而，积累的盈余为优先股创造了实打实的有形资产担保，以及为普通股创造了每股约 20 美元的实际价值。该公司 1917 年的收益已经将这一价值提高到了 30 美元。

多么令人震惊！这个数字很可能会遭到质疑，甚至被认为不准确。但巧的是，一则官方通告介绍了 1917 年美国橡胶公司出售的利率为 5% 的债券的相关情况，其中的数据恰好印证了这一点。截至 1916 年 10 月 31 日，以 6000 万美元担保发行的股票估值为 1.24 亿美元。换句话说，该公司的普通股和优先股加起来的保证金共计 6400 万美元，其中留给普通股的保证金只有 200 万美元，折合每股 6 美元。可以看出，这些数据甚至比我们自己计算出来的数字还要低。当然一部分原因是我们还算进了 1916 年 10 月 31 日至当年年底的收益。如果对此进行调整，减去这部分收益，这两个估算的结果就非常接近了。两者的相似性充分证明了该方法的准确性。

最终我们发现，虽然古德里奇公司有 5800 万美元的商誉，但它的每股有形资产担保都比美国橡胶公司更多。要知道，1913 年时这个数字几乎为零。从那以后，它不断增长到了现在的每股 45 美元，直至与发行的价格持平。

美国工业酒精公司的案例

美国工业酒精公司（U.S. Industrial Alcohol）也呈现出了相似的发展轨

迹。该公司显然已经将其价值 1200 万美元的全部普通股的商誉都纳入了资产账户。因此在战争爆发时，美国工业酒精公司的普通股票的有形资产价值不低于 20 美元，并在其后经济繁荣的三年时间里涨势一片向好，上涨至 120 美元以上。但在这个例子中，股票的市场价格的增速已经超过了有形资产价值的增长速度。通常，市场价格的增速并不会这么快，但由于这只股票强势的技术位，使它成了一个例外。

国家搪瓷和冲压厂（National Enameling & Stamping）为最近的经济繁荣对股票有形资产价值的影响提供了另外一个例子。我们发现它的工厂账户中近三分之一都属于商誉价值，约为 970 万美元，因此 1914 年普通股的资产价值约为每股 60 美元。从那以后，盈余和准备金每股增加了 40 多美元，所以现在的普通股才有了实打实的有形资产担保。

在《华尔街杂志》最近一篇关于美国冶炼和精炼厂（American Smelting & Refining）的文章中，该公司的资本中最开始的“水分”含量被描述为泛滥的河水。我们已经知道通过战争税收准备金就能够估算出这些无形资产的近似值。假如以最大限度计算，这些无形资产的价值必然已经达到了约 5000 万美元，相当于原始普通股的全部金额。再加上美国冶炼和精炼厂从早些年开始就积累了大量的利润，作者现在将“冶炼厂”的实际资产价值设定为每股近 85 美元，略高于目前的市场价格。

美国罐头公司

另一方面，假如美国罐头公司（American Can）报告的税收准备金的数字可靠，那么从资产的流动成分来看，该公司的“水分”几乎可以和美国橡胶公司相提并论了。根据我们的公式得出，已投资本仅为 4800 万美元，这可能包括了 20% 的股票，或者允许存在的 1650 万美元商誉价值，这样剩下的有形资产就只有 3150 万美元了。然而，它的账面资本和盈余为 9350 万美元，两者相差了 6200 万美元。如果真的有这么多的水分，我们完全可以计算出全部普通股或者一半优先股的价值。抛开这一不利条件，我们可以发现美国罐头公司积累的盈余实际上没有取得任何进展。优先股目前的价值为每股 90 美元，而普通股尚未创造出任何坚固的价值。当然，这一分析在比例上有点夸张了，但这是因为美国罐头公司公布的税收准备金竟然是凑的 600 万美元整数，超过了实际值。所以必须说明的是，我们的计算结果只是一个近似值，而且“罐头”股的发起人对资本的态度显然过于自由了，这也是投资者以往对该公司的证券比较排斥的原因，就和他们讨厌美国橡胶公司的证券一样。至于最近美国罐头公司表现出来的优秀的盈利能力能否打败曾经毫无根据的偏见，一切还有待观察。

从我们的表格中可以看到，美国羊毛公司（American Woolen）计入（或借记）1950 万美元的商誉项目，几乎等于整个普通股的发行额。玉米深加工产品公司（Corn Products Refining）也是如此，而战争让它最终想到了办法，如愿抛下了 5000 万美元的无形资产价值的包袱。就连中央皮革公司（Central Leather）也透露出它约有 320 万美元的商誉，折合每股普通股 80 美元，不过后来它的大量盈余都被有形资产取代了。

那些在资产负债表中报告了商誉的公司，在它们的纳税申报单中，已投资本通常和账面资本非常接近。西尔斯百货公司（Sears Roebuck）就是一个很好的例子，它在上一财年末的有形资产价值为 90 美元。同样的例子还有国家斗篷和西装公司（National Cloak & Suit）、安德伍德打印机公司（Underwood Typewriter）和古德里奇公司。

逐渐脱去水分

名单中有两家公司在资产负债表中既没有声称有任何的商誉成分，也没有在资产账户中有所隐瞒。不出所料，这两家公司是通用电气和通用化工（General Chemical），它们是工业集团的贵族，早在战争前就建立了投资评级制度。这里还有一个与通用电气有关的有意思的细节。1916 年 12

月 31 日，该公司的账面资本和盈余为 1.35 亿美元，说明已投资本约为 1.45 亿美元。显然，通用电气在它的资产负债表中瞒报了 1000 万美元，这是一个真实发生的事例。但为了充分利用《战争税法案》中关于已投资本的条款，该公司发现有必要公布这些隐藏起来的资产，于是为此准备了 1200 万美元的特别准备金。这在它的股东中间引起了轩然大波。

如果以全局视角看待这一结果，那么真正引起人们关注的与其说是工厂账户中隐藏的大量商誉，不如说他们议论的是这些公司能够在多大程度上用实际价值取代这些原始的水分，并为他们的普通股票创造坚实的价值基础。长久以来，公众对于哪些公司过度资本化，哪些公司在弥补这一缺陷上最成功，都有一个大致的了解。但由于其中的许多股票逐渐变成了投资级，于是有形资产价值的问题开始浮出水面，而且比以往任何时候都更有意义。虽然在某种程度上，前述的研究结果只是接近现实的预测，但也为这个极端重要的问题提供了有用的线索。

第 6 章

已投资本的秘密 2：钢铁巨头的税务之谜

不同阶段的美国钢铁税——其他钢铁与设备股票——税收准备金过多与不足

我在上一篇关于这个主题的文章中就指出，通过税收准备金来推导已投资本的金额，有可能会得到两种截然不同的结果。假如公司报告的税收准备金是准确的，那么我们自然可以确定已经投入的有形资本是多少，并得出普通股的资产价值。但实际上经常发生的情况是，通过税收准备金推导出的资本金额往往与真实的数据或财政部报告中的数据不符。显然，在这样的情况下战争税很容易被低估或者夸大了。因此公司需要更正利润表的错误，相应减少或增加股票收益的百分比。

美国钢铁公司

在关于上述主题的讨论中，必然有钢铁公司的一席之地。虽然作为一个审慎的作者，我也不想讨论的对象如此单一，在它浩瀚的文献海洋中又添一笔，但由于这个主题的重要性和即将提出的一些结论的创新性，我们不得不旧话重提。

战时钢铁税对那些了解其含义的人来说一直是个谜。它的金额如此巨大，动辄上亿，但人们对此却一点儿也不惊讶，毕竟钢铁公司的税收准备金在收入中的占比一向很高。美国钢铁公司的报告显示在扣除 2.33 亿美元税费后，优先股的股利净额仍有 2.24 亿美元。显然，它的税费占了收入的 50% 以上。这个比例可谓空前的高！与之形成鲜明对比的是共和国钢铁公司（Republic Iron and Steel），它的税费只占了收入的 33%。要知道只有那些因缺少优先股而导致已投资本减少的公司的税费才会接近这个数字，例如米德维尔（Midvale）钢铁公司。

与巨大的收益相比，钢铁公司的实际资本真的如此有限，以至于它必须向政府缴纳比其他公司比例高得多的利润吗？我们的计算表明，以上述收入和税费得出的资本为 4.62 亿美元，而账面资产不到 1.4 亿美元。两者的差距如此惊人，却恰恰证明了一个确凿的事实！要么公司的税费被极度夸大了，要么是它的收入远远被低估了，或者兼而有之。

近日，美国财政部长麦卡杜（Secretary McAdoo）8 月 14 日那天在国会众议院筹款委员会面前的证词被公布了，给上述事实又提供了一条有力的证据。在麦卡杜部长的证词中，他分析了若干大型公司向财政部提交的实际回报数据。若以字母代表这些公司的名称，第一家公司 A 的数据如表 6–1 所示。

表 6–1 **公司 A** （单位：美元）

1917 年的已投资本	1 427 233 403
战前时期的已投资本	1 132 459 896
1917 年的净收入	568 964 090
1917 年的超额利润税	173 504 430

这样的公司数据可以说是全国唯一，或者说世上绝无仅有的。另外，由于这是一个真实的例子，并非虚构的故事，所以我们很难否认美国钢铁公司存在篡改纳税申报单的可能。

从公司 A 的数据中，我们一眼就能发现美国钢铁公司缴纳的战时超额利润税少于它的准备金。再加上2372.8万美元的税费，可以很容易确定它的税收总额“仅”为1.97亿美元与3623.4万美元之差，约1.6亿美元，折合每股7美元，显然低于该公司公布的数字。

对于这一发现，其实没什么好震惊的。我们此前已经指出，报告中税收准备金的数字大到离谱。麦卡杜部长证词中不寻常的地方恰恰体现在关于美国钢铁公司已投资本和净收益的表中。人们所知的情况是，该公司在1917年的收入为4.58亿美元；但根据美国财政部的数据推算，它的应纳税的收入是1.11亿美元，折合每股22美元，或者更多。同样地，如资产负债表所示，1917年初美国钢铁公司的资本、盈余和税收准备金总额约为13.6亿美元；通常我们认为其中还包含了5亿美元至7亿美元的商誉价值（由于20%的比例限制，仅不超过1.75亿美元的部分可以计入已投资本）。但麦卡杜部长声称的投资资本为14.27亿美元，实际比资产负债表上的数字更大。

这里确实有两个重要的谜团。考虑到财政部的数据明显更重要，如果我们以此为准，那么美国钢铁公司的税前收入应该为每股105美元，税后收入超过每股68美元，而该公司公布的数字只有每股39.15美元。不仅如此，1917年初该公司的资产价值应该低于普通股，约10.67亿美元，或者说每股200美元以上。

为什么财政部的数据和美国钢铁公司年度报告给出的数据之间存在如此巨大的差异呢？作者在《战争税法案》中对美国钢铁公司造成的所有影响进行了仔细的研究，得出了一个可能的解释。美国钢铁公司是一家控股公司，它的资产是子公司的证券，它的收入来自子公司的股利和利息。根据法案第71条78款规定，对于超额利润税，子公司可以和控股公司就其合并资产和收入进行共同申报，有的时候子公司也必须这么做。如果这个收入是所有子公司共同完成的结果，但不包括控股公司本身的收入，那么表6–2中钢铁公司向财政部报告的巨额净收入就能够解释得通了。

表 6–2　　财政部关于 1917 年美国钢铁公司收入的数据偏差　　（单位：美元）

报告中的税前净额		457 700 000
加：		
公司债券的利息和溢价（不计子公司的收益）		22 100 000
子公司之间关于原材料的交易利润——不计入母公司的利润表		14 100 000
应急准备金和其他准备金的增加	19 300 000	
减：计入盈余	4 000 000	
		15 300 000
成本超过战前价值——	存货	29 800 000
	工厂	29 800 000
（注：最后三项已计入收入，但财政部不允许将其作为扣除项）		
向财政部报告的总收入		568 800 000

这个收入总额和财政部的数据相当吻合，进一步证明了这一解释的合理性。但奇怪的一点是，从收入中扣除的用于准备金的 7500 万美元却没有引起人们的重视。这些相当于每股 15 美元的准备金原则上是为了应对可能发生的情况而划拨的盈余，所以，虽然公司从账目上对这笔钱做了处理，但财政部并不认定它是本年度的经营费用。

这样看来，以子公司共同申报的形式，而不是把钢铁公司作为一个整体去报税，似乎是一件很吃亏的事。但因为这些债券不算子公司的负债，所以它代表的这部分资产可以计入已投资本。这一点很好地弥补了共同申报中的不利因素，同时也对财政部披露的巨额已投资本做出了解释。表 6–3 向我们展示了如何让财政部的数据与美国钢铁公司自己的报表趋于一致，以及报表中包含的最开始的商誉价值是如何被普遍观念改变的。

表 6–3　财政部关于 1916 年 12 月 31 日美国钢铁公司已投资本的数据偏差　（单位：美元）

项目			
资产负债表中显示的总资产			2 083 000 000
减：			
流动负债	92 900 000		
子公司的所有者权益	174 000 000		
公司持有的卡内基（Carnegie）债券	159 500 000		426 400 000
计算得出的子公司已投资本			1 656 600 000
加：			
子公司之间交易的盈余，不计入母公司的盈余			35 900 000
注销资产账户并计入 1901 年 8 月的盈余			163 700 000
注销存货并计入 1916 年的收入			15 600 000
			1 871 800 000
减：资产中的初始商誉		预计	594 100 000
子公司的有形已投资本			1 277 700 000
加：20% 的股权包含的商誉		附加	150 000 000
已投资本——财政部数据			1 427 700 000

显而易见，这张表是通过给商誉任意估价的方式进行了调整，让财政部和该公司报表中的两个数字最终达成了一致。虽然看起来有点随意，但我们发现这个答案与大众的想法非常接近（基于对钢铁公司职员的调查），因此上述分析可能正是钢铁税之谜的答案。顺便指出，按照规则减去允许的 1.5 亿美元商誉和 2.6 亿钢铁债券后，上一个财年末我们剩下的有形已投资本是 10.17 亿美元。这与年初美国钢铁公司普通股的资产价值相当，折合每股约 140 美元（恢复注销的 7500 万美元准备金后的数值）。

如果我们的视线转向其他钢铁股，就会立即陷入另一个谜团。这个谜团指的是拉克万纳（Lackawanna）钢铁公司的战争税与共和国钢铁公司之间的关系。注意表 6–4 中的数字。

表 6–4　拉克万纳钢铁公司和共和国钢铁公司的战争税　（单位：美元）

	拉克万纳钢铁公司	共和国钢铁公司
账面资本	52 912 000	70 945 000
应纳税收入	26 147 000	24 454 000
税收准备金	10 040 000	8 597 000

由于拉克万纳钢铁公司未发行优先股，它的账面资本比共和国钢铁公司小很多。因此，人们自然会认为该公司从收入中开支的税费要比共和国钢铁公司的纳税比例高得多。也就是说，从账面资本上来看，我们可以预期拉克万纳钢铁公司的应纳税额较高，共和国钢铁公司的应纳税额较低。这也是将我们的公式付诸实践的好机会！果不其然，通过两者的税收准备金可以得出，共和国钢铁公司的已投资本是 6120 万美元，而拉克万纳钢铁公司的已投资本是 5737 万美元。我们发现，前者的已投资本低于账面资本，后者的已投资本却高于账面资本。基于上文人们对钢铁税的了解，他们通常不会对共和国钢铁公司的有形投资低于年度报告中的数字而感到惊讶，但没有人会想到，或者说相信拉克万纳钢铁公司的资产账户会低估它的实际资产。为了解开这个谜团，我们必须进一步研究这个问题。

我们可以知道，共和国钢铁公司的 6120 万美元已投资本包括了 1040 万美元商誉，这就使它的有形资本降到了 5080 万美元。事实上这样的表现无可指摘，要知道 1916 年底它的普通股的资产价值只有每股 94 美元，而今年年初时，普通股的资产价值已经上升到了每股 142 美元。

这时，让我们再回到麦卡杜部长的证词上。在财政部收到的 22 份纳税申报表中，通常我们可以认为 C 公司就是共和国钢铁公司。它的数据如表 6–5 所示。

表 6–5　C 公司　（单位：美元）

已投资本	70 827 000
1917 年的税前收入	24 124 000
超额利润税	6 258 000

续前表

共和国钢铁公司	
已投资本	70 945 000（账面数字）
1917 年的税前收入	24 454 000
超额利润税	7 574 000（通过税收准备金算出的值）

如果C公司的面具之下真的是共和国钢铁公司，那么在它交给税务官的报告中显然已经用上了该公司全部的账面资本和盈余，且没有扣除任何无形资产。可想而知，在此基础上进行计算，得出的应纳税额自然会比报告中的税收准备金少。事实证明，以6120万美元资本算出的结果比它的税收准备金少了131.6万美元。共和国钢铁公司是否企图通过它向财政部报告的数据来“逃避某些责任”？亚当斯博士（Dr. Adams）在讨论这些数据时，就曾隐晦提到过度资本化对投资回报的影响。在权衡了各种因素以及分析了这个案例的方方面面以后，我们得出了一个不同寻常但并非完全不可能的假说。共和国钢铁公司正试图通过在报告中填写最大的资本金额，来压低它在纳税申报表中的数字；但在该公司给股东的报表中，它仍遵循了保守的计划，预留了可能需要的最大额度的税收准备金，以防财政部认为报告中填写的资本金额太大，不认可已投资本的账面数字并要求他们缴纳更多的税。

关于共和国钢铁公司的讨论就先到这儿。至于拉克万纳钢铁公司的案例，实际并没有这么复杂，它明显是一个低估了应纳税额的例子。根据拉克万纳钢铁公司的已投资本的全部账面价值，我们可以得出该公司的所得税和利润税共计1054万美元，仅比报告中的准备金多了50万美元。两者相差不多，每股只差了1.45美元。但如果我们假设拉克万纳钢铁公司的无形资产价值与共和国钢铁公司的准备金推导出的无形资产相等，均为2000万美元左右，那么在计入允许的700万美元商誉后，该公司的已投资本应为4000万美元。在这个基础上得出它的利润税应该不少于1105万美元，总税额为1195万美元。这会导致报告中拉克万纳钢铁公司1917年的每股收益减少 5.45 美元，降到每股 40.45 美元，比共和国钢铁公司的每股收益还少了 11.45 美元。顺便指出的是，通过拉克万纳钢铁公司的税收准备金推导出的已投资本，将使该公司股票的有形资产价值在 1918 年 1 月 1 日达到 195 美元，而此时它的账面价值仅有 185 美元。如果我们再假设，拉克万纳钢铁公司的商誉价值为 2000 万美元，那么它的股票价值将会是每股 126 美元。

拉克万纳钢铁公司并非唯一一家明显低估了税收要求的公司。鲍德温（Baldwin）机车厂也出现了这样的情况，它的税收准备金额很小，甚至都没有引起人们的注意。根据估算，鲍德温机车厂 1000 万美元的收益需要缴纳 175 万美元的税，这意味着该公司的已投资本将达到 6000 万美元。但是去年在账面资产本中减掉 1580 万美元专利和商誉后，鲍德温机车厂承认它们在 1917 年初的有形投资不会超过 3300 万美元。如果允许存在的商誉为 800 万美元，那么它的已投资本将仅有 4100 万美元。为了给鲍德温机车厂的税收准备金确定一个恰当的数额，我们建议该公司和它的子公司“标准钢铁厂”（Standard Steel Works）共同申报。根据计算结果，它们总的税收要求是 393 万美元，而两家公司加起来的税收准备金只有 251.7 万美元，差了 141.3 万美元准备金，折合普通股每股 7 美元多的差值。算上标准钢铁厂的资产，鲍德温机车厂现在的有形资产价值约为每股 123 美元。

从美国机车公司（the American Locomotive）的纳税申报表中，我们很难得到任何可靠的信息。首先，这篇文章是在该公司的年度报告发表前写的，所以我们只能得到它在 1917 年下半年的报表。其次，这个时期的税收准备金包括一笔未列明金额的加拿大关税，导致我们没有办法把它和美国的战争税分开。根据已公布的数据估算，加拿大关税通常占总税收的四分之一。如果我们接受这个估算方法，那么计算得出美国机车公司的无形资产项目约为 2500 万美元，相当于它的普通股的票面金额总数。目前，该公司累计的盈余为它的普通股创造了每股 87 美元左右的资产价值。

而美国钢铁铸造厂（American Steel Foundries）的特殊之处在于它的设备。它的税收准备金推导出的已投资本金额与资产负债表上的数字几乎完全相同。原本我们以为该公司起初就包括了商誉成分，不太可能没有任何的商誉。但后来我们想起，它在 1908 年重新调整时，资本减少了 1500 万美元，恰好印证了我们推算出的结果的准确性。而在去年 1 月 1 日，美国钢铁铸造厂的有形资产价值就已经远远超过了每股 170 美元。

最近，铁道弹簧钢厂（Railway Steel Springs）也和美国钢铁铸造厂一样，在多年以后才承认了股票的内在价值。这是一个有意思的案例，申报税额过多的情况并不常见。该公司的账面资本为 3400 万美元，收入为 880.8 万美元，而它的税收准备金却达到了 350 万美元，导致推算出的资本仅有 1800 万美元。考虑到后者允许存在的商誉价值，铁道弹簧钢厂资产负债表中的无形资产总额应为 2150 万美元，相当于全部普通股或者一半以上优先股的价值。当作者和该公司的管理层提到这一事实的时候，对方承认他们夸大了税收准备金的金额。他表示，这是出于保守起见，为了不让股东们吵着要更多的股利才这么做的。为了验证这一点，我们将实际的商誉项目定为 1350 万美元，即全部普通股的总额。这样一来，税收总额就会减少 83.5 万美元，折合每股 6 美元多的差值。

在结束上述话题的同时，我们必须指出，以上结论并不是一定会发生的事实，而是根据已有资料推算出的可能结果。如果在我们计算时，这些公司给出的数字是准确的，那么确实可以保证结论的准确性。这句话的意思是，如果某公司如实报告了它的收入和已缴税款，那么该公司的已投资本必定和我们得出的数字是一样的，它的普通股的有形资产现值也必然有我们算出的那么多。所以，如果算出的结果不准确，那很可能是因为该公司报告的数字不准确，或者故意误导了我们。总的来说，我们的结论是可靠的，足以证明美国工业股的市场价值不会再超过它们的有形资产价值；而且不论未来它们会遇到什么困难，都不会与过度资本化相关。

第二部分

1918 年 9 月至 1919 年 1 月

导读

戴维·M. 达斯特

1918 年末，这场充满了悲剧色彩并且长达多年的欧洲多国混战终于接近了尾声。当提及公历 1919 年的代表性事件，人们将会想到的是工人组织罢工、消费价格飞涨、利率不断上升、铁路股熊市和石油股大幅上涨。同年，道琼斯平均工业指数在年初开盘时的水平为 82.60 点，在 11 月 3 日飙升到了全年最高的 119.62 点，年终收盘时的水平为 107.23 点，全年涨幅高达 30.5%。

在 1918 年 9 月至 1919 年 1 月中旬发表的这四篇关于投资的文章中，年轻的本杰明·格雷厄姆开始进一步拓展证券分析的深度和广度。

在格雷厄姆的研究中有一个反复出现的主题，即寻找决定债券、优先股和普通股的内在价值最重要和关键的因素。格雷厄姆很快发现了并非所有行业都由相同的因素所决定，在某些情况下，投资者要小心被太多无关的数字和（或）误导性的数字所迷惑。格雷厄姆知道投资分析是模糊的正确，所以他总是提醒读者，要以证券的内在价值是否大致等于或者明显高于、低于它的市场价格来进行评估，而非寻求一个精确的数字。

贯穿格雷厄姆的早期文章和经典理论还有一个重要主题，即收益率和它如同雅努斯[①]般（Janus-like）的两面性。他总是忠实关注着收益率反映商

① 在古罗马神话中，雅努斯有两副面孔：一副在前，一副在脑后；一副看着过去，一副看着未来。——译者注

业周期变幻莫测的方式，技术变革导致的公司命运的改变，以及管理才能和风格特征（或反映出公司缺乏以上特质）。对格雷厄姆来说，高收益代表了吸引力，同样也传达出危险的信号。在他看来，再高的收益都不值得牺牲本金的安全。

在关注公司资产负债表的资本化时，格雷厄姆就运用了近一百年后流行的投资方法，即资本结构分析法。他总是反复提醒投资者要三思，认真思考资产负债表的层级中各种投资的优先级，谁的投资地位在前面，谁又排在后面？在普通股的投资者得到偿付以前，公司是只有一点债务，还是说有很多未偿付的股息？优先股的股东在公司的资本结构中是否排在普通股的前面？这些问题不能一概而论，格雷厄姆的结论可能会支持“有很多债务，优先股排在普通股前面”的投资，当然也可能与此相反。只有通过对不同行业、公司地位和经济前景进行具体分析，才能决定某只债券或股票是否值得推荐。

那么我们可以期望从这些早期的文章中获得什么呢？虽然格雷厄姆成长得很快，也比他的同龄人要成熟，但他在写这些文章的时候还很年轻、稚嫩，甚至可能有点笨拙。要知道，那时的社会经济条件、金融市场结构、投资者的行为模式和地缘政治现实都和现在大相径庭！那么这些分析对现在的我们又有多少相关性和实用性呢？我们为什么要关心那些早已没有意义的票面价格，关心那些早已衰落的行业和早已消失在历史长河中的公司，以及那些早已到期的债券？

简而言之，正如我们需要阅读《圣经》（*The Bible*）、《古兰经》（*The Koran*）、《易经》（*I Ching*）、《贝奥武夫》（*Beowulf*）、《堂吉诃德》（*Don Quixote*）、《十日谈》（*The Decameron*）、《罗兰之歌》（*The Song of Roland*）、《坎特伯雷故事集》（*The Canterbury Tales*）以及其他伟大的作品来了解人性和我们共同存在的奥秘，了解历史上的变与不变，我们也需要阅读第一手资料来理解格雷厄姆作品中的思想、原则和动机，了解他完美的天才和精神上的突破。

事实上，上文引用的经典著作往往广泛借鉴了更早的一些作品，包括：《吉尔伽美什史诗》（*The Epic of Gilgamesh*）；《奥义书》（*Upanishads*）和《薄伽梵歌》（*Bhagavad Gita*）；《伊利亚特》（*Iliad*）、《奥德赛》（*Odyssey*）和《埃涅阿斯纪》（*Aeneid*）；《源氏物语》（*The Tale of Genji*）；等等。当我们阅读本杰明·格雷厄姆最早的作品时，就会觉醒对金融的理解，回到金融的本源，如同洄游的鲑鱼，我们回到了不变的投资真理上，回到了价值的语言及其意义上，回到了深层的投资意识中。

《吉尔伽美什史诗》创作于公元前2100年左右，由12本书组成，充分揭示了生命的终极意义和人类对永恒的追求。《奥义书》有100多种文本，最早可以追溯到公元前1000年，它以神秘而强烈的哲学性向读者阐释了神的意识和个体灵魂的含义，有时甚至将两者等同起来。《薄伽梵歌》创作于公元前350年，出自《摩诃婆罗多》（*Mahabharata*）中的一部分，全书共18章700节，至今仍被认为是永恒智慧的象征，能够激励任何人去追寻至高无上的成就，或者解放自我、净化灵魂以及启迪心灵。

《伊利亚特》可追溯到公元前850年，共24本书15 693行，它与希腊字母表的发明有关，几个世纪以来一直在努力描述荣耀、尊重、愤怒和荣誉的概念。根据人们的推测，《伊利亚特》的续篇《奥德赛》就创作于不久之后，共24本书12 110行，它用非线性叙事和倒叙法，以及通过讲故事的方式定义了什么是忠诚、选择、狡猾、智慧、回归和复仇。

为了凸显罗马的道德价值观并使帝国血统合法化，奥古斯都·恺撒（Augustus Caesar）委托维吉尔（Virgil）创作了拉丁史诗《埃涅阿斯纪》，共12本书12 000行。《埃涅阿斯纪》认真描绘了虔诚、理性、孝道和爱国义务的意象，故而被古往今来的众多作品所借鉴。《罗摩衍那》（*Ramayana*）和《埃涅阿斯纪》创作于同一时期，大约在公元前400年至公元200年，共7本书24 000节，主要描写了人际关系中的义务以及领导才能、冷静和公正的品质。

《源氏物语》有时被称为世界上第一部小说，但实际上这是个误会，紫式部（Shikibu Murasaki）在11世纪初的时候写了这本书。从那以后,《源氏物语》就以其自然性和叙事的统一性，以及文字中透出的强烈情感、微妙细节和敏锐的洞察力，对其后的小说作家产生了深远的影响。

…

在《美国农业化工公司与弗吉尼亚－卡罗来纳化工公司》一文中，格雷厄姆研究了市场偏好美国农业化工公司的原因，并且评估了在现有价格下这样的偏好是否仍合理，以及在多大程度上仍然合理。格雷厄姆发现了一个关键因素，即美国农业化工公司普通股的股息率一直稳步上升，与此形成对比的是，弗吉尼亚－卡罗来纳化工公司普通股的股息支付记录极不稳定，其中有三年时间甚至出现了完全暂停派发股息的情况。通过分析公司的资产负债表和利润表，格雷厄姆提出了另外两个有关因素，即美国农业化工公司相比弗吉尼亚－卡罗来纳化工公司来说，拥有持续增加的运营资本和更少的银行债务。

格雷厄姆指出，两家公司最近的繁荣与化肥施用量增加的关系更密切，而不是战争时期的需求带来的。1911年至1915年的数字已经没有了参考价值，于是他不再关注这一时期的数字，而是聚焦分析每家公司的资产价值和盈利能力。考虑到弗吉尼亚－卡罗来纳化工公司的利润增长速度更快，以及它稳中向好的运营资本状况，格雷厄姆在现有的价格水平上得出结论，弗吉尼亚－卡罗来纳化工公司的普通股和优先股“对投资者来说无疑更有吸引力”。

…

在《高收益低风险的投资》这篇文章中，作者提到了“一种长久以来根深蒂固的误解……高收益必定意味着更高的风险”，并试图打破偏见和找到一些例外的情况。格雷厄姆指出，如果我们从利率4.5%的类别中随机挑选出100只债券，最终会发现它们的违约率低于100只利率6%的债券。另外他认为，谨慎的投资者可以从这里找到高收益并且安全的投资机会：（1）“安全但没有上市”的证券；和/或（2）“安全但被投资者的偏见影响”的证券，且这些偏见在任何时候都是毫无根据或不合理的。

格雷厄姆表示，对那些眼光独到和坚持原则的投资者来说，只要愿意在“冷静的基础上”花时间调查具体证券的事实和细节，抛开偏见，他们就会发现市场上不乏收益率高且安全的债券、优先股和普通股：

> 与大众的观念相反，价格并非总能预测到情况的变化，甚至不能立即反映出来。惯性定律不仅适用于其他领域，也适用于金融领域，一般总要经过很长一段时间，投资者才能对事物的新秩序做出判断。

因此，格雷厄姆在文章中告诫读者，“除非投资者能做出准确的判断，否则通过投资得到的回报很可能还抵不上惨痛的本金损失”。但只要有机会进行调查并且谨慎选择投资产品，完全可以做到高收益和安全性兼得。

…

《联合天然气公司的隐形资产》这篇文章研究了公用事业行业的股票，特别是对联合天然气集团所属公司做了对比分析，以及它们是否在战争停止的时候已经到了最糟糕的境地，未来是否还有希望恢复以前的繁荣。

格雷厄姆讨论了可以提高联合天然气公司盈利能力的因素（如子公司的未分配利润、计入运营费用的超额准备金和计入运营费用的超额税费）以及增加资产价值的因素（如联合天然气公司资产负债表中子公司股票面值超过估值的部分、子公司的累计盈余以及作为负债计提的超额应急准备金）。经过努力细致的信息收集和相关数据分析后，格雷厄姆指出“投资者可以充分相信这只股票的内在优点和未来的升值空间”，并且得出结论，“在这只股票的背后不仅有100美元的每股收益和更多的实际价值，而且它的发展前景会越来越好。如果投资者以现在的价格水平买入联合天然气公司的股票，那么他们会发现这是一只非常令人满意的股票，尽管可能需要一点耐心等待”。

…

在《寻找债券名单中的“便宜货”》这篇文章中，格雷厄姆对一系列债券进行了详细的分析，包括休斯敦 – 得克萨斯中央铁路公司（Houston & Texas Central）利率为 5% 的第一抵押债券，东田纳西 – 弗吉尼亚 – 佐治亚州铁路公司（East Tennessee，Virginia & Georgia）利率为 5% 的第一抵押债券，切萨皮克 – 俄亥俄州铁路公司（Chesapeake & Ohio）的 4 只债券，以及纽约中央铁路公司的 4 只债券，格兰比铜矿公司（Granby Copper）利率为 6% 的第一抵押债券，联合箱包纸业公司（Union Bag and Paper）利率为 5% 的第一抵押债券，智利铜矿公司（Chile Copper）利率为 6% 的可转换债券，以及皮尔利斯卡车汽车公司（Peerless Truck and Motor）利率为 6% 的第一抵押债券，并根据以下标准来确定这些债券的投资吸引力等级：

1. 由高价值资产担保的小额封闭式第一抵押债券；
2. 流动资产净额超过发行时的票面价值；
3. 最低收益大大超过利息要求；
4. 股票的市场价格是已发行债券价格的许多倍；
5. 偿债基金将在到期前赎回全部已发行债券；
6. 有升值潜力的转换权。

格雷厄姆表示，投资者通常不会注意到上述标准中的第 4 点，但这一点却是“债券发行背后标志着安全性的最重要的一个指标”。在他看来，如果股票的价值远远超过了长期债券的负债，在这样的情况下即使公司的资产和收益出现严重缩水，有这些股票作为缓冲，那么距离债券的安全性真正受损也还有很长的一段路。

第 7 章

美国农业化工公司与弗吉尼亚 – 卡罗来纳化工公司

它们的价格偏离正轨了吗——美国农业为何遥遥领先——战争与和平年代都必需的化肥

从投资评级的角度考虑，美国农业化工公司（American Agricultural Chemical，AGR。简称“美国农业”）相比弗吉尼亚 – 卡罗来纳化工公司（Virginia-Carolina Chemical，VC。简称“弗卡化工”）一直都保持着明显的优势。我们对上述公司的证券进行了分组比较，其结果非常清楚地证明了这一事实（见表 7–1）。

美国农业的普通股售价几乎是弗卡化工的两倍，但从它发行的其他所有证券来看，美国农业的报价都逊色于那个不受欢迎的竞争对手弗卡化工的相应证券。我们知道，债券的价格多多少少会被各式各样的转换权影响，但优先股却能够不受影响，如实地反映出公众对两只债券的评价高低。因此，本文打算分两步研究人们更喜欢美国农业化工公司的原因，首先要确定这样的偏好是在什么条件下形成的，然后进一步分析它在现有条件下是否合理，以及在多大程度上仍然合理。

表 7–1 美国农业化工公司 VS. 弗吉尼亚 – 卡罗来纳化工公司

		证券的市场收益率			
		到期日	利率	现价 / 美元	收益率
第一抵押债券	AGR	（a）1928	5%	94.5	5.75%
	VC	1923	5%	93.5	6.5%
信用债券	AGR	（b）1924	5%	97.5	5.5%
	VC	（c）1924	6%	96.5	6.7%
优先股	AGR		6%	92	6.52%
	VC		8%	107	7.48%
普通股	AGR		8%	100	8%
	VC		4%	53	7.56%

（a）可按票面价格转换为优先股。
（b）可按票面价格转换为普通股。
（c）可按 110 美元的价格转换为优先股。

有些读者可能会惊讶地发现，弗卡化工的证券不仅历史更久，受人关注的时间也更长，多年来它受到的重视远比美国农业的证券多。弗卡化工自 1895 年开始就已经活跃在市场上了，比起美国农业这个名字出现的时间还早了 4 年。1902 年时，弗卡化工的普通股常常以美国农业普通股的两倍价格出售，这两只普通股当年的高点分别为每股 76.625 美元和 32.25 美元。显然，弗卡化工一直保持着领先的优势。但 1912 年以后，美国农业迅速赶了上来，如表 7–2 所示。注意观察，下表清楚显示了两家公司的相对地位是如何在 8 年内几乎完全逆转的。

表 7–2 两家公司的相对地位变化 （单位：美元）

	弗卡化工	美国农业
1906 年的高点	58	34.125
1914 年的高点	34.875	59.5

最初市场调整和出现变化的原因是弗卡化工截至 1911 年 5 月 31 日的财务年度净收入减少了约 200 万美元。但离奇的是，这是在该公司当年总

业务量的收益达到了 600 万美元的情况下发生的。由于某些不为人知的原因，弗卡化工在 1911 年的销售利润急剧收缩，从那以后就一直保持在一个比较低的水平。因此，尽管弗卡化工在 1910 年时可用于支付利息的净利润超过了利润总额的 10%，但到 1911 年的时候，这个比例仅略高于 6%。而在 1911 年以后，这个比例最高也就 8.5%，去年的情况亦是如此。至于该公司净利润百分比下降的原因，我们有理由相信这与公司采用的会计方法太保守有关，尤其弗卡化工还设立了充足的呆账准备金等。

后来居上的美国农业

不管到底是什么原因，从 1911 年起，弗卡化工的净利润表现就进入了一个非常平庸的时期，并且持续了整整 4 年。期间，它在 1914 年的普通股净利润最高，达到了每股 3.4 美元，1913 年则达到了最低点每股 53 美分。与此相对的是，美国农业的表现虽然没有那么耀眼，但它的成长更加稳固和振奋人心。1910 年，两家公司普通股的每股收益都是 10.42 美元。但在接下来的 4 年里，美国农业的每股收益就没有低于 5.23 美元的时候，高的时候甚至可以达到 9.05 美元。这样的表现明显比刚才提到的弗卡化工好了太多。

美国农业在市场上的进步主要取决于它的股息政策。虽然几乎从一开始，该公司就为普通股赚到了非常可观的收益，但直到其成立 12 年后，才开始向普通股的股东支付股息。好在美国农业从 1912 年定下了 4% 的初始比率以来，它的股息率从来没有突然改变或者降低过。而且在过去的两年里，该公司的股息率一直稳步上升，目前已经达到了 8% 的水平。相较而言，弗卡化工的股息率记录基本上没什么规律，如表 7–3 所示。更让人扼腕的是，1911 年的时候，弗卡化工把股息率提到了史上最高的 5% 的水平，恰恰就在那一年，它的收益出现了非常明显的下滑，导致该公司的利润不足以支付当年需要分派的股息；这部分资金缺口约为 53 万美元。到了 1913 年，弗卡化工普通股的收益几乎已经没有了，但是它仍然保持 3% 的股息率，勉强支付了当年的股息，这导致公司出现了更大的赤字。为了弥补赤字，弗卡化工意识到，在接下来的 3 年里，它们必须全面停止派发普通股的股息。

可以说，美国农业仅凭其收益和股息记录，就足以让它在投资上立于不败之地了。不过，另外两个因素或多或少也促成了这一点。美国农业不仅拥有持续不断且更庞大的运营资本，而且在控制银行贷款这件事上也更为成功。1913 年，美国农业对银行的债务只有 321.9 万美元，而此时的弗卡化工却有 990 万美元的应付票据债务。

表 7–3 普通股的股息记录

年份	弗卡化工	美国农业	年份	弗卡化工	美国农业
1896	1%	无	1911	3%	无
1897—1901	4%	无	1912	3%	4%
1902	4.75%	无	1913	1.5%	4%
1903	2.5%	无	1914—1915	无	4%
1904—1908	无	无	1916	无	4.25%
1909	3%	无	1917	3%	5.25%
1910	5%	无	1918（现在的股息率）	4%	8%

最近的记录

在分析了美国农业遥遥领先的最初原因后，让我们把注意力转向战争带来的影响（见图 7–1）。下文的第二张图表明了美国农业和弗卡化工在过去 4 年中收益的发展情况。我们首先要强调的是，冲突刚刚爆发的时候，大规模的商业衰退并没有影响到这些公司。弗卡化工和美国农业的财务年度分别于 5 月 31 日和 6 月 30 日结束，因此它们 1915 年的财务年刚好与战争的第一年时间重合。但令我们没有想到的是，弗卡化工这一财年的营

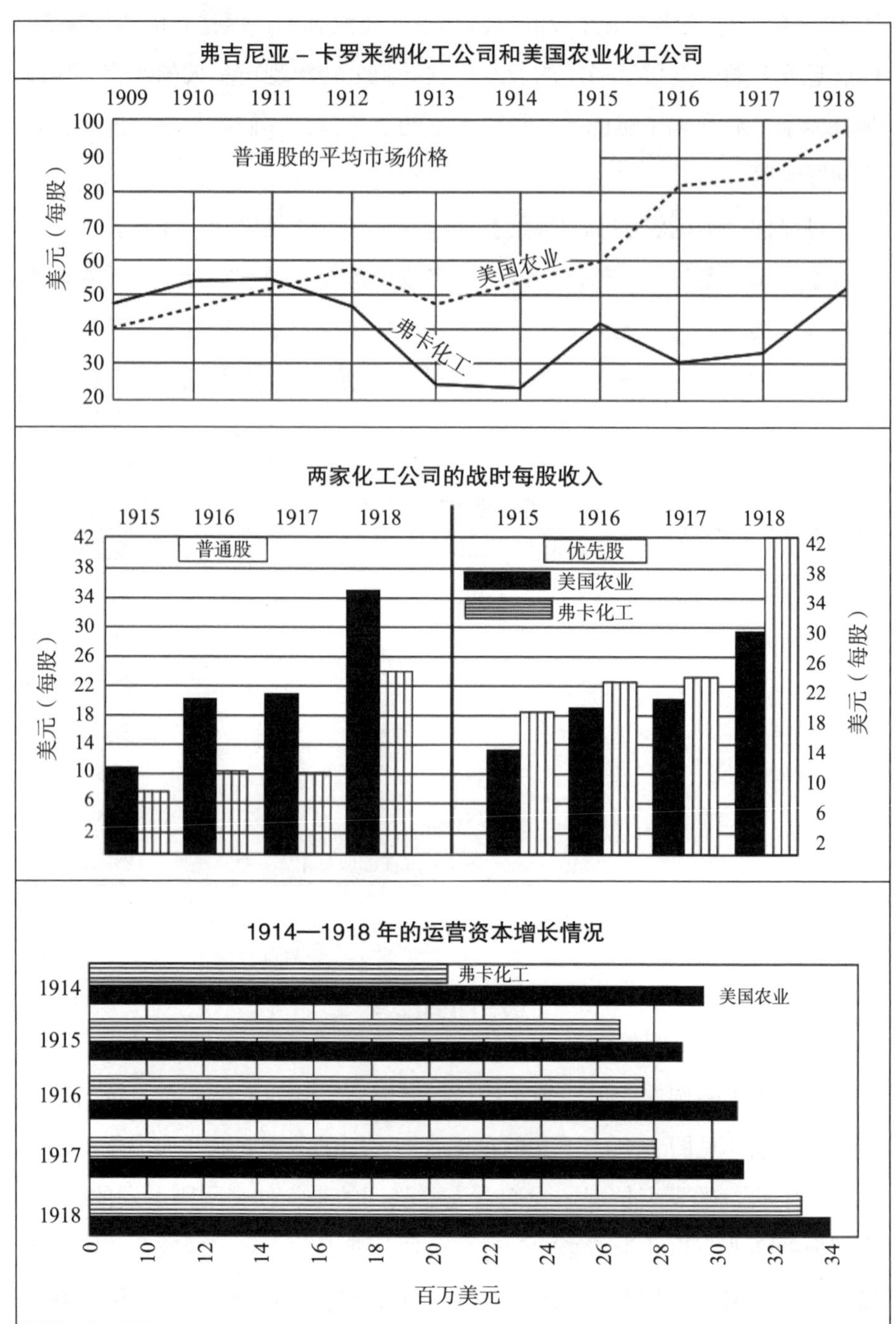

图 7–1　战争给美国农业和弗卡化工带来的影响

业额（该公司仅报告了总业务量）超过了前一年的数据，它的普通股的收益也是历史上（除 1910 年外）最高的一年。美国农业的业绩甚至比它更好。在接下来的 4 年时间里，两家公司的利润都在稳步增长，根据它们 1918 年的报告显示，这一年美国农业的普通股收益为每股 35 美元，而弗卡化工的普通股收益为每股 24.25 美元。

自 1914 年以来，美国农业的普通股收益为每股 86.50 美元，并支付了 18.50 美元的股息，剩余的 68 美元即为盈余，约等于当前市场价格的 70%。同一时间，弗卡化工的普通股收益为每股 53.10 美元，当年分派股息每股 4.50 美元，使得盈余增加了 48.60 美元，超过了它现在价格的 90%。

总的来说，两家公司的表现都非常出色。当被问到不久的将来会怎样时，两者均表示前景可观，唯一的缺陷就是劳动力紧缺。

战争仍在继续，不过这时候的化肥公司绝对占据了优势。化肥与粮食产量息息相关，因而化肥产业被公认为是现在最重要的产业之一，所有的人都盼着农民可以用土壤肥料来增加产量，为更多人提供口粮。显而易见，人们对弗卡化工的大型子公司——南方棉油公司（Southern Cotton Oil Company）的旺盛需求必定会持续。

另一方面，这些化工公司还有一个特殊的优势，那就是它们可以在恢复和平的过程中获得利益。在战争的情况下，化肥的出口贸易几乎完全暂停，尤其是磷酸盐的供应长期处于短缺状态，但现在它们不仅可以期待重新开展大量的出口贸易，而且其他国家对它们的磷矿石也有巨大的需求。美国农业和弗卡化工最近的繁荣并不是战争弹药订单带来的，毕竟这些订单都会随着和平的到来而消失。这是由于它们的产品与食物供应密切相关，而战后即将到来的集约耕种期则意味着人们需要使用更多的肥料。我们要指出的是，早在以前在弗卡化工每年的销售总额记录中，就有公司业务在各种条件下保持稳定的证明；除了 1912 年这一年的记录，其余每年的销售总额都超过了以前的记录。

通过对两家公司最近的记录和未来前景的分析，我们得出了一个重要的结论。它们在 1911 年至 1915 年期间的表现和如今二者之间的相对优势并没有任何关系。因为自 1914 年以来，美国农业和弗卡化工的地位发生了如此巨大的转变，但两者的前景都很乐观，所以我们可以断言这与它们的相对地位无关。我们的意思是，无论是以美国农业五六年前更好的表现记录来认定，还是以弗卡化工在 1910 年前无可争议的主导地位作为人们现在偏好的原因和论据，都不合逻辑。因此，在选择美国农业或是弗卡化工的时候，我们必须明白 1915 年以前的记录已经成为过去的历史，只应根据它们最近的成绩和目前的地位来得出结论。

美国农业和弗卡化工的资本化情况几乎完全相同（见表 7–4），所以我们在比较这两家优先股支出相差很大的企业时，并没有遇到什么难题。虽然弗卡化工的优先股发行量较小，但它的股息率为 8%，这使得总共需要分派的股息要求几乎和美国农业的优先股一样了。它们的固定利息支出也是同样的情况。所以，这两只普通股可以直接通过它们的资产价值和盈利能力进行比较。

表 7–4　　两家公司的资本化情况　　（单位：美元）

	美国农业	弗卡化工
抵押债券	8 252 000	12 300 000
信用债券	9 100 000	4 609 385
债券总额	17 352 000	16 909 385
优先股	27 648 200	20 012 255
普通股	18 430 900	27 084 400
资本总额	63 431 100	64 006 040

对弗卡化工来说，它的优势在于公司业务比美国农业更加多元化。前者的产品不仅包括了化肥和同类化学产品，还有南方棉油公司生产和销售的棉花籽油、猪油和肥皂等。1914 年是我们唯一可以找到该公司详细数据的年份，这一年南方棉油公司的总业务量占了总公司所有业务的 60% 以

上。换句话说，弗卡化工的化肥和同类产品对公司销售额的贡献其实并没有食品及其相关产品的贡献大。

高资产价值

美国农业普通股的资产价值为每股189美元，约为它市场价格的两倍，而弗卡化工普通股的资产价值为每股165美元，接近它市场价格的3倍。与此同时，在美国农业招摇地以1美元的价格持有商誉的情况下，弗卡化工始终没有说明资产负债表的资产账户里包含的商誉金额。可以想见，弗卡化工的商誉价值肯定是一个很大的数字。1907年，南方棉油公司在与弗卡化工合并的时候，它的工厂以1800万美元计入了弗卡化工的资产账户，实际上它们的账面价值还不到1000万美元。再说美国农业，由于公司记账调整，它的无形资产都没有计入相应的账户。这些专利和商誉最初的价值超过了1650万美元，但在1912年时，公司对它的商誉重新进行了评估，其中的1200万美元被转入了矿业资产账目。至于剩下的450万美元，大部分都在1916年时从盈余中扣除了。

另一方面，在收购了南方棉油公司后，弗卡化工含磷酸盐的土地资产很可能也在不断升值。如果按照美国农业的方式记账，那么该公司的商誉账户也会大幅减值。更重要的是，弗卡化工的资产账户即使包括了商誉和其他所有资产，也没有超过美国农业的数字。然而，凭借这些资产，弗卡化工去年的净利润超过了它的竞争对手。因此我们可以得出结论，弗卡化工按一定比例用于担保普通股的资产，其价值至少和美国农业一样高。而且已经有人指出，仅在过去的4年里，弗卡化工就将担保普通股的资产价值上调到了现在市场价格的90%，而美国农业的这个比例只有68%。

在分析公司的运营资本时，要特别注意弗卡化工的预付款项。从上文第三张图可知，美国农业在1914年时比弗卡化工多出近一半运营资本的优势，如今已经完全消失了。弗卡化工现在的流动资产净额与支付所有债券和优先股所需的资产仅相差了 400 万美元，而美国农业的这个差额为 1100 万美元。我们已经提到在前几年，美国农业的银行借款一直以来都远低于弗卡化工，但现在它的借款金额从 1372.9 万美元上升到了 1702 万美元，增加了约 329 万美元。最后，在去年的 5 月 31 日，即上一财年末的时候，弗卡化工手头的现金为 677.6 万美元，而美国农业在上一财年末（去年 6 月 30 日）的现金只有 278.5 万美元。从流动资产和负债的角度来看，现在占据了有利地位的是弗卡化工。

丰厚的收益

接下来是对收益的全面分析。去年，弗卡化工的税后收入占了市场价格的 45%，美国农业的税后收入占比仅为 35%。当我们进一步分析两者在过去 4 年的平均水平时，可以发现弗卡化工的这一比例为 25%，而美国农业为 23%。显然，弗卡化工的利润逐年增长的速度更快。

不久前，美国农业宣布将普通股的股息率上调至 8%，所以现在这只股票的收益回报略高于弗卡化工的普通股。但在我们看来，在确定价值的过程中，当前股息回报往往容易被高估，尤其现在几乎每个季度公司支付的股息都在变化。

当我们从多个角度研究了这个问题后，可以得出以下结论：虽然弗卡化工普通股的股息回报率略低一点，但比起以票面价格出售的美国农业，每股 53 美元的弗卡化工显然更让投资者心动。事实上，考虑到弗卡化工去年的盈利能力优于美国农业，我们认为它的普通股完全可以卖出更高的价格，但它现在的价格大约只有美国农业的三分之二。所以，我们的观点是相对于美国农业当前的价格，弗卡化工的报价可能低了 12 个百分点。

投资价值

对上述公司的优先股进行研究也可以得出相似的结论。自 1895 年以来，弗卡化工向优先股的股东连续每年支付了 8% 的股息。但在 1915 年的前两个季度，它的股息是以临时凭证的形式支付的，按计划第二年才能赎回这些凭证。这件事似乎对这只股票的投资评级造成了严重的伤害。但事实上在赎回股息临时凭证的那一年，投资者通过优先股获得了超过 18% 的股息，收益远比美国农业的表现更好。而且弗卡化工手头有超过 400 万美元的现金，流动资产状况相当不错，它在战争初期使用临时凭证支付股息，似乎只是难以确定前景下的一种保守做法。弗卡化工的优先股和美国农业一样，股东对它们的权益都受到公司资产和收益的保护；而且公司的运营资本几乎可以完全覆盖这部分资金。考虑到弗卡化工优先股的收益率比另一只股票高 1%，我们相信投资者会更倾向于买入弗卡化工。

在研究这两家行业领先的化工公司时，任何人都会对它们强劲的表现感到印象深刻。或许和其他任一行业相比，它们的未来会有更多的希望和更少的恐慌；而且它们的股票在“和平股”的名单中一马当先。因此，虽然这两家公司都处于一个令人羡慕的地位，但我们的分析表明，在某些水平上，弗卡化工的普通股和优先股对投资者来说无疑更有吸引力。

第 8 章

Benjamin Graham on Investing: Enduring Lessons from the Father of Value Investing

高收益低风险的投资

偏见和机会——利润为 6% 至 10% 的安全债券——债券、优先股和普通股推荐名单

债券市场的变化如此之快，以至于我们都无法拍照记录下来，更不用说对它进行分析了，甚至有时，我们写下的投资建议在墨迹未干的时候就已经过时了。所以在写这篇文章的时候，作者认为有必要改变先前的观点，以适应债券报价快速上升的情况。在一到两周前，“高收益”一词意味着不少于 6.5% 或者 7% 的回报，但现在任何高于 6% 的收入都可以算作高收益的类别了。

人们总认为相对于低收益的产品，高收益必定意味着更高的风险，但这只是一种长久以来根深蒂固的误解，而现在是打破这个误解的好机会！按照一般证券的发行规律，如果我们从利率 4.5% 的类别中随机挑选出 100 只债券，最终会发现它们的违约率低于 100 只利率为 6% 的债券。这当然没错，但对于个别证券，情况可能大不相同；无论是在过去还是现在，我们都能看到许多高收益债券的例子，而且相比其他收益率更低的债券，这些债券确实得到了更好的保护。所以“6% 收益且安全”的投资与 4% 收益且安全的投资一样可以办得到，只是人们在选择投资时需要更加谨慎，并且要有更好的辨别能力。

事实上，通常正是因为债券的安全性无法确定，人们才有机会获得高收益。但在许多特定情况下，获得高收益的原因也可能与债券的内在优点无关。谨慎的投资者可以在这一点上发现自己的机会，而这些交易机会有以下两种可能：

A：安全但没有上市的证券。

B：安全但被投资者的偏见影响了的债券，且这些偏见在任何时候都是毫无根据或不合理的。

一些利率为 6% 的低价债券

表 8–1 显示了一些收益大于或等于 6% 的优质债券。威尔逊公司第一抵押债券（Wilson & Co. 1st）就是一个很好的例子。它是一只高等级债券，1914 年到期，票面利率为 6%，由于发行条件不成熟，价格被低估了，所以凭借高收益来吸引投资者；在本文撰写的时候，这只债券还可以凭低于票面的价格买入。考虑到该公司的肉类加工业务非常稳定，近年来的收益记录也很漂亮，它的第一只抵押债券理当被列为高等级的投资。

表 8–1　　收益大于或等于 6% 的优质债券

	到期日	11 月 12 日的价格 / 美元	收益率
阿穆尔公司利率 6% 的可转换债券	1924	99.5	6.1%
伯利恒钢铁公司利率 5% 的购买财产债券	1936	84	6.52%
布雷登铜矿公司利率 6% 的担保债券	1931	95	6.55%
智利铜矿公司利率 6% 的可转换债券	1932	89	7.35%
格兰比铜矿公司利率 6% 的可转换债券	1928	100	6%

续前表

	到期日	11 月 12 日的价格 / 美元	收益率
密苏里太平洋铁路公司利率 5% 的永久债券	1923	94	6.6%
纽约空气制动器公司利率 6% 的第一抵押债券	1928	99	6.15%
圣路易斯 – 铁山 – 南方铁路公司利率 4% 的再融资债券	1929	82	6.29%
得克萨斯公司利率 6% 的信用债券	1931	100	6%
弗吉尼亚 – 卡罗来纳化工公司利率 6% 的可转换债券	1924	100	6%
威尔逊公司利率 6% 的第一抵押债券	1941	98	6.14%

和威尔逊公司第一抵押债券同类型的还有智利铜矿公司的可转换债券，它的利率为 6%，将于 1932 年到期。智利铜业在一个最糟糕的时机上市，很快遭遇了市值大幅下跌的情况，直到最近才有所好转。现在这家铜矿公司的收益足以支付利息费用，并且绰绰有余；在接下来的几年里，和平还会带来铜矿产出的增长，就算每磅矿石的利润有任何降低的可能，智利铜矿公司也可以在收益上得到更多补偿。重要的是我们得认识到，首先，智利铜业是一个非常庞大的产物，它的背后不仅有最强大的银行，而且有最优秀的工程人才支持公司的发展；其次在遇到麻烦时，挡在这些债券前面的还有 380 万股市值约为 9000 万美元的股票。采矿业历史表明，好的铜矿公司的可转换债券总会被兑换成股票。毫无疑问，持有智利铜矿公司利率为 6% 的可转换债券的投资者迟早也会发现，行使转换权会给他们带来什么样的好处。

像这样因为不合理的偏见而在市场上表现不佳的债券很多，可以列出很长一串名单。与大众的观念相反，价格并非总能预测到情况的变化，甚至不能立即反映出来。惯性定律不仅适用于其他领域，也适用于金融领域，一般总要经过很长一段时间，投资者才能对事物的新秩序做出判断。过去有一两个例子或许可以印证我们的评价，为我们的论点赢得更多的关注。

联合债券的教训

对于愿意思考的人来说，当美国于 1917 年 4 月宣布参战时，有两件事情显而易见。首先，美国在这场战争中一定会胜利。其次，只要战争还在继续，那么这个国家将倾其全部财政资源坚定地支持盟国。这些事实还意味着什么？市场上的每一笔法国和英国的公债都是绝对安全的，因为只会有两种结果。当它们到期时，战争就结束了，在这样的情况下就很好处理，由发行国正常偿付债券即可；但如果战争没有结束，作为对盟国财政援助的一部分，美国将自己担负起还款责任。通过观察可以发现，美国对法国和英国的贷款以每年 60 亿美元的速度在增加，但它们对这个国家的投资净额还不到 40 亿美元。显然，我们发放给盟国的贷款不仅覆盖了它们在市场上交易投资的花费，还可以偿还它们到期的债务。

在英国利率为 5.5% 的债券价格低于 90 美元的那几个月里，当法国以“八十出头”的价格出售市政债券的时候，作者一次又一次向投资者抛出了这些观点。那么，投资者对他的推论有异议吗？没有。可又有多少人抓住了这个难得的机会呢？很少很少。大多数投资者都“不喜欢外国债券”，这意味着只有少数头脑清醒且不带偏见的投资者才能大赚一笔。

另一个例子与下文将要提出的投资建议有关。1915 年末，当众多铁路股在利率 4.5% 的基础上进行报价时，人们只需 92 美元就可以买到铁道弹簧钢厂和洋际植物公司（Inter-Ocean Plant）联合发行的利率 5% 的债券。当时铁道弹簧钢厂的财务状况良好，收益也达到了可以创下纪录的比例，除此以外还有两只次级股票可以保证债券不亏损。然而没有一家债券公司敢向寻求保守投资的人们推荐它们。当客户在名单上发现这只债券时，还会嗤之以鼻："我问他们要的是高等级债券，他们却硬塞给我这只廉价的工业债券，我完全可以去找一个更值得信任的人，让我的钱有更好的去处！"然后他就会去另一间证券交易所，选择一份以售价为 94 美元且利率为 4% 的艾奇逊 – 托皮卡 – 圣达菲铁路公司（Atchison）一般债券打头的名单，或许名单中还会包括售价为 107 美元且利率为 5% 的圣保罗再融资债券，以提高整体收益。

接下来发生的事则充分体现了这位典型投资者的"智慧"。去年 9 月，当铁路债券的价格处于最低谷的时候，芝加哥 – 密尔沃基 – 圣保罗铁路公司利率为 5% 的债券售价为 77 美元，价格下跌了仅 30 个百分点；然而，这时铁道弹簧钢厂以 105 美元的高价赎回了市场上剩余的抵押债券，比起之前由于收益太高而卖不出去的时候，价格高了 13 个百分点！

或许这个真实的故事对现在的情况有着宝贵的启示意义。例如，得克萨斯公司（Texas Company）利率为 6% 的信用债券正以票面价格出售，它的收益率比美国钢铁公司利率为 5% 的偿债基金高出整整 1 个百分点。但典型的投资者先生会说"我不想要石油公司的债券"，然后从热门的债券中挑一只（这些债券能以 5% 的利率卖出高价，只因为它们是投资者曾经的最爱）。但头脑清醒的投资者会去调查这只债券，然后他会发现，这些信用债券是该公司唯一小额发行的债券。公司还有一只刚刚开始运作的大型偿债基金，在没有增加任何融资债务的情况下，仅通过它超乎想象的收益和持续发行的股票，就投入了数千万美元的资产。最后以资产来衡量公司的股本，我们会发现它的收益是如此巨大，即使石油行业全面崩溃也无法摧毁其价值。

另一个相似的案例是纽约空气制动器公司（New York Air Brake）利率为 6% 的债券，它也以票面价格在售。老派的投资者先生又会认为买入该公司的债券就是选择了一场"蘑菇战"，劳心又劳力，并且对这只债券持怀疑的态度。但这只债券的发行规模太小了，纽约空气制动器公司的流动资产净额又如此巨大，甚至战前收益也大大超过了利息要求，所以无论该公司的盈利能力产生怎样的波动，它的第一只抵押债券的安全性也不会受到影响。

格兰比铜矿公司利率为 6% 的债券

格兰比铜矿公司（Granby Copper）利率为 6% 的可转换债券同样会在 1928 年到期，它的售价与票面价格差不多。但很多投资者连考虑都不会考虑，只因为他们不喜欢矿业公司的债券。当其他人回忆起格兰比铜矿公司多年前曲折的发展历程时，都会忍不住举手抗议。它的发行额只有 250 万美元，并且正以超过每年 50 万美元的速度被收回；在它的资产结构中，前面还有发行总额 1500 万美元但现值 1200 多万美元的股票作为保证；另外，如果以 14.5 美分的价格出售金属铜，该公司应该能够赚到 10 倍的利息。由于偿债基金必须在到期前赎回所有的债券，只要持有的时间足够长，这只债券必然可以达到 110 美元的最高价格，持有人就能获得 10 美元利润。换句话说，这是一个集合了安全性、6% 的收益和 10% 的利润的组合。

阿穆尔公司（Armour and Co.）的债券与上述债券的情况非常相似，它的利率也是 6%，虽然分不同的系列发行，但都在 1924 年到期，另外还可以随时以票面价格转换为利率 7% 的优先股。有些投资者害怕政府可能会控制食品加工行业。出于同样的理由，美国电话电报公司利率为 6% 的债券也很难卖出去，虽然当时的价格只有 94 美元，而它现在的价格是 104 美元。谁也不会想到，这只债券成了今年最具吸引力的产品。

在以上两个案例中，公众看不见的是，政府管制带来的不利影响只会落在大量发行的股票上，而公司收归国有后保证收益的优点将直接惠及所有债券持有人。

在 5 亿美元的利率 8% 的股票支持下，债券的利息得以保证，美国电话电报公司的债券持有人还有什么好担心的呢？阿穆尔公司还有数亿美元未偿付的股票在市场上流通，成了新的票据持有人和债券充公风险中间宽阔的缓冲带。此外，阿穆尔公司的票据可以转换为利率 7% 的优先股，这些新的优先股最终售价应为 110 美元。于是这里又有了一个集安全性、6% 的收益和大约 10% 的利润为一体的例子。

弗吉尼亚 – 卡罗来纳化工公司 1924 年到期的利率 6% 的信用债券也以票面价格在售。这四年来公司经历了前所未有的繁荣期，人们认为它的债券属于保守投资的行列。具体而言，它的发行规模小、股本规模大，同时有偿债基金作为后盾来维持债券的价格和以 110 美元的价格（低于现价）转为优先股的转换权，因此有望获得不错的利润。

在众多铁路债券中，没有多少收益为 6% 的债券能够经得住这样的分析和严峻考验，所以，让我们来看一些利率更低的债券。密苏里太平洋铁路公司的重组非常巧妙和彻底，铁路债券最近的表现也很令人鼓舞。作为以上事实的结果，我们现在可以毫不犹豫地推荐 1923 年到期的利率为 5% 的首批再融资债券，以及 1929 年到期的利率为 4% 的圣路易斯 – 铁山 – 南方铁路公司（Iron Mountain）的再融资债券。

优先股票

如今的工业优先股比历史上的任何时候都更有吸引力。近年来，大部分公司的状况都得到了改善，其优先股的股息也应该因此得以保证。另外，由于优先股的平均收益率仍高于战前的数字，当利率逐渐回到战前的水平时，这些债券的价格应该会大幅上涨。

我们可提供的优先股名单分为两组（见表 8–2 和表 8–3）。第一组包括标准意义上的成熟股票，它们的价格非常稳定，在过去通常以 6% 的基础利率销售，现在的收益率一般在 6.3% ~ 6.75%。这些都是稳妥且值得购买的投资组合，最终的利润应该会有 4 ~ 10 个百分点。

表 8–2 标准工业优先股

	利率	11 月 12 日的价格（美元）	收益率	收益率为 6% 时的价格（美元）
美国农业化工公司	6%	96.5	6.09%	100
美国汽车与铸造公司	7%	111	6.3%	116.75
美国冶炼和精炼厂	7%	110	6.36%	116.75
中央皮革公司	7%	108	6.48%	116.75
古德里奇公司	7%	104	6.73%	116.75
国际收割机公司	7%	110	6.36%	116.75
克瑞斯吉公司	7%	105	6.85%	116.75
国家铅业公司	7%	105	6.85%	116.75
美国钢铁公司	7%	112.5	6.22%	116.75

表 8–3 收益大于或等于 7% 的良好工业优先股

	利率	11 月 12 日的价格（美元）	收益率	收益率为 6% 时的价格（美元）
美国机车公司	7%	100	7%	116.75
伯利恒钢铁公司	8%	104	7.69%	133.25
通用汽车公司	6%	85.5	7.01%	100
共和国钢铁公司	7%	100	7%	116.75
皮尔斯箭头汽车公司	8%	103	7.76%	133.25
美国烟草制品公司	7%	100	7%	116.75
弗吉尼亚 – 卡罗来纳化工公司	8%	111	7.2%	133.25
威利斯汽车公司	7%	86	8.13%	116.75

从表面上看，第二份名单的组合很难形容，或许会有人觉得不伦不类，超出了想象。这一组所有股票的收益率都超过了 7%，其中一些可能会让保守的投资者相当震惊。但我们仔细分析就会发现，每一只高收益的优先股都得到了资产价值和盈利能力的良好保护。其中，三只汽车股票都经历了一段艰难的时期，但它们的优先股并没有什么危险的迹象；它

们拥有的固定资产和流动资产相对于许多标准的成熟股票来说，对优先股支持力度更大；和平的局势会促进它们所在的产业繁荣发展，而不是萎缩。

共和国钢铁公司和美国机车公司的优先股，以及伯利恒钢铁公司（Bethlehem Steel）利率为 8% 的优先股，都以同样的方式积累了大量股本。假如在过去三年里出现了暂时的经济萧条期，这一有利条件应该可以让它们安全度过低谷。最终，它们的优势将体现在优先股背后持续增长的盈利能力上。

普通股票

一只好的普通股是最佳的投资对象。

作为一家可靠的公司的合伙人，股东可能不仅期望他的资本能够获得丰厚的回报，还会希望股票的价值可以随着公司业务的扩张和盈余的积累持续上涨。许多投资者曾对作者说："我从来不买股票，让其他人去做投机的买卖吧！我所有的钱只会投给债券。"

有的投资者不懂如何谨慎挑选投资对象，或者不愿花心思在定期审查投资状况上，对他们来说，买一只好的普通股可能就是最好的策略了。很多人已经在债券投资上付出了代价，他们发现"债券"这个词并没有保证绝不亏损的魔力；与此相对的是，其他人从中吸取了经验教训并认识到"股票"也不总是代表着投机。

对普通股的保守投资可以分为两类。第一类指的是那些能够代表一个极其稳定的行业，或者拥有长期稳定股息记录的股票；第二类是最近才成长起来的股票，由于它们前面（实际上）不存在优先级更高的债权，所以这些股票会有更加坚实的基础（见表 8–4）。

表 8–4 属于保守投资的普通股

	股息率	11月12日的价格（美元）	收益率
美国电话电报公司	8%	108	7.4%
艾奇逊－托皮卡－圣达菲铁路公司	6%	96	6.25%
通用电气公司	8%（现金） 4%（股票）	156	9.12%
大北方铁矿产物公司	7%	103.5	6.76%
太平洋联合公司	10%	135	7.4%
西部联合电报公司	7%	93	7.52%
西屋电气制造公司	3.5%	45	7.77%

第一种类型的代表有铁路股中的艾奇逊－托皮卡－圣达菲铁路公司、公用事业股票中的美国电话电报公司，以及工业股中的通用电气公司的普通股。由于这些股票的表现一直不错，它们的持有者都能满意地看待过去，平静地看待未来。前两者顺利度过了政府管制的劫难，而且期间的股息都能得到保证，可以说是毫发无损。第三只股票的持有者则可以满怀信心，期待一下即将到来的工业发展会带来哪些好消息。

西屋电气制造公司（Westinghouse）的普通股情况与通用电气公司差不多，但因为是最近才推出的投资产品，所以被归为了第二序列。战争时期的繁荣给公司事务带来了太多变化，它的故事足以写成一篇长文。由于融资债务和优先股很少，可以忽略不计，公司流动资产又很充足，可用于到期时偿还票据，西屋电气制造公司的重组过程在清算普通股之前几乎没有产生费用。该公司有高额的利润完全能够支付7%的股息，比其他债券的利息要求都高。万一遇上了经济不景气的年份，西屋电气制造公司还预留了大量盈余可以稳定执行其股息政策。西屋电气和通用电气一样拥有无限的可能性，股东们永远不必担心优先股的清偿会在任何时候损害他们的利益。

高收益率总是既危险又迷人，许多经验丰富的银行家都对此保持谨慎的态度。有句话说得很对，除非投资者能做出准确的判断，否则通过投资得到的回报很可能还抵不上惨痛的本金损失。但只要有机会进行调查并且谨慎选择投资产品，完全可以做到 6% 的收益和安全性兼得。这也是本文想要证明的事实。

第 9 章

Benjamin Graham on Investing:
Enduring Lessons from the Father of Value Investing

联合天然气公司的隐形资产

它还会回到 150 美元吗——集团收益和资产价值的准确评价——对重要债券的分析

在战争时期，天然气公司持续增长的经营费用和固定的天然气费率之间矛盾重重，对天然气公司的利润造成了不小的打击。对那些目睹了这场不平等博弈的人们来说，在恢复和平的过程中，公用事业领域显然会是获益最多的行业。当然，停战协议的签署并不是魔法，不能一蹴而就地让天然气公司恢复战前的利润率。要知道，原材料和工资的价格下降是一个漫长的过程，很多人甚至认为它们再也不会回到 1914 年的水平了。除此之外，工业活动也有可能减少，对天然气等能源的需求也会降低，这在很大程度上会减少公用事业的总收入，以至于低成本带来的好处都被抵消了。

以上这些顾虑可能会抑制人们对公用事业股票的投机热情，但不可否认的是，这些公司已经熬过了最糟糕的时期，是时候逐渐恢复以前的繁荣了。联合天然气公司（Consolidated Gas）的每股股票价格在三年前超过了 150 美元，几个月前约为 83 美元，而它现在的售价接近票面价格，即 100 美元。这样的价格变化意味着什么？如果我们假设它的盈利能力最终能回到以前的水平，那么这只股票的内在价值不该完全和以前一样吗？毕竟过去的两年虽然艰难，但从任何角度上来说，该公司几乎都没有消耗过它的资源，并不曾伤及本源。我们的意思是，如果联合天然气公司的股票在1916年时的实际价值有每股150美元，那么它在1920年的价值也应该接近这个数字。

看到这里，读者大概率会打断讨论，尖锐地问道："有什么事实可以证明三年前联合天然气公司股票的价格达到了每股150美元？"这正是问题的关键所在。如今的投资者不愿再迷信某个公司或者某个行业了。以前，那些听起来可信的故事发挥了非常重要的作用，比如联合天然气公司有隐形资产，或者故意夸大了收益，等等，它们的存在让该公司的股息维持在了一个不合理的高水平上；但当股票的市价跌破票面价格时，这些传言似乎又在一夜之间消失了。时至今日，如果还有人试图让这些故事流传开来，那么必然会有一些观众以怀疑的态度冷眼旁观，等待"好戏"开场。

由此可以看出，公众终于学会了对这只股票保持适当批判的态度，我们对联合天然气公司的情况进行真正分析的时机似乎也已经成熟了。与其模糊地估计子公司的收入和资产，不如让我们全面汇总关于这个主题的明确信息，这样就可以把该集团所有的公司作为一个整体，编制合并利润表与合并资产负债表，然后在此基础上以合乎逻辑的方式确定联合天然气公司股票的价值。

信息披露不足的年度报告

联合天然气公司每年发布给股东的报告信息非常有限，显然，我们的信息来源不会是这份不充分的报告。相较而言，该公司对公用事业委员会的信任程度高得多；事实上，联合天然气公司向这个庄严的机构提供的经营和财务数据非常充分。联合天然气公司1917年的数据几乎可以用于所有情况的分析，只有在小部分没那么重要的情况下，我们必须使用1916年的数据。我们得出的结果汇总在表9–1至表9–3中，表9–1列出了组成联合天然气公司集团的16家公司，表9–2是联合天然气公司1916年和1917年合并利润表的比较分析，表9–3是联合天然气公司截至1917年12月31日的合并资产负债表。

表9–1 联合天然气集团所属公司的比较

A组——天然气公司		
（纽约）联合天然气公司		
阿斯托里亚光热发电公司		100%
中央联合天然气公司		100%
新阿姆斯特丹天然气公司		99.9%
纽约皇后区天然气公司		100%
北方联合天然气公司		100%
纽约天然气互助公司		55.3%
标准煤气灯公司	优先股	95.4%
	普通股	96.8%
B组——电气公司		
纽约爱迪生电气公司		100%
纽约皇后区电气公司	优先股	65.6%
	普通股	83.5%
联合电力照明公司		99.9%
扬克斯电力照明公司		100%
布拉什电气照明公司		100%
C组——天然气和电力公司		
威彻斯特照明公司		100%
北威彻斯特照明公司		100%
D组——管道公司		
联合电话电力地铁公司		99.7%

表 9–2 联合天然气公司和子公司的合并利润表

（不包括公司间内部交易项目） （单位：美元）

		1917 年	1916 年
营业总收入	电力	34 153 000	32 094 000
	天然气	29 164 000	27 632 000
总计		63 317 000	59 726 000
税后净额（扣除准备金前）	电力	13 148 000	15 428 000
	天然气	6 350 000	9 275 000
总计		19 498 000	24 703 000
其他收入		1 220 000	1 176 000
总收入		20 718 000	25 879 000
扣除项	利息	5 495 000	5 461 000
	杂项	1 166 000	1 092 000
股息和准备金的余额		14 057 000	19 326 000
准备金		7 176 000	6 618 000
股息		6 987 000	6 987 000
结转盈余		104 000	5 621 000
每股收益（扣除准备金前）		14.08	19.36
每股收益（扣除准备金后）		6.91	12.73

表 9–3 1917 年 12 月 31 日的联合天然气公司和子公司的合并资产负债表

（不包括公司间内部交易账户） （单位：美元）

资产		负债	
工厂账户	382 341 000	联合天然气公司的股本	99 816 000
现金	6 601 000	子公司（外部利益）	2 560 000
特别存款	18 192 000		
材料和物料	7 847 000	债券债务	114 584 000
其他流动资产	18 980 000	短期负债	21 749 000
（流动资产合计）	（51 620 000）	其他准备金	3 030 000
杂项费用	1 603 000	续期和维修准备金	59 290 000
		联合天然气公司的盈余	19 890 000

续前表

资产		负债	
		子公司的盈余	47 954 000
		股票销售溢价的盈余	13 919 000
		子公司证券的票面价值超过账面价格的部分	52 772 000
总计	435 564 000	总计	435 564 000

基于以上事实，我们就有办法验证过去对于这只股票“隐藏价值”的各种说法。公众对它的判断可以总结如下。

1. 提高盈利能力的因素

（1）子公司的未分配利润；

（2）计入运营费用的超额准备金；

（3）计入运营费用的超额税费。

2. 增加资产价值的因素

（1）联合天然气公司资产负债表中子公司股票面值超过估值的部分；

（2）子公司的累计盈余；

（3）作为负债计提的超额应急准备金。

让我们依次讨论这些项目。

表9–1–A组。给股东的报告显示了联合天然气公司和阿斯托里亚光热发电公司（Astoria Light，Heat & Power Company）的所有收益，但仅显示了其他子公司以利息或股息形式支付给母公司的部分利润。在联合天然气公司1916年的报告中，子公司的未分配利润如果折算成联合天然气公司的股票，约为每股4.07美元；以同样的方式分析纽约爱迪生电气公司（N. Y. Edison Company），其未分配利润折算后相当于每股3.6美元。但在1917年的报告中，子公司（不包括阿斯托里亚光热发电公司）实际向控股公司支付的利润已经超过了它们的收益。因此，尽管年度报告显示联合天然气公司的每股收益为7.76美元，在合并报表后，其每股收益总共只有6.9

美元。

表 9–1–B 组。许多公司在利润中计入应急准备金和续期准备金时定下的数字常常过高，导致它们表面上的净利润会低于实际的数字。那么联合天然气公司也是这样的情况吗？表 9–4 是该公司在 1916 年和 1917 年的维修准备金、续期准备金以及应急准备金总额。

表 9–4　联合天然气公司（单位：美元）

	1917 年	1916 年
维修准备金	4 925 000	4 382 000
续期准备金	1 501 000	2 429 000
应急准备金	5 675 000	4 189 000
总计	12 101 000	11 000 000

1917 年，联合天然气公司预留的准备金占到了该公司当年总收入的 19.1%，而在前一年这一比例为 18.4%。布鲁克林联合天然气公司（Brooklyn Union Gas）和布鲁克林爱迪生电气照明公司（Edison Electric Illumination of Brooklyn）也按照同样的比例从总收入中支出维修准备金和折旧准备金。不过，巴尔的摩联合天然气和电力公司（Con. Gas and Electric of Baltimore）的这一比例比上述公司略低一点，约为 17.5%。考虑到纽约联合天然气公司（Con. Gas Co. of N. Y.）的工厂估值净额为 3.23 亿美元，它在 1917 年的 1210 万美元维修和折旧支出实在不算什么，这部分款项的比例还不到 4%，与上述其他公司相比，我们很难说它定的这个数字过高。所以联合天然气公司定的准备金数字过高以至于净利润降低的这个说法并不成立。

表 9–1–C 组。事实上，联合天然气公司在税费项目上隐藏了资产的说法更有依据，但这里涉及的金额相当小。这些公司定期从它们的收入中支出所谓的公司财产税，但实际上从未支付过这笔税款，因为该税已经包含在另一项税收中了。1917 年，联合天然气公司的税费因此便多估了 35.5

万美元，折合每股约35美分。经过修正，该公司的净收入应为每股7.25美元。

1917年，联合天然气公司的总收入增加了359万美元，但与1916年相比，由于运营成本的增加，该公司的净收入反而减少了520.5万美元。这一事实非常清楚地表明了运营成本对公司利润的影响。而在下降的这部分净收入中，约有160万美元是年内电费费率下调的结果。如果在1917年，联合天然气公司的收入就已经无法满足股息和准备金的要求了，那么它在1918年的表现只会更糟糕，因为这一年整个集团的运营条件面临着更大的困难。对此，联合天然气公司的股东们必须做好利润降低的准备，至少在1919年的一部分时间里，该公司的股息率很可能会低于7%。至于这种预期是否会影响公司的股息政策，很大程度上必然取决于公司的资产情况（见表9–5）。

表9–5　　联合天然气公司的资产价值　　（单位：美元）

根据表9–3所示的合并总资产负债表，可以推断出联合天然气公司的账面价值如下：	
1. 联合天然气公司股票的票面价值	99 816 000
2. 盈余——联合天然气公司（严格意义上的）	19 890 000
3. 股票销售的溢价部分	13 919 000
4. 子公司的盈余	47 954 000
5. 子公司的股票面值超过资产负债表中价格的部分	52 772 000
	234 351 000
6. 续期准备金和应急准备金	59 290 000
	293 641 000

表9–5中的第4项和第5项加起来共1亿美元，这部分才是联合天然气公司真正的隐形资产。它代表了子公司股票在自己的资产负债表中显示的账面价值超过计入联合天然气公司资产账户中的账面价值的超额部分。例如，纽约爱迪生电气公司股票的票面价值为6600万美元，盈余为3600万美元，但这两项的总和在它的控股公司，即联合天然气公司的账簿上估

值仅为3900万美元。显而易见，该公司被低估的价值不止6300万美元，折合联合天然气公司的股票价值约为每股63美元。把第1至第5项的数字相加，联合天然气公司股票的账面估值应为每股234美元，但在该公司的资产负债表中只有每股113美元。对此，许多人要求应该加上重置准备金和应急准备金的一部分，两者加起来总共有5929万美元，这将使股票的实际价值达到每股234~293美元。如此看来，联合天然气公司隐藏的股本如此庞大，足以证明人们过去对它的股票保持高涨的热情是非常合理的。

但我们也必须认识到，这些巨大的账面价值中很大一部分是资产账户膨胀的结果。通过将评估价值与资产负债表中整个集团的实际资产和工厂的净值之和进行比较，就能很好地证明这一事实。除了两家威彻斯特照明公司（Westchester Lighting Company）以外，其他所有公司在1914年的资产负债表中的数字都超过了评估价值，且超出部分不会少于1.2亿美元。不过，在过去的两年里，联合天然气集团的评估价值也增加了6000万美元。这部分主要是通过“特别特许经营”账户增加的价值，这个账户在计算时考虑到了联合天然气集团的“无形权利”。换句话说，它还包括了对商誉的官方评估。

1917年的税收数据表明，联合天然气公司的工厂和特许经营账户的估值偏高，高估了约5600万美元。它的这个估值应该还加上了威彻斯特照明公司价值1250万美元的股票。但联合天然气公司只是在名义上持有这些股票，并且由于该公司的债券债务太过沉重，它们在联合天然气公司的资产结构中只不过是水分罢了。假设国家税务委员会的数据代表了公司资产的最大价值——考虑到这些数据必定会被当作利率决策的依据，这将是一个相当稳妥的假设，那么我们必须从联合天然气公司股票的账面价值中扣除至少每股68美元。因此，经过修正的数字就会降到每股166美元左右。

这是对联合天然气公司股票的一个相当准确的官方估值。如果该公司的股票仍以140～150美元之间的某个价格出售，那么对该公司来说，这个价格并不算特别乐观。但由于这只股票的售价低于票面价值，这些数字又有了不同的意义，投资者可以充分相信这只股票的内在优点和未来的升值空间。

另一个非常重要的因素是联合天然气集团的流动资产状况持续强劲，仅它的现金资产部分就超过了流动负债总额。更让人惊叹的是，即使在这个相对艰难的年份，它的利润也足以支付所有子公司的债券利息。在表9–6中，我们列出了联合天然气集团发行的一些重要债券。利率为6%的可转换债券能够以票面价值转换为股票，它不以一般债券的形式出售。作为认购期限为一年的股份，它最多只可能损失4个百分点，这对一般的投资者来说相当有吸引力。不过作者更喜欢美国电话电报公司利率为6%的可转换债券。纽约威彻斯特照明公司发行的利率为4%的抵押证券并不算特别强势，好在联合天然气公司的担保可以让它们非常安全。自从最近的售价在59美元的基础上涨了12个百分点后，它们还不如纽约天然气和电力公司发行的债券受欢迎。这只债券的利率为4%，将于1948年到期，并且由纽约爱迪生公司担保，因此它的安全将直接由担保公司的收益保证。而新阿姆斯特丹天然气公司（New Amsterdam Gas）利率为5%的债券则没有任何担保，该公司报告的收益仅略高于固定费用，除却这些成本后就几乎不剩什么利润了。

表9–6　联合天然气集团发行的重要债券

发行量/股		到期日/年	11月25日的价格/美元	收益率
24 874 000	联合天然气公司利率为6%的可转换信用债券	1920	104.5	
10 635 000	新阿姆斯特丹天然气公司利率为5%的债券	1948	85	6.1%
15 000 000	纽约天然气和电力公司和阿斯托里亚光热发电公司利率为5%的第一抵押债券	1948	96	5.27%

续前表

发行量 / 股		到期日 / 年	11 月 25 日的价格 / 美元	收益率
20 930 000	纽约天然气和电力公司和阿斯托里亚光热发电公司利率为 4% 的购买财产债券	1949	76.5	5.62%
8 488 000	威彻斯特照明公司利率为 5% 的第一抵押债券	1950	92	5.55%
10 000 000	纽约威彻斯特照明公司利率为 4% 的一般债券	2004	71	5.64%

结论

最后，让我们回到联合天然气公司的股票上来，以上分析充分说明了联合天然气公司的有利和不利的方面。该公司目前的收入无疑很低，但它的总体状况较为强劲，足以应对这一暂时性的挫折。除非联合天然气公司在接下来的时间里未能完全实现提高经营业绩的目标，否则我们似乎没有理由推断它的股息会减少。如果能够恢复正常的经营条件，联合天然气公司的收益应该会逐渐接近 1916 年的水平，当时的每股收益近 13 美元。

联合天然气公司从来都不是华尔街认为的金矿，但它是一家财务稳健、管理良好的公用事业公司，并且由于它独特的地理位置而享有独特的优势。在这只股票的背后，不仅有 100 美元的每股收益和更多的实际价值，而且它的发展前景会越来越好。如果投资者以现在的价格水平买入联合天然气公司的股票，那么他们会发现这是一只非常令人满意的股票，尽管可能需要一点耐心等待。

第 10 章

Benjamin Graham on Investing:
Enduring Lessons from the Father of Value Investing

寻找债券名单中的“便宜货”

价格诱人的金边铁路股票—— 一些便宜的工业债券——皮尔利斯卡车汽车公司的债券——投资中的未解之谜

纽约证券交易所的每日报价表（Daily Quotation Sheet）上列着近千种债券的行情信息。如果有统计学专家带着显微镜和整套证券名录来到这个广阔的债券市场，勇敢地在这片荒野上披荆斩棘、开拓道路，那在这个过程中，他一定会发现一两只“便宜”的债券。作者最近进行了一次这样性质的探险，并得到了以下结果。

让我们来看看南太平洋铁路公司（Southern Pacific）名下的几组债券，在它们的评分中出现了以下内容：休斯敦－得克萨斯中央铁路公司（Houston & Texas Central）发行的利率为 5% 的第一抵押债券将于 1937 年到期，它的利息有抵押担保，安全性相对较好；这只债券未偿付的金额，也就是债券的发行总额为 138.9 万美元；其中有不少债券最近以每张 96 美元的价格售出了，但它上一笔交易的报价仍在上涨，目前价格已经达到了每张 97 美元，相应的债券收益率为 5.25%。也许你会说，5.25% 的回报率也没有多高，但我们需要特别注意这只债券所属的投资等级。

根据铁路债券名录的说明，休斯敦－得克萨斯中央铁路公司发行的利率为 5% 的债券拥有一条公路的第一留置权。这条公路通往休斯敦，总长为 453 英里[①]，因此平摊下来，每英里公路的债券债务只有 3128 美元。这样的负债比例在任何情况下都不算高，尤其当我们考虑到抵押的这条公路还具有盈利的特点，相比其他债券，它的这一比例就更低了。休斯敦－得克萨斯中央铁路公司单独出具的报告也证明了这一事实。

作者选取了一些具有代表性的高等级铁路债券，如艾奇逊－托皮卡－圣达菲铁路公司发行的利率为 4% 的一般债券，将这些最高等级的铁路债券与上述利率为 5% 的债券进行了比较分析，结果表明后者独具安全性保证（见表 10–1）。

表 10–1　与高等级铁路债券的对比

	休斯敦－得克萨斯中央铁路公司利率为 5% 的第一抵押债券	艾奇逊－托皮卡－圣达菲铁路公司利率为 4% 的一般债券
收益率	5.25%	4.7%
每英里的未偿付金额（美元）	3128	17 600
每英里的利息费用（美元）	156	704
1917 年每英里可用于支付利息的净额（美元）	3000	4400
可用净额与利息费用的比率	19.2 倍	6.3 倍

休斯敦－得克萨斯中央铁路公司发行的这只债券规模不大，究其原因是最初发行的 671.1 万美元债券已经由偿债基金以 110 美元的价格赎回了；这只偿债基金的资金来源于出售土地的收益。但现在几乎所有休斯敦－得克萨斯中央铁路公司的土地都已经被卖掉了，所以不适合再发售更多债券，以免出现偿债基金无力赎回的情况。即使是在过去，这只基金对债券持有人来说也是一个相当麻烦的问题，因为说不好哪天这只债券的市场价

① 1 英里 ≈1.61 千米。——译者注

格飞涨，远远超过了可赎回价格，那么同样会造成无法偿付的糟糕情况。但对现在的投资者来说，他们有机会低价买入这只金边债券，而且价格比过去的最低价格还低了 13 个百分点。

为了让这只债券的安全性拥有双重保证，休斯敦－得克萨斯中央铁路公司利率为 5% 的第一抵押债券还以南太平洋公司的股本作为额外担保。虽然这种情况很多余，但对投资者来说，拥有双重保证的债券看起来确实更有吸引力。总的来说，这项投资在任何地方都称得上安全，而且它的收益比其他的金边债券都高得多。再来说新宾夕法尼亚州铁路公司（New Pennsylvania）利率为 5% 的一般债券，芝加哥－西北铁路公司（Chicago & North Western）利率为 5% 的一般债券或者沃巴什铁路公司（Wabash）利率为 5% 的第一抵押债券，只要投资者能够以最后一笔交易的售价或者接近这个数字的价格买到上述三只债券，那么持有债券的投资者就可以凭一个非常有利的价格，把它们转换成休斯敦－得克萨斯中央铁路公司的债券。但这也是推荐便宜债券时最难的一点，便宜的债券在柜台上停留不了多久，就被热切的购买者抢购一空了。

东田纳西－弗吉尼亚－佐治亚州铁路公司利率为 5% 的第一抵押债券

另一只与我们刚才讨论的债券类型非常相似的是东田纳西－弗吉尼亚－佐治亚州铁路公司发行的利率为 5% 的第一抵押债券，它将于 1930 年到期，最近一笔交易的售价为 95 美元，相应收益率为 5.6%。这只债券是南方铁路公司（Southern Railway）的基本债，由一条铁路干线的第一留置权担保；这条铁路干线同时穿过了纳什维尔（Nashville）和查塔努加（Chattanooga），从地理位置上来说极为重要。该债券的发行总额仅为 310.6 万美元，所以它的未偿付债务金额不会超过每英里 5650 美元。由于某些特殊原因，这只基本债在官方的报价表上被标成了“利率为 5% 的部门债券”，似乎造成了人们的普遍误解，认为东田纳西－弗吉尼亚－佐治亚州铁路公司发行的另一只利率为 5% 的统一债券（1956 年到期）的留置权会优先于这只债券。但事实恰恰相反，这只 1930 年到期的利率为 5% 的债券在受偿顺序上至少排在另外四只抵押债券的前面，如表 10–2 所示。

表 10–2　受偿顺序

债券	到期日 / 年
留置权第一位　东田纳西－弗吉尼亚－佐治亚州铁路公司利率为 5% 的第一抵押债券	1930
留置权第二位　东田纳西－弗吉尼亚－佐治亚州铁路公司利率为 5% 的并购债券	1956
留置权第三位　东田纳西－弗吉尼亚－佐治亚州铁路公司利率为 5% 的重组债券	1938
留置权第四位　南方铁路公司利率为 5% 的并购债券	1994
留置权第五位　南方铁路公司利率为 5% 的产业发展债券	1956
以及	
留置权第六位　南方铁路公司的优先股票	
留置权第七位　南方铁路公司的普通股票	

这只债券的持有人在资本结构中不仅更“接近中心的铁路”，而且考虑到未来可能发生公司重组的情况，外面还会吸附重组公司的股票作为保护层；至于结构的中间则填满了一层又一层的次级债券。在重重保护下，可以说这只 1930 年到期、利率为 5% 的第一抵押债券已经相当安全了。所以我们特别推荐投资者购买这只债券，而不是南方铁路公司利率为 5% 的并购债券。毕竟后者不仅售价更高，而且安全性也不如东田纳西－弗吉尼亚－佐治亚州铁路公司的基本债好。

切萨皮克－俄亥俄州铁路公司的债券

从该公司最近几年取得的巨大进步来看，切萨皮克－俄亥俄州铁路公司发行的债券收益似乎非常可观。不过，资本结构中债券和股票的比例过高也会影响该公司发行的其他债券或股票的投资评级。这一缺陷在纽约中央铁路公司的财务结构中更为明显，相对于切萨皮克–俄亥俄州铁路公司来说，它发行的债券价格还要更高。表10–3对上述两个铁路系统公司发行的龙头债券进行了比较。

表10–3 纽约中央铁路公司与切萨皮克–俄亥俄州铁路公司债券的比较

	纽约中央铁路公司				切萨皮克–俄亥俄州铁路公司		
	到期日/年	价格/美元	收益率		到期日/年	价格/美元	收益率
留置权第一位：利率为3.5%的第一抵押债券	1997	72	4.9%	利率为5%的第一抵押债券	1939	98.5	5.11%
留置权第二位：利率为4%的并购债券	1988	77	5.25%	利率为4.5%的一般债券	1992	82	5.5%
留置权第三位：利率为4.5%的再融资债券	2014	83	5.42%	利率为4.5%的可转换债券	1930	81	7%
转换权：利率为6%的可转换债券	1935	99.5	6.05%	利率为5%的可转换债券	1946	87.5	5.9%

仅从投资的角度来看，切萨皮克–俄亥俄州铁路公司的债券中最受投资者青睐的是利率为4.5%的可转换债券，由于它在1930年的时候已经接近到期，所以收益率可以达到7%。如果一位投资者以90多美元的价格买入了纽约中央铁路公司利率为4.5%的再融资债券，那么通过将该债券换成切萨皮克–俄亥俄州铁路公司同样利率的可转换债券，应该就可以比较容易弥补损失了。毕竟两者差距分明，明智的商人都会选择投资后者。

与切萨皮克–俄亥俄州铁路公司利率为5%的可转换债券相比，纽约中央铁路公司利率为6%的信用债券收益率更高。这是因为前者有抵押留置权，而后者只以信用作为抵押，风险更高，所以它的收益率也会高一点。其次，切萨皮克–俄亥俄州铁路公司利率为5%的债券目前转换为股票的价格只需75美元，然而纽约中央铁路公司利率为6%的债券现在的转换价格高达110美元。这意味着切萨皮克–俄亥俄州铁路公司的股票价格只需上涨8个百分点，这只利率为5%的债券购买者就可以看到利润的产生；相对而言，纽约中央铁路公司股票的涨幅必须达到31%，才能开始产生利润。然而，出现这样涨幅的概率微乎其微，该公司几乎不可能做得到。

便宜的工业债券

这些工业债券的价格变化充分展现了过去几年的经济繁荣。在许多例子中，工业债券如今的报价都已经超过了战前的水平，与铁路股和公用事业的债券价格形成了鲜明的对比。因此，想要找到债券名单上真正的便宜货绝非易事，如果要把这些便宜的债券发掘出来，仔细研究是必不可少的，但最重要的是要具备不偏不倚的思维。

格兰比铜矿公司1928年到期的利率为6%的债券再次以低于票面的价格出售，引起了人们的广泛关注，并且为保守的投资者提供了一个绝佳的获利机会。格兰比铜矿公司这只利率为6%的债券具备了人们理想中的债券所有的优秀品质，如下所述：

- 由高价值资产担保的小额封闭式第一抵押债券；
- 流动资产净额超过发行时的票面价值；
- 最低收益大大超过利息要求；
- 股票的市场价格是已发行债券价格的许多倍；
- 偿债基金将在到期前赎回全部已发行债券；
- 有升值潜力的转换权。

投资者通常不会注意到上述标准中的第四点，但这一点却是“债券发行背后标志着安全性的最重要的一个指标”。如果股票的价值远远超过了长期债券的负债，即使公司的资产和收益出现严重缩水，有这些股票作为缓冲，那么距离债券的安全性真正受损也还有很长的一段路。在格兰比铜矿公司的例子中，公司除了利率为6%的债券以外，还发行了1500万美元的股票，不过目前股票的市值仅有1200万美元。虽然格兰比铜矿公司债券的发行额仅有250万美元，但债券的受偿顺序优先于股票。换句话说，债券抵押的资产总额只占了格兰比铜矿公司目前可变现价值的18%左右。

或许这只债券最值得讨论的地方在于它背后巨大的偿债基金。按照规定，格兰比铜矿公司从净收益中抽取了十分之一，再加上4万美元的固定金额成立了这只基金。这项规定几乎可以确保格兰比铜矿公司能够在到期日之前赎回所有的债券，而且由于公司必须以110美元的价格收回债券，即使投资者不能以一个较低的价格买入，只要足够有耐心并且在市价涨到最高110美元时仍然持有债券，就能同时得到债券本身出色的投资回报和10个百分点的溢价收益。

联合包装及造纸公司利率为5%的第一抵押债券

我们发现，几年的经济大繁荣可以彻底改变公司在债券发行中的地位。过去的联合包装及造纸公司过度资本化，其企业的状况在某种程度上可以说已经摇摇欲坠了。人们购买它发行的债券只是出于一个纯粹而简单的投机想法。不过，经过重组的联合包装及造纸公司最近状况不错，业绩也很喜人，它发行的1930年到期的利率为5%的第一抵押债券经受住了严峻的考验，在严谨的分析中表现良好，尽管它的售价只有87美元，收益率为6.7%。具体而言，首先，这只债券的优点在于其债务额正在加速减少。联合包装及造纸公司最初发行了500万美元债券，目前只剩下300万美元还在市场上流通，其余的债券正在以每年约17万美元的速度被收回，而且这个速度还在稳步增长。其次，这些负债总额小于联合包装及造纸公司的流动资产净额，也就是说该公司有充足的资金偿还债券，这或许就是最好的保证了。1917 年和 1918 年这两年里，联合包装及造纸公司的收入都超过了利息费用的 10 倍。另外，这些债券还有 1000 万美元的股票作为保护。这些股票的售价为每股 75 美元，每年支付 8 美元股利，同时还有 20 美元的收益。很显然，该公司完全可以做到在债券丝毫未损的情况下，度过一年或者两年的经济萧条期。我们可以相信，当联合包装及造纸公司能够成功摆脱过去的坏名声时，这些第一抵押债券的售价应该会轻松再涨 10 个百分点。

智利铜矿公司利率为 6% 的可转换债券

智利铜矿公司利率为 6% 的可转换债券将于 1932 年到期，它的市场价格在战争中上涨了 10 个百分点，但在宣布停战后，这只债券就损失了大约一半的价格涨幅，目前的售价为 84.5 美元。这意味着债券的直接收益率超过了 7%，对购买时的折价部分进行摊销后甚至可以达到 8%。智利铜矿公司的债券给予了如此慷慨的回报，却无法避免投资者对本金或利息的安全性产生严重怀疑。或者说正是因为智利铜矿公司给的太多了，人们才不敢相信。然而，对智利铜矿公司债券承诺的回报进行分析，我们可以发现它确实具备一些重要的优点。这些优点理应让这只利率为 6% 的债券获得更高的投资评级。

至于这只债券的价格为什么异常地低，其主要原因可以追溯至 1917 年 4 月，智利铜矿公司在经济不景气的情况下以票面价格发行了债券。但就在这个节骨眼儿上，债券市场突然崩溃，大部分的债券都落到了保险公司手中，而通过投资对这部分债券进行吸收和“消化”必然是一个缓慢的过程。购买债券的人少了，价格自然也会走低。另外，智利铜矿公司的资产位于国外，毫无疑问这也成了保守派反对它的一个原因。这里还有很多关于美国即将进入对外投资时期的议论：在这些新英格兰人手中的美元能够快速对弗拉季高加索铁路公司（Wladikawkas）或者湖广铁路（Hu-

Kuang）的债券做出反应前，种种迹象表明我们还需经历一段漫长的投资教育过程。因为智利铜矿公司实际上是美国人创办和管理的企业，它的资金也来源于美国；在这种情况下，美国如果想要掌控该公司的债券，一定比任何欧洲国家都容易。更何况，只有非常少的欧洲国家债券能够凭业绩说话，与美国投资者的守旧心态进行抗争，不过这些成绩通常也微不足道。

智利铜矿公司的优势主要源于它惊人的矿石储量和巨大的生产能力，并且能够以较低的成本进行生产。智利铜矿有 4 亿吨已开发的矿石，所以我们可以忽略矿井枯竭这个因素。目前它的产量约为每年 1 亿磅，未来的预计产量为 3 亿磅。3500 万美元、利率为 6% 的债券和 1500 万美元、利率为 7% 的优先债券的利息费用总共为 315 万美元。按目前的产量计算，利润中将用于偿还融资债务的部分为每磅 3 美分；如果以最终的产量计算，这个数字仅为每磅 1 美分。这里需要注意的是利率为 6% 的债券只支付了大约一半的本金，所以现在实际的利息费用比以上计算的结果还要少大约 100 万美元。

智利铜矿公司处理部分付款票据的方式会有一点特别。例如，投资者以 84.5 美元的价格购买债券，这笔交易将按表 10–4 所示的方式结算。

表 10–4 **交易结算方式** （单位：美元）

1000 美元债券的价格（面值的 84.5%）	845
减：未支付的分期款项	500
净成本	345

需要说明的是，部分付款票据进行的是无息交易，所以本应产生的这部分利息不会被加到购买价格上，并且智利铜矿公司有权在 5 月 29 日要求支付第二期的款项。

皮尔利斯卡车汽车公司利率为 6% 的债券

有关债券的谜团不比股票少。虽然债券领域典型的不解之谜没有出现在证券交易所的报价表中，但很可能已经出现在了皮尔利斯卡车汽车公司未上市的第一抵押债券上。它目前的售价是87.5美元，收益率约为8.25%。

1915年，一个声誉良好的企业联合组织（也称为辛迪加）发行了这些债券，这些债券在当时的表现相当出色。皮尔利斯卡车汽车公司从那时起发表的三份年度报告中，就这些债券的数据而言，都很令人满意。该公司采用的会计方法似乎非常保守，但在这段时间里获得的利润至少已有利息费用的五倍之多。此外，皮尔利斯卡车汽车公司的营运资本状况持续强劲，在其1917年12月31日发布的最新一份报告中，仅现金资产就超过了所有的流动负债。考虑到工厂固定设备账户之外，该公司的流动资产净额也达到了债券发行总额的2.5倍，足以偿还所有的债务，我们很难想象这些债券会陷入困境。

但最重要的是，皮尔利斯卡车汽车公司去年赎回了超过175万美元的债券，目前市场上只剩下不到300万美元的未偿债券。它将不再盈利的长岛（Long Island）工厂卖给了政府，才筹到了这部分偿债资金。

鉴于这只证券从各个角度上来说表现都非常出色，我们很难理解，这些债券的价格为什么在发行后不久就一直在低位徘徊。不过有一件事是众所周知的，这个辛迪加（即发行票据的企业联合组织）从来没有为了保住债券的价格而努力过。此外，皮尔利斯卡车汽车公司的一家子公司因为空壳合同遭受了一些损失，似乎吓坏了债券持有人。但事实上，这些损失已经被1916年的收益抵销了。

在现有数据允许的范围内，作者已经竭尽所能对皮尔利斯卡车汽车公司的事务进行了彻底的调查，想要弄清这些票据目前的售价为什么大打折扣，但却没有办法找到一个充分的理由。我们只能说，要么这里有一个极其危险且不为人知的陷阱，要么皮尔利斯卡车汽车公司利率为6%的债券就是众多公司债券中最值得购买的“便宜货”。

第三部分

1919 年 4 月至 1924 年 12 月

导读

戴维·M. 达斯特

从 1919 年 3 月到 1924 年 12 月的这段时间，本杰明·格雷厄姆在《华尔街杂志》上连续发表了 20 多篇文章。格雷厄姆在 1919 年 4 月至 12 月这短短九个月里发表了七篇文章；随后，他在 1920 年和 1921 年各发表了四篇文章；1922 年《华尔街杂志》刊登了两篇格雷厄姆的文章，1923 年又刊登了三篇；到了 1924 年，格雷厄姆在他 30 岁那年再次井喷式地发表了八篇文章。这些投资文章涵盖的主题众多，篇幅也各不相同。

在 1919 年战后复苏期后，紧接着的五年（1920—1924 年）里发生了许多重要的事件。最初的时候出现了严重的通货膨胀，随后又是严重的通货紧缩；新成立的联邦储备委员会在 1920 年实施了紧缩性货币政策，在 1921 年 4 月和 9 月又颁布了扩张性货币政策；1920 年 9 月 16 日，摩根大通公司（J.P. Morgan & Co.）位于华尔街 23 号的总部外发生了一起可怕的炸弹爆炸事件，造成了 30 人死亡；1923 年 8 月 2 日，美国总统沃伦·加梅利尔·哈丁（Warren Gamaliel Harding）在任期内去世；另外，有明确的迹象显示，美国的经济实力正在不断增强，例如美国本土发现了大量石油，汽车、航空和无线电行业问世并得以迅速推广。

道琼斯工业平均指数在 1920 年 1 月 3 日达到了当年的高点 109.88 点，年初开盘时为 108.76 点，但年终收盘时的水平只有 71.95 点，全年跌幅为 32.9%。到了 1921 年和 1922 年，美国的商业、消费者和投资者信心均有所改善，于是道琼斯工业指数在这两年里分别上涨了12.7%和21.7%。1923年，道琼斯工业指数又下跌了3.3%，年终收于95.52点。现在回头再看，这不过是股市在经历了一场史诗般的牛市以后，迎来的短暂修正阶段。

其后，公用事业和建筑行业出现了显著的发展。与之对应的是，1924年，通用电气的股票价格从每股194美元飞涨到了每股322美元，道琼斯工业指数在当年的12月31日收于120.51点，全年涨幅达到了26.2%。值得注意的是，1924年11月纽约证券交易所的交易量达到了4280万股，这个数字打破了月度交易量峰值的纪录，上次的最高纪录还是在1901年4月创造的。另外，这一年的道琼斯工业指数也超过了1919年，创下了历史新高。

格雷厄姆最基本的一些投资思想都写在了他的经典畅销书《证券分析》(*Security Analysis*)与《聪明的投资者》(*The Intelligent Investor*)中，其高级的辩证思维和开山辟路的理论给读者留下了不可磨灭的印象。在1917—1927年这10年时间里，格雷厄姆为《华尔街杂志》撰写了很多文章。在这些一针见血且鞭辟入里的文章中，他的理论首次被具体化了。本杰明·格雷厄姆的思想影响了许多重要投资人，其中沃伦·巴菲特、查理·芒格(Charlie Munger)、威廉·鲁恩(William Ruane)、乔纳森·戈德法布(Jonathan Goldfarb)、欧文·卡恩(Irving Kahn)、赛斯·克拉曼(Seth Klarman)、斯科特·布莱克(Scott Black)、沃尔特·施洛斯(Walter Schloss)、让-马里·埃维利亚德(Jean-Marie Eveillard)、汤姆·纳普(Tom Knapp)、埃德·安德森(Ed Anderson)、马里奥·加贝利(Mario Gabelli)、沃伦·帕克科宁(Warren Parkkonen)、斯坦·波尔米塔(Stan Perlmeter)、里克·格林(Rick Guerin)以及杰里米·格兰瑟姆(Jeremy Grantham)都是上述投资思想的成功实践者。上文提到的格雷厄姆的两部代表作中包含了一些重要的原则。

1. **观点和方法**。股权投资者应该像考虑购买一家企业的部分所有权一样进行投资。所以与公司商业模式的基础稳健性、可防御性和可持续性相比，短期的价格波动应该不至于让人太过担忧。“在短期内，股市的行为就像一台投票机（受流行趋势的影响），但从长远来看，股市的表现更像一台称重机（反映公司的真正价值）”。

2. **投资与投机。**“投资是建立在全面分析的基础上，确保本金安全与合理收益的经济活动。”不能满足这些要求的交易，都应该被视为投机。投资操作既可以通过定性分析，也可以从定量的角度进行论证。投资以过去为基础，投机则主要着眼于未来。愤世嫉俗者对投资的定义为：“投资是成功的投机，投机是失败的投资。”（用沃伦·巴菲特的话来说：“当一家了不起的公司一度遭遇严重但可以解决的问题时，就会出现一个极好的投资机会。”）

3. **内在价值与账面价值。**内在价值代表了投资者可以从公司获得的收益，账面价值则代表了已经投入公司的资本。内在价值是“事实可以证明的价值，比如资产、收益、股息和明确的前景，且不同于受超限效应（一种心理现象）影响的市场操纵所确立的市场报价”。账面价值可以告诉我们：（1）这家公司已投资本的多少；（2）公司财务状况（如营运资本头寸）的宽裕或紧张程度；（3）资本化结构的细节；（4）对报告中收益的有效性进行重点核查的情况；以及（5）分析收入来源的基础。

4. **市场价格的作用。**“在普通股的投资中，付了不合适的价格与买了错误的股票，这两件事的风险几乎一样大。”如果将投资质量视为独立于价格的某样东西，那就犯了一个危险且根本性的错误。几乎所有股票的价格都可能在一个区间内算便宜的，在另一个区间内算贵的。

5. **安全边际。**当普通股在市场上以低于其内在价值的价格出售时，安全边际就出现了，这时买入股票会成为一种更妥当的投资。

6. **证券分析。**分析的价值会随着偶然因素的增加而减少。证券分析可以有下列任一或者全部的属性：描述性、选择性、批判性。在证券分析过程中，主要的障碍包括：（1）错误的数据；（2）未来的不确定性；以及（3）市场的非理性行为。特别好或者特别坏的情况不会永远持续下去。“对普通股的投资者来说，得到其他人的认同并不代表就是对的，有不同的意见也不意味着就是错的。他 / 她的对错只在于事实和分析是否存在正确性”。

…

《吸引投资者的工业优先股》一文指出了优先股股息的优点：优先股的股息可以免征美国政府所谓的正常税，普通债券的利息通常必须缴纳正常税。任何投资的真实价值都主要取决于其资产价值和盈利能力，由于优先股的优点主要在于发行方的盈利能够满足股息的要求，所以“在困难的年份里，公司也能有不错的利润来支付这些费用，这一点尤为重要”。

格雷厄姆认为，另一个非常有效的评估优先股价值的标准是普通股的股本（总的市场价值）与优先股的票面总额的关系。假定市场价格在一定程度上反映了普通股的内在价值，那么对于资产负债表上普通股的前辈“优先股”，我们可以通过计算普通股的股本与优先股的票面总额的比率，合理测得保护优先股的股本水平。

评估优先股的第三个标准是扣除了所有优先的负债，如债券和其他票据后可用于优先股的净流动资产价值。格雷厄姆接着评估了 41 只优先股，根据它们的收益和上述标准选出了 8 只股票。并以他特有的方式讨论了非积累优先股的缺点，“无论未来公司的状况会有多繁荣，在糟糕的年份里停止派发的股息永远都无法收回……那么我们为什么要冒哪怕一点点的风险呢？”最后，格雷厄姆直截了当地表明了他的态度：“因此，我们会把美国亚麻籽公司（American Linseed）的优先股作为强烈不推荐购买的股票。”

…

格雷厄姆在《北太平洋铁路超过大北方铁路了吗》这篇文章中继续对铁路产业大亨詹姆斯 · 希尔（James Hill）掌控的两只铁路股进行了

实体特性、经营水平和财务状况等方面的并行分析。北太平洋铁路公司（Northern Pacific）先是失去了在交通和盈利能力方面领先于大北方铁路公司（Great Northern）的地位，后来又夺回了优势。作者从以下几个方面充分肯定前者是一个更好的投资项目：

- 政府管制前的记录；
- 联邦运作下的结果；
- 固定费用的相对增长；
- 北太平洋铁路公司宝贵的拨赠土地。

让格雷厄姆极为困惑的是，当北太平洋铁路公司的货运能力减少了20%、火车的功率只剩下以前的90%时，公司要怎样去应对和大北方铁路线差不多的运输量呢？经过仔细的研究，他得出了结论："由于北太平洋铁路公司的运输里程比大北方铁路公司多40%，显然它必须物尽其用，在最大限度内让设备保持长时间运转，这样才能以较少的货运车厢完成同样多的运输量。"北太平洋铁路公司能将其较高的货物运输密度转化为较低的运输成本，这也是它优于大北方铁路公司的主要原因。格雷厄姆深入研究每条铁路的固定利息要求后，发现在对两条线路进行逐一对比的情况下，大北方铁路公司显著的优势几乎完全消失了。考虑到北太平洋铁路公司在财务状况和经营水平上优于大北方铁路公司，以及两条铁路土地持有量存在显著差异——北太平洋铁路公司有480万英亩[①]，大北方铁路公司只有10.15万英亩——这让格雷厄姆认为："作为10年来的'失败者'，北太平洋铁路股再次占据优势似乎只是一个时间问题。"

…

《被忽视的连锁商店股票》一文对伍尔沃斯公司（Woolworth）、克瑞斯吉公司（S.S. Kresge）、克瑞斯公司（S.H. Kress）和麦考利连锁商店

① 1英亩=4046.86平方米。——译者注

（McCrory）发行的四只公开交易的连锁商店股票进行了比较分析。在对这些股票进行研究时，格雷厄姆不只分析了营收和净收益等显而易见的指标，他还观察到，如果资产负债表上债务水平相对较高或市场估值过高，公司便会在销售方面失去竞争优势。格雷厄姆指出并重点强调："虽然伍尔沃斯公司的营收或许达到了麦考利连锁商店的17倍，但它们的市场估值相差50倍。"

格雷厄姆还提到，克瑞斯吉公司的优先股相对于克瑞斯公司的安全性更好。

克瑞斯公司的优先股报价比克瑞斯吉公司的优先股高，这简直太可笑了！毕竟前者在任何方面都不具备有利的条件。克瑞斯吉公司不仅在资产和盈利能力方面处于更有利的地位，而且在过去的股票记录中也表现出了更好更快的增长。

再回到麦考利连锁商店的股票上，格雷厄姆确实有一些惊讶的发现：（1）麦考利连锁商店的每股有形资产价值和伍尔沃斯公司的一样大，但它的售价是后者的5倍；以及（2）在4只连锁杂货店的普通股中，它是唯一一只售价低于其背后实际资产的股票。为了解释麦考利连锁商店普通股的定价异常，格雷厄姆提出了两点原因，即没有支付普通股的股息和营运资本增长率太低。关于后一点在文中也有说明，过去两年它的销售总额差不多翻了一倍，可流动资产净额只增加了23%。在格雷厄姆看来，麦考利连锁商店的普通股确实得到了一些褒评，但他提出的后一个因素对这只股票产生了严重的质疑。

格雷厄姆还指出，克瑞斯吉公司的财务状况与两年以前的麦考利连锁商店极为相似，自两年前至今，克瑞斯吉公司的普通股价格就翻了一番，但利润的压力使得麦考利连锁商店不能像克瑞斯吉公司一样实现普通股净收益的每年稳定增长。归根结底，"净利润也可能大幅增长，至于增长多少则取决于它的管理能力。"最后，格雷厄姆得出结论，"对于耐心的投资者来说，这是一只很好的股票。这类投资者通常不会担心每天的波动，并能获得最大的利润。”

…

在《对冲的艺术》这篇文章中，格雷厄姆以南太平洋铁路公司（Southern Pacific）的可转换债券和吉利兰石油公司（Gilliland Oil）的可转换优先股为例，向我们展现了可转换票据的套期保值手法在风险回报上的有利特点。在这一操作中，投资者买入可转换证券并卖空同等价值的基础普通股票；如果股票价格上涨，投资者就可以将可转换证券换成普通股以弥补损失，并且以最小的损失空头平仓离场。另一方面，鉴于可转换债券和可转换优先股在公司资本结构中的优先地位，普通股价格下跌的百分比往往不如这些优先票据，损失相对较小。

通过以较少的成本购买普通股的认购权，并卖空同等数量的股票的事例，格雷厄姆揭示了另一种相似的套期保值原则。除了上述涉及可转换证券和认购权的普通股套期保值操作外（两者都要求能以固定的价格重新得到曾经卖出的普通股），在明确知道两种股票的价格相去甚远，并且没有其他保障的情况下，有时也可以通过出售一种证券来弥补另一种证券的手法实现套期保值。这些手法在很多地方都得到了印证，例如：（1）布鲁克林捷运公司（Brooklyn Rapid Transit）的定期股票凭证及其自由流通股票；（2）美国跨区大都会铁路公司（Interborough-Metropolitian）利率为4.5% 的债券及其的优先股；或（3）密苏里 – 堪萨斯 – 得克萨斯州铁路公司（Missouri，Kansas，& Texas）的债券及其利率为 4% 的非积累优先股。

…

在《最好的糖业股是哪只》一文中，作者对五家上市的商品糖生产公司，即古巴甘蔗糖公司（Cuba Cane）、古巴 – 美国联合制糖公司（Cuban-American）、蓬塔 · 阿莱格雷制糖公司（Punta Alegre）、马纳蒂制糖公司（Manati）以及南波多黎各制糖公司（South Porto Rico）1918 年至 1919 年的财务业绩进行了比较分析。在注意到这些公司的折旧费用相对任意的本质以及对收益多变的影响后，格雷厄姆认为古巴甘蔗糖公司在扣除折旧费用前后，其普通股在1919年创造了最大的每1美元市场价格收益。在研究分析了这五家公司的资本结构后，格雷厄姆还发现古巴甘蔗糖公司资产负债表上有大量的债券和优先股，这意味着它分配利润的普通股基础相对其他公司都要小，分配到每股普通股的收益相对较高。但这种财务结构的缺点在于经济萧条时期，“普通股的利润很快就会消失，甚至优先股支付的股利也会在不久之后亏损”。

这一分析将格雷厄姆引向了一个与收益有关的衡量企业价值的重要概念。20世纪末的时候，已经不只是在普通股基础上来进行衡量了，而是应该将五家公司的收益与它们的总资本进行比较，以判断企业的价值。在这个基础上，所有公司的资本化程度都在同一水平，这时古巴甘蔗糖公司在五家糖业公司的排名中从首位跌到了谷底，而蓬塔·阿莱格雷制糖公司却跃居第一，古巴－美国联合制糖公司则紧随其后。另外，运输成本、原糖产量、从原料中提取糖的百分比，以及每磅利润等经营数据的比较都为我们提供了更多的信息。

尽管古巴甘蔗糖公司的产量高，但其较高的经营成本以及资本结构中较高的债务和优先股比例都使它很容易被商品糖的定价影响，并高度杠杆化。

> 这一组合在糖价高昂的时期会为普通股带来丰厚的收益，但在商品糖的价格下跌时，又会导致利润急剧减少。总而言之，古巴甘蔗糖公司的普通股本质上是一只投机股，既可能会突飞猛进，也可能会出现剧烈的衰退。

最后，格雷厄姆总结道，古巴－美国联合制糖公司、南波多黎各制糖公司和蓬塔·阿莱格雷制糖公司“在保守普通股的类型中水平非常接近。至于马纳蒂制糖公司，它的销量太高了，而古巴甘蔗糖公司的普通股则应当被视为本质上的投机股”。

…

美国国际集团（American International）在多方鼎力支持下成立，致力于对外贸易和投资，由 24 位美国银行和商业界领袖组成的卓越董事会经营领导。在《美国国际集团股票的“崩盘”》这篇文章中，格雷厄姆探寻了美国国际集团为什么暂停派发股息及其据说非常稳定的股票价格暴跌 94 个点（从 132 点跌到了 38 点）的原因。

格雷厄姆观察到，“几个月来，一直有人在秘密抛售这只股票，使它的价格水平稳步下降”。这引起了人们对该公司内部人士的怀疑，他们一定是知道了派息将停止的消息，所以出售了手里的股票。其后，格雷厄姆暂时把道德问题放在一边，调查了“公众最想知道的问题，即这只股票的价格在 42 美元是否仍然很贵”。

美国国际集团除了以它自己的名义发行了一些证券外，还收购了不少于 24 家公司的证券，对它们的分组如下。

- A 组：即美国国际集团 1919 年的报告中包含的 11 家自营公司的经营信息（这些公司的业务包括了机械、钢铁、造船、进出口、海上货物以及茶叶的进口和销售）。在格雷厄姆看来，“所有这些子公司有一个共同的特点，即它们似乎都不足以成为一个大问题”。
- B 组：即美国国际集团 1919 年的报告中没有包括的三家自营公司（它们的成立分别是为了制造救生设备、“得到在中国开展业务的许可”以及对中国的建筑工程开展业务）。格雷厄姆认为，“这三家公司似乎都不太重要”。
- C 组：10 项对外投资［具有参股权益的公司：太平洋邮轮公司（Pacific Mail Steamship Company）、国际商业海洋公司（International Mercantile Marine）、联合果品公司（United Fruit）、纽约造船厂（New York Shipbuilding）、美国橡胶公司、国际产品公司

（International Products）、西姆斯石油公司（Simms Petroleum）、美国工业酒精公司、赛明顿锻造公司（Symington Forge Company）和美国国际码头公司（American International Terminals Company）]。格雷厄姆指出，“上述对外投资集团的地位十分关键，不仅是因为它们让美国国际集团股票的账面价值达到了每股 60 美元，更主要的是在 1919 年为美国国际集团贡献了超过集团 88% 的股票总收入”。

考虑到这 10 项对外投资的市场价值出现大幅缩水的事实，格雷厄姆认为可以合理地将美国国际集团参股的股份价值假定为每股至少 40 美元。如果是这样，它们的估价便会和最近的股票价格大致相等，并且仍能为投资给 A 组和 B 组的 14 家自营公司的资产提供每股大约 54 美元的额外价值。

最后，格雷厄姆结束了分析并得出结论：（1）“即使在最糟糕的情况下，该公司的国外业务也不可能耗尽它的大部分资本”；以及（2）“为了证明以当前的价格水平或更低水平购买股票的合理性，美国国际集团的国内投资也应当保证，它的最小资产价值或最低收入能为股票提供足够大的价值”。

•••

《固特异轮胎橡胶公司的重组》这篇文章探寻了固特异轮胎橡胶公司（Goodyear Tire and Rubber）衰落的根源，它“在短时间内从繁荣的顶点跌落到破产的深渊，让人措手不及”。在 12 年的时间里，公司的年销售额从 200 万美元增长到了 2 亿美元，同时资产和资本也差不多扩张了近百倍。格雷厄姆不禁提出疑问，作为国内最强、最稳固的公司之一，固特异轮胎橡胶公司在商业和金融领域都享有最高的声誉，它的对手都承受住了商业的萧条，可它却没能抵挡住，这是否纯粹是一场意外？在 1920 年的后三个季度，该公司的普通股和优先股价格跌幅超过了 80%。

固特异轮胎橡胶公司的战略中最薄弱的点在于，管理层在工业繁荣到达了顶点的时候决定向固定资产进行巨额投资：在截至 1920 年 10 月 30

日的财务年度里，该公司的固定资产增长了 130%，对比五年前的数字增长了 750%。在新固定资产上的各种过度支出情况涵盖了以下公司：俄亥俄州的一家商用飞机制造厂、向纽约州长岛市的福特汽车公司收购的工厂、俄亥俄州的一些煤田、亚利桑那州和加利福尼亚州的棉花牧场、巴西的工厂设施，以及印度尼西亚的橡胶种植园。虽然这些巨额支出中，很大一部分是通过出售新的普通股和优先股来融资的，但余下的部分仍需要通过提取固特异轮胎橡胶公司的大量现金头寸来支付。

格雷厄姆仔细而巧妙地拼凑了一份形式上的资产负债表，向我们展示了固特异轮胎橡胶公司为它预先打包式的重组而制订的重新调整计划。目前，还有四分之一的债权人尚未投票支持该计划，假设公司能够获得他们的同意，格雷厄姆列出了该情况下固特异轮胎橡胶公司可能的资本结构（包括第一抵押债券、债券、最优先股、优先股和普通股）、营运资本头寸、固定费用及收益。按照当时的价格，再考虑到股东对大量债券利息和最优先股的股息费用的优先权，格雷厄姆将这只被严重稀释了的普通股评为实质上的投机股，“它将随着公司收益的每一点细微变化而大幅波动”。他还认为，“由于暂停的股息尚未恢复，它的优先股也更接近投机性的股票”。

…

在《53 美元的联合药业股票便宜吗》一文中，格雷厄姆想要了解一件事，那就是当某公司的普通股价格在两天内下跌了 30 点，从每股 83 美元跌到了每股 53 美元，是否还会吸引投资者购买该公司的股票？在分析的过程中，格雷厄姆注意到许多公司并没有及时发布财务信息，于是他强烈呼吁纽约证券交易所采取更多措施，迫使公司按照承诺的那样公布业绩。这里之所以没提到证券交易委员会（Securities and Exchange Commission），是因为当时它还没有成立。

纽约证券交易所仅凭组织自身的力量无法保证定期审查上市申请书中

包含的所有协议。不过，只要它注意到有人在这方面违反了任何规定，就会迅速而积极地向申请者施加压力，责令改正这些情况，所以如果清醒的股东们坚持要求在约定时间内看到报告，他们完全可以如愿以偿。

格雷厄姆表示，最让他失望的是，如果联合制药公司（United Drug）可以适当向股东披露公司的销售额、利润和财务状况，“其中一部分更警觉、更聪明的股东就能意识到前方的危险，然后采取相应的行动”。1919年以后，公司的资金头寸就因为一些不利情况被削减了。

第一点是联合制药公司在成本高涨的时期，它的工厂固定设备账户和库存都大幅增长，一旦发生贬值，使其估值下降，公司就有可能因此遭受严重损失。第二点是该公司沉重的债券利息、不断下降的固定费用要求和最低营运资本水平，可能会严重损害普通股的股息。第三点与1920年收购英国博姿纯药公司（Boot’s Pure Drug Company of England）有关，联合制药公司为了这次收购，最终同意为利格特国际公司（Liggett International）的大量优先股（利率为8%）提供无限期担保。最后，与前一年相比，该公司1921年上半年的收益和利润都发生了大幅缩水。

考虑到这些负面因素，格雷厄姆认为公司的库存可能会进一步减记，而且对公司目前是否还能维持住普通股的股息这一点，他表示非常怀疑。市场对联合制药公司总裁路易斯·利格特（Louis Liggett）的商业头脑和财务状况也持怀疑态度，“即使以现在每股53美元的低价来讲，这只股票对投资者来说也没有任何吸引力”。

…

《铁路股票的投机机会》一文的目的在于找到：（1）特定铁路股票价格上涨的最直接因素；以及（2）在不久的将来，这些因素会给铁路股票带来的前景。为了明智地找出以上两点，格雷厄姆指出了关键所在，我们必须认识到在过去几年里，决定铁路公司繁荣与否的主要因素已经从资本化结构（固定因素）转向了经营成本（可变因素）。

在格雷厄姆看来，铁路公司未来的盈利能力取决于总收益和经营成本，前者由公司的运输量和费率决定，后者由工资和材料的价格决定。其后，格雷厄姆在理论上计算了六只低价铁路股票未来的盈利能力，并指出了这些股票的投机可能性。圣路易斯西南铁路公司（St. Louis Southwestern Railway）收益增长惊人，它的股票成了格雷厄姆的最爱。即使将来的运输量进一步缩减，据估计，该公司也有足够的盈利能力证明其价格高于市场价格存在一定的合理性。

格雷厄姆第二喜欢的是密苏里 – 堪萨斯 – 得克萨斯州铁路公司利率为 7% 的优先股，因为这只股票的股利非常丰厚，很快就会成为积累性的优先股，而且相对于市场上流通的普通股而言，它的发行规模很小。接下来的排序为：托莱多 – 圣路易斯西部铁路公司（Toledo, St. Louis & Western Railway）的普通股（因为它增强的盈利能力）、佩雷 · 马奎特铁路公司的普通股（因为它的收益高于平均水平，且重组后债务负担大大减少）、岩岛铁路公司（Rock Island Railway，因为它在美国快速发展地区的地位）、芝加哥 – 伊利诺伊州东部铁路公司（Chicago & Eastern Illinois，基于格雷厄姆对它未来运经营成本降低的预期）。

…

在《算法与股票的价值》一文中，格雷厄姆着重指出："归根结底，盈利能力才是衡量股票价值的主要标准，它的重要性远高于资产支撑、财务状况甚至股息回报。"按格雷厄姆的思维方式来说，收益决定了有形资产的实际价值、公司现金头寸增加或减少的幅度以及公司的股息政策。

与此同时，我们不能局限于与公司普通股相关的利润，还要考虑与公司总资本相关的收益："每股利润是衡量实际盈利能力的指标，但当普通股占总资本的比例较小时，这个指标就不那么可靠了。"通过将马克卡车公司（Mack Truck）和怀特汽车公司（White Motor）、美国制冰公司（American Ice）和泛美有线电视公司（All America Cables）、联合纺织品公司（Associated Dry Goods）和五月百货公司进行对比，格雷厄姆指出，如果怀特汽车公司、泛美有线电视公司和五月百货公司都以同组的另一家公司的资本结构为基准，用更多优先股代替普通股来提高资本化程度，从而达到和同组公司相同比例的资本结构，那么这三家公司都将比同组公司获得更多（而不是更少）普通股收益。

资本结构的实际转变给北美公司（North America Company）、朱利叶斯·凯塞公司（Julius Kayser）（手套制造公司）、美国锌矿公司（American Zinc）、弗吉尼亚铁煤焦炭公司（Virginia Iron Coal and Coke）以及美国钢铁铸造厂都带来了相似的结果。格雷厄姆指出，在繁荣的年代里（这也是格雷厄姆强调的重点），"普通股占总资本的比例越小，每股收益就越大"，但当经济困难时期利润大幅下降时，"情况就会发生逆转"：普通股的大量收益将迅速缩水，以至于无力支付优先股的股息，有时甚至连债券的定期利息都付不出。因此，"简单调整资本结构也会显著影响收益表现，但经分析表明，这样的变化完全是人为的"。

最后，格雷厄姆得出结论：一家公司的最优资本结构在很大程度上会受到其所在行业特征的影响，在更稳定、更容易预测收益的行业中，优先股等高级证券的比例通常更高。

···

在《关于债券收益的真实谈话》这篇文章中，格雷厄姆以"意义深刻的金融短剧"形式和风趣的语言阐明了几个债券投资的关键原则。首先，在把票面利率较高的债券（如72年后到期的利率为5%的债券，收益率为6.05%）换成票面利率较低但收益率较高的债券（如10年后到期的利率为4.5%的债券，收益率为7.3%）时，关键是要考虑：两种证券的价格（以及在交换中获得或放弃的现金）相对于债券息票每年产生的现金收入差额。

其次，若投资者想获得部分年度本金增长价值（现在称为"增值"部分），无须在到期前一直持有折价债券，并且债券离到期时间越近，年度增值金额越多。最后，债券市场有时会出现大量意外和异常情况，这个时候，投资者可以更加细心灵活，抓住机会从中获利。

…

《解读“雷丁案”》一文阐述了政府要求分拆当时的雷丁联合公司的目的：（1）分离新泽西州中央铁路公司（Central Railroad of New Jersey）与费城–雷丁铁路公司（Philadelphia & Reading Railway）的资产；（2）终止这些运营公司对无烟煤子公司的控制。由于持股人无法同时保有煤炭公司和铁路公司的权益，雷丁公司普通股的股东必须在两家不同公司的股票之间做抉择。同时，铁路公司（the Railway）和煤炭公司（the Coal）的债券与优先股也需要评估。

格雷厄姆在“不带偏见，也没有担责的顾虑”的情况下指出，虽然雷丁煤炭公司的股票被认为拥有“非凡的可能性”，但1923年1月提交给美国法院的宣誓书却明确表示，铁路公司的资产价值大约是煤炭公司的两倍。格雷厄姆始终坚持自己的理念，认为对比两家公司的盈利能力可以揭示它们各自的相对吸引力。将煤炭公司和钢铁资产公司（the Iron）的收益从雷丁铁路公司中分离出来后，格雷厄姆发现，基于雷丁铁路公司强大又保守的资本结构，如果把子公司的收入都包括在内，再减去煤炭公司和钢铁资产公司的收益，它本身的股息余额会比原先基础上的估值更大。

一直以来，雷丁煤炭公司的收益总是被低估，格雷厄姆对此非常不解，甚至有些怀疑，尤其是“它在财产所在地之一的舒尔基尔（Schuylkill）油田开采的成本比在利哈伊和怀俄明州（Wyoming）要贵得多”。他总结道，雷丁（铁路）公司的普通股在当时的价格上具有非同寻常的吸引力，考虑到其庞大的盈利能力和极低的固定费用，它的普通股会比煤炭公司的股票更有投资价值。

…

在《如何在当前市场的具体案例中应用科学的转换理论》一文中，

格雷厄姆回顾了证券转换（交换）的四个主要优势：（1）增加安全性；（2）提高收益；（3）增加资本获利可能；（4）提高流动性或适销性。尽管理想的交换“可以在没有任何损失的情况下确保投资者得到想要的优势”，但在现实中，投资者可能不得不在一只证券上做出牺牲，以期在另一只上获得可观的收益。格雷厄姆认为，如果想大幅提高安全性，那么放弃一点收益也是可以接受的。

前几年，市场上也有一些交换取得了不错的成果，例如，在1921年将2年期的美国国债转换成了17年期的，这样不仅增加了当期收入，还在后来收益率下降时产生了可观的资本收益；在1914年把铁路股转换成工业股，并在1923年以更有利的条件转回铁路股上。格雷厄姆指出，基于投资者的个人情况、税收状况和风险承受能力不同，他们对不同证券转换的兴趣可能也不一样。

需要特别注意的是，这样的交换机会通常都是从普通股转换为同公司发行的可转换债券或可转换优先股，这样只需要牺牲一点当前收益率，就可以大幅提升收益安全并为股票提供下行保护（在普通股的价格下跌时），但这一点经常会被人忽略。格雷厄姆研究了联合纺织厂（Consolidated Textile）、伊利诺伊中央铁路公司（Illinois Central）、加利福尼亚石油公司（California Petroleum）和基金会公司（the Foundation Company）等公司中普通股转换为可转换证券的详细过程，并发现类似的转换同样有利于同公司发行的常规优先股和担保优先股。

理想的转换经常出现在不同公司的股票或债券之间。例如，从艾奇逊–托皮卡–圣达菲铁路公司利率为4%的债券转向圣路易斯西南铁路公司利率为4.5%的债券，从芝加哥–密尔沃基–圣保罗铁路公司利率为4%的债券转向圣路易斯西南枢纽铁路公司（St. Louis Southwestern）利率为5%的债券，从岩岛铁路公司利率为4%的债券转向托莱多–圣路易斯西部铁路公司利率为4%的债券。

格雷厄姆强调，债券持有人需要更关注的不是有利因素，而是不利因素。他提醒人们，确保债券安全的首要条件是“有大量次级证券来缓和盈利能力的波动”。考虑到债券安全性以及资金不够支付固定费用的问题，格雷厄姆提出了一个典型的转换建议，即从跨区捷运公司（Interboro Rapid Transit）利率为 5% 的债券转向布鲁克林 – 曼哈顿运输公司（Brooklyn-Manhattan Transit）利率为 6% 的债券或者第三大道铁路公司（Third Avenue）利率为 4% 的债券。

最后，格雷厄姆简要调查了不同公司之间普通股交换的典型动机，包括：出于对纽黑文铁路公司（New Haven Railroad）财务状况的担忧，把该公司的普通股转换为堪萨斯城南方铁路公司（Kansas City Southern）的普通股；由于安大略西部铁路公司（Ontario & Western Railroad）发行的股票过多，将该公司的股票转换成沃巴什铁路公司的普通股；由于雷丁（铁路）公司的营收、净收益和股息保证金都明显高于特拉华州 – 拉克万纳西部铁路公司（Delaware, Lackawanna & Western Railroad），所以把后者的普通股转换为前者的股票；由于佩雷 · 马奎特铁路公司的相对收益和股息优势更大而把匹兹堡 – 西弗吉尼亚州铁路公司（Pittsburgh & West Virginia）的普通股转换为前者的股票；至于把水蚺铜矿公司的股票转换为肯尼科特铜矿公司普通股，则是因为在前者不得不暂停发放股息的情况下，肯尼科特铜矿公司仍能盈利并支付 3 美元的股息；从雷铜矿公司（Ray Copper）到莱特航空公司（Wright Aero）的股票转换也是出于同样的原因；美国农业化工公司累计未支付股息太多，负担太过沉重，故而将股票转换为阿特拉斯铁钉公司（Atlas Tack）的股票。

…

《少有人知的八只便宜股票》一文描述了一组非常有趣的普通股，人们据此认为格雷厄姆是最早开始研究它们的人。这些股票有两个普遍的特征：（1）这些股票的前面没有更优先的债券或优先股；（2）公司的现金资产超过它们全部或者大部分的市场价格。根据格雷厄姆的说法，这类股票很容易被忽视，在市场上鲜为人知，它们的交易量也很低。因此，这些被称为“现金资产股”的股票应该“以更高的价格而不是‘市场价格’出售”。

格雷厄姆给出的第一个例子是托诺帕矿业公司（Tonopah Mining）的股票，由于当时白银价格低迷，加上投资者对该公司开发新矿产不抱希望，尽管该公司拥有每股4.31美元的流动资产，但股票价格却只有每股1.38美元。在纽约证券交易所上市的特兰苏–威廉姆斯钢锻件公司（Transue & Williams Steel Forgings Corporation）的股票价格为每股28美元，股息为3美元，账面价值为每股37.21美元，资产支撑非常坚实，其中18.56美元为现金。克雷克斯地毯公司（Crex Carpet）的股票也很少有人关注，该公司是一家知名地毯制造商。尽管该公司的盈利和股息记录都不规律，但它每股29美元的市场价格背后却是极其丰富的资产：每股16.97美元的现金，再加上每股22.93美元的其他流动资产，以及73.77美元的固定资产和其他资产。在观察到“管理层已经做出了某些必要的改变”之后，格雷厄姆相信克雷克斯地毯公司的资产不可能会一直远低于它的清算价值。

在格雷厄姆的“现金资产股票”名单上有两家即将上市的管道公司，它们都拥有出色的现金头寸和具有战略定位的固定资产，并能提供丰厚的股息回报。由于投资者担忧两家公司会在运输方式或管道线路上相互竞争，这些公司的股价通常会低于账面价值，如表III–1所示。

表III–1　两家即将上市的管道公司　（单位：美元）

公司	每股股价	每股现金	每股固定资产及其他资产	每股账面价值总额
坎伯兰管道公司	128.00	83.90	86.86	170.76
南方管道公司	95.00	78.73	38.44	117.17

新月管道公司（Crescent Pipe Line）的净现金资产为每股15.85美元，目前每股售价为13.00美元，其股票被称为“超过100%的现金资产股票”，

但它仍不符合格雷厄姆的投资标准，格雷厄姆并不看好它的股票。新月管道是一条小型的管道连接线，它似乎因为行业形势变化而面临着完全失去业务的危险。上一年，该公司每股的收益只有 73 美分，曾经还停发过股息。根据新月管道公司的现状，格雷厄姆总结了一个极其重要的教训：

> 如果能够用 90 美分在银行购买价值 1 美元的存单当然是一件好事，但交易利润会被严格限制在 10 美分以内。如果收回这 1 美元需要很久，考虑到所花费的时间，你可能会发现这项投资的实际利润其实很小。

格雷厄姆提醒投资者，“现金资产可以赋予公司强大的实力，但它能带来的利润并不多”。它们对投资者的吸引力非常强烈，但在这方面投机的可能性非常小。随后，他的关注点转向了彭诺克石油公司（Pennok Oil），因为投资者对生产过剩、油价疲软和深井枯竭的担忧，该公司的股票售价为每股 15.5 美元。彭诺克石油公司的现金资产为每股 8.08 美元，固定资产和其他资产为每股 7.63 美元。

由于铜矿储备的寿命具有不确定性，沙特克－亚利桑那州铜矿公司（Shattuck-Arizona Copper）股票的换手价格为每股 10.5 美元，其中 2.88 美元为现金，1.65 美元为其他流动资产；扣除大量损耗和折旧后，每股的价值仍有 17.02 美元。事实上，尽管该公司的铜矿一直在盈利，运营成本不高且拥有大量铅矿储量，其矿山和设备在市场上的估值仍为零。

美国政府扬言将对莱特航空公司提起诉讼，要求追回多支付的几百万美元。这导致了投资者纷纷抛售该公司的股票，以至于每股价格下降到 10.5 美元，而该公司资产负债表上的现金为每股 16.25 美元，固定资产和其他资产总计每股 10.97 美元。经过深思熟虑，格雷厄姆认为莱特航空公司的股票价格实际上已经跌到了最低点，如果美国政府起诉失败，“该公司每股股票的价值至少将达到 30 美元”。

…

在《低价股票的长线投资机会》一文中，格雷厄姆将低价股票分为两种类型，一种是人为的，它的股价之所以低，可能是由于发行的股票数量太多了；另一种则是真正的低价股票，它的估值往往会低于公司的总营收和资产，这通常是因为公司的收益不佳、利润微薄，或债务沉重，又或者两者兼有。格雷厄姆还认为，真正的低价股票往往会“对有利的发展做出非常明显的反应”，比如提高销售额或增加利润率。尽管在获得巨额利润的同时也会面临更大的风险，“如果有可能获得几倍的利润，那么在有能力承担的情况下，偶尔冒几美元的风险也不是什么坏事”。换句话说，这种低价股票的风险回报率对投资者非常有利。

格雷厄姆在文中分析了八只低价股票，首先是国际农业公司（International Agricultural）的股票，其价格为每股 5 美元。1923 年，该公司进行了资本重组，并将银行贷款（一项固定的逾期债务）转换成了新的利率为 7% 的可累积优先股（其股息支付可酌情决定），自此便在股市中崭露头角。格雷厄姆看好这只股票的原因是它的财务灵活性更大，而且在长期的经济萧条之后，市场或将迎来农业复苏。同样地，投资者也或多或少对沃巴什铁路公司每股 16 美元的股票持乐观态度。该公司的固定费用不高，营运资本充足，收益也在不断提高，而且它的重组是在收益提高后发生的，这说明该公司在重组前已经有非常好的前景了。格雷厄姆还指出了该股票的另一个优点：沃巴什铁路公司“从不可积累优先股中扣留的股息，正在持续为普通股的利益积攒股本和财务实力”。

格雷厄姆观察到，在 20 世纪 20 年代初期，股市出现了一种行为倾向，并延续了几十年：

> ……股市的一个特殊弱点——往往只关注某只股票中的一个因素，而忽视了其他可能更重要的因素。

西姆斯石油公司的股票代表着另一种低价类型，其价格为每股 14 美元，在盈利和资产负债表上展现出了不一般的吸引力。1921 年，该公司的石油产量为 100 万桶，1923 年时增加到近 400 万桶。随着管理的革新和石油产量的增加，西姆斯石油公司的普通股市盈率达到了原先的 2.8 倍，并且没有长期负债。鉴于其出色的收益和强劲的运营资金头寸（每股的净流动资产为 6 美元），格雷厄姆认为该公司很可能会在今年宣布派发股息，并且评价该股票的价格“对于长线投机而言相当便宜”。

华尔道夫酒店集团（Waldorf System）的普通股售价为每股 15 美元，收益率为 8%，它的市盈率为 6 倍，也就是说盈利收益率为 16%，这些数字让我们看到了一个繁荣且不断壮大的连锁餐饮集团，该公司有 115 家分店，主要分布在新英格兰地区。“这些销售公司的独特优势在于，无论在景气还是不景气的时候，它们都有办法提高销售额并保持利润率”。基于这一事实，格雷厄姆预测该股票可以卖到每股 22 美元或者更高的价格。

盐溪生产者公司（Salt Creek Producers）和山地生产者公司（Mountain Producers）早前在怀俄明州盐溪油田共同成立了一家单一企业，但两者在运营、资本化和盈利方面仍密切相关。这两家公司的投资吸引力来自：（1）在石油价格低迷的情况下，仍有可观的收益和相当强劲的现金头寸；（2）石油产量稳步增长，其储量丰富的资源仅开发了 20%；（3）与美孚石油集团（Standard Oil）签订了非常有利的经营合同；（4）股息收益率超过了 8.5%。格雷厄姆认为两家公司都不错，但由于盐溪生产者公司的现金头寸略胜一筹，他更推荐盐溪生产者公司。

米高梅电影公司（Metro-Goldwyn）的优先股利率为 7%，售价为每股 15 美元，这只股票比较独特，所属行业也和上文提到的都不相同。格雷厄姆认为，由于这只股票有强大的资产支持，且该公司的收益相当于其优先股股息的 4.5 倍，“对投机者来说显然相当有吸引力”。

在格雷厄姆看来，路虎汽车控股公司（Landover Holding Corporation）的股票，也就是本文讨论的八只低价股票的最后一只，可能也是这一组股票中最特别的一个。作为威利斯陆上汽车公司清算的产物，它的普通股售价为每股 8.5 美元，和前者的普通股价格一样。1928 年 7 月后，威利斯陆上汽车公司的股票将被分配给路虎汽车控股公司的股东，他们将继承每股约12美元的现金，但前提是该公司须解决政府提起的相关诉讼案。该案件的诉讼方指控它曾在第一次世界大战期间向威利斯陆上汽车公司的子公司——杜森伯格汽车公司（Duesenberg Motors）支付了过多的费用。经过权衡政府在诉讼中的优势（或不足），格雷厄姆指出，“到目前为止，这些战争合同诉讼基本上都失败了”。不管怎样，购买了路虎汽车控股公司普通股的人有望在一年左右的时间里获得每股最高12美元的现金股利。

最后，格雷厄姆以他极其保守的风格写道：“似乎只要耐心一点，就能得到丰厚的回报。”

…

在《六只价廉物美的低价派息股票》一文中，格雷厄姆指出：“在考虑收入和本金价值的基础上，经过认真挑选的、根基深厚的派息普通股，总体上是非常赚钱的投资。”本文描述了格雷厄姆的证券选择标准在几个不同行业股票上的应用，具有重要的指导意义。在钢铁行业，格雷厄姆选择了美国钢铁铸造厂的股票为代表，该厂是铁路钢外壳和汽车车轮生产的领导者，汽车车轮有“稳定的更换需求；而且该公司没有发行债券，优先股的发行规模只有普通股的三分之一”。该公司的股票占了总资本的75%，净流动资产占了总资本的60%。自1920年以来，该公司一直在支付股息，支付的股息只占收益的33%，股息收益率为8%。因此，格雷厄姆评价美国钢铁铸造厂的普通股“绝对是一只非常有吸引力的股票”。

同样地，考虑到古巴－美国制糖公司的规模，再加上它稳定的财务状况、较低的生产成本和9.4%的股息收益率，格雷厄姆也非常青睐这只糖业股。另外，他还推荐白鹰石油公司（White Eagle Oil）的股票，因为它能够持续支付每年2美元的股息（收益率为8.3%），且该公司的流动资产是流动负债的7倍多。

在从石油行业到汽车行业的自然过渡中，格雷厄姆选择以底特律佩奇汽车公司（Paige-Detroit Motor）的股票（收益率为8.3%）为例，因为它的销量和利润都增长显著，该公司庞大的收益超过了现金股利，而且公司的运营资本也超过了已发行债券和优先股的总额。

鉴于家具和男装零售商——韦伯–海尔布罗纳公司（Weber & Heilbroner）出色的业绩记录、大规模的收购活动和股息上涨的可能性，格雷厄姆同样非常看好它的股票。按每股 16 美元的市价计算，这只股票的收益率为 6.2%。

格雷厄姆推荐的最后一只派息股是哥伦比亚炭黑公司（Columbian Carbon）的股票，该公司的主要产品是取自天然气中的炭黑，也是打印机油墨和轮胎的主要成分。格雷厄姆看好这只股票的理由包括：资本结构简单（没有债券或优先股）、现金和运营资本状况良好、比当前股息率高 50% 的盈利和 9.8% 的收益率。

…

在《雷丁公司——市场中的“睡美人”》这篇文章中，格雷厄姆研究了一个问题，即雷丁公司在财务状况良好的情况下，并且作为全国领先的铁路公司之一，其普通股的市盈率为什么比特拉华州–拉克万纳西部铁路公司、诺福克西部铁路公司、南太平洋铁路公司、利哈伊谷铁路公司（Lehigh Valley）以及芝加哥–西北铁路公司的股票都低呢？

经过深入探查研究，格雷厄姆把雷丁公司的相对价值被低估的原因归结为：（1）该公司有关分拆和宝贵的煤炭资产被剥离的诉讼及其带来的不确定性；（2）在 1923 年的前八个月里，雷丁公司创造了惊人的高收益。对此，格雷厄姆提出建议，“当（铁路）公司的收益出现可疑的高点或低点时，请注意它的维护费账户”。从这个角度出发，格雷厄姆发现雷丁公司并没有为了增加收益而减少维护费支出；相反，它在维护方面的花费占当年总收益的 36.4%，实在高得有点不正常。通过思考“‘市场理性是如何运作的’这一让人烦恼的问题”，格雷厄姆得出了结论，雷丁公司普通股的估值相对偏低的另外两个原因是：（1）在投资者的预期中，该公司的股息近期不太可能会增长；（2）“华尔街的孪生天使——并购与分立”（分拆）正盘旋在其他铁路股的周围，尤其是利哈伊谷铁路公司和特拉华州－拉克万纳西部铁路公司的股票。引用格雷厄姆富有远见的话，“在一个投机的市场中，重要的是想象力，而不是分析”以及“在股市中，实际情况固然重要，但更重要的是抓住重点”。

因此，现在的雷丁公司仍是一位“睡美人，正在等待白马王子（即以平平无奇的买方联合方式）唤醒它的生机和活力，并向欣赏它的民众展现魅力”。

…

《确定铁路优先股价值的简单方法》一文指出了优先股投资中最常见的一种陷阱。如果一名投资者觉得当公司的收益是一只股票股息的几倍时，这只股票的股息就是安全的，那他就错了。因为更高级的证券对这些收益有优先求偿权，当该公司支付了优先证券的费用后，剩下的收益也许只够支付固定费用了。对此，格雷厄姆提出了投资优先股的基本原则：

> 显然，衡量优先股股息的安全边际只有一种科学方法，那就是将债券固定费用和优先股股息相加，计算收益覆盖前者的倍数。

格雷厄姆还指出，债券利息并不能绝对准确地反映出公司真正的固定费用。例如，固定费用中可能要加上租金费用，也可能需要减去应收固定收益。为了更准确地算出结果，格雷厄姆倾向于用公司的税后净收益和可用于股息的盈余之间的差额来表示固定费用。一般情况下，优先股之间的收益率差异可以用它们各自高出固定费用与优先股股息的安全边际差异来解释。

除了优先股股息的安全性之外，其他选择优先股的重要标准包括：（1）优先股的股息是否可积累；（2）如果是可积累的，那么已经积累的未支付股息有多少；（3）该股票是否为可参与型优先股；（4）该优先股是否可转换；以及（5）如果是可参与型或可转换优先股，该公司普通股的状况和前景会如何。格雷厄姆还指出，优先股的价值不可能超过同等状况下的普通股：

> 如果一只普通股的收益和扣减项都在正常范围内，那么在同样的情况下，它一定比优先股更有价值——因为“普通股”有权得到未来全部（此处为格雷厄姆强调的重点）的收益，而优先股只能获得有限的部分收益。

格雷厄姆就基础研究的局限性做出了重要的提醒：“对于投机性更强的股票，投资分析几乎没有任何价值。”如果投资者认为铁路板块原有的困难将会持续下去，“那么就大多数较弱的铁路公司而言，想要在现有水平上捡漏它们的优先股，风险似乎太大了”。反之，假如投资者认为所有的铁路股都将迎来一个繁荣的新时代，“那么经过精心挑选的普通股似乎更有可能符合他们的预期”。

第 11 章

Benjamin Graham on Investing:
Enduring Lessons from the Father of Value Investing

吸引投资者的工业优先股

减免正常税的重要性——近来上升的投资地位——评判价值的多种因素——优质股票推荐

美国的个人所得税申报过程非常复杂。最近，许多投资者在度过了沮丧的 15 分钟个人报税时间后，开始意识到优先股的好处，并对它的优点油然起敬。对达到了小康水平的群体来说，税率为 6% 和 12% 的正常税已经占到了他们应纳税总额的大部分。不过投资者收到的股息可以免征正常税，而普通债券的利息必须缴纳正常税。因此，人们在填写纳税申报表时就很容易通过具体的数字发现股息相对于债券利息的优势了。简单来说，如果投资者收到 1000 美元的股息，那么最终的收益即为 1000 美元，但换作公司债券利息，则需要 1130 美元利息才能获得同等的收益。

投资地位的飞跃

关于这一点，我们需要指出，过去的四年里这些工业优先股的投资质量取得了极大的进步。巨额的未分配利润在优先股的背后不断积累，形成了非常庞大的股本。因此，它们的投资地位实际建立在一个不断升高的安全水平上。

如果有人认真计算过 1914 年以来，这些优先股的背后究竟有多少美元投入，那这个数字一定会给他留下极其深刻的印象。表 11–1 相应给出了大量公司的优先股数据。

和普通股的情况一样，近些年优先股的投资地位显著提高，这一变化也得到了市场的认可。我们可以看到，市场上现在有很多利率高于优先股的产品，这通常会导致固定收益的证券价格更低；但事实并非如此，目前这些工业优先股的售价已经超过了战前的水平。通过比较表 11–1 第一列和第三列给出的数字，其结果表明在某些情况下，尤其是玉米深加工产品公司和美国亚麻籽公司，优先股的价格涨幅与普通股不相上下；价格下降的情况似乎仅限于“烟草信托”的三只优先股。

价值的现实基础

任何投资的价值主要取决于其资产价值和盈利能力。前一个因素对债券来说比较重要，但对优先股来说，资产价值就没有那么重要了。因为发行债券的公司一旦违约，拒不支付利息，那么（至少在理论上）这些本金将立即到期，投资者有权在持有的票据总额范围内向公司追索财产，以弥补他的损失。因此，在出现利息违约风险的情况下，债券背后的资产价值显然具有极其重要的意义。但就目前而言，不存在优先股违约这种说法，只有在极其罕见的几个公司自愿清算的例子中，股东们才能直接追索财产。所以在投资优先股的时候，首先要考虑的是该公司的盈利够不够满足股息的要求。投资者非常希望自己能够连续拿到股息，一旦停发就有可能造成不可估量的后果，所以在困难的年份里，公司也要有不错的利润来支付这些费用，这一点尤为重要。

因此，作者在表 11–1 中汇总并列出了众多优先股票在战前四年（1911 年至 1914 年）和战争中的四年里（1915 年至 1918 年）平均每年的盈利情况。本文提到的所有公司都在战争时期做出了出色的业绩，这一点毋庸置

表 11–1 值得推荐的优先股票 （单位：美元）

优先股的发行公司	利率	4月1日的价格	收益率	1914年1月1日的价格	1915年至1918年增加的每股盈余和准备金	1911年至1914年的每股利润率	1915年至1918年的每股利润率	每股的流动资产净额	以普通股价值为基准的股本率
[1] 西屋电气制造公司	7%	63	5.56%	58		92.5%	282%	490	1625%
通用化工公司	6%	103	5.82%	108	119	22.8%	57.2%	74	185%
西尔斯百货公司	7%	120	5.83%	121	—	103%	176%	312	1312%
美国烟草公司	6%	101.5	5.96%	102.5	17	29.3%	25.1%	100	156%
美国农业化工公司	6%	100	6%	91	29	11.1%	20.6%	37	111%
伍尔沃斯百货公司	7%	116.5	6%	112.5	107	41.3%	63.3%	135	496%
美国炼糖厂	7%	116.5	6%	114	21	12.7%	21.8%	81	117%
美国钢铁公司	7%	114.75	6.07%	106.25	121	14.8%	49.2%	—	138%
美国汽车铸造公司	*7%	115	6.09%	114	45	11.8%	22.3%	109	91%
巴雷特火器制造有限公司	7 %	115	6.09%	102	95	19.7%	44.8%	141	253%
利吉特–梅尔烟草公司	7%	111.5	6.28%	11.5	41	41.3%	41.6%	58	195%
联合雪茄商店	7%	111	6.31%	111	95	46.3%	67.7%	198	265%
罗瑞拉德烟草公司	7%	109	6.42%	110.25	76	33.2%	43.4%	130	318%
中央皮革公司	7%	108	6.48%	95	80	11.4%	32.2%	136	95%
五月百货公司	7%	108	6.48%	100	99	26.1%	37%	142	166%
克卢特皮博迪公司	7%	108	6.48%	96	48	[2]21.5%	32.5%	117	162%
铁道弹簧钢厂	7%	108	6.48%	97	60	7.7%	25.4%	37	78%
古德里奇公司	7%	108	6.48%	80	135	13%	46.5%	170	158%
美国棉油公司	*6%	91	6.59%	93	33	11.2%	17.7%	49	98%
通用汽车公司	6%	90.5	6.63%	—	—	[3]43%	100%	[4]310	500%
美国机车公司	7%	105	6.67%	97	39	7%	22.4%	97	67%

续前表

优先股的发行公司	利率	4 月 1 日的价格	收益率	1914 年 1 月 1 日的价格	1915 年至 1918 年增加的每股盈余和准备金	1911 年至 1914 年的每股利润率	1915 年至 1918 年的每股利润率	每股的流动资产净额	以普通股价值为基准的股本率
玉米深加工产品公司	7%	105.5	6.63%	65	58	6.9%	24.5%	50	100%
通用烟草公司	7%	105	6.67%	100	30	28.3%	28.8%	140	198%
美国甜菜糖公司	6%	90	6.67%	72	90	18.4%	53.2%	145	228%
美国冶炼和精炼厂	7%	104	6.73%	98.75	29	21%	30%	46	85%
鲍德温机车厂	7%	104	6.73%	102	136	12.1%	37.5%	64	88%
国家斗篷和西装公司	7%	104	6.73%	—	89	20.1%	33.1%	114	200%
标准铣床加工厂	6%	89	6.74%	63	108	11.3%	24.5%	74	121%
共和国钢铁公司	7%	103	6.79%	80.5	156	7.8%	42%	58	90%
铁路车辆冲压公司	*7%	102	6.86%	96	34	9.8%	20.2%	42	70%
烟草制品公司	7%	101	6.93%	83	38	9.2%	25%	83	210%
鲁斯–怀尔斯饼干公司	7%	100	7%	102	65	[5]10.7%	18.3%	106	105%
弗吉尼亚–卡罗来纳化工公司	8%	113.25	7.06%	98.75	62	11.4%	26.5%	81	80%
国家搪瓷和冲压厂	7%	99	7.07%	75	93	8%	30.4%	67	95%
美国橡胶公司	*8%	111.125	7.2%	101.25	52	13.2%	22.8%	57	48%
美国苏门答腊烟草公司	7%	95	7.36%	—	130	13.6%	51%	188	446%
沃辛顿泵机公司	7%	94	7.46%	—	127	—	56.2%	329	280%
威利斯陆上汽车公司	7%	93.25	7.5%	78	79	—	32.7%	53	200%
阿利斯·卡尔默斯公司	7%	92	7.61%	44	51	2.3%	19.9%	100	52%
伯利恒钢铁公司	8%	105	7.62%	—	140	—	87%	—	136%
美国亚麻籽公司	*7%	90	7.78%	29	30	1.2%	10.1%	52	49%

[1] 票面价格为 50 美元；[2]1912 至 1914 年的数据；[3] 经修正的数据；[4]1917 年 12 月 31 日的数据；[5]1916 年至 1918 年的数据；* 非累积的（优先股）。

疑，也非常合理，没有人会对此感到惊讶。但不同的工业优先股在战前的记录却存在着显著差异；其中一些公司凭借持续的高利润赚到了优先股息所需的资金；至于其他公司，其盈利所得不足以支付全部优先股息，甚至根本就无法支付。虽然我们不能断言战后的各种情况会与战前完全相同，但通常来说，那些过去一直得到褒评的公司会让投资者感觉更放心。

如果某公司的状况发生了彻底的变化，多年以来的盈利记录不可用，或者不再与公司实际情况相关，那么我们就可以采用另一个非常有效的标准来评判价值，即非优先股票的市场价值与优先股票的票面总额的关系。假定市场价格能够完全准确地反映普通股的内在价值，那么我们就有了一个精确的度量工具来计算保护优先股的股本有多少。以上评估不只基于资产的账面价值，或者该公司以前的盈利能力，同时也考虑到了公司的未来前景和管理水平，以及其他可能对价值产生深远影响的因素。需要牢记的是，这一分析中的关键因素不只是我们算出的普通股的每股价格，这两只股票的相对规模大小同样重要。尽管西屋电气制造公司的普通股价格只有每股 46 美元，城市公共服务公司（Cities Service）的普通股报价达到了 350 美元，但西屋电气制造公司优先股背后的股本远远超过了城市公共服务公司。这是因为在西屋电气制造公司的案例中，它的普通股数量是优先股的 14 倍，而城市公共服务公司的普通股数量差不多只有优先股的两倍。表 11–1 中的第六列就应用了这一价值标准，用公司所有普通股的市场价值除以优先股的数量，就可以算出优先股背后有多少附加的股本。

在评估优先股的时候，我们通常还会提到另外一个因素，即可用于优先股的净流动资产价值。它也是反映公司总体财务状况的一大重要因素，而且在优先股以极大的折扣价销售的时候，这一因素的重要性最为直观，因为它决定了最低清算价值。关于美国皮革公司的优先股的争论以前都集中在一个点上，即除了它的工厂以外，美国皮革公司的营运资本远远超过了已发行优先股的总市值。表 11–1 中有单独一列专门说明了每股优先股价值多少美元，这个数字扣除了所有优先的负债（如债券和其他票据），然后以每股对应的流动资产净额来表示它的价值。

最值得投资的股票

在建立了评判这些优先股价值的标准后，下一步，我们将根据股息收益率的比例高低选出最符合投资者要求的股票。作者仔细调查后的结果已经呈现在表 11–2 中，同时列出了一份最值得投资的股票名单。这份名单按照股息回报由低到高的顺序排列。当然，名单中出现了威利斯陆上汽车公司的优先股，但没有出现通用化工公司的优先股，并不代表前者就是比后者更安全的投资。通用化工公司的优先股之所以没有进入推荐名单，是因为在利率为 6% 的类别中有更具吸引力的股票；而威利斯陆上汽车公司的优先股之所以被推荐，则是因为它的实际表现比 7.5% 的回报更出色。

表 11–2　　基于表 11–1 选出的最值得投资的优先股

	累计利率	价格 / 美元	收益率
西屋电气制造公司（票面价格为 50 美元）	7%	63	5.55%
伍尔沃斯百货公司	7%	116.5	6%
联合雪茄商店	7%	111	6.28%
通用汽车公司	6%	90.5	6.63%
美国甜菜糖公司	6%	90	6.67%
共和国钢铁公司	7%	103	6.79%
美国苏门答腊烟草公司	7%	95	7.36%
威利斯陆上汽车公司	7%	93.25	7.5%

至于西屋电气制造公司，虽然它的优先股收益率仅为 5.55%，但由于金边优先股的安全性较好，并且拥有参与当期盈余分配的特权，所以也出现在了推荐名单里。相对于普通股，西屋电气制造公司的优先股发行规模较小，负债也少，因此该公司的资产和收益能够为其提供很有力的保障，在这份名单中也可以说是安全性最好的一个了。在这样的情况下，西屋电

气制造公司不可能支付不了区区28万美元的股息要求。所以，这只证券可以和很多收益率不高的中级债券放在一起比较。假如投资者明年缴纳税率为8%的正常税，那么西屋电气制造公司优先股5.55%的回报与利率为6个多百分点的非免税债券的收益是一样的。

另外，这只股票目前的收益不存在耗尽的可能性。西屋电气制造公司的优先股可以和普通股一样平等地参与到任何股息率超过7%（折合每股3.5美元）的利润分配中去。因为这次分配会同时向两种类型的股票支付股息，所以普通股获得的任何股息增长，都意味着优先股会得到相等的收益。再者说，普通股的平均收益达到了18~20个百分点。以上种种迹象都表明了西屋电气制造公司会持续繁荣，该公司优先股的股息率完全有可能达到8%或者更高。

表11–2中在西屋电气制造公司下面的两只股票都是金边优先股，但联合雪茄商店（United Cigar Stores）的优先股略高一点的收益应该会让它比伍尔沃斯百货公司的优先股更受欢迎。表11–1的分析结果显示，就战前和战时的盈利能力、流动资产价值以及普通股的保护作用这三点影响价值的因素而言，尽管惠兰公司（Whelan）和伍尔沃斯百货公司的优先股同样优秀，但前者的表现更好。联合雪茄商店的优势关键在于发行规模小，它的优先股发行额仅为452.7万美元，每股售价超过130美元，而它的普通股发行总额高达2700万美元。即使联合雪茄商店的普通股收益从每股13美元降到每股仅2美元，该公司仍然有足够的资金支付2.5倍的优先股股息。

与最开始出现时的情况不同，美国甜菜糖公司的优先股和通用汽车公司的优先股在价格和收益外，还有其他几个共同点。这两只股票的特征都在于没有融资债务、营运资本状况良好，以及拥有非常好的盈利记录。由于通用汽车公司的组织结构最近发生了根本性的变化，我们很难找到一个准确的依据来评估它的优先股（或者债券股，两者从本质上来说是一样的）现在的价值。表11–2中给出的数据非常接近，但仍可以看出通用汽车公司的优先股在技术上比美国甜菜糖公司更强一点。如果把上述两只优先股中的任意一只，与美国农业化工公司这一备受好评的投资产品进行比较，我们不得不承认美国农业化工公司的优先股表现并没有那么出色，尽管后者的价格比前者高了 10 个百分点。在这个基础上，如果再考虑玉米深加工产品公司优先股在第一次世界大战前的记录，或者美国棉油公司（American Cotton Oil）优先股的非积累特征，结果就很明显了：在不牺牲收益的情况下，安全性最高的只会是通用汽车公司或者美国甜菜糖公司中的某只优先股。

积累或非积累优先股

在没有盈利的年份，非积累优先股可以暂停支付股息，并且无论未来公司的状况会有多繁荣，这部分股息也无法收回，因为当年未兑现的权益不可积累到下一年。任何人只要意识到这一点，非积累优先股的缺点就很显而易见了。因此，接下来我们将对不推荐购买的典型股票——美国亚麻籽公司的优先股进行讨论和分析。记录显示，在过去的 20 年里，该公司有 16 年没有向股东支付任何股息；其余的 4 年里，美国亚麻籽公司支付的股息总额平摊到 20 年里，平均每年只支付了大约 1% 的盈利。在 1914 年初，这只优先股的售价为 29 美元，所以表 11–1 中显示了它的市场价格约为资产价值的两倍。威利斯陆上汽车公司优先股的收益率比 0.25% 还低一点，但无论从什么角度来看，它都是一个更好的投资。由于公司资本化带来的改变，我们无法对威利斯陆上汽车公司的战前数据进行严格的比较。在过去 4 年里，虽然汽车行业公司的发展并非一帆风顺，但威利斯陆上汽车公司的盈利却达到了优先股应付股息的 4.5 倍。另外，优先股的股东权益也很可观，该公司以 25 美元的票面价格发行的 4100 万美元的普通股售价涨了很多，目前已经达到了发行价的 116%。

人们永远无法确定未来会发生什么，如果仅仅因为公司过去一直在分红就忽视了股票的非积累特征，这样的投资只是白忙一场。几年前，某些投资者高价买入了芝加哥–密尔沃基–圣保罗铁路公司的优先股，现在看到该公司拒绝支付这一年的股息，并且意识到再也无法收回这部分权益，他们的心情就如同竹篮打水一场空。所以，与美国棉油公司相比，我们会更喜欢美国甜菜糖公司的优先股；与美国橡胶公司相比，我们更青睐弗吉尼亚–卡罗来纳化工公司的优先股。毕竟，美国橡胶公司虽然有着出色的盈利记录，但在头重脚轻的资本结构和一些负面市场声誉的影响下，其价值会大不如前。美国汽车铸造公司（American Car & Foundry）的投资地位非常稳固，以至于非积累准备金的多少在它这儿一点也不重要了。但我们既然可以投资巴雷特火器制造有限公司（Barrett）或者联合雪茄商店的优先股，又为什么要冒哪怕一点点的风险呢？

再回到我们精心挑选的名单。下一只股票是共和国钢铁公司的优先股，鉴于作者在3月29日发表的文章里已经详细讨论过它的情况，这里就不再多作评论。美国苏门答腊烟草公司（American Sumatra）的优先股和上文已经讨论过的威利斯陆上汽车公司的股票一样，必须结合其高收益来判断。以我们评价股票的任何标准来看，美国苏门答腊烟草公司优先股的表现都比烟草制品公司好很多，它的售价比后者的优先股高了6个百分点。如果有人不同意这个结论，认为美国苏门答腊烟草公司的繁荣都是战争带来的，那么我们可以回答，即使在1912年第四季度，它的盈利也比优先股的股息高出两倍多；从数字上来看，美国苏门答腊烟草公司优先股的每股盈利比烟草制品公司高出45%，完全能够和工业优先股的平均水平比肩。

如果文章篇幅允许，我们还可以进一步讨论罗瑞拉德烟草公司的优先股价格比利吉特–梅尔烟草公司（Liggett & Myers）便宜的情况，或者分析古德里奇公司优先股的售价低于中央皮革公司的案例，以及研究为什么国家斗篷和西装公司的优先股价格会比克鲁特–皮博迪公司（Cluett-Peabody）低。通过仔细审查表11–1给出的数字，任何持有优先股的投资者现在应该都能对证券如何取舍有一个合理的认识了。

第 12 章

Benjamin Graham on Investing:
Enduring Lessons from the Father of Value Investing

北太平洋铁路公司超过大北方铁路了吗

姊妹公司间的竞速赛——实体与财务特性分析——北太平洋铁路公司的隐形资产——名义上的优先股

1919 年 4 月 4 日这一天，北太平洋铁路公司股票的销售情况超过了大北方铁路公司的股票，这可能也是近 10 年里北太平洋铁路股的首次反超。在这起事件的背后还隐藏着一个以詹姆斯·希尔为主角的关于铁路发展的趣闻。大北方铁路股常常被称为“希尔的最爱”，而大北方铁路相对另一只铁路股表现出来的优势很大程度上归功于希尔天才的投资。

图 12–1 重点描绘了两家公司不同的发展历程，生动地展现了北太平洋铁路公司是如何先失去了在交通和盈利能力方面的领先地位，然后又在最近夺回优势的。作者用了一种相当新颖的方式来绘制这些图，并没有用两条线来分别代表两家公司的数据，而是用一条线来表示两家公司关于同一信息的差值。本文考虑的所有因素，如销售总额、税后净额、股票收益和平均价格，都是以相同的方式来描绘的。

作者的实践兴趣主要集中在股票收益和股票价格的相对变动上。这张图清楚地表明，在反映北太平洋铁路股票价格大幅上涨这件事上，市场的反应有所滞后。1909 年时，北太平洋铁路股的收益比大北方铁路股票高出

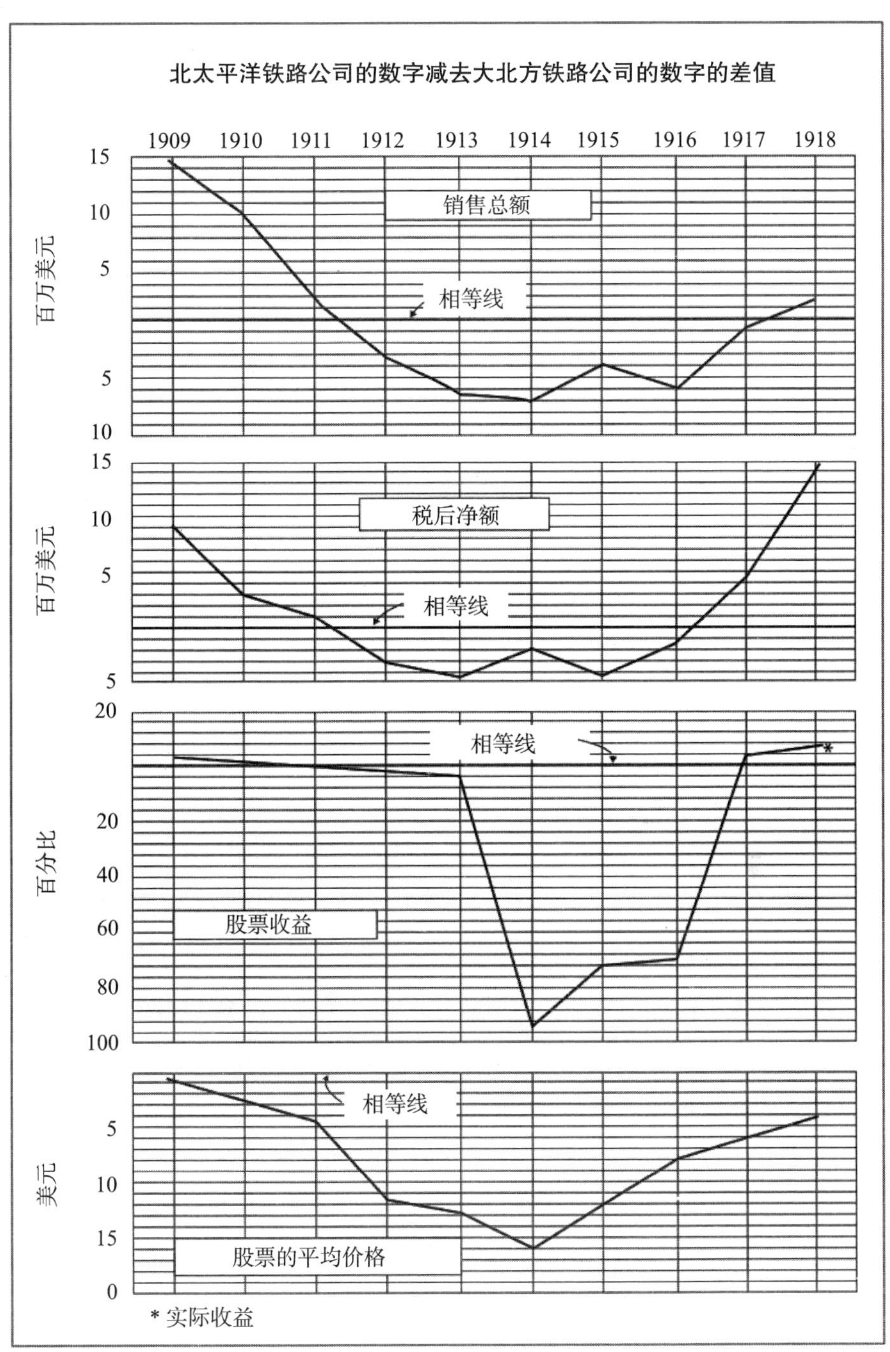

图 12–1 北太平洋铁路公司与大北方铁路公司的发展情况比较

了 1.62%，但它们的售价几乎在同一水平上。到了 1917 年，它的收益又增加了 2.66%，平均价格却降低了 6 个百分点。

于是人们产生了一个疑问，即与大北方铁路股相比，北太平洋铁路公司的股票现在是一个更好的投资项目吗？经过仔细的调查，作者得出了肯定的结论。他的判断主要基于以下几点考虑：

- 政府管制前的记录；
- 联邦运作下的结果；
- 固定费用的相对增长；
- 北太平洋铁路公司宝贵的拨赠土地。

政府管制前的记录

1917 年，也就是在私人运营的最后一年，这两条由希尔掌控的铁路总收入几乎完全相同。尽管在三年前大北方铁路的运输量增加了 65 万美元，该公司的收入也没有特别的增长。北太平洋铁路股的增值在净收益上更为明显，1915 年的时候它的净收益还比大北方铁路股低 411.7 万美元，到了 1917 年，这一项就增加了 499 万美元，两年里的差距相当于每股 3.65 美元。北太平洋铁路公司在 1917 年的运营方式显然比其他铁路更加经济和节约，但在试图分析它的这一有利条件时，我们遇到了各种各样的困难。

首先要考虑的是维护问题。很明显，北太平洋铁路公司多年来在设备维护方面的支出远低于大北方铁路公司或它们共有的芝加哥 – 伯灵顿 – 昆西铁路公司（C.B.&Q）。例如 1918 年时，在两条铁路的运输量相同的情况下，大北方铁路公司在这方面的支出比北太平洋铁路公司多了 74.5 万美元，或者说多出了近 7%。而在 1916 年的时候，大北方铁路公司多支出的设备维护费为 170.4 万美元；换句话说，差额部分相当于大北方铁路公司总收入的 12.41%，或是北太平洋铁路公司当年收入的 10.47%。根据手头这些证据，人们可以简单地认为是北太平洋铁路公司对汽车和火车维护的忽视导致该公司的运营费用被压低了。但经过进一步的调查，北太平洋铁路公司每单位设备的维护成本实际上高于大北方铁路公司。总而言之，北太平洋铁路公司的设备维护费支出之所以比较低，是因为它拥有的发动机和货车数量比大北方铁路公司少得多。可是，当北太平洋铁路公司的货运能力减少了五分之一且火车的运输效率只剩下以前的九成时，要怎样去应对和大北方铁路线差不多的运输量？人们自然会认为北太平洋铁路公司必须从其他线路上租用更多的设备，或者减少租借给其他线路的设备。如果你这么想，那就又错了！ 1917 年时，北太平洋铁路公司租借给其他线路的设备并不少，它的设备租赁净收入就有 123.7 万美元，而大北方铁路公司的这一收入仅为 51.1 万美元。

这是一家与大北方铁路公司运输量相当、设备却少得多的公司，可它还能腾出更多的车厢和发动机给别的线路，这是为什么呢？是因为它的每节车厢运送了更多的货物，还是它的火车有更多的车厢？都不是。事实上，北太平洋铁路的列车荷载经常低于大北方铁路，虽然 1917 年的时候差得不多，只比大北方铁路少了 9 吨。经过作者仔细搜寻，以上问题的答案终于浮出了水面。1917 年，北太平洋铁路公司每吨货物的平均运输里程为 385 英里，比大北方铁路公司的这一里程多了 111 英里。但后者的干线长度为 8232 英里，北太平洋铁路却只有 6522 英里，两者的差距超过了 26%，这样的情况本身就很特殊了。由于北太平洋铁路公司的运输里程比大北方铁路公司多 40%，显然它必须物尽其用，在最大限度内让设备保持长时间运转，这样才能以较少的货运车厢完成同样多的运输量。

更高的运输效率

北太平洋铁路公司较高的货物运输密度对于控制运输成本也有很大的帮助，1917 年时它的货运密度为每英里 13 526 美元，大北方铁路公司的这一数字则是 10 504 美元。这就是北太平洋铁路公司相对优势的主要源头，因为大北方铁路公司的这部分支出比它高了 455 万美元。至于北太平洋铁路公司是如何做到这一点的，现在还不能完全解释，尤其大北方铁路公司并没有公布运营费用的详细数字。作者在查阅州政府委员会的某些报告时发现了一个重要的事实，即 1916 年的时候，大北方铁路公司的总业务量只比北太平洋铁路公司高了 1.5%，但它的火车发动机燃料费却比北太平洋铁路公司的这一数字高了 100 万美元，或者说高了 20%。这个理由可以解释大部分疑问，但很显然，还得有一些类似的理由来说明另外一部分的差异。

联邦管制之下

有消息称，不管人们是否愿意，1919 年底这些铁路都将归还给它们的所有者。这个时候的华尔街对国会的信任似乎达到了前所未有的高度，他们坚信国会可以在股东们的利益和现在不断积累的惊人的财政赤字之间保持完美的平衡。那我们只能由衷希望，他们这种天真的信任没有放错地方。但现在距离 1919 年 1 月 1 日只有六个月的时间了，国会还有很多事情要做，它们至今仍未通过明确的救济计划。这个境况对证券持有者来说并不愉快，尤其当他们看到 1918 年的铁路收入大约只有 1917 年的一半时，就会更不满意了。正如作者一直所说的那样，如果投资者持有一只在政府控制下蓬勃发展而非众多“跛脚鸭”之一的航空公司股票，即使最后没有获得更多经济上的利益，也会有很大的精神满足感。

现在，虽然北太平洋铁路公司在麦卡杜和海因斯（Hines）先生领导下的表现谈不上格外出色，但它经历的挫折确实相对较小。如表 12–1 所示，北太平洋铁路公司扣除租金后的净收益只比赔偿保证金少了 192.1 万美元。另一方面，大北方铁路公司对山姆大叔（指美国政府）来说却是一个大麻烦，在收取租金并支付给股东后，它的赤字不会低于 1577.5 万美元。

表 12–1 联邦管制下的收入 （单位：美元）

	北太平洋铁路公司	大北方铁路公司
总收入	102 908 000	100 661 000
税后净额	24 887 000	10 639 000
贷后净额（实际的）	28 209 000	11 979 000
贷后净额（政府担保的）	30 090 000	28 754 000
* 固定费用（净额）	7 213 000（预计）	7 815 000
支付股息后的余额（担保的）	22 877 000	20 939 000
股票收益率（担保的）	9.24%	8.39%
股票收益率（实际的）	8.48%	1.67%

* 包括战争税和公司费用，但不包括 1918 年前的项目和设备折旧费。

大北方铁路公司糟糕的表现主要是由于它的维护费用负担太过沉重，比北太平洋铁路公司的这一支出多了 700 万美元。但就算在运输成本方面，北太平洋铁路公司也仍在不断进步，据该公司的报告所称，仅这一项就比大北方铁路公司节约了 650 万美元以上。说实话，我们很难确定大北方铁路公司更多的维护支出对它的表现有多大的影响，但北太平洋铁路公司在运输方面显然具有节约这一大优势，并且这一优势有望在铁路收归国有后愈发显现出来。

固定费用

目前为止，我们只考虑了总收入和净收入的问题，但是固定费用对股息余额同样会有影响，我们在接下来必须注意这一点。即使经验丰富的投资者一般也会认为大北方铁路公司的利息要求远低于北太平洋铁路公司。但通过对这些铁路过去、现在和未来状况的固定费用进行调查和审视，我们发现公众对这个问题的想法普遍有误。

这两个铁路系统 1917 年的报告显示，北太平洋铁路公司的利息费用为 1224.4 万美元，大北方铁路公司的利息为 677.3 万美元。不过大北方铁路公司将其持有的 1921 年到期的利率为 4% 的芝加哥 – 伯灵顿 – 昆西铁路公司抵押债券的股份所需支付的利息与伯灵顿公司股票的股息进行了抵消，并从它的利润表中扣除了这部分利息，因此上述利息对比出来的差距就不再具有说服力了。北太平洋铁路公司在它的报表中更规范地计入了这两个项目，于是就产生了 425.4 万美元的明显差异。但实际上大北方铁路公司在 1917 年超出的利息费用仅为 121.7 万美元。

需要注意大北方铁路公司在 1917 年 9 月出售了 2000 万美元利率为 5% 的债券，所以即使存在以上差异，现在也几乎消失了。因此，该公司 1918 年的报告中将显示 66.7 万美元的额外收费，而北太平洋铁路公司报告中的应付利息将会减少 10 万美元。

至于未来的利息费用会怎样，这里就必须关注北太平洋铁路公司的大量土地了。通过出售土地换取资金，未偿付的优先留置权债券的数量每年都在减少。鉴于这一点的重要性，下文将进一步讨论这笔土地出让金的意义。我们只是想指出，已有迹象表明，大北方铁路公司目前在利息费方面的微弱优势正在急速消退。事实上，再过几年，情况就大不相同了。

其他费用和收入

不过，固定费用的问题并不仅仅取决于这些公司的债券债务，还有几个可能增加或减少利息支出的项目也常常对它产生重要的影响。以租赁线路和设备的租金问题为例，如果这些线路是自己建设的，而不是租赁他人的，那么公司原本就需要借一笔钱来完成建设工程；但现在它们通过支付租金来租赁这些资产，因此，这些租金就相当于借款的利息。同样地，如果铁路公司通过将财产出租给他人来获得收入，那么在一定程度上也会抵销它为相关投资支付的利息。

因此，作者一直认为，要想准确研究固定费用的要素，“其他收入”和“其他扣款”之间的差额应该加到利息费上，或者从中减去。当这个方法应用到我们正在讨论的两家铁路公司上时，我们可以发现它对于北太平洋铁路公司极其有利。因为 1917 年的时候，北太平洋铁路公司的其他收入（不包括芝加哥 – 伯灵顿 – 昆西铁路公司的股息）比大北方铁路公司多了 135 万美元，而它的租金和其他扣款又比大北方铁路公司少 20.9 万美元。于是，最终的结果显示，北太平洋铁路公司的税后净利润为 499.6 万美元，可用于支付股息的盈余为 646.3 万美元，相当于每股 2.66 美元。

土地出让金

上文简要提到了北太平洋铁路公司的土地持有情况，并且与它未来的利息费收取过程有关。这一要素如此重要，但值得注意的是，以往对公司状况的分析几乎从未提到过这一点。北太平洋铁路公司的土地主要位于蒙大拿州和华盛顿州，据表 12–2 所示，该公司通过出售这些农田获得了可观、稳定的收入。在上一财年末，北太平洋铁路公司仍有 480 万英亩土地可供出售。假设它持有的土地平均价值为每英亩 6 美元，1918 年时土地出售的价格为每英亩 12.25 美元，那么通过计算可知，这里有一笔 3000 万美元的“隐藏资产”，并且这些资产正在稳步转换为现金。北太平洋铁路公司再用转换后的资金赎回优先留置权债券，这样可用于支付股息的净收入就增加了。与此相对，大北方铁路公司的土地持有量完全可以忽略不计，目前总共也只有 10.15 万英亩。

表 12–2　　北太平洋铁路公司的土地销售情况

年份	已售土地 / 英亩	收益 / 美元	每英亩的价格 / 美元
1912–1913	526 374	3 040 126	5.75
1913–1914	588 734	3 458 379	5.88
1914–1915	1 004 018	4 124 580	4.11
1915–1916	1 283 069	6 432 518	5.01
1916（6 个月）	741 863	3 789 570	5.11

续前表

年份	已售土地 / 英亩	收益 / 美元	每英亩的价格 / 美元
1917	994 635	7 775 603	7.82
1918	162 315	1 989 261	12.25
1912 年至 1918 年合计	5 301 008	30 610 007	5.77

结论

华尔街的每个人都知道，大北方铁路公司的“优先股”其实只是徒有虚名。1901 年时，该公司以前发行的普通股全面退出市场，当时剩下的优先股就成了它唯一的股票，因此除了名称，这只股票从任何意义上来说都已成为普通股。通常情况下，人们会认为该公司保留以前的股票名称不太合理，但也不至于有什么损伤。事实却并非如此，作者看到许多资深的投资者，甚至华尔街的经纪人自己都把这只股票列为他们的首选。1913 年时，美国炼糖厂（National Sugar Refining）的普通股同样退出了市场，但它原来的优先股就彻底变成了新的普通股。大北方铁路公司的优先股也早应该这么做了。

上面这段话并非离题了，而是因为作者认为可能有读者会被大北方铁路股名称中的“优先”二字吸引，结果就没有选择北太平洋铁路公司的股票。纠正这一错误后，北太平洋铁路股所具备的优越性现在就应该完全不言而喻了。

因为通过对它的经营成果和财务状况的分析，我们已经证明了北太平洋铁路公司的股票至少有资格和大北方铁路公司卖得一样高——事实上，它值得更好的价格。如果把这些因素都考虑在内，北太平洋铁路公司持有的土地价值肯定超过了每股 10 美元；作为前 10 年的“失败者”，北太平洋铁路股再次占据优势似乎只是一个时间问题。

第 13 章

被忽视的连锁商店股票

麦考利连锁商店不为人知的优点——低价带来的吸引力——与它自命不凡的对手相比

作为杂货零售行业的创始人，伍尔沃斯最近去世的消息引起了人们对该行业的普遍关注。虽然在公开发行普通股的连锁商店中，以他的名字命名的连锁杂货店是同类组织中规模最大、历史最久的一个，但这里还有其他几个重要的连锁商店集团，它们的普通股也可以被公众持有。

按照销售总额进行排序，这些重要的连锁商店分别为克瑞斯吉公司、克瑞斯公司和麦考利连锁商店（见图 13–1）。不得不说，前两者的名字有一些奇怪的相似性。它们和伍尔沃斯公司一样都在纽约证券交易所上市了，但麦考利连锁商店的股票不太活跃，只在“场外”交易。出于这个原因，投资者通常对后者知之甚少，他们对麦考利连锁商店的了解仅限于一个模糊的印象，总以为该企业的规模较小，也不怎么繁荣。让我们看看以下事实能够在多大程度上证明这一观点是正确的。

由于所有的连锁商店都在基本相同的状况下运营，包括五元店和十元店，因此特别适合对它们进行横向比较，对于基础数据的研究应该也会得出比一般情况下更有启发性的结果。最近，连锁商店成了投资公司中最受欢迎的主题，但这些只提供了大量统计数据，并没有认真尝试得出任何有

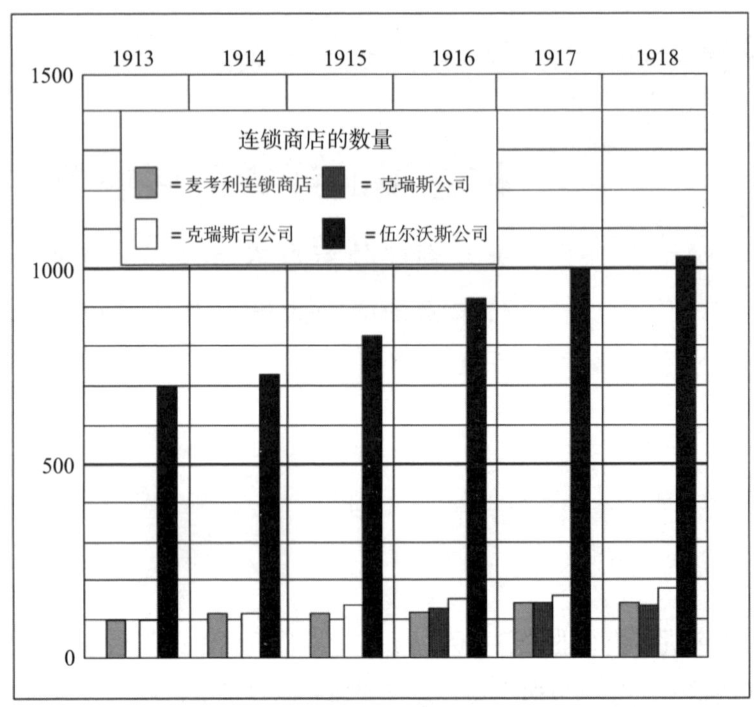

图 13–1 重要的连锁商店的数量

用的结论。

投资者的主要关注点在于在现有市场的价格下，这四只普通股中哪一只从本质上来说最便宜。考虑到这一要求，如果我们只比较不同企业的总收入或者净收入，那么调查就不可能有太大的进展。因为公司在总业务量上的领先地位可能会被更高的资本化程度所抵消，又或者被更高的市场价格抵消。如图 13–2 所示，我们注意到 1918 年伍尔沃斯公司的销售额是麦考利连锁商店的 11 倍，净利润则是它的 17 倍。这对许多读者来说已经证据确凿了，伍尔沃斯公司的普通股显然更值得投资。但另外一些事实同样重要：麦考利连锁商店的股票发行规模更小，它的股票数量只有伍尔沃斯公司的十分之一，每股的售价仅为伍尔沃斯公司普通股的五分之一。

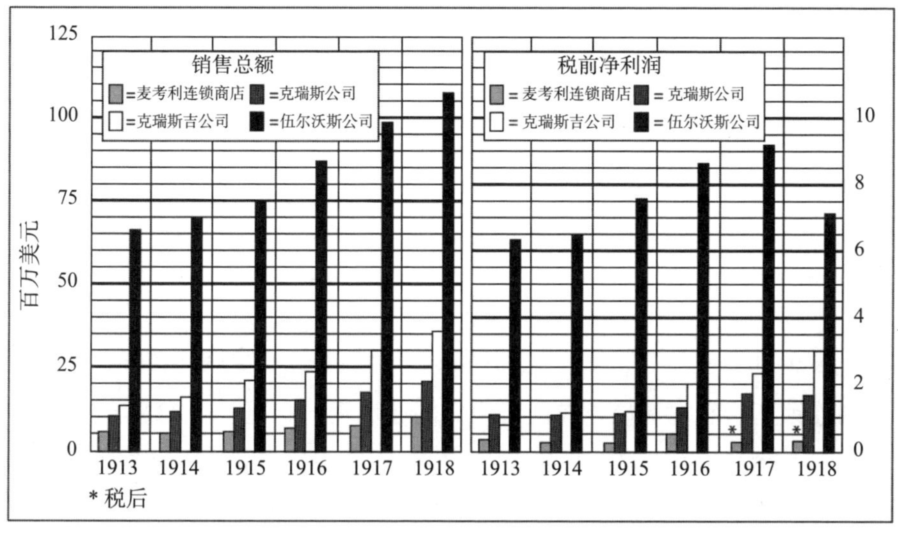

图 13–2 四家公司的销售总额和税前净利润

换句话说，虽然伍尔沃斯公司的盈利可能是麦考利连锁商店的 17 倍，但它的市场估值超过了麦考利连锁商店的 50 倍。因此，麦考利连锁商店去年赚到了它的市场价格 21% 的利润，而伍尔沃斯公司只赚到了 7.48%。虽然后者的经营规模大得多，但就盈利能力而言，每股 25 美元的麦考利连锁商店普通股与每股 125 美元的伍尔沃斯公司普通股相比，前者的吸引力超过了后者两倍多。

盈利能力的比较

作者对表 13–1 中所有普通股的价值进行了初步检验，以百分比的形式说明了每 1 美元市场价格对应的销售总额和税后净利润。由于伍尔沃斯公司尚未收到 1918 年的税务账单，因此这里的税费是参考了 1917 年的数字以后随意假设的。表格显示的数字也很清楚，根据去年的利润表，麦考利连锁商店普通股的销售额远远超过了另外三只股票。事实上，即使是销售额跟它最接近的竞争对手——克瑞斯吉公司，目前的市场价格也不到它的二分之一。

表 13–1　　1918 年的盈利占普通股市场价格的百分比

	销售总额占比	税后净利润占比	优先股支付股息后的余额占比
伍尔沃斯公司	171%	9.4%	7.84%
克瑞斯吉公司	227%	10.6%	9.76%
克瑞斯公司	209%	11.4%	8.81%
麦考利连锁商店	768%	27.8%	20.96%

这样的结果实在令人好奇，让我们不由想要进一步展开调查、比较麦考利连锁商店和它地位显赫的对手们的有形资产状况。表 13–2 给出的这些数字中就有不少意料之外的内容。第一个让人惊讶的地方是每股对应的有形资产，就这一点而言，麦考利连锁商店的优先股比伍尔沃斯的优先股更多，尽管后者可以说是这类投资中价格最高、最受关注的股票之一，而麦考利连锁商店的优先股根本没人愿意买。在这方面，我们还应该注意到克瑞斯吉公司优先股出色的表现。相对于普通股，这只股票的发行规模较小，因此它的安全性比许多更知名的、售价高了 10 个百分点的优先股还要好很多。然而，事实却是克瑞斯公司的优先股报价比克瑞斯吉公司的优先股高，这简直太可笑了！毕竟前者在任何方面都不具备有利的条件。克瑞斯吉公司不仅在资产和盈利能力方面处于更有利的地位，而且在过去的股票记录中也表现出了更好更快的增长。无论是考虑商店数量的增长、每家商店的销售总额或者每美元销售额的净利润增长，我们的论点都是正确的。所有的这些信息都可以在附图的系列表格中找到。

表 13–2　　1918 年 12 月 31 日的有形资产价值

	优先股的每股价格 / 美元	普通股的每股价格 / 美元	占普通股市场价格的百分比
伍尔沃斯公司	265	41	33%
克瑞斯吉公司	490	138	86%
克瑞斯公司	190	28	33%
麦考利连锁商店	272	41	160%

再回到麦考利连锁商店的股票上，我们确实有一些惊讶的发现。这只不起眼的普通股的每股有形资产价值竟然完全同伍尔沃斯公司的一样，而后者的售价是它的五倍。另外，假如1918年的税费有所减免，我们实际上会发现麦考利连锁商店每股普通股背后的有形资产价值更高。但伍尔沃斯公司的资产负债表并没有提供这项信息。

如果再考虑到麦考利连锁商店极低的股票价格，从它的有形资产状况（比如盈利能力）来说，麦考利连锁商店在上述公司中都处于明显的领先地位。麦考利连锁商店的普通股是唯一一只售价低于其背后实际资产的股票，它的有形资产相当于市场价格的160%。至于另外几家公司，伍尔沃斯公司和克瑞斯公司的这一比例只有33%，克瑞斯吉公司的这一比例为86%。

麦考利连锁商店落后的原因

麦考利连锁商店的股票售价远远低于其他公司的数字，与它的统计数据完全不匹配，按理说它的售价会更高。这就促使了我们进一步来寻找这只股票背后价格明显较低的原因，或者说连锁杂货店股票价格如此低廉的原因。我们首先想到的一个解释是麦考利连锁商店没有支付普通股的股息。这确实是一个影响较大的缺点，但算不上致命缺陷。例如，工业普通股的价值很少由它在某个特定时刻支付的股息所决定；投机型的股票以惊人的价格出售，它的持有者也很可能没有任何回报。这里还有一个更令人信服的理由，并且在其他的连锁商店股票上都印证了它的正确性，即当前的股息回报并没有我们想的那么重要。正如表13–3所示，克瑞斯吉公司的股票价格为每股160美元，收益率只有3.1%，它当然不会被5美元的股息左右。克瑞斯公司支付的股息为每股4美元，在现在的价格水平上，它的回报率也不过4.7%，还不如胜利债券（政府债券）的收益高。至于伍尔沃斯公司，它的股票是连锁商店行业的龙头股，股息收益率在所有公司中是最高的。总而言之，投资者已经意识到通过盈利能力和资产价值可以推测出未来的股息，上述分析则表明了考量未来的股息这一做法才更有价值。

在麦考利连锁商店的案例中，我们已经发现了它背后异常强劲的有形资产头寸，这些都是由麦考利连锁商店扣留的股息积累形成的。1915 年，麦考利连锁商店进行资本重组时发行的普通股，最初的实际价值只有每股 20 美元。经过了三年半的时间，尽管它的普通股市场价格基本没变，但每股的实际价值刚好翻了一番。这意味着自重组以来，麦考利连锁商店的年平均每股收益约为 5.6 美元，相当于其市场价格的 22%。因此，投资者完全没有必要担心麦考利连锁商店 1918 年的表现只是昙花一现，或者担心自己投资判断失误。

表 13–3 资本化与股息

	未偿付的金额 / 美元	优先股的价格 / 美元	比率	收益率
伍尔沃斯公司	12 500 000	116	7%	6.03%
克瑞斯吉公司	2 000 000	108	7%	6.48%
克瑞斯公司	3 740 000	110	7%	6.36%
麦考利连锁商店	1 179 000	92	7%	7.61%
	未偿付的金额 / 美元	**普通股的价格 / 美元**	**比率**	**收益率**
伍尔沃斯公司	50 000 000	125	8%	6.4%
克瑞斯吉公司	10 000 000	160	5%	3.12%
克瑞斯公司	12 000 000	84.5	4%	4.7%
麦考利连锁商店	5 000 000	25	—	—

营运资本

上文已知，麦考利连锁商店的股价与统计结果负相关；比起不支付普通股的股息带来的低价效应，麦考利连锁商店股价偏低的另一个理由似乎更有说服力，即它的流动资产头寸非常一般。这里的问题并不是说麦考利连锁商店的营运资本不足，而是它在过去几乎没有表现出任何增长的迹象。自 1917 年 12 月以来，麦考利连锁商店的流动资产净额仅增加了 23.6 万美元，增幅约为 23%，但它的销售总额差不多翻了一番。这里的盈利差额主要用在了装修新开的店铺，以及麦考利连锁商店子公司在新地址购买商铺的预付款。由于销售额的增速比营运资本快得多，麦考利连锁商店显然会发现，想要抽出资金来支付普通股的股息并不容易。

作者的目的并不是想要卖出麦考利连锁商店的股票，只是为了公正地分析这只股票，所以现在他也无意辩驳更多。但毫无疑问，麦考利连锁商店股价极低的“真正原因”就在于此，否则对于那些少数真正了解该公司的人来说将会是一个很好的投资机会。需要指出的是，一年多以前，克瑞斯吉公司也出现了非常相似的情况。该公司当时股票的售价为 80 美元，考虑到公司优秀的盈利能力和有力的资产支持，这个价格的确非常适合投资。但克瑞斯吉公司的营运资金跟不上业务的快速扩张，这部分资金占销售额的比例不仅低于麦考利连锁商店，而且比其他任何连锁商店集团都低。所以一直以来，董事们都只能采取非常保守的股息政策。对于这家繁荣的企业，很可能就连它的内部人员也在犹豫是否要买它的股票，因为他们会担心克瑞斯吉公司还要很长一段时间才会大量分派股息。除非公司筹到新的资金，投资者才有可能提早收到股息，但克瑞斯吉公司看起来不太可能会有更多资金进账。尽管如此，真相还是会水落石出，这些股票的投资价值迟早会显露出来。虽然克瑞斯吉公司的股息只增加了 1 美元，但投资者终于意识到了它强大的资金头寸和光明无限的可能性，如今这只股票的价格已经翻了一番。

麦考利连锁商店会重演克瑞斯吉公司的历史吗

在上述案例的启发下，作者不禁做出了一个大胆的预测，即从市场的角度来看，麦考利连锁商店将成为第二个克瑞斯吉公司。尽管它也会有因运营资金不足导致延迟派息的情况，但并不影响预测的结果。不过，麦考利连锁商店缺少了克瑞斯吉公司获得成功的一个基本要素，即可用于普通股的每年稳定增长的净利润。如图 13–3 所示，由于每美元销售额的净利润持续缩水，麦考利连锁商店持续扩张带来的优势几乎都消失了。1913 年，它的净收入占销售总额的 7.24%，但去年的这一比例已经降到了 3.72%。麦考利连锁商店在 1917 年和 1918 年的表现糟糕，可能也有一部分战争税的原因。该公司没有单独说明战争税的情况，但从跟其他公司的比较中我们也能明白，这一因素不能解释所有的问题。采购的商品成本大幅上涨，再加上必须保持固定的商品售价，无疑都会导致该公司的表现令人不满意。

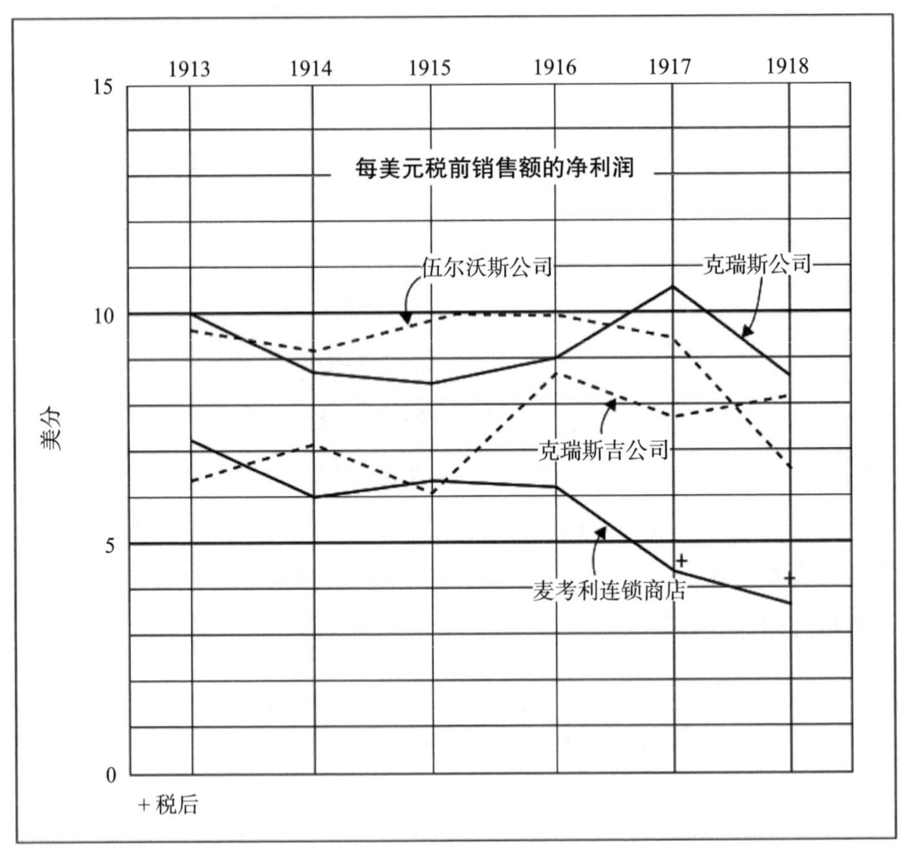

图 13–3　四家公司每美元税前销售额的净利润

如果麦考利连锁商店能够像克瑞斯吉公司一样，在过去六年里将净利润翻倍，而不是几乎在原地踏步，那么人们会对它的未来抱有更热切的期待。不过，麦考利连锁商店缺少的进取心恰好让它维持了稳定性，在过去的七年里，普通股的每股收益从未有哪一年低于 4 美元。我们应当进一步叩问，从某种程度上来说，是不是有充分的理由可以说明麦考利连锁商店的净利润与销售总额的关系，为什么它不能稳定在一个接近其他三家公司的水平上呢？以今年 1000 万美元的业务量来说，麦考利连锁商店应该不会在采购上受到太大阻碍，通过良好的管理，它还可以在这方面取得长足的进步。

问题的症结

我们已经找到了有关麦考利连锁商店状况的基本要素。不可否认，这只股票的售价远低于担保它的现有资产和收益的价值。这表明了投资者认为麦考利连锁商店的状况正在倒退，或者至少处于停滞状态；麦考利连锁商店在过去七年里的净收益都没有增长，这更印证了投资者的这一看法。但在关键节点上，麦考利连锁商店并没有停滞不前。1916 年以来，它的总业务量增速比克瑞斯公司和伍尔沃斯公司都要快，几乎和克瑞斯吉公司一样领先；商铺的相对增量也领先于其他所有商店。因此，考虑到麦考利连锁商店的基本状况都很好，它的净利润很可能大幅增长，至于增长多少则取决于它的经营水平。

综合考虑，我们很难想象麦考利连锁商店的股票价格会低于每股 25 美元，这在任何情况下都不应发生；我们也有充分的理由期待，有一天它的价格会比现在高得多。对于耐心的投资者来说，这是一只很好的股票。这类投资者通常不会担心每天的波动，并能获得最大的利润。

第 14 章

Benjamin Graham on Investing: Enduring Lessons from the Father of Value Investing

对冲的艺术

利润最大化与损失最小化——作为交易媒介的可转换股票——危险市场中的操作原则：安全第一

《韦氏词典》中将“对冲”定义为一种“通过两头下注保护自己，降低损失风险”的手法。作为对冲风险的一种商业行为，套期保值普遍存在于面粉厂和棉纺厂的经营活动中。虽然就细节而言，这一行为可能看起来相当复杂，但从本质上来讲，它是通过在购买小麦或其他原料的时候就卖空“期货”的方式，来避免批量生产期间商品价格波动带来的损失。

在证券市场上，就外国证券交易而言有一种非常常见的对冲形式，即分别对多头和空头股票使用看跌或看涨期权。比如，一个人以 106 美元的价格买入了 100 股美国钢铁公司的股票后，他可能会以 102 美元的价格再买一个 30 天期的看跌期权来控制自己可能的损失。这意味着，无论股票价格会跌到多低，他都有权在接下来 30 天内的任意时间以 102 美元的价格出售该股票。因此，即使在最坏的情况下，他的损失也不会超过 400 美元以及看跌期权的佣金和成本。这样的合约往往比止损单更有用，因为它可以防范价格暂时波动引起的损失。假如美国钢铁公司的股票在本月跌到了 101.5 美元，然后又回升到 115 美元，那么持有 102 美元止损单的人在达到止损点时就会被迫退出市场，但一份看跌期权将会使他安全度过危机，并最终获得可观的利润。

不过，本文的目的不是讨论商品套期保值或者在交易中使用特权的手法，虽然它们可能也有进一步讨论的价值。我们打算讨论一个相似类型的市场操作，它可以为投资者提供以适中的风险换取丰厚利润的好机会。但遗憾的是，即使是专业人士也很难理解或欣赏这样的方式。

债券和股票的套期保值

我们心里所想的方法就是同时买入一只证券并卖出另一只证券，而且相对来说，买入证券的市场价格应该低于卖出的证券。当买入的证券售价低于卖出的证券，那就说明一定有充分的理由可以让我们相信，两只证券的价格会在临近交割时更加接近；反之，如果买入的证券价格高于卖出的证券，那就说明两者的差价会越来越大。

在进一步讨论涉及的一般理论前，让我们来看一个具体的例子。去年11月2日，我们买入了1万美元拉克万纳钢铁公司利率为5%的可转换债券，它将于1950年到期；同时我们以100美元的价格卖空了100股该公司的股票。这个时候，如果拉克万纳钢铁公司的股票多头继续上涨，为了交割卖出的股份，我们可能不得不将债券转换为股票。在这种情况下，上述操作并没有起作用，我们最终将损失25美元和佣金。但如果股票发生下跌，债券不会受到太大的影响，因为仅凭它们的投资评级就能保证其价值底线。事实上，在作者撰写本文时，该公司的股票价格已经跌到了83美元，而债券则稳定在94美元附近。所以，通过卖出9400美元的债券并回购8300美元的股票，我们就可以抵销先前操作的损失。这样带来的期权净额为1100美元，从中扣除了手续费和25美元的原始差额，仍然还有1000多美元的净利润。

综上，即使是在最不利的条件下，投资拉克万纳钢铁公司的最大损失也不会超过56.5美元，但赚到1000美元利润的可能性一点儿也不远。这样的机会听起来不错，不是吗？再加上它需要的资本很少，实际占用的资金可以忽略不计，况且它的债券利息几乎抵销了股票的股息，所以持有的成本也很低。至于它的安全性会比一般的市场承诺高多少，仔细想想就很明显了。假如有人以票面价格买了100股拉克万纳钢铁公司的股票并持有到现在，那他已经损失了1700美元；如果共和国钢铁公司的股票在它达到票面价格时就被卖空，这位投机者很快就会面临40个百分点的损失了。

这个时候就很适合来说明上文提到的套期保值和套利之间的技术差异。简单来说，套利应当能保证在相对明确的一段时间里获得一定的利润。举个例子，如果以票面价格买入拉克万纳钢铁公司利率为5%的可转换债券，同时以100.25美元的价格卖出它的股票，这样的操作就构成了真正的套利。显然只有债券专家才可能这么做，毕竟这些债券原本可以直接转换为股票，然后通过交割新股获得25美元的利润。

套利者总是期望用买入的证券来代替他卖出的证券；套期保值者只在别无选择的时候这么做，而且通常会因此遭受一点损失。前者的利润在于更有利的"价差"，即与开始操作时的价格相比，以更低的价格买入，以更高的价格卖出，通过倒买倒卖来获得差额利润。当然，套利者也可能通过延期转换来抵消先前的操作，以期在市场上获得更多利益。这样一来，他又成了套期保值者，但这个时候不是为了保证最小损失，而是想要保证自己能够获得最低利润。

去年10月，南太平洋铁路公司的状况就很好地呈现了以上两种操作的关系。当时任何人都可以大量出售该公司的股票，并把它们换成价格明显便宜0.25个百分点的利率为5%的可转换债券。但事实上，转换时利息和应计股息的调整反而会使这只债券的价格比股票高出约0.25个百分点。这些债券的供应来源于那些专营经纪人，他们能够在价格反弹时，以高于利率为5%的债券价格出售股票，以及把债券转换为股票。由于可以获得额外0.25个百分点的利润，他们自然很乐于购买股票和出售债券，而非直接行使转换权。但事实证明，在这个基础上接管债券的交易者会比最初的持有者赚得更多，因为前者可以在接下来的价格下跌中回购股票，并以 5 个百分点的差价出售债券。对精明的套期保值者来说，这意味着他们可以轻松赚到大约 4.5 个百分点。

即使是经验丰富的“对冲艺术家”，也会因一直等待亏损减至一个很小的数字而常常错过了获得丰厚利润的机会。例如，去年 10 月，联合包装机公司（Allied Packers）的股票在它起起落落的繁荣期里售价为 66 美元，其利率为 6% 的可转换债券报价为 91 美元，每张 1000 美元的债券都可以在任何时候转换为 13 股股票。因此，当我们以 91 美元的价格买入债券，就相当于以每股 70 美元的价格完成了对股票的认购。如果在这时购买 8 张面值 1000 美元的债券，同时以 66 美元的价格卖出 100 股股票，就有机会获得不少于 3200 美元的利润。

因为后来股票的价格跌到了 26 美元，而债券的价格仍有 82 美元。另一方面，无论股票未来的价格可能上涨多少，这笔交易的损失绝对不会超过 400 美元——即 66 美元和 70 美元的价差。但在这种情况下，投资者往往会忍不住想购买更多的债券，然后等股票价格涨一点再卖出。可惜这样的等待只是徒劳，机会始终没有出现。

优先股票

可转换优先股和上述债券一样，也有套期保值的操作机会。我们眼前就有一个例子，即吉利兰石油公司，它的优先股可以在任何时候转换成两份普通股。1 月 15 日，其优先股的购买价格为每股 100 美元，普通股的售价为每股 49 美元。如果普通股的价格大幅上涨，那么它最多损失优先股价格的两个百分点，即 2 美元。事实上，通过 2 月 2 日后派发的 2 美元股息，这点损失就能被弥补了。就在两天后，普通股的价格降到了每股 43 美元，同时优先股的实际价格更高了，涨到了每股 101 美元。因此，通过对 100 股优先股和 200 股普通股进行套期保值，我们就有望在两天内获得

1300 美元的毛利润，且风险可以忽略不计。

再来看皮尔斯箭头汽车公司，如果有勇气可嘉的投资者决定以每股 99 美元的价格卖掉它的普通股，再以每股 110 美元的价格买入它的优先股，那么他的勇气就会得到很好的回报。在这种情况下，最大损失不会超过 11 个百分点，因为该公司的优先股可以按 1：1 的比例转换为普通股，他还可以在普通股上获得 8 个百分点的股息收益。现在这两只股票的价差超过了约 35 个百分点，所以这个风险不大的操作将为他带来超过 20 个百分点的利润。

另外，拥有认购新股的权利有时也可以成为套期保值操作盈利的基础，尤其是当股票的售价接近认购价格时。在这样的情况下，认购权可以被购买，股票也可以通过出售来对冲风险。这么做的意义在于一旦股票价格低于认购价格，我们就可以放弃认购，通过出售已买的股票来获利。但很遗憾，这样的计划往往会被内部操纵打破，为了刺激投资者认购股票，内部人士通常会在认购权到期前一直抬高股票的价格。一般情况下，股票价格的严重下跌会在权利到期日后出现，就像辛克莱石油公司（Sinclair Oil）和泛美石油运输公司（Pan American Petroleum）一样，但这个时候对套期保值者来说已经太晚了。而在最近的例子当中，就斯蒂旁克汽车公司（Studebaker）和撒克逊汽车公司（Saxon Motors）两家公司而言，它们的股票价格在认购的最后一天才跌到了新股发行价以下。

“跨式套利”

或许对认购权进行操作的最佳方式是跨式套利，也就是说，在市场可能大涨或暴跌的时候买卖股票。这样的套利可以通过出售相当于已买认购权一半数量的股票来实现。但要注意这些认购权的价格必须极低，并且它们的认购期会持续很长一段时间，这两点至关重要。目前来看，西姆斯石油公司就是一个很好的例子。1 月 15 日，当荷马油田（the Homer Field）

出现盐水的消息曝光以后，这只股票的价格迅速跌到了每股47美元，每份认购权的价格下跌至1美元。权证的持有人可以在支付47.5美元的情况下，凭每两份认购权换取1股西姆斯石油公司的新股。该特权将于2月2日到期。由于当时的石油股处于一个高度投机的状况，西姆斯石油公司的股价在接下来的两周既可能进一步大幅跳水，也可能彻底复苏。因此，以每张1美元的价格购买400张西姆斯石油公司的认购权证，并以每股47美元的价格卖出仅100股的股票来对冲风险，将会是一个好主意。无论股票价格是上升还是下跌，届时交易者都可以从任何一方的剧烈波动中获得利润。比如，当股票的价格跌到了每股40美元，交易者放弃这些认购权证会损失400美元，但作为弥补，他以固定价格卖出的100股股票可以获得650美元的收益，总的来说，他仍会有200多美元的收益。然而，当股票价格恢复到55美元，他就可以用200张认购权证来取代空头股票，并将另外200张认购权证换成股票后卖出，以获得可观的利润，后来的价格也确实回升了。因此，读者可以比较容易地计算出，在这种情况下，扣除佣金，交易者获得的利润为300美元。

这类涉及权利的操作与本文开头提到的出于套期保值的目的使用看跌期权和看涨期权的手法非常相似。股票的认购权就相当于公司发行的看涨期权，至于两者孰优孰劣，可以说相差无几。但以实际情况判断，这些认购权通常附带了与它们的成本成比例的期权，所以会比普通的30天优先认购权更有吸引力。

迄今为止，在我们讨论的套期保值类型中，交易者不管是通过转换还是认购，总能以一个固定的价格重新得到他曾卖出的股票。但在我们明确知道两者的价格相去甚远，并且没有其他保障的情况下，只出售一种证券但不买入另一种证券的操作也是合理的。

去年12月29日，布鲁克林捷运公司（B. R. T.）的定期股票凭证价格为每张5美元，它未存定期的单张股票报价超过了10美元。诚然，定存协议会让股票套现变得非常困难，但这不足以解释自由流通的股票为什么会以定期凭证的两倍价格出售。显然，两者代表了完全相同的资产权益；此外，公司委员会控制了足够多的股票，最终表决通过重组计划时，很可能会迫使未售出的股份也进行重组。所以当投资者以每张 5 美元的价格买入 200 张布鲁克林捷运公司的股票凭证，同时以每股 10.25 美元的价格卖出 100 股自由流通的股票时，实际所冒的风险很小。虽然短时间内两者的价差可能会扩大，但最终的价格必然会趋于一致。现实情况很快来到了后一个阶段。就在几天后，定期凭证的价格涨到了每张 7 美元，而流通股票的价格仍然保持在 10.25 美元。如今，证券交易者可以按每张 10 美元的价格出售他的凭证并获得 1000 美元的利润，即使以每股 13.25 美元的价格重新买入 100 股流通股票，损失也只有 300 美元。证券交易者付出较小的代价就得到了可观的净利润。

另一个类似的时机出现在去年 11 月，当时美国跨区大都会铁路公司利率为 4.5% 的债券价格跌到了 13.75 美元，优先股的售价为每股 12.5 美元。考虑到债券“享有”优先留置权，这两只证券 1.25 美元的价差简直小得离谱。这个差距现在已经扩大到了 6%，虽然仍不够大，但对那些分别以 13.75 美元价格购买债券和 12.5 美元的价格出售股票的人来说，这一差距将为他们带来可观的利润。目前在密苏里 – 堪萨斯 – 得克萨斯州铁路公司发行的债券中，仅有一两只的购买价格高于利率为 4% 的非积累优先股，而且不会高出几个百分点，例如利率为 4% 的圣路易斯铁路公司（St. Louis）的部门债券。鉴于大量的应计利息和债券的优先留置权，它们当然应该以更大的价差出售。

差异无处不在

这样的价格差异几乎层出不穷，而且其中大部分都可以为我们所用。但由于无限期借款的难度和利息问题，很多情况下外部交易者不能方便地做空估值过高的证券。尽管如此，那些持有售价过高证券的人也完全有理由把它们换成更便宜的证券。1917年9月，本文作者在《华尔街杂志》上发表了第一篇文章，就在这篇文章中作者指出，日本发行的利率为4.5%的“无担保债券”和“德国印花债”之间存在10个百分点的价差，这是毫无根据且不合理的。那些把无担保债券调换为德国印花债的人将多盈利10个百分点，因为证券交易所已经完全废除了对印花债券的歧视政策，现在它们的价值完全相同。

作者在这里提出最后一点是为了表明调换、套利和套期保值这三种操作有很多共同点，我们很容易就能从一种操作换到另一种操作。它们都基于准确的信息和分析，所以操作的成功率通常不会受市场走势的影响。在现阶段，尤其是前景不明朗的时候，证券交易者很可能会暂时将注意力转向不起眼但可以安全获利的套期保值业务。

第 15 章

最好的糖业股是哪只

商品糖强劲的市场地位——五只上市债券的比较分析——资本结构与经营效率的重要性

糖业股在 1919 年牛市中的涨幅明显高于平均水平，这类股票在今年 2 月的下跌中也比大多数工业股遭受的损失小。它们的表现能够如此出色，主要是由于商品糖的价格持续上升。战争期间，糖的价格是由国际糖业委员会（International Sugar Committee）和糖业公平委员会（Sugar Equalization Board）确定的。它们在 1917 年 8 月和 1918 年 9 月分别以单位产量 4.6 美分和 5.5 美分的价格收购了古巴全部产量的糖。今年还发生了两件大事，一是政府管制政策被废止，二是粮食价格因单纯的自然条件变化大幅上涨。所以很遗憾，大多数读者熟悉的商品糖短缺的年代又到来了。至于短缺的原因有三，首先是欧洲甜菜糖的产量急剧下降，其次是爪哇岛（Javan）农作物的运力不足，再次是这个国家的人均消费糖量最近显著增加。

远离前线的古巴利用其环境特点种植了大量的农作物，打破了以往的产量纪录，并卖出了史无前例的高价。波多黎各和其他岛上生产糖的人都经历了相似的繁荣。美国的制糖业主要依赖于甜菜，但由于上个作物年度天气条件恶劣，甜菜作物损失惨重。

目前在纽约证券交易所上市的糖业股主要来自八家从事食用糖生产的公司。其中五只的经营条件基本相似，因此可以进行相当精确的比较。

我们所说的这五家公司分别为位于古巴的四家公司，即古巴甘蔗糖公司、古巴–美国联合制糖公司、蓬塔阿莱格雷制糖公司和马纳蒂制糖公司，以及在波多黎各和圣多明戈岛（San Domingo）都有开展业务南波多黎各制糖公司。

在另外三家公司中，最重要的可能是美国炼糖厂，它实际上主要是一家炼油企业，通过持有六家西方公司的股份间接涉及了原糖的生产。联合果品公司是古巴糖产量的第四大生产商，但它涉及的业务种类非常多，包括航运、水果种植和畜牧业等，所以不能简单地与制糖公司相比。最后是美国甜菜糖公司，它是该行业在纽约证券交易所的唯一直接代表。由于甜菜糖是以精制糖的状态出厂的，所以这家企业的销售价格和经营成本都不适合与蔗糖公司进行比较。另外，天气条件对这两种糖料作物生长状况的影响也完全不同，就如去年一样。

考虑到以上原因，本文决定仅对五家蔗糖公司进行细致的比较，不对另外三家公司进行研究。虽说其他制糖公司也很重要，但这样的做法似乎更明智。

1919年的报告

总之，最便宜的股票将会在它购买价格的基础上产出最大的回报。秉着这一标准，我们首先仔细审查了五家公司的上一份年度报告，以确定它们各自普通股的收益。这些报告都涵盖了1918年至1919年各作物年度的情况。

表15–1给出了初步结果。由于我们想知道的不仅是每股的收益，更主要的是收益与价格的关系，所以表15–1中的数字是以每股价格（美元）与市场价值的百分比来表示的。这里的市场价值采用了1920年3月23日

的市场价格，另外，扣除折旧费和税费前后的利润都有说明。每家公司计入账簿的折旧费用在某种程度上来说是任意的，所以通过削减或夸大这一项目的数字，净收入就可能会过高或过低。虽然这些税费都是必须缴纳的，不存在自愿与否，但这里至少存在公司修改超额利润税的可能，所以税前利润的比较会有更大的参考价值。

表 15–1　　1918—1919 年普通股的每股收益

	扣除折旧费和税费前		扣除折旧费和税费后	
	每股 / 美元	占市场价格的百分比	每股 / 美元	占市场价格的百分比
古巴甘蔗糖公司	13.11	27.3%	7.76	16.2%
古巴 – 美国联合制糖公司	117.66	25.9%	67.67	15%
南波多黎各制糖公司	49.1	21.7%	36.78	16.1%
蓬塔阿莱格雷制糖公司	17.21	20.5%	12.21	14.5%
马纳蒂制糖公司	17.21	17.8%	10	8.6%

表 15–1 显示，在这两项扣除前后，古巴甘蔗糖公司的去年收益占当前市场价值的百分比一直都是最大的。在扣除后的基础上，它的普通股收益占市场价值的百分比为 16.2%，南波多黎各制糖公司的这一数字为 16.1%，古巴 – 美国联合制糖公司为 15%，蓬塔阿莱格雷制糖公司为 14.5%，马纳蒂制糖公司为 8.6%。

所以从 1919 年普通股的每股收益占每美元市场价格的比例来看，古巴甘蔗糖公司的成绩一马当先。那么，这一点是否足以让古巴甘蔗糖公司的普通股从本质上成为五只证券中最有吸引力的一只呢？通过对这个问题的思考，很快我们想到了一个新的因素，即各公司的资本化结构，这个因素极其重要却又很容易被忽略。古巴甘蔗糖公司的良好表现很大程度上归功于它的债券和优先股占公司所有证券的比例极高，同时承担的固定费用只占 7%。与那些普通股占公司总证券比例很高的公司相比，古巴甘蔗糖公司的普通股发行规模较小，所以它的剩余利润分配到这些股票上，就会导致繁荣时期的每股收益过高。但在经济萧条时期，古巴甘蔗糖公司普通股的利润很快就会消失，甚至优先股支付的股利也会在不久之后受损。古巴甘蔗糖公司相比其他蔗糖公司更低更亲民的普通股价格就明显反映了这种风险。

资本化结构

当我们比较不同公司的总资本收益，而不仅仅是普通股的收益时，这一点的重要性就呼之欲出了。这种资本的计算是以票面价格估计债券和优先股的价值，再以市场价值对普通股进行估值，然后相加得出结果。表15–2给出了1919年各公司以上述方法算出的结果，数据表明在扣除折旧费和税费前后，古巴甘蔗糖公司一直都是所有公司中表现最差的，已经不再位于第一了。事实上在扣除折旧费和税费以前，古巴–美国联合制糖公司的盈利能力约为古巴甘蔗糖公司的2.5倍。

为了说明两者的实际关系，我们假设古巴–美国联合制糖公司进行了证券重组，使其更符合古巴甘蔗糖公司的资本结构。这么做并不难，它只需以票面价格发行7%的债券或优先股，来交换3/4市场价值为45美元的新普通股（发行价格为每股10美元）。这样调换以后，古巴–美国联合制糖公司的资本将由大约4300万美元的债券和优先股以及25万股普通股组成。这样一来，它的资本结构几乎和古巴甘蔗糖公司完全一样了，只不过规模仅有后者的一半。经过调整，古巴–美国联合制糖公司去年在扣除折旧费和税费以前的每股新普通股的收益为37.3美元（票面价格为10美元），而古巴甘蔗糖公司扣除折旧费和税费前的每股收益只有13.11美元。但要注意，后者现在的普通股售价又高了很多!

因此，只需要小小的“数字游戏”就可以把古巴甘蔗糖公司在盈利能力方面的显著优势变成可悲的劣势。上述所有讨论无疑都是纯学术性的，毕竟古巴–美国联合制糖公司不可能如我们所想的那样对它的证券进

表 15–2 资本结构与收益的关系 （单位：美元）

	现在的资本结构				普通股		
	债券	占证券总量的百分比	优先股	占证券总量的百分比	股份数量	市场价值	占证券总量的百分比
古巴甘蔗糖公司	25 000 000	25.3%	50 000 000	50.5%	500 000	24 000 000	24.2%
古巴 – 美国联合制糖公司	2 000 000	3.7%	7 893 000	14.4%	*100 000	45 000 000	81.9%
南波多黎各制糖公司			5 000 000	28.4%	56 028	12 880 000	71.6%
蓬塔阿莱格雷制糖公司					228 600	18 782 000	100%
马纳蒂制糖公司			3 500 000	23.2%	100 000	11 600 000	76.8%

1918 年至 1919 年收益占总资本结构的百分比

	扣除折旧费和税费前	扣除折旧费和税费后
古巴甘蔗糖公司	10.7%	8%
古巴 – 美国联合制糖公司	24.9%	14%
南波多黎各制糖公司	17.2%	13.4%
蓬塔阿莱格雷制糖公司	19.9%	14.5%
马纳蒂制糖公司	13.1%	8.2%

* 将以 10 美元的票面价格兑换 10 万股。

行调整。古巴 – 美国联合制糖公司也承认基本不可能通过直接发行高等级债券来交换现有的普通股，不过，它仍有可能通过发行新的债券或者优先股来获得新的资产，从而提高普通股的盈利能力。事实上，美国钢铁公司已经把这个处理方式收为己用了。该公司的董事和经理们已经意识到，公司的资本结构中有一部分优先股将会为普通股带来更多的收益，于是立刻建立了优先股制度，并用所得收益收购了格里芬车轮公司（Griffin Wheel Co.）。

彻底讨论资本结构与普通股价值的关系需要一篇单独的长文。但在结束讨论之前，我们必须注意这一因素对蓬塔阿莱格雷制糖公司表现的影响。由于可转换债券可以按同等比例转换为普通股，它的证券都属于一个等级，所以从 1919 年普通股当前市场价值的实际收益来看，蓬塔阿莱格雷制糖公司在表 15–1 中排名第四。但当所有公司的资本化水平都降到了同样的水平时，蓬塔阿莱格雷制糖公司就跃居第一位了（见表 15–2）；古巴 – 美国联合制糖公司紧随其后，排名第二；南波多黎各制糖公司排名第三，表现也不错；古巴甘蔗糖公司和马纳蒂制糖公司则鞭长莫及。

经营数据

目前为止，我们讨论的都是最终结果，毕竟这才是真正重要的东西。但为了知道这些结果未来可能会对公司起到怎样的作用，我们有必要关注各家公司报告中有关经营状况的细节。表 15–3 给出了各公司的突出特征，以及在成本和利润方面极大的差异。古巴 – 美国联合制糖公司在每磅收入上的优势如此明显，是因为在五家公司中，只有它提炼了部分甘蔗，约为产量的 30%。当然，这部分蔗糖的价格会更高。反过来说，更高的蔗糖价格也是它的每磅净收益领先于其他公司的原因。

表 15–3 1918—1919 年的经营数据

	产量 / 袋（350 磅每袋）	每磅总收入 / 美分	每磅净利润 / 美分（扣除折旧费和税费前）	每磅利润 / 美分	折旧费占资产账户的百分比
古巴甘蔗糖公司	4 319 189	5.9	0.60	0.12	2.3%
古巴 – 美国联合制糖公司	1 965 641	7.84	1.96	0.16	3.2%
南波多黎各制糖公司	618 400	6.28	1.58	0.35	5.6%
蓬塔阿莱格雷制糖公司	605 150	5.90*	1.31	0.27	5.7%
马纳蒂制糖公司	507 366	5.90	1.56	0.31	3.7%

* 预计值。

表 15–3 中古巴甘蔗糖公司的每磅利润表现非常糟糕，这也是它最突出的特征。同样在里昂达（Rionda）的管理下，它的每磅利润还不到马纳蒂制糖公司报告的 40%。与其他的公司相比，古巴甘蔗糖公司选择了古巴最好的庄园，雇用了顶尖的制糖手艺人，并配备了最优秀的科学人才，而经营表现却如此糟糕，这似乎也太奇怪了。正因如此，这也成了戈瑟尔斯（Goethals）调查古巴甘蔗糖公司的主要原因。

但我们没有详细比较的机会，虽然古巴甘蔗糖公司在信息公开方面最透明，面对竞争对手的守口如瓶，我们一点办法也没有。或许还有一两个事实值得讨论一番，比如去年，古巴甘蔗糖公司的海运成本比马纳蒂制糖公司高了约 10%，尽管后者的种植园离大西洋海岸更远。古巴甘蔗糖公司产出的粗糖占甘蔗总产量的 11.15%，而古巴 – 美国联合制糖公司的这一比例为 11.45%，这表明了后者的生产效率更高，因为古巴甘蔗糖公司甘蔗的糖含量并不比古巴 – 美国联合制糖公司高多少。不过，古巴甘蔗糖公司正在研究如何使糖的提取比例更高，并在这一点上取得了渐进的发展。

结论

现在到了对这五只普通股进行最后评估的时候。首先，我们必须把古巴甘蔗糖公司和其他公司区分开，因为古巴甘蔗糖公司具有产量高、经营成本高、利息费用和优先股股息高的特点。这个“三高”组合在糖价高昂的时期为它的普通股带来了丰厚的收益，但在商品糖的价格下跌时，又会导致古巴甘蔗糖公司的利润急剧减少。总而言之，古巴甘蔗糖公司的普通股本质上是一只投机股，其价格既可能会突飞猛进，也可能会出现剧烈的下跌。

然而，古巴甘蔗糖公司新发行的利率为7%的可转换债券对该公司的收益和资产有优先权，看起来似乎是一种很好的担保，并且它们可以按60美元的价格转换为普通股，有朝一日也可能会为投资者带来巨大的价值。

如表15–4所示，南波多黎各制糖公司的股息回报率最高。与古巴的生产商相比，它的优势在于可以免除进口税，前者则会被征收每单位1美分的进口税。我们需进一步指出的是，去年南波多黎各制糖公司纸袋的折旧费高得离谱（见表15–3），这一点导致最终利润看起来略低于实际情况。另外，该公司正计划着增加圣多明戈岛中部地区的产量，据说今年的大部分作物都以令人满意的价格售出了。

表15–4　价格和股息

	优先股			普通股		
	价格/美元	利率	收益率	价格/美元	利率	收益率
古巴甘蔗糖公司	82	7%	8.55%	47		
古巴–美国联合制糖公司	106	7%	6.6%	450	10%	2.2%
南波多黎各制糖公司	110	8%	7.27%	230	20%	8.7%
蓬塔阿莱格雷制糖公司				84	5%	6%
马纳蒂制糖公司	100	7%	7%	116	10%	8.6%

在南波多黎各制糖公司和古巴–美国联合制糖公司之间，几乎没什么可选择的。后者的股票应该会有更好的市场，并且现在古巴–美国联合制糖公司的票面价格由100美元减到了10美元，这无疑会提高股息率。而

且作为古巴历史最悠久、最成功的生产商，在任何比较中，古巴 – 美国联合制糖公司的声誉都不容忽视。

1919 年，蓬塔阿莱格雷制糖公司从本质上讲是所有公司中表现最好的一家，但这是在它最近扩张前的资本结构上的判断。在那以后，蓬塔阿莱格雷制糖公司增加了 56% 的股票发行量，其目的是增加约 40% 的生产力。这种比例失调往往会在一定程度上降低股票的吸引力，尤其是在今年价格高昂的情况下，蓬塔阿莱格雷制糖公司的资金只够运行一部分新机组，并不能实现全部产能。所以在这个时候，股票行情的好坏很大程度上取决于蓬塔阿莱格雷制糖公司新投资的项目是否成功。在本文撰写的时候，据说该投资的前景还是非常乐观的。

再看马纳蒂制糖公司，无论从任何方面来说，它都是一家成功的公司，但与其他公司相比，马纳蒂制糖公司的股票销量看起来实在太高了。

综上所述，我们会把古巴 – 美国联合制糖公司、南波多黎各制糖公司和蓬塔阿莱格雷制糖公司放在保守普通股的类型中，它们的水平也非常接近。至于马纳蒂制糖公司，它的销量太高了，而古巴甘蔗糖公司的普通股则必须被视为本质上的投机股。如果作者必须选出一只“最好的”股票，那么他会指名古巴 – 美国联合制糖公司，虽然它的优势并不显著。

第 16 章

美国国际集团股票的“崩盘”

满怀期待终落空——42 美元的股票便宜吗——关于公司和子公司的事实与数据

近年来，很少有企业事件能像美国国际集团（American International）那样给金融界留下如此深刻又沉痛的打击。1919 年，美国国际集团的股票从 132.25 美元的高价开始暴跌，最终导致无法支付股利，价格进一步跌到了 38.25 美元的低点。事实上，94 个点的暴跌或者股息被取消这件事本身并没有这么引人注目。虽然说起来有点可悲，但华尔街已经相当习惯泡沫的破灭了。美国国际集团从一开始就被认为是一只和普通股票完全不同的普通股，它的要价更合理，同时也更安全。首先，美国国际集团的董事会由 24 位美国银行和商业界的领袖组成，理论上来说是全国最好的了。其次，美国国际公司的 5000 万美元资本中的每一美元都是通过以票面价格发行股票换来的现金。再次，在人们看来，美国国际集团的对外贸易和对外投资都为利润的增长提供了非同寻常的好机会。

美国国际集团正是在多方鼎力支持下成立的，难怪它会一跃成为最热门的投资宠儿。几乎所有的投资者都认为它是一只必须购买和“收藏”的股票，并对几年后美国国际集团股票价格有望成倍增加的预测非常有信心。正是这样巨大的期待与灾难性事件之间的鲜明对比引起了人们的强烈恐慌，使美国国际集团股票市场的崩溃成为华尔街历史上的一个重要插曲。

指控与辩护

写这篇文章的目的是我们想要对已发生的事情做出尽可能公正的判断。关于美国国际集团的事件，人们说了很多挖苦之言，虽然有些批评可能完全没有根据，但也绝非空穴来风。毕竟在美国国际集团不告诉公众“内部真相”的情况下，人们只能从表象来判断和决定。

现在，我们暂时不予考虑上述说法是否正确。但“祸兮福之所倚，福兮祸之所伏”，不难发现，这只股票盈利和亏损的风险成正相关。如果一切进展顺利的话，那么美国国际集团股东们的股本可能会翻两三倍；相反，如果股东们运气不好，他们的一半投资可能便会就此抹掉。这样的事情纵然令人不快，但难以避免。

另一方面美国国际集团的董事会可能会说，公司不对股票的市场表现负责，而且暂停派发股利这一事实并没有使其内在价值减半。不过，有些不利条件给美国国际集团的现金资源造成了沉重的负担，公司只是出于保守主义，为了稳妥才这么做的。事实上，美国国际集团的资产如它官方声明的那样依旧完好无损，经营状况也基本稳定。

但以上两种说法都不能完全使美国国际集团的管理层摆脱人们对这起糟糕事件的指责。如果说市场价格的下降如实反映了公司内在价值的变化，那么这场灾难就不能仅仅归咎于运气不好。今年，交易所的交易量确实遭遇了极度疲软，尤其是南美中心；美国国际集团的子公司在那里开展了大量业务。但在它最近的报告中，董事会主席表示这些相关企业在任何时候都有注意减少负债的积累，尽可能规避了汇率波动带来的直接风险。商品价格的下跌通常也不会给美国国际集团造成严重的损失，因为去年年底的总库存只有 1500 万美元，折合每股 30 美元。所以，如果说从去年 1 月以来，美国国际集团的实际价值真的缩水了 65%，或者说减少了 3500 万美元，那么出现公司管理层经验不足、判断力差或者管理不善的质疑也很正常。

如果我们抱有更乐观的想法，认为人们对于美国国际集团股票的市场价格下跌只是夸张了，实际上内在价值并没有跌到这样的程度，那么该公司的管理层就更难辞其咎了。几个月来，一直有人在秘密抛售这只股票，导致美国国际集团股票的价格水平持续下跌。从始至终，该公司都没有透露任何问题，无数投资者根据它最近的报告买了这只股票，并认为这是一只价廉物美的股票。但我们都知道后来发生了什么，所以华尔街人士现在都在问："在停止派息前，是谁做了所有的抛售？"答案显然不会是普通的散户，他们还在抱着错误的信心购买这只股票。因此，根据经纪公司的人所言，这一定是美国国际集团的内部人士做的，他们知道了派息将停止的消息，便在公众不知情的前提下提前出售了自己的股份。

考虑到美国国际集团认定的董事会成员行事光明磊落，显然这些指控是毫无根据的，但他们遮遮掩掩的政策和做法让这些谣言看起来有了可信度，这难道不是他们自己的错吗？证券交易所圈子里的一位知名人士在最近提到此事时用了"美国国际集团的丢脸事件"这样的措辞，从上述角度来说也不是没有道理。

关于这起事件道德层面的讨论就到此为止，毕竟公众最想知道的是这只股票目前每股 42 美元的价格是否仍然很贵，或者美国国际集团股票的价格大幅下跌有没有让它来到廉价的柜台上。显然，我们很难准确回答这个问题。我们不仅没有办法推测该公司在过去一年里发生了什么，即使在有报告的年份里，由于缺少投资持股和总收益的确切数字，想要估计美国国际集团股票的价值也是几乎不可能的。尽管如此，我们还是会梳理手头的信息，以期对美国国际集团有用的东西和所做的事情有所了解，并就这只股票如今价格贵贱的问题，尽可能给出一个公正合理的结论。

美国国际集团的持股情况

美国国际集团除了以它自己的名义发行了一些证券外，还收购了不少于24家公司的证券。作者对这些证券进行了适当的分组，并简要评论如下。

A组：持股公司——1919年报告中的自营公司

1. 美国联合机械公司（Allied Machinery of America）。成立于1911年，资本为150万美元，由美国国际集团完全控股，主要从事大型机械和工具出口业务。可以找到该公司1912—1916年的收益账，如表16–1所示。

表16–1　美国联合机械公司1912—1916年的收益账　（单位：美元）

年份	利润总额	净收入
1916	1 863 000	834 000
1915	662 000	467 000
1914	350 000	延迟计提22 000
1913	19 000	延迟计提29 000
1912	2000	延迟计提41 000

2. 法国联合机械公司（Allied Machinery Co. of France）。成立于1916年，资本为25万法郎，由美国联合机械公司完全控股，主要代理美国联合机械公司在法国的大型机械及其他业务。

3. 意大利联合机械公司（Allied Machinery Co. of Italy）。成立于1918年，资本为100万里拉[①]，由美国联合机械公司完全控股，主要代理美国联合机械公司在意大利的大型机械及其他业务。

4. 联合工程机械公司（Allied Construction Machinery Corp.）。成立于1917年，资本为25万美元，美国联合机械公司持有84%的股份。1918年的总收入为27.5万美元，净收入为5万美元。主要经营工程机械出口业务。

5. 联合制糖机械公司（Allied Sugar Machinery Corp.）。成立于1916年，

① 里拉是意大利在1861—2002年的货币单位。2002年1月后意大利开始使用欧元，里拉正式退出流通。——译者注

资本为20万美元，美国联合机械公司持有85%的股份。1918年的总收入为35万美元，但扣除费用后净亏损8.2万美元。

6. 霍恩有限公司（Horne Co.Ltd.）。成立于1918年，资本为60万日元，由美国联合机械公司完全控股。同时控股日本大和钢铁厂（Yamato Iron Works of Japan），主要与亚洲地区开展出口业务。

7. 美国国际钢铁公司（American International Steel Corp.）。成立于1917年，实收资本为10万美元，由美国国际集团完全控股。主要从事钢铁的一般出口业务，与许多外国公司都有联系。

8. 美国国际钢铁有限公司（American International Steel Corp., Ltd）。与前者同名，但它是有限公司，成立于1917年。实收资本为3英镑，其中1英镑由美国国际钢铁公司持有。该公司是美国国际钢铁公司的英国代理公司。

9. 美国国际造船公司（American International Ship Building Corp.）。成立于1917年，资本为2000美元，由美国国际集团完全控股。该公司由霍格岛造船厂（Hog Island shipyard）建造和运营，曾为政府建造了122艘船，但美国国际集团现在已经对这个工厂不感兴趣了。

10. 阿姆辛克公司（G. Amsinck Co.）。成立于1916年，资本为600万美元，由美国国际集团完全控股。主要与南美开展进出口业务，美国国际集团最近的麻烦似乎都集中在这家子公司上。1918年，该公司报告的总收入为136.3万美元，但扣除费用后净亏损2123美元。1917年，其净收益为47万美元。考虑到美国国际集团的规模，至少在1919年以前，它都不算特别重要的子公司。在1918年12月31日，它的流动资产总额为1138.3万美元，其中现金47.1万美元，存货316.5万美元；流动负债为852.6万美元，其中应付票据290.6万美元。据推测，现在它的业务和债务规模都比以前大多了。此外，报告声明该子公司40%的所需资金由银行提供，其余都来自母公司的支持。

11. 卡特－梅西百货公司（Carter, Macy & Co.）。成立于1916年，资

本为 200 万美元，由美国国际集团完全控股。主营茶叶进口及国内外销售业务。1916 年 5 月至 12 月，总利润为 42.3 万美元，净利润为 21.6 万美元。

12. 松香和松节油出口公司（Rosin and Turpentine Export Co.）。成立于 1916 年，资本为 80 万美元，由美国国际集团完全控股。主要为海军商店提供补给。

从我们手头有限的数据来看，所有这些美国国际集团的子公司有一个共同的特点，即它们似乎都不足以成为一个大问题。要么是这些公司中有的业务规模远远超过了前几年报告中的数字，要么就是美国国际集团主要靠自己本身的业务获得了营业利润。这些营业利润已在 1916—1919 年的收益账中单独列出，见表 16–2。报表中提到，美国国际集团唯一直接运作的项目是乌拉圭的一个污水处理工程，总金额为 400 万美元，并以债券的形式支付。有人可能会怀疑该公司公布的收益中有一部分是出售证券的利润，但美国国际集团坚称它不炒股。这一点在某种程度上来说很难解释。

表 16–2　　1916—1919 年的收益账对比　　（单位：千美元）

	1916	1917	1918	1919
利息和	502	3026	2458	4175
股息	3338	3804	5388	8158
经营费用	3840	6830	7846	12 333
税金及其他费用	1356	3084	4130	7606
净收入	2484	3746	3716	4727
股息	375	1574	1817	2398
调整	165	588	336	495
年度盈余	1944	1584	1563	1834
平均资本收益	15.68%	14.81%	12.40%	12.43%

B组：持股公司——1919年报告中未包括的自营公司

13. 美国巴尔萨公司（American Balsa Co.）。成立于1918年，资本为100万美元，其中69.36万美元由美国国际集团持有。主要制造救生设备。1918年9月至12月，该公司利润总额为37.2万美元，净利润为22.5万美元。

14. 美国国际集团中国分公司。成立于1916年，资本为100万美元，其中50万美元由美国国际集团持有。成立该公司主要是为了得到在中国开展业务的许可。在100万美元的资本中，有95万美元代表了"合同和特许权"。到了1918年，它的运营已经名存实亡。

15. 西门子－凯瑞铁路和运河公司（Siems-Carey Ry. and Canal Co.）。成立于1916年，资本为50万美元，其中21.25万美元由美国国际集团持有。它的目标主要是中国的建筑工程。1918年，它只在名义上开展了业务，报告显示当年亏损4万美元。

总的来看，上述三家公司对美国国际集团而言都不太重要。

C组：对外投资

16. 太平洋邮轮公司。成立于1916年。美国国际集团和格雷斯公司（W.R.Grace）共同控股这家企业。

17. 国际商业海洋公司。它的相关权益于1916年被美国国际集团收购，具体金额未公布。1919年6月，美国国际集团在非公开报告中声称持有82 745股国际商业海洋公司的优先股，并且平均成本约为每股75美元。

18. 联合果品公司。权益同样收购于1916年，没有更多可用数据。

19. 纽约造船厂。1916年，美国国际集团与格雷斯公司、太平洋邮政公司、国际商业海洋公司共同收购了该公司的全部资产。在那以后，它向公众出售了一些股票。

20. 美国橡胶公司。相关权益收购于1917年，但金额未知。

21. 国际产品公司。显然，美国国际集团持有这家南美包装公司的一些债券，具体金额未知。

22. 西姆斯石油公司。据称，美国国际集团以每股 47 美元的价格收购了 7.5 万股该公司的股票。如果这是真的，以现在每股 7 美元的价格，这项投资将损失 300 万美元。

23. 美国工业酒精公司。1917 年，美国国际集团收购了该公司的一项未说明权益，但到 1919 年时又卖掉了它。

此外，美国国际集团曾一度对以下两家公司很感兴趣，不过它们可能并不重要。

24. 赛明顿锻造公司。当时成立这个组织是为了执行一项军火合同。自公司成立起，它就发行了股票。

25. 美国国际码头公司。现已解散。

对外投资

在如表 16–3 所示的 1916—1919 年资产负债表对比中，需要特别注意的是投资项目。这个账户每年的变化主要是由于美国国际集团购买了外部公司的股权，即“参股”，但也有它持有各个子公司的股权从投资账户转入其他资产账户的影响。另外，在第一年美国国际集团对债券和票据的临时投资就达到了 912.2 万美元。其中很大一部分在 1917 年卖出了，其余的可能是后来再买的。表 16–4 总结了作者从公司报告和股票上市申请中能收集到的投资账户发展情况。

表 16–3　1916—1919 年资产负债表对比　（单位：千美元）

	1916	1917	1918	1919
资产：				
投资	23 227	27 314	27 847	30 816
现金和活期贷款	2954	2375	1638	7768
其他流动资产	4181	5213	10 779	40 627

续前表

	1916	1917	1918	1919
固定资产	—	1732	2040	2433
杂项	43	472	1557	1943
总计	30 405	37 106	43 861	83 587
负债：				
资本	25 000	29 970	29 970	50 000
盈余	1923	3508	5743	7569
流动负债和准备金	3482	3628	8148	26 018
总计	30 405	37 106	43 861	83 587

表 16–4　投资账户发展情况　（单位：美元）

年份	证券	账面成本（约）
1916	太平洋邮政公司，国际商业海洋公司，联合果品公司，纽约造船厂	13 000 000
1917	美国橡胶公司，国际产品公司，美国工业酒精公司（不久后售出）	2 500 000
1918	未说明	5 000 000
1919	未说明	8 000 000
		28 500 000
大致成本及其他		2 316 000
1919 年 12 月 31 日总计		30 816 000

1918 年和 1919 年的报告表明，美国国际集团投资的“参股组合”并没有发生重大变化，这让近年来该公司花费的 1300 万美元的去向有点难以解释。据我们所知，约有 350 万美元进入了西姆斯石油公司，其余的可能是以短期债券或票据的形式存在。

上述对外投资极为重要，不仅是因为它们的账面价值相当于美国国际集团每股 60 美元的股票价值，更主要的是它们在 1919 年的时候贡献了 417.4 万美元，折合每股 8.34 美元的利息和股利。这些加起来超过了美国国际集团股票总收入的 88%。

最近，美国国际集团持有的这些证券的市场价值确实都出现了大幅缩水，但持有它们的成本也远低于过去两年的水平。这些投资现在的价值至少在 2000 万美元以上，因此将它们假定为每股 40 美元似乎没什么不合理的。这一价值与美国国际集团股票的发行价格相当，并且仍能保证该公司去年投资于自营公司的资产达到 2700 万美元。因此，我们很难相信、也不愿相信这些资产已经彻底被毁于一旦了，尤其是公司的董事会主席斯通（Stone）也直接否认了这个说法，他宣称“有关美国国际集团在南美洲或其他地方遭受重大损失的说法都不符合事实”。

结论

在考虑了最糟糕的可能性以后，我们仍然无法相信，美国国际集团股票的价值已经不足每股 42 美元了。上述调查的结果主要说明了即使在最糟糕的情况下，该公司的国外业务也不可能耗尽它的大部分资本。如果这话没错，那么在证明以当前的价格水平或更低的价格水平购买股票的合理性的同时，美国国际集团在国内投资中也应当保证，它的最小资产价值或最低收入能为股票提供足够大的价值。

第 17 章

固特异轮胎橡胶公司的重组

不合时宜的扩张导致资不抵债——繁荣过后突如其来的灾难——重组计划的细节与公司前景的讨论

在对商业环境普遍悲观的情绪中，乐观主义者却在有记载的失败经验中得到了鼓励，尽管这些记录较少，但它们很重要。这些经验和鼓励没有反映在公司潜在的财务实力上，而是受到了一种处理商业问题的新方法的启发。因为当出现问题时，以前的债权人可能会任命一位破产管理人，但现在他们通常会成立一个委员会，然后将公司事务全盘交给委员会处理。在新方法出现前，许多公司都曾经历了破产、重组或清算的伤痛，即使邓氏公司（Dun's）和白氏公司（Bradstreet's）官方都不能给出更明智的解决办法。

固特异轮胎橡胶公司提供的财务管理方法就是一个引人瞩目的新例子，该公司目前正在“重整”业务。如果这种情况出现在几年前，该公司将无法避免破产接管的结局，整个行业的死亡记录，或者称为倒闭记录，也会因为这 6600 万美元的失败又增添了浓重的一笔，甚至会让著名的鲁梅利公司（Rumely）破产案都相形见绌了。

引人注目的事件

即使是在目前商业灾难频发的情况下，固特异轮胎橡胶公司的倒闭事件也极不寻常。虽然通货紧缩的受害者很多，但很大程度上来说都是弱势企业，它们要么从事投机性很强的一些项目，要么配备的资金不足，又或者公司的发展建立在一个不安全的、估值过高的基础上。然而，固特异轮胎橡胶公司没有这些弱点。不久之前，它还被认为是美国国内最强、最稳固的公司之一，也是轮胎生产商中的领先者，在商业和金融领域都享有极高的声誉。可是这样的一家公司却在短时间内从繁荣的顶点跌落到破产的深渊，让人措手不及。

一些数字描绘了固特异轮胎橡胶公司的突然性破产。1920 年 3 月，固特异轮胎橡胶公司的普通股售价为每股 415 美元。接下来，它在 7 月的时候分派了 150% 的股息，这时新的股票售价为每股 136 美元。与此同时，该公司额外发售了一批优先股和普通股，票面价格总额达到了 3000 万美元。不到三个月后，固特异轮胎橡胶公司在 1920 年 10 月 31 日的资产负债表就显示了 1567 万美元的损益赤字，并且在采购合同上还会亏损 1900 万美元。又过了三个月，到 1920 年 12 月 31 日止，固特异轮胎橡胶公司的赤字增加到了 2440 万美元，原材料合同的预计损失约为 1824.7 万美元。在一年又三个月的时间里，它的流动负债从 2200 万美元增加到了 6600 万美元，商品合同的承诺额则达到了 5500 万美元。

随着以上情况为公众所知，固特异轮胎橡胶公司的股票报价开始急剧下跌。最近，它的普通股价格为每股 11 美元，优先股价格为每股 25 美元。以这样的低价，2 股优先股和 1 股普通股的组合目前只值 61 美元，这个组合在去年夏天的售价为 300 美元，现在却大约只有以前成本的 1/5。

灾难的一般性意义

在分析固特异轮胎橡胶公司的破产事件时，有三个问题非常重要：

1. 该公司目前的情况怎么样？

2. 它会带来怎样的结果？

3. 计划调整的前景如何？

可能会有人提出反对意见，认为调查固特异轮胎橡胶公司陷入困境的原因毫无意义，因为股东们无法挽回过去发生的事情，他们的希望与担忧也都和未来相关。然而，对每一位投资者来说，不论他是不是固特异轮胎橡胶公司的股东，该公司的倒闭都会引发他们的不安。如果说，固特异轮胎橡胶公司每况愈下完全是运气不好，并且连最有效的管理都无力阻止这个结果，那么人们便会产生极度不安，并开始关注工业投资背后的潜在风险，即使这些投资看起来非常安全。因此，问题的关键在于这家公司的对手都承受住了商业的萧条，它却没能抵挡住，这是否纯粹是一场意外？

如果我们简要回顾固特异轮胎橡胶公司的财务状况，如表17–1和表17–2所示，那么很快就会发现该公司外壳下的弱点。仅需两个数字就足以说明问题。

表17–1　　固特异轮胎橡胶公司的资产负债表

	1915年10月31日至1920年10月31日（千美元）					
	1915	1916	1917	1918	1919	1920
资产——						
固定资产	11 442	17 908	30 704	39 155	43 464	*98 041
流动资产	14 838	81 309	51 858	54 464	76 813	55 036
负债——						
库存	15 028	35 000	44 672	59 250	57 429	126 028
盈余和准备金	9307	5050	16 764	26 053	40 831	–13 931
流动负债	1945	9167	21 126	8314	22 017	40 980
总计	26 280	49 217	82 562	93 617	120 277	153 077

* 包括董事长塞伯林应付的3 568 445美元，后通过转让固定资产结算。

表 17–2　取自表 17–1 的数据

1920 年 10 月 31 日的固定资产	98 041 000
1919 年 10 月 31 日的固定资产	43 464 000
增量	54 577 000

就在工业繁荣到达了顶点的时候，固特异轮胎橡胶公司向新的工厂设施和子公司投资了 5400 万美元。这意味着在一年里，它的固定资产增加了 130%，对比五年前的数字增长了 750%。在这样的情况下对固定资产进行了如此巨大的投资，不得不说固特异轮胎橡胶公司做出了一个非常严重的决策错误。由于该公司的业务停滞来得如此迅速和突然，库存上的巨大损失似乎也可以原谅，毕竟不太可能有公司能逃脱这样的突袭，除非公司早已准备好在需求量到达顶峰时自愿缩减运营规模。然而，固特异轮胎橡胶公司在轻率的扩张政策中走向了另一个极端，它建造了更多的工厂，并且似乎认为 1919 年狂热的商业活动只是一个工业空前繁荣的新时代的前奏。

关于这些资本的过度支出和开支的多样性，我们可以从以下部分年表中找到一些头绪。

- 1920 年 2 月，加州固特异纺织厂向公众发行了 200 万美元有担保的优先股。
- 1920 年 3 月，为制造商用飞机，固特异轮胎橡胶公司收购了俄亥俄州阿克伦市的海军航空站（Naval Air Station）。
- 1920 年 3 月，据报道，固特异轮胎橡胶公司打算在巴西建立一家工厂。
- 1920 年 3 月，固特异轮胎橡胶公司在俄亥俄州租赁了 5200 英亩煤田。
- 1920 年 4 月，固特异轮胎橡胶公司的子公司以 200 万美元的价格收购了福特汽车公司在纽约州长岛市的一家工厂。
- 1920 年 5 月，固特异轮胎橡胶公司以 100 万美元的价格买下了加州的一个棉花农场。

- 1920 年 6 月，固特异轮胎橡胶公司在亚利桑那州购买了 7800 英亩土地用于种植棉花。去年，固特异轮胎橡胶公司还在苏门答腊岛（Sumatra）收购了 2 万英亩的橡胶种植园，并成立了加州固特异轮胎橡胶公司（Goodyear Tire and Rubber Co. of Cal.），注册资本为 2000 万美元。毫无疑问，1920 年的固特异轮胎橡胶公司在这两家公司上花了太多的钱。

虽然上文提到的这些巨额开支中，很大一部分是靠固特异轮胎橡胶公司通过出售 3000 万美元新的优先股和 800 万美元的普通股来融资的，但余下的大量费用仍然需要从流动资产中支付。正是在关键时期对流动资产的消耗导致了固特异轮胎橡胶公司的灾难。如果问题只在于库存价值的缩水，那么尽管遭受了巨大的损失，该公司也完全能够和中央皮革公司一样渡过难关。

关于公司目前状况的细节

固特异轮胎橡胶公司最新公布的调整方案包含了截至去年 12 月 31 日的各种债务报表，也对通过发行新债券来融资的方法进行了概述。但无论是在重组前还是重组后，该公司都没有给出公司财务状况的完整信息。因此，我们只能通过将可用的素材拼在一起来还原和编制它的资产负债表。

表 17–3 给出了截至 1920 年 12 月 31 日，即新证券发行前固特异轮胎橡胶公司大致的资产负债表情况。我们可以看到，它的赤字已经增加到了 2440 万美元。所以我们可以推测，自 1920 年 10 月 31 日以来固特异轮胎橡胶公司的营运资本已经相应减少了 788 万美元，目前仅有 520 万美元。由于它的流动负债约为 6600 万美元，我们可以将固特异轮胎橡胶公司流动资产的价值假定为 7120 万美元。

表 17–3　资产负债表的大致情况（截至 1920 年 12 月 31 日）（单位：美元）

资产——	
固定资产	98 041 000
流动资产	71 267 000
负债——	
库存	126 028 000
赤字	24 400 000
流动负债	65 964 000
准备金	1 716 000
总计	169 808 000

但在这份资产负债表中，没有任何地方反映了固特异轮胎橡胶公司未来将要交付的 5500 万美元商品承诺，以及预计会受到的 1828.7 万美元损失。如果这笔损失被冲销，该公司的流动资产将比速动资产多出约 1300 万美元。

表 17–4 总结了固特异轮胎橡胶公司调整完成后的状况，本次调整将涉及以下证券的发行。

表 17–4　重组后公司资产负债表的大致情况（允许存在 1828.7 万美元的商品承诺损失）（单位：美元）

资产——		负债——	
固定资产	98 041 000	第一抵押债券	25 000 000
流动资产	65 056 000	信用债券	25 000 000
		最优先股	35 000 000
		优先股	65 000 000
		准备金	1 716 000
		90 万股普通股的账面价值	11 381 000
总计	163 097 000	总计	163 097 000

- A：20 年期利率为 8% 的第一抵押债券，发行额为 2500 万美元，可

能会向公众出售。

- B：10 年期利率为 8% 的信用债券，发行额为 2500 万美元，与 25 万股新的普通股共同用于偿还银行债务，债务金额与发行总额相差不多。这些债券将以每张 1000 美元的价格附赠 10 股普通股的形式出售给现有股东。
- C：3500 万美元利率为 8% 的最优先股。用来支付给商品或者可能的债务人，并为四分之一的商品承诺额提供资金。出于以上目的，该优先股的价值将为每股 80 美元，显然它也会以这个价格向股东出售。
- D：6500 万美元利率为 7% 的优先股，用来置换目前发行的优先股。
- E：90 万股无面值普通股票。其中 61 万股按 1∶1 的比例兑换成了目前发行的普通股，25 万股作为了购买信用债券的奖励，4 万股用于了“其他目的”。

此外，固特异轮胎橡胶公司的调整方案可能还会设立一笔隐含金额的管理股票，提供每年不超过 3 万美元股利总额的分红权。该管理股优先于优先股和普通股，并有选举大多数董事的专属投票权。这意味着只要任何债券在接下来的 20 年内未能偿付，固特异轮胎橡胶公司的控制权就会落入债权人委员会手中，这是很可能发生的事情。

重组后的营运资本与固定费用

根据调整方案，固特异轮胎橡胶公司用来取代现存债务的新证券的票面价值共计 8500 万美元。不过，由于新的优先股售价为每股 80 美元，所以它们实际可以换到的总额为 7800 万美元。如果再从这个数字中扣除 1300 万美元的营运资本赤字（包括商品合同未来的损失），重组后的公司将从一开始就拥有 6500 万美元的净流动资产。这完全可以为固特异轮胎橡胶公司两次债券发行的金额担保，并给优先股留下每股约 43 美元的资产保证。另外，固特异轮胎橡胶公司的固定资产账面价值为 9800 万美元，因此它的优先股背后的总资产将有每股 117 美元；但对新的普通股来说，每股背后的总资产只有 12.5 美元，就和它现在的价格差不多。

在此基础上，固特异轮胎橡胶公司两次发行的债券和最优先股的利息和股利总计约 480 万美元。这些费用还必须加上第一抵押债券的 125 万美元偿债基金，以及信用债券的另一只偿债基金；虽然后者的金额没有说明，但我们估计这只偿债基金的金额为 50 万美元。这两项费用总共为 655 万美元，并且它们的优先级排在利率为 7% 的优先股前面。因此在普通股得到任何回报前，固特异轮胎橡胶公司都必须先支付 1310 万美元的年度总费用。即使偿债基金的运营在以后慢慢走上了正轨也不会减少任何费用，因为对固特异轮胎橡胶公司来说，从中节省下来的任何利息都必须用于赎回最优先股。

公司的前景如何

如果想要确定重组公司的前景，我们最大的障碍在于不可能通过选取平均值或者正常年份的运营数据来估计公司的盈利能力。如图 17–1 所示，固特异轮胎橡胶公司的销售额在 12 年里从 200 万美元增长到了 2000 万美

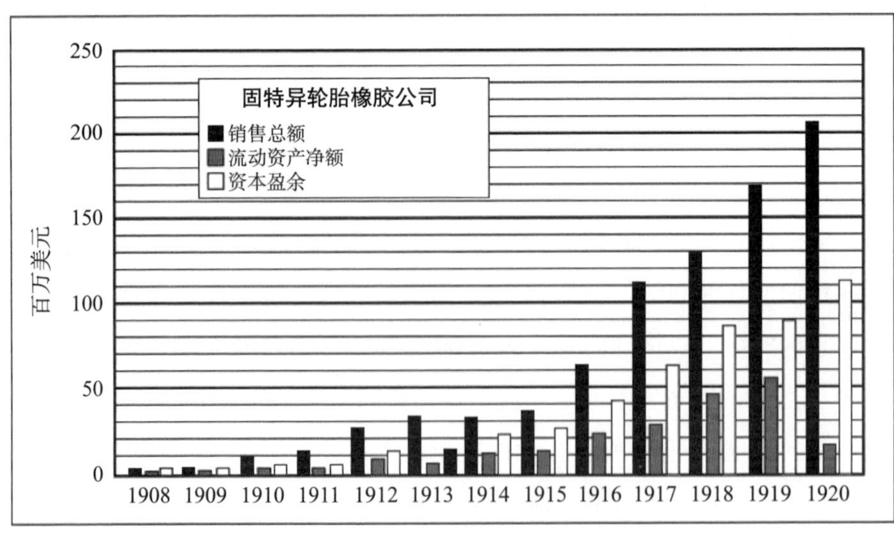

图 17–1　固特异轮胎橡胶公司的增长情况

元，其资产和资本也差不多扩张了近百倍，所以该公司五年前或者两年前的表现几乎不可能提供任何有关公司未来业绩的线索。

当然有一件事很清楚，那就是固特异轮胎橡胶公司目前的销售额不可能达到或者接近去年创下的2.06亿美元的纪录。据报道，固特异轮胎橡胶公司不久以后将扩大运营规模至现在的两倍，实现每周6万个轮胎的基础产量。但这个计划意味着该公司每年的总业务量很可能会少于6000万美元。如果固特异轮胎橡胶公司处于一个相当平稳但并非停滞的状况下，那么我们可以估计出营业额差不多为1.3亿美元；再假定税后利润率为10%，它的净收益即为1300万美元。如果不到这个数字，那将不足以支付优先股的股利。在满足上述条件的情况下，债券的利息可以得到很好的保障，最优先股的股利也有合理的保证金，毫无疑问，固特异轮胎橡胶公司就有能力支付这些利息和股利。但对优先股来说，情况就不明朗了，固特异轮胎橡胶公司可能在一定时间内都无法支付它的任何费用。

通过与固特异轮胎橡胶公司长久以来的竞争对手古德里奇公司的比较，我们可以从另一个角度来思考这一问题。由于固特异轮胎橡胶公司的优先股报价仅为每股30美元，它可以在收益上和古德里奇公司的普通股竞争，后者的售价比前者高出约6个百分点。1919年，固特异轮胎橡胶公司的销售额超过古德里奇公司约20%。我们可以假设，如果固特异轮胎橡胶公司的销售总额降到了1.3亿美元，那么另一家公司的销售总额就可能降到1.05亿美元。按照10%的利润率，古德里奇公司的收益可以达到1050万美元。再扣除210万美元的票据利息和266万美元的优先股股利，余下的利润为574万美元，分到60万股普通股上即为每股9.5美元。从这个角度来看，古德里奇公司的普通股似乎比固特异轮胎橡胶公司的优先股更有吸引力。而且古德里奇公司还有一个优势，至少在一定时间内，它都能够支付每股6美元的股利且不会面临财务上的困难。

古德里奇公司1920年的报告尚未公布，所以我们无法知道它的营运资本在价格调整中的表现怎么样。去年6月它的营运资本为7000万美元，这是一个不错的数字，但如果以后的营运资本大幅缩水，即便它相对于固特异轮胎 橡胶公司有明显的优势，也可能会被这一点抵消。

普通股的投机本质

我们对固特异轮胎橡胶公司的 1300 万美元净收益估值中，没有任何部分是留给普通股的。通过发行红利股，普通股的股权会被稀释，这就决定了固特异轮胎橡胶公司不可能在近期创造出巨大的盈利能力。目前来说，该公司普通股最明显的特征是新发行的股票总市值仅为 1100 万美元，而先前发行的证券票面价值有 1.5 亿美元。

上述对比关系就是投机股票最本质的特征，股票的价值将随着公司收益的每一点细微变化而大幅波动。因此，固特异轮胎橡胶公司的普通股也应当被视为投机股票，它的市场价格将随着轮胎行业的总体前景大起大落。

由于暂停的股息尚未恢复，在目前的情况下，固特异轮胎橡胶公司的优先股也更接近投机性的股票。我们可以合理假设，汽车行业恢复正常的条件后，该公司应该就能支付股票的相关费用了。因此，每股 30 美元的优先股看起来会是相当有吸引力的长期投机买卖。关于这一点，我们必须记住固特异轮胎橡胶公司的麻烦主要在财务方面，它的产品并没有失去以往的良好声誉。多年以来，固特异轮胎橡胶公司通过全国范围内的广告和名副其实的商品建立了宝贵的商誉，这部分商誉价值应该仍旧完好无损。

需要注意的是，在对固特异轮胎橡胶公司的股票进行估值时，我们默认重组计划已成功完成。然而，正如文中所述，虽然该公司宣称超过 75% 的债权人已经同意了该提案，但他们还必须征得其他债权人的同意。如果这个计划未能通过，我们几乎可以肯定固特异轮胎橡胶公司会破产，最终公司能给股东的待遇只会更苛刻。正是这种可能性把固特异轮胎橡胶公司股票的当前市场价格，尤其是优先股的市场价格压到了一个极低的水平，远没有达到它的长期前景所能保证的水平。

第 18 章

Benjamin Graham on Investing:
Enduring Lessons from the Father of Value Investing

53 美元的联合药业股票便宜吗

从 83 美元开始暴跌的原因

美国联合制药公司的普通股在 7 月 25 日的售价为每股 83.5 美元，7 月 27 日就跌到了 54 美元，在两天内下跌了 29.5 美元，跌幅为 35%。华尔街早就习惯了市场疯狂的剧烈波动，在开始的时候就对这只股票的崩溃毫不关心。但到最后，股票的行情显示了一则消息，即该公司的董事长路易斯 · K. 利格特（Louis K. Liggett）已经把他的事务都交给了受托人。虽说只是个人因素带来的变动，但联合制药公司的反应立刻变得微妙起来了。第二天，利格特先生的一封亲笔信公开以后，故事就上演了更加生动的一幕。信的开头就写道“亲爱的伙伴们”，看起来相当可怜，信中他用了非常模糊和情绪化的表述来形容自己作为董事长的难处，并坚称美国联合制药公司的情况完全正常，与他的窘迫没有半点关系，但信的效果并不如他所想，反而让他“听起来像个疯子”。

这封信对联合制药公司的现状和前景都抱有极为乐观的态度。利格特先生在信中写道，联合制药公司是“在我认知中最稳健的工业公司”，并且表示它没有理由“以当前的股票价格出售”，因为“公司业务实际上没有受到任何影响”。

自相矛盾的言辞

但如果事情真的是这样，那我们还不能完全清楚利格特先生为什么会忧虑难过。他坚称自己没有在外部经营中严重亏损资金，也没有炒股。按照利格特先生的说法，他的财务问题完全是因为联合制药公司股票价格的下跌所致，但联合制药公司股票价格的下跌又完全是因为他个人的财务困难所致。这听起来很矛盾，至少目前我们可以给出这样的判断。

在开始讨论前，我们必须对这两种说法的正确性表示怀疑。首先，有迹象表明利格特先生的损失不仅限于联合制药公司的亏损，不过这一点并不重要。其次，也是更重要的一点，股票跌破发行价这件事的后果比董事长的破产更严重。以上两个结论都能在那封著名的亲笔信中找到依据。利格特先生在信中宣称，他持有 3.9 万股联合制药公司的股票和利格特国际公司（Liggett's International）的普通股，结果却在八个月内缩减了 500 万美元。但在这段时间里，股票价格的波动范围能造成他在联合制药公司的损失最多为 250 万美元，所以其余 250 万美元一定来自其他地方。至于联合制药公司本身的情况，利格特在信中也承认“经历了一些艰难的时刻”，公司在糖和橡胶等库存方面有所损失，1921 年上半年的业务量也比 1920 年同比下降了 12%。

虽然讨论私人财务问题确实让人讨厌，但为了研究有关美国联合制药公司的情况，我们不得不去研究利格特个人的声明。因为目前掌握的信息实在太少，该公司普通股的市场价值自今年 1 月 1 日以来缩水了 50%。除此以外，今年公布的文件中只有这封信包含了有关联合制药公司运营情况的唯一信息。也许有人已经注意到，联合制药公司去年 5 月 31 日新发行了一只利率为 8% 的债券，但它的招股说明书中并没有 1920 年 12 月 21 日前的数据。目前，招股书的作者被要求在“一周或十天内”发布一份报告。但整整七个月过去了，该作者没有公布任何一个数字。因此，所有充满疑虑和担忧的股东只能对利格特先生的宣言进行一些批判或者怀疑性的审查，以期找到一些关于他的真实投资情况的线索。

在这一点上，我们可以简单提几句关于联合制药公司业绩报告的题外话。1916 年 10 月，当美国联合制药公司在纽约上市时，它的申请书中包含了一项“按季度公布收入账目和资产负债表”的协定。和其他许多公司做的一样，联合制药公司从一开始就在暗中忽略了这项协议，一整年来，股东们都对该公司的状况一无所知。

在繁荣期的平静日子里，投资者对股利的增加和上涨的行情都很满意，所以很少关心枯燥的统计数据。但在艰难的时期，证券持有人会迫切想要了解情况，非常频繁地关心所投资的企业是怎样度过风暴的，而且他也有权了解这一点。但很明显，纽约证券交易所仅凭组织自身的力量无法保证定期审查上市申请书中包含的所有协议。不过，只要它注意到有人在这方面违反了任何规定，就会迅速而积极地向申请者施加压力，责令改正这些情况。所以如果清醒的股东们坚持要求在约定时间内看到报告，他们就完全可以如愿以偿。

至于为什么没有按承诺的频率发布报表，公司会找很多理由。有的一点儿也不严肃，比如税收减免前的收入比较好算、计算所得税太难了，等等。另外的则更有逻辑一点儿，但也站不住脚，它们会强调业务线中经常有库存管理的困难。然而事实却令人寒心，现在几乎没有哪家大公司的办公室会连一份收入账目和资产负债表都没有，它们至少每个季度都会收到报表，而且相当准确。联合制药公司最近的上市申请日期就在 1920 年 5 月 15 日，申请书中包含了截至当年 3 月 31 日的季度收益表和资产负债表，最新数据的发布时间距离上市申请日期只有短短 45 天。可是，自 5 月 15 日以来又过去了 12 周，联合制药公司仍然没有对外公布 1921 年第一季度的收益情况。

如果去年 5 月联合制药公司的股东们就知道了公司的销售额、利润和财务状况，那么至少有可能让其中一部分更警觉、更聪明的股东意识到前方的危险，然后采取相应的行动。

联合制药公司简史

暂且把这些推测放在一边，现在是时候去查阅公司的财务记录，为我们对它的现状分析奠定更坚实的基础了。虽说这些信息的发布时间都在1920年12月21日前，对我们现在的分析会有一定阻碍，但它们仍可以为联合制药公司今后的发展提供一些线索。

1902年，以路易斯·K. 利格特为首的40家零售药店发起了一项合作提议，即由它们来共同生产制造以及销售药店里常见的各种产品。所以在一开始的时候，它们的股东主要是销售"瑞克苏尔"（Rexall）这类产品的药店的药师，这些药师也负责经销公司的商品。目前联合制药公司有8000名这样的股东代理人，据非官方统计，截至去年12月的总数已达到1.66万人。除了生产制造和向零售店分销商品外，联合制药公司还经营自己的零售商店——利格特药店。1916年，联合制药公司与里克－赫格曼－杰恩斯集团（Riker-Hegeman-Jaynes）合并，旗下的零售药店数量也因此增加到了145家。到1920年底的时候，该公司共有226家连锁药店在营业。

图18–1和图18–2显示了1915—1920年六年来的门店数量、销售总额以及净利润（税前和税后）的增长情况。我们还区分了零售部门和批发部门的销售额。需要指出的是，年度报告中联合制药公司在所有州的收入并未算上可以减免的税额；虽然可以在次年报表的盈余中扣除，但结果无疑会给人们留下一种净利润比实际更高的印象。为此，我们修改了收入账中涉及战争税的账目，并估计了1920年的扣除额。

为了更准确地反映正常收入的发展情况，除了偶然性的费用和收入抵免外，我们还从1919年的报表中扣除了通过出售它的子公司维瓦多香水公司（Vivaudou）所得的约100万美元利润，并从1920年的报告中扣除了68.7万美元存货折旧摊销的损失。

为了将每股利润降到一个合适的水平，从一开始，我们就把第二优先股看作与普通股等价的股票，因为它们实际上已经全部转换成普通股了。

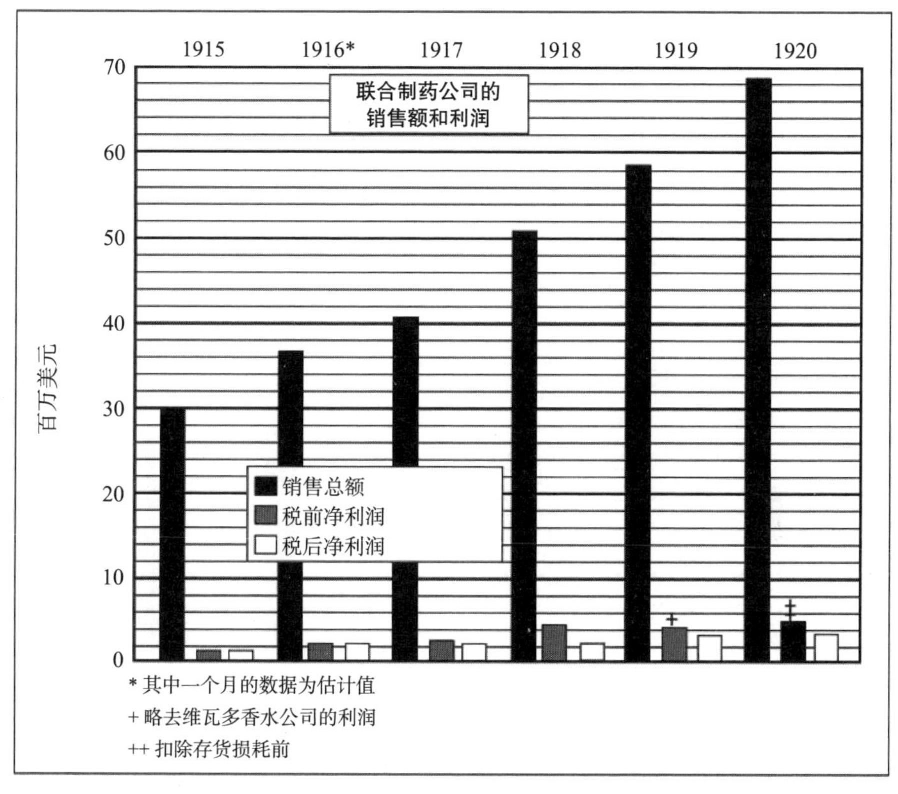

图 18–1 联合制药公司的增长情况（1915—1920 年）

当我们重新计算这些数字以深入了解联合制药公司的真实业绩时，就会惊讶地发现普通股的收益少得可怜。在不计库存损耗的情况下，1920 年联合制药公司的利润是有史以来最高的，但也只是略高于年初设定的 8 个百分点的股息率。利格特先生声称 1920 年的收益约为每股 14.28 美元，但在考虑了税费并将维瓦多香水公司的利润适当计入盈余后，实际收益只有每股 9 美元。

再加上这只股票的有形资产价值仅有每股 40 美元，1919 年股票发行时的价格却达到了 175 美元，很明显仅 9 美元的利润无法证明其高价的合理性。

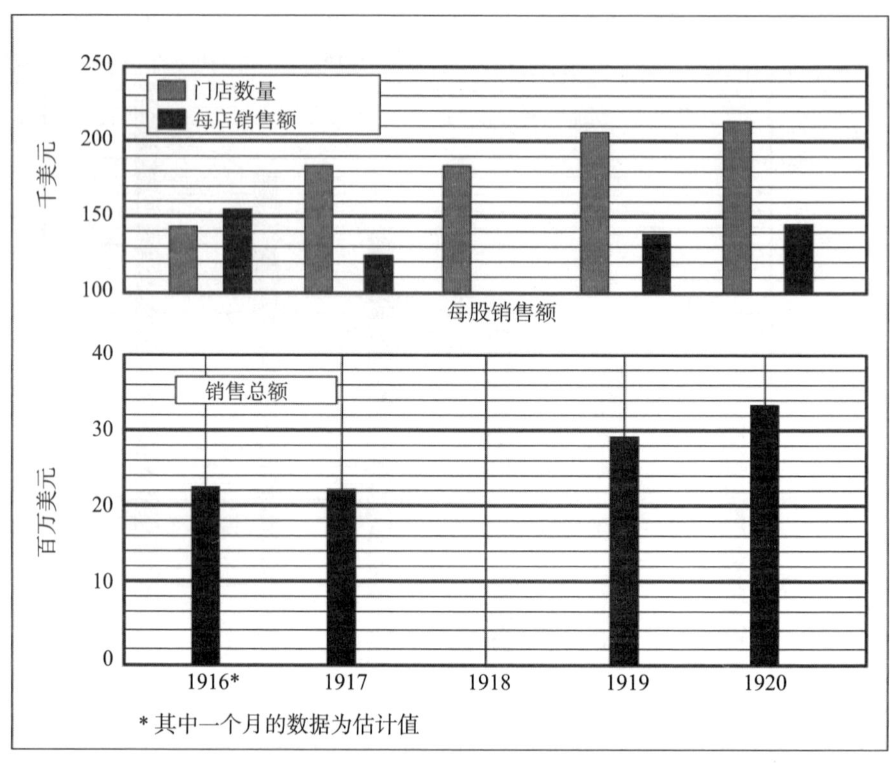

图 18–2　联合制药公司在零售业务上的销售额与利润增长情况

资产负债表项目

表 18–1 和表 18–2 显示了 1915—1920 年间资产负债表主要账户的变化情况。我们可以注意到，联合制药公司的固定资产账户在前三年里略有增长，并通过小幅度的资本扩张进行了融资。与此相对的是库存从 800 万美元增加到了 1400 万美元，增幅达到了 75%，联合制药公司的销售额也增加了 40%。事实上，联合制药公司所有的 600 万美元库存增长都来自流动负债的扩大。1919 年时，联合制药公司出售了 750 万美元的优先股，增加了 160 万美元的盈余，并通过出售维瓦多香水公司的无形资产变现了 70 万美元。这样一来，尽管联合制药公司的销售额增加了 14%，但它的库存

也略有减少。这些经营活动总共为联合制药公司提供了 1000 万美元的现金款项，其中 300 万美元用在了新工厂上，其余的作为了流动资产——但不包括库存头寸。总的来说，联合制药公司在 1919 年末的财务状况良好。

表 18–1　1915—1920 年的收益、股息和价格范围（以千美元计）

年份	税后净利润	优先股的股息	普通股的余额	¶ 普通股每股盈利	普通股每股派息	价格范围	
						高	低
1915	1 606 000	525 000	1 081 000	8.71			
*1916	2 198 000	525 000	1 473 000	5.05		90	72
1917	2 817 000	525 000	2 292 000	7.86	3.75	80	64
1918	2 507 000	525 000	1 982 000	6.79	6	90.875	69
*1919	3 896 000	700 000	2 696 000	9	7.50	175.125	90.5
*1920	3 981 000	1 100 000	2 876 000	9.51	7.75	148	91
1921 至今					†8	106	52.75

* 略去维瓦多香水公司的利润。

¶ 见文本。

† 年均水平。

表 18–2　1915—1920 年资产负债表项目的变化情况（以千美元计）

年份	库存	销售率	* 其他净流动资产	固定资产减去准备金	资本	* 盈余
1915	5509	18.3%	229			
1916	8074	22.2%	1226	6079	37 464	1410
1917	10 593	26.2%	延迟计提 887	7332	38 149	2385
1918	14 119	27.7%	延迟计提 3927	7257	38 184	2762
1919	13 978	23.9%	3097	10 392	45 878	4381
1920	23 116	33.8%	延迟计提 14 776	21 410	48 297	4245

* 经调整，已扣除税收准备金。

可就在 1920 年，我们目睹了该公司资产流动性的彻底逆转，它在持续向好的势头完全消失了。在接下来的一年里，联合制药公司的固定资产增加了 1100 万美元，库存增加了 900 万美元，但筹集到的永久性资本总共只有 240 万美元。可想而知，其结果必然是流动负债大幅增长。就如 1920 年的资产负债表所示，联合制药公司有 2079 万美元的应付票据，而上一年的报告中没有任何应付票据。换句话说，1919 年时，联合制药公司的流动资产余额（不包括存货）比流动负债多 310 万美元，但到了 1920 年，流动资产余额不仅没有超过流动负债，甚至还比后者少了 1470 万美元。

近几个月来，投资者在经历了诸多艰难后，总算学会了如何读懂一家公司的头寸。事实上对所有的工业股来说，基本的困难都可以归结为一句话，即它的库存不再是流动资产了。

1920 年，公司资产负债表披露的财务状况表明，它迫切需要新的资金。因此在今年 6 月，联合制药公司出售了 1500 万美元 20 年期利率为 8% 的可转换债券。通过这种方式，联合制药公司收到了新的资金，这无疑会让它的流动资产头寸更加稳健。

利格特国际公司

1920 年，对联合制药公司来说最重要的事件就是收购了英国博姿纯药公司（Boot’s Pure Drug Co.）的股票，以及将该公司与美国联合制药公司在英国和加拿大的子公司合并成立了利格特国际公司。新的重组公司在开始运营当年的销售总额就达到了 3700 万美元，其中 3200 万美元是由博姿纯药公司的商店贡献的。

因此，通过将博姿纯药公司控制下的业务提高 50%，联合制药公司预计可以节约很大一部分管理和运营费用。这一点毫无疑问，也确实是利格特先生的一项突出成就。但我们不能忘记，无论是公司还是个人，都很少无偿获得一些东西。联合制药公司支付给了博姿纯药公司 2200 万美元，这个价格显然不便宜，其中 1275 万美元是这家英国公司的优先股（利率为 6%）。合并以后，新企业的资本必然是头重脚轻、极不稳定的，它的优先股总额为 2050 万美元，普通股却只有 700 万美元。在后者的 700 万美元中，有200万美元的普通股被称为B类股票，拥有唯一投票权，并且全部由联合制药公司持有。另外的500万美元则是A类股票，面向公众发行，但没有表决权。

在已支付优先股的股息但未扣除英国所得税的情况下，利格特国际公司的净收益预计可以达到100万美元，其中29万美元将归美国联合制药公司所有。但为了得到这笔不算多的收入，联合制药公司为利格特国际公司750万美元的优先股提供了担保，该优先股的股息为8%，因此，联合制药公司有可能背上每年60万美元的负债。更重要的是，为了劝说联合制药公司优先股的股东投资利格特国际公司的新股票，公司承诺认购者有权以票面价格把他们目前持有的股票兑换成这只利率为8%的、拥有额外担保的股票。因此，如果所有的优先股都以这样的方式兑换了，联合制药公司现在就不必支付105万美元的优先股息了，它完全可以将这笔钱用在每年120万美元的固定费用上。

到目前为止，由于相关数据未公布，我们无法知道联合制药公司的第一优先股究竟兑换了多少利格特国际公司的优先股，也不清楚前者因担保股息而背负的债务到底有多少，但有一点很明显，博姿纯药公司的控制权一定很有价值，否则联合制药公司不会宁愿每年背负180万美元的债务也要收购它，即便这只是可能需要支出的金额。这项决议的生效时间恰好在全球通货紧缩的前夕，至于它所有的结果是否令人满意，还有待验证。

上文提到联合制药公司发行的1500万美元债券大大增加了它的固定债务。除了第一年的120万美元利息外，联合制药公司还必须每年出资75万美元作为偿债基金。在这些基础上，联合制药公司还必须将公司的流动比率，即流动资产与流动负债（包括债券）的比值保持在125%的水平上，否则它就会因为偿债能力太差而不得不推迟普通股派息，直至恢复要求的比率。去年12月31日，联合制药公司的流动资产为3420万美元，流动负债的总额为2537万美元，计算可知，它的流动比率约为135%。如果该公司的库存价值再减少250万美元（约11%），那么它的营运资本就会低于要求的百分比，这将导致联合制药公司普通股的股息递延支付。

结论

联合制药公司是一家成功的企业，它的领导层非常干练，并且一直在安全稳健的原则下运行。在一开始的时候，联合制药公司的普通股背后几乎没有有形资产的支持。虽然这些年的收益差强人意，但任何时候，它都不能和其他工业公司在第一次世界大战时的记录相提并论。那时的通货膨胀给许多公司都带来了很大的好处，但联合制药公司否认了这一点，它不仅没有得到好处，而且还没有逃过战争的不良影响。自 1919 年末以来，由于一些不利情况，联合制药公司的资金头寸明显被削弱了。

1. 在成本高涨的时期，联合制药公司的工厂固定设备账户和库存都大幅增长，它有可能因此遭受严重损失，使其估值下降。
2. 在发行新债券的过程中，联合制药公司背负了沉重的利息和偿债基金要求，以及一项可能会严重损害普通股股息的营运资本协议。
3. 联合制药公司对利格特国际公司的大量优先股（股息率为 8%）提供了无限期担保，这会使它的未来更为艰难。
4. 联合制药公司在 1921 年上半年的业务量较小，利润无疑也比前一年少了很多。

我们得到的数据最早也已经是七个月前的了，这个时候，再对联合制药公司的前景和股票价值发表意见或许会有些轻率。但作者相信，以上事实都说明了联合制药公司想要维持住普通股的股息可能存在一定的困难。除了上述问题，联合制药公司还可能出现库存缩水的情况并遭遇重大损失，尽管这也可能不会发生。再加上利格特先生在担任董事长期间在股票市场上的可疑表现，即使以现在每股 53 美元的低价出售，这只股票对投资者来说也没有任何吸引力。

第 19 章

Benjamin Graham on Investing:
Enduring Lessons from the Father of Value Investing

铁路股票的投机机会

影响铁路股价值的新情况——尝试估计将来的盈利能力——对六只股票的详细讨论

本文的写作意图在于探讨一些有着不错的投机可能的铁路股票，比如那些在有利条件下价格可能大幅上涨的股票。所以我们的关注点只局限在低价的股票上，毕竟所有人都知道，低价股票能够出现的波动幅度比正常水平的股票大多了。让我们来看一个现成的例子，在运行良好的铁路股票市场中，密苏里 – 堪萨斯 – 得克萨斯州铁路公司新发行的普通股价格想要翻一番并非不可能，它从每股 8 美元涨到 16 美元，差额只有 8 美元；但这对联合太平洋铁路公司（Union Pacific）的股票来说就不太可能了，它现在的价格是每股 120 美元，翻一番则是 240 美元，两者相差太多了。至于如何看待这些股票，我们必须先问两个问题：一是促使价格上涨最直接的因素是什么？二是在不久的将来，这些因素会给铁路股票带来怎样的前景？

不过，为了正确判断某家公司的地位，读者必须对铁路行业目前的总体情况有一定的了解。美国铁路行业过去几年的发展赋予了全国交通系统一个重要的特征，即投机性。因为在判断某家铁路公司繁荣与否的过程中，我们关注的重点已经从资本化结构转向了经营成本；换句话说，就是由一个固定的因素转移到了一个明显可变的因素上。而且，由于本文对这些铁路运输公司实力的考察是通过一个高度不确定的因素完成的，从本质上来说，这个行业的公司都是投机的。

虽然以上所有听起来都是理论上的东西，但对低价铁路股票的未来却有着极其重要的影响，所以我们有必要进一步阐述这个想法。大约在两年前，曾经担任投资银行家协会副主席的约翰·E. 奥尔德姆（John E. Oldham）发表了一篇题为"铁路公司合并的综合方案"（*A Comprehensive Plan for Railroad Consolidations*）的论文，其中就包含了对联邦政府控制前的铁路债头寸的研究。这里要指出的是，资金头寸大小不同的铁路系统之间的主要区别在于它们利息费用的相对高低。在运输流量、费率和经营成本等方面，这两组铁路运营商的表现非常相似。如果我们以铁路公司测试期间的数据为基础，即在 1914 年 7 月 1 日到 1917 年 6 月 30 日的这段时间里，资金头寸相对更大的铁路公司其利息和其他费用只占总收益的 11.5%，而资金头寸较小的铁路公司的相应数字几乎达到了前者的两倍，占总收益的 22.2%。同时这些数据也占了铁路系统近 80% 的净收益，所以剩下的少量保证金根本不够给股票分配股息，甚至保证不了债券的安全性。

所以说，这些二流铁路股的不良负债主要是铁路公司过度资本化造成的，特别是由于它们的债券债务占总收益的比例过高。然而，近年来铁路公司的收入和支出都出现了大幅增长，相对来说，固定费用的重要性就大大降低了。1920 年，铁路公司的利息要求只占了收入的 7.7%，但在四年前，这一数字为 11.7%。从公司现在的营业比率可以判断，任何一条铁路想要支付利息费用都不难，并且几乎所有的铁路公司都可以在它们的股票上获得可观的收益。

经营成本已成为主导因素

因此，铁路公司发展繁荣的首要条件不再是较低的资本化程度，而是更节省的经营成本。与前几年平稳的状态相比，1917 年以后铁路公司营业比率的反常变化尤其显著。营业比率的含义是指所有经营费用占总收益的百分比，注意这里的经营费用不包括税费。在 1908 年到 1917 年的 10 年里，这一比率始终没有超出 65.5% ~ 73% 的范围；而近 5 年来，这一数字一直保持在 70% ~ 71%。但到了 1918 年，铁路公司的营业比率突然跃升至 81.4%；1919 年的时候则更高，达到了 85.1%；最让人惊讶的是 1920 年，这一年铁路公司的营业比率高达 94.5%。因此，在进一步扣除税费和设备租金后，当年只剩下 1% 的收益可以用于支付利息和其他费用，根本没有余钱可以分配股息了。不过在 1921 年的时候，情况出现了反转，铁路公司的营业比率出现大幅下降，大约降到了 84%。

营业比率的波动对任何铁路公司表现的影响都很玄妙。以岩岛铁路公司为例，如果它的营业比率降低 10%，按 1920 年的销售总额计算，就意味着每年可以节约大概 1400 万美元，相当于普通股每股 18 美元多一点的营业利润。所以在目前的盈利规模下，即使费用的比率发生小幅度的变化，也会对铁路股票的资金头寸产生深远的影响。

在铁路股票市场行情千变万化的背景下，我们要怎么去判断各种低价股票的头寸呢？最难的地方显然就在于找到切实的依据，并在这个基础上估计出它们将来的盈利能力。目前的情况一直在变化，预先控制的效果显然还要很久才会有结论，所以也没有太多用处可言。另一方面，政府运作主导了铁路公司过去四年的表现，导致这几年的数据有些失真，在这样的情况下，我们不得不怀疑过去的记录对铁路公司未来的表现还有多大的指导意义。当然，1921 年的数据还是值得仔细研究的，但在目前变幻莫测的状态下，人们也很难将它们作为决定性的分析因素。

所以，我们手头的证据还无法满足研究的需要，必须用各种理论来补全这些事实。首先要估计的就是铁路承运商未来的盈利能力，考虑到这个过程中有武断的成分，说“猜测”可能更合适一点。这里涉及的两个不确定因素是总收益和经营成本，前者取决于铁路公司的运输量和费率，后者则取决于工资和材料的价格。

作者在编制预期正常盈利能力的附表时，将总收益定为 1920 年数字的 80%，并且假定税后净收益等于总收益的 20%。这两个百分比并不是通过数学推导出来的，我们无法证明其正确性，但它们代表了在无法确定这些值的时候，作者所能做出的最佳判断。因此，根据作者的计算，预期的收益对比 1921 年的数字下降了约 12%，同时预计的经营成本也将减少，且成本缩减的程度会高于收益降低的程度。

在对所有低价铁路股票名单进行仔细研究后，作者选出了六只看起来投机可能性最强的股票。在表 19–1 中，作者根据这些公司理论上未来的盈利能力对它们的情况进行了比较分析；表 19–2 则根据截至 1921 年 11 月 30 日的年度实际经营业绩对这些公司进行了分析。两份表格中的固定费用净额都来自 1920 年的报告，所以这一数字有可能被低估了。现在，我们将按照作者的偏好顺序来讨论选出的六只股票。

1. **圣路易斯西南铁路公司的普通股**。从统计数据来看，这只普通股是目前为止所有铁路股票名单中表现最好的一只。在过去的一年里，它的实际收益不会低于每股 9.5 美元，约为当前股票价格的 45%。而且我们预计它的未来收益会更高，如果真的实现了，将超过当前报价（每股 21 美元）的 50%。

这家铁路公司在 1920 年的表现也很出色，在没有联邦政府担保的情况下，每股收益也有 8.75 美元。考虑到圣路易斯西南铁路公司将收益的 40% 都用在了设备维护上，后面的这个结果更值得我们关注。在 1921 年的前 10 个月，这一比例降到了 35%，节约的这部分维护费用能够抵销总收益的两成损失。所以，尽管现在的维护费用低了一点，我们也不能断言公司的资产正在减少。

那些还记得“棉花带”小型铁路系统如何挣扎求生的人们，或许会想要知道它为什么突然繁荣起来了。“棉花带”铁路公司因为经过美国南部盛产棉花的几个州而得名，在铁路公司中可能也不是声誉最好的。它的突

表 19–1 六只经挑选的低价铁路股票预计未来的盈利能力 （单位：美元）

铁路公司	预计总收益	税后余额（占总收益的 20%）	设备租赁费等（净额）（估计值）	利息和其他扣减项（净额）（1920 年的数据）	优先股的股利	可用于普通股的余额	每股	当前价格	收益与当前价格的百分比
圣路易斯西南铁路公司	24 800 000	4 960 000		2 140 000	1 000 000	1 820 000	1.08	21	52.4%
佩雷·马奎特铁路公司	32 300 000	6 460 000	1 500 000	2 097 000	1 072 000	1 791 000	3.98	20	19.4%
岩岛铁路公司	113 000 000	22 600 000	3 500 000	10 502 000	3 640 000	4 948 000	6.65	31	21.4%
芝加哥–伊利诺伊州东部铁路公司	24 720 000	4 944 000	6 300 000	2 327 000	1 323 000	1 594 000	6.6	14.5	45.5%
					可用于优先股的余额				
密苏里–堪萨斯–得克萨斯州铁路公司	58 400 000	11 680 000	1 400 000	7 793 000	2 493 000		*10.17	*25.5	*40%
								优先股 24	†24.2%
托莱多–圣路易斯西部铁路公司	9 400 000	1 880 000	500 000	463 000	917 000		†9.17	普通股 14	

* 每股优先股。† 每股优先股和普通股的组合。

表 19–2 **截至 1921 年 11 月 30 日的盈利 +** （单位：美元）

铁路公司	总收益	净收益（已扣除租金）	维护费用比例	可用于普通股的余额	每股	占市场价格的百分比
圣路易斯西南铁路公司	25 604 000	4 660 000	35%	1 520 000	9.5	45.2%
佩雷 · 马奎特铁路公司	38 619 000	5 225 000	33.2%	2 056 000	4.56	22.8%
岩岛铁路公司	141 048 000	15 810 000	35.5%	1 668 000	2.25	7.2%
芝加哥 – 伊利诺伊州东部铁路公司	28 171 000	2 447 000	42.8%	赤字		
密苏里 – 堪萨斯 – 得克萨斯州铁路公司	65 035 000	9 629 000	37%	*1 936 000	*7.9	*31%
托莱多 – 圣路易斯西部铁路公司	9 729 000	1 558 000	36.7%	*1 095 000	‡10.95	‡28.8%

+ 数据来源见文本。
* 优先股票。
‡ 每股优先股和普通股的组合。

然繁荣主要是因为在收益方面的惊人增长，1915年的收益为1062.7万美元，到1920年时就涨到了3102万美元，几乎翻了三倍。而在同一时期，其他铁路公司的收益大约只增加了一倍。目前看来，“棉花带”铁路公司的收益增长很大程度上是因为运输量的增加，费率的升高只起到了很小的作用。

因此，圣路易斯西南铁路公司最主要的问题在于能否保持住新增的大部分业务。这个问题很快就得到了解答，就在去年，圣路易斯西南铁路公司总收益下降的幅度已经超过了平均水平。但即使将来运输量的缩减程度比我们在表格中估计的更高，“棉花带”铁路公司也应该有足够的盈利能力来证明它的普通股价格高于21美元的合理性。

2. **密苏里–堪萨斯–得克萨斯州铁路公司的新优先股。**作者在最近一期的《华尔街杂志》中详细讨论了密苏里–堪萨斯–得克萨斯州铁路公司重组后的凯蒂铁路公司（Katy）的前景。虽然该公司新的普通股以极低的价格和投机性吸引了众多投资者，但利率为7%的优先股显然有更多的内在优点。它的盈利能力如表19–1所示，理论上为每股10美元，但去年的实际盈利约为每股7.9美元。如果不是因为破产重组带来的异常维护费支出，这只新的优先股表现会更好。

一般情况下，售价为8美元的铁路公司普通股看起来会比发行价为25.2美元的优先股投机可能性更强。但是密苏里–堪萨斯–得克萨斯州铁路公司的新优先股有三个特别的优势。首先，它的利率高达7%，其他大多数的铁路优先股利率只有4%~6%。毫无疑问，优先股的股东在未来的许多年里都可以享受到分配所有收益的好处。其次，这只股票很快会成为积累性的优先股，这一点将在很大程度上加强它的资金头寸。最后，优先股的数量只有普通股的三分之一，所以现在市场上所有优先股票的价值不会超过所有的非优先股票。出于以上考虑，作者认为凯蒂铁路公司的优先股不仅代表了更保守和安全的承诺，它的价格也很可能会翻倍，且价格上涨的速度几乎就和普通股一样快。

3. **托莱多－圣路易斯西部铁路公司（四叶式立体交叉铁路股）**。在本文撰写的时候，一场旷日持久的诉讼即将落幕，正在确认最终的细节。多年来，这场诉讼导致该公司的资产一直处于破产接管的阴影之下。目前各方争论的焦点在于 1152.7 万美元利率为 4% 的担保信托债券是否有效，当时发行这些债券是为了收购芝加哥－奥尔顿铁路公司（Chicago & Alton）的股票。根据最近给出的和解方案，所有这些债券都将被取消，以换取 113 万美元的现金和不同数量的奥尔顿股票及立体交叉铁路股。为了筹集这些证券，托莱多－圣路易斯西部铁路公司的股东被要求贡献出所持股份的 10%，作为交换条件，公司则会给他们相应的临时凭证。

这些担保信托债券的取消将会导致四叶式立体交叉铁路股的利息减少几乎一半。结合托莱多－圣路易斯西部铁路公司最近出色的表现，这一发展将使它的股票拥有非常可观的盈利能力。从当前的价格来看，该公司的优先股和普通股各有优点，在这种情况下，购买同等数量的优先股和普通股可能是更明智的做法。一股普通股和一股优先股（利率为 4% 的非积累优先股）的组合成本仅需 38 美元，预计未来的收益会超过每份 9 美元，无论这两只股票的股利最终如何分配，都将为投资者带来一份固定利息。第一年的时候，这个组合的实际收益接近每份 11 美元。

上述待定的和解方案还必须为股东们减少的 10% 股份提供特别津贴，对于铁路公司支付现金可能导致的固定费用小幅度的增长，它也必须给予补偿。但不管怎样，托莱多－圣路易斯西部铁路公司的实际表现和未来可能的表现都非常好，这似乎向人们证明了一件事：一旦破产接管撤销，两只股票的价格都将大幅上涨。

4. **佩雷·马奎特铁路公司的股票**。该铁路公司于 1917 年进行了重组，债券债务因此大大减少，自那时起它的收益记录就一直高于平均水平。1919年，佩雷·马奎特铁路公司在普通股上的实际回报超过了每股9美元。可以看出，去年可用于支付股息的收益（表 19–2）略高于我们对未来收益的估计（表 19–1）。公司目前的强劲表现很大程度上是由于维护费用的减少，这一数字还不到总收益的 33.2%，看起来有点不够用。至于 1921 年佩雷·马奎特铁路公司花在维护上的资金为什么这么少，或许是因为上一年在过于宽松的政策下，公司花费了太多资金。

在该公司的普通股优先级排序前，还有两只利率为 5% 的积累性优先股。从一开始，佩雷·马奎特铁路公司就定期支付优先股的股息。该公司最近刚刚支付了第二优先股的 10% 股息，但截至 1922 年 1 月 1 日，它的账上仍积累了 5% 的额外股息。如果该铁路公司能够保持现在的表现，在短时间内应该就能攒够目前需要付给优先股的费用，在支付优先股的股息后，或许还能支付普通股的少量费用。

5. **岩岛铁路公司的股票**。岩岛铁路公司的董事长最近宣布，1921 年底收盘时，岩岛铁路公司的普通股收益约为每股 3 美元。截至当年 11 月 30 日前 12 个月的数据显示，该公司非优先股的收益仅为每股 2.25 美元。这一结果是根据州际商会（I.C.C.）报告中的总收益和净收益计算得出的，并使用了 1920 年报告中的利息项、其他费用和贷款数据。关于以上所有数字，我们需要指出在完整的年度报告中，月度报表的总额常常会进行较大的调整。

表 19–2 显示，按照当前的市场价格来计算，岩岛铁路公司的实际盈利只有 7 个百分点。而董事长海登（Hayden）的估计值接近 10%。而且我们估计岩岛铁路公司未来的收益将超过每股 6.5 美元。岩岛铁路公司服务于一个快速发展的地区，它在 1921 年的总收益保持在一个高位上，非常接近 1920 年破纪录的水平。虽然该公司从一开始就坚持定期支付优先股的股息，但它未来融资的手段仍然非常单一，可能会因此遭受损失。如果能够消除这个障碍，岩岛铁路公司的普通股应该会变得更有价值。

6. **芝加哥 – 伊利诺伊州东部铁路公司的股票**。如果把重组公司群体比作一个学院，那么芝加哥 – 伊利诺伊州东部铁路公司就是这里最年轻的正式成员，它刚刚才被授予最终学位，完成了重组。根据调查银行财产的工程师估计，该公司未来可用于利息费用的正常余额为 530 万美元，这和表

19–1 中的数字非常一致。在这个基础上，芝加哥 – 伊利诺伊州东部铁路公司普通股的收益应为每股 6.6 美元，相当于当前价格的 45%。但它在 1921 年的实际业绩非常令人失望，因为用在利息费用上的只是名义上的余额，实际的余额并没有多少。这种出人意料的糟糕表现很大程度上是因为芝加哥 – 伊利诺伊州东部铁路公司异常沉重的维护费用，仅这一项支出就超过了总收益的 45.5%。该公司通过租赁设备和联合设施得到的款项也出现了不寻常的收缩。1920 年，芝加哥 – 伊利诺伊州东部铁路公司从以上来源获得了大约 166.7 万美元的净收益，但去年时这一额外收入几乎完全没有了。

考虑到芝加哥 – 伊利诺伊州东部铁路公司普通股的低价，投机者很可能会忽视它去年的平庸表现，而去相信将来公司更低的经营成本会给他们带来好处。

说明

由于本文讨论的主题范围较广，我们考虑到了许多细节，但在得出结论时有必要省略其中一部分。作者在这项研究中花费了大量的时间和精力，但也只是在自由思考的基础上，打破教条并以试探性的方式提出了一些建议。显然有些读者已经意识到，在计算的过程中或多或少有估计的成分，但这也在所难免。毕竟，投机的基础在于判断，而不是精确的数学计算；不要忘记，我们在这里讨论的主要是对投机者来说的机会。

第 20 章

Benjamin Graham on Investing: Enduring Lessons from the Father of Value Investing

算法与股票的价值

影响盈利能力的资本结构——妙手偶得的神奇效果——用保证金购买公司

作者按：资本结构对普通股的盈利能力有着至关重要的影响，但很少有人理解这一点。本文以实际例子说明了普通股和优先股的比例变化将如何对每股收益产生重大的影响。这一原则在特定股票上的应用已经证明它对股票的市场价格确实产生了显著的影响。

最近，《华尔街杂志》刊登了一篇前沿文章，该文基于股票当前收益占市场价格的比值，对一些上市普通股进行了比较分析。有人曾指出，归根结底，盈利能力才是衡量股票价值的主要标准，它的重要性远高于资产支撑、财务状况甚至股息回报。这话说得不错，正是股票的平均收益率决定了有形资产的实际价值，它既可能削弱现金头寸，也可能使其更加强劲，最终导致股息政策的变化。

关于公司收益和证券价值之间关系的研究会涉及许多因素。这些因素常常被忽视，但相关的理论研究其实颇有意思，而且往往具有很大的实际意义。此外，在通过表格比较普通股的每股收益时，需要合理解读表中数据，如果理解有误，可能就会得出错误的结论，以至于误导投资者。对于那些普通股利润占比较高的公司来说，虽然这部分利润会高一点，但收益占总资本的百分比可能会较小，即总收益较少。

什么是保守的资本化

在本文中，作者以市场价值来衡量资本化程度。（票面价值在这里并不是重点，我们不在乎股票的票面价值，就像美国的禁酒令修正案一样无关紧要。取消股票票面价值的做法也的确正在成为一种惯例，但这种做法就像人类的阑尾一样，两者都并没有什么用处，反而常常惹人心烦。）至于作者为什么这么说，很快就会明朗起来，“保守”这个词通常用来形容普通股数量占总资本比例很大的资本结构。反过来说可能更好理解，即普通股占优先股和债券的比例越小，公司的资本结构就越“投机”。

现在，让我们来看一些具体的例子。怀特汽车公司和马克卡车公司都是汽车卡车行业的领导者，两者规模相似，市场报价也很接近，天然就很适合进行对比分析。根据对两家公司 1922 年利润的最新估计，两只普通股的情况如表 20–1 所示。

表 20–1　对两家公司 1922 年利润的估计　（单位：美元）

	当前每股价格	当前每股收益	收益占市场价格的百分比
马克卡车公司	58	9	15.5%
怀特汽车公司	50	7	14%

根据表中的结果可以发现，与怀特汽车公司的普通股相比，马克卡车公司的普通股似乎卖低了 10%，所以在当前的价格下，后者的内在价值更高。但如果我们站在另一个更基础的角度考虑问题，以两家公司收益占总资本的比例来衡量，又会得出什么样的结论？这里出现了一组不同的数字，如表 20–2 所示。

表 20–2　两家公司收益占总资本的比例　（单位：美元）

	总资本（市场价值）	1922 年的净利润（估计值）	当前收益占总资本的百分比
马克卡车公司	31 500 000	3 700 000	11.7%
怀特汽车公司	25 000 000	3 500 000	14%

第二次比较的结果与第一次截然相反，说明公司普通股的盈利能力越大，总资本的盈利能力就越小。在第一次比较中，马克卡车公司的普通股价格似乎卖低了 10%，但按当前收益占总资本的百分比进行分析，它的普通股显然又卖高了 20%。

这个悖论可以用一个非常简单的道理来说明。怀特汽车公司只有一种类型的股票，但马克卡车公司的资本却平均分给了利率为 7% 的优先股（包括第一优先股和第二优先股）和普通股，具体分配的情况已在下文表中详细说明。我们可以看到，马克卡车公司将用一半资本保证 7% 的优先股股息，超出这部分股息的收益才会用于普通股的股息分配。但怀特汽车公司只有一种类型的股票，它用于普通股的收益显然与当前收益占总资本的比例一样，因为该公司所有普通股就等于其总资本。如果怀特汽车公司按马克卡车公司的资本结构进行拆分重组，该公司的收益占市场价格的百分比就会相应地从 14% 上升到 20%（见表 20–3）。

美国制冰公司的案例

每股利润是衡量公司实际盈利能力的指标，普通股占总资本的比例越小，这个指标就越不可靠。为了说明这一点，我们来看一个重要的例子。在表 20–3 中，我们分析了美国制冰公司 1921 年的业绩，得出的数据与泛美有线电视公司形成了鲜明的对比，但两者的股票售价却差不多。事实上，泛美电视是一只非常有价值的股票，只不过完全被人们忽视了。如果有人稍加留心，就会发现这家有线电视公司的资本规模虽小，但收益却非常高。尽管如此，美国制冰公司的收益占当前价格的 18%，而泛美有线电视公司的这一比例只有 12.5%。经过分析，我们认为美国制冰公司的普通股之所以能有如此出色的表现，与其说是因为该公司格外繁荣，不如说是因为它的普通股只占总资本的 30%。这意味着除了债券利息和优先股股息外，任何可用盈余都会被分配给非优先股票，即该公司资本结构中较少的

表 20-3　资本结构的对比

资本化情况	马克卡车公司			怀特汽车公司			怀特汽车公司		
				当前资本结构			以马克卡车公司为基准进行资本重组		
	股票数量	价格 / 美元	总价值 / 美元	股票数量	价格 / 美元	总价值 / 美元	股票数量	价格 / 美元	总价值 / 美元
第一优先股	109 219	94	10 300 000				250 000	50	12 500 000
第二优先股	53 317	88	4 700 000						
普通股	283 109	58	16 500 000	500 000	50	25 000 000	250 000	50	12 500 000
总计			31 500 000			25 000 000			25 000 000
1922 年的净收益（估计值）			3 700 000			3 500 000			3 500 000
占总资本的比例			11.7%			14%			14%
可用于普通股的余额			2 562 000			3 500 000			2 500 000
占市场价格的百分比			15.5%			14%			20%

续前表

资本化情况	美国制冰公司			泛美有线电视公司 当前资本结构			泛美有线电视公司 以美国制冰公司为基准进行资本重组		
	股票数量	价格 / 美元	总价值 / 美元	股票数量	价格 / 美元	总价值 / 美元	股票数量	价格 / 美元	总价值 / 美元
债券			5 569 000						
优先股	147 590	90	13 280 000				180 000	100	18 000 000
普通股	71 070	113	8 031 000	221 300	117.5	26 000 000	68 000	117.5	8 000 000
总计			26 900 000			26 000 000			26 000 000
1921 年的净收益			2 769 000			3 256 000			3 256 000
占总资本的比例			10.3%			12.5%			12.5%
可用于普通股的余额			1 453 000			3 256 000			2 000 000
占市场价格的百分比			18.1%			12.5%			25%

续前表

	联合纺织品公司			五月百货公司			五月百货公司		
				当前资本结构			以联合纺织品公司为基准进行资本重组		
资本化情况	股票数量	价格/美元	总价值/美元	股票数量	价格/美元	总价值/美元	股票数量	价格/美元	总价值/美元
第一优先股	138 187	87	12 022 000	55 690	115	6 400 000	225 000	100	22 500 000
第二优先股	67 250	90	6 053 000						
普通股	149 850	62	9 290 000	200 000	137	27 400 000	82 500	137	11 300 000
总计			27 365 000			33 800 000			33 800 000
1921 年的净收益			2 836 000			4 053 000			4 053 000
占总资本的比例			10.4%			12%			12%
可用于普通股的余额			1 538 000			3 663 000			2 478 000
占市场价格的百分比			16.6%			13.4%			21.9%

普通股。因此，只要该公司的收益占总资本的比例有所增长，就会促成普通股的每股利润大幅增加。

如果泛美有线电视公司想要尽快提高普通股的收益，那么它只需要将现有股份的三分之二换成利率为 7% 的新优先股，就能形成一个与美国制冰公司非常相似的资本结构，如表 20–3 所示。这样调整后，在收益与总资本均和以前相同的情况下，该公司报告的普通股收益占价格的百分比就能达到 25% 的水平，而不是只有 12.5%。

本文的第三组例子是美国五月百货公司与联合纺织品公司的比较，如表 20–3 所示。这两家公司再次证明了总收益占总资本的比例越大，普通股收益占总资本的比例就越小。联合纺织品公司的普通股收益占市场价格的比值为 16.6%，如果五月百货公司的资本结构与联合纺织品公司完全相同，那么它去年的相应比值就能超过后者，达到 21.9%。我们又一次观察到，仅仅是简单地将一部分普通股换成优先股，就可以使非优先股票的盈利能力骤然翻倍。

对于这一点，可能有读者会问：“既然对资本结构进行一点小改动就能创造这样的奇迹，那么为什么没有公司这么做呢？”其实，许多公司已经或正在做这样的事了，只不过有的直接改动资本结构，有的则间接进行调整。

直接把普通股换成优先股的典例就是北美公司，为了提高每股收益，该公司毫不掩饰地对其资本进行了改动。董事们认为是公司的资本结构过于保守，即股本中普通股的比例太高，才导致了每股收益的年增长速度过于缓慢。所以在 1921 年 8 月，北美公司新发行了一只利率为 6% 的优先股和一只普通股，每张股票的票面价格均为 50 美元，并以 1 股新优先股和 1 股新普通股的组合来换取每股价格 100 美元的旧普通股。

这个简单的操作立刻让北美公司在股票市场上的表现发生了变化，详细信息见表 20–4。截至 1921 年 7 月，该公司折旧后的利润相当于旧普通股市场价格的 15.2%，而收益等于新普通股市场价格的 21.5%。更重要的是，每月增长的收益现在只用于提高1000万股普通股的市场价值，而非以前的2000万股。因此，分配到每股的收益会是以前的两倍，从而促进新的股票价格持续快速上涨。目前，优先股的价格为每股46美元，普通股的价格为每股100美元。因此，新的优先股与普通股组合的价格为每份146美元，而旧的普通股在交换时的价格为65美元，且该组合的价格并没有将在此期间新股认购权获得的大量额外价值考虑在内。

表20–4　北美公司

	旧资本结构			新资本结构		
	股票数量	*价格/美元	总价值/美元	股票数量	*价格/美元	总价值/美元
优先股				300 000	32.5	9 750 000
普通股	300 000	65	19 500 000	300 000	32.5	9 750 000
总计			19 500 000			19 500 000
折旧后的净收益（财务年度截至1921年7月31日）			3 000 000			3 000 000
占总资本的百分比			15.2%			15.2%
可用于普通股的余额			3 000 000			2 100 000
占市场价格的百分比			15.2%			21.5%

*资本重组当日的价格。

另一个例子是朱利叶斯·凯塞公司的资本重组，该公司主营手套的生产与销售。出于和北美公司相似的目的，该公司的重组也获得了相似的效果，但在细节上更为复杂。这一操作对该公司普通股头寸的影响如表20–5所示。在这个案例中，普通股和优先股相对比例直接颠倒了。朱利叶斯·凯塞公司原来大约有200万美元优先股和660万美元普通股，经过调整，它的优先股价值提高到了630万美元，普通股则降到了230万美元（以初始价值计算）。

表 20–5 朱利叶斯 · 凯塞公司

	旧资本结构			新资本结构		
	股票数量	* 价格 / 美元	总价值 / 美元	股票数量	* 价格 / 美元	总价值 / 美元
优先股	16 400	120	2 000 000	66 100	95	6 300 000
普通股	60 100	100	6 600 000	115 000	20	2 300 000
总计			8 600 000			8 600 000
净收益（平均）			1 500 000	1 500 000		
占总资本的百分比			17.4%			17.4%
可用于普通股的余额			1 370 000			971 000
占市场价格的百分比			20.8%			42.2%

* 资本重组当日的价格。

这无疑是突破保守融资公认准则的一次大胆尝试。但从表面上来看，新的调整让每股 20 美元的新优先股比每股 100 美元的旧普通股更有吸引力了。在平均利润相同的情况下，朱利叶斯 · 凯塞公司旧普通股的盈利能力为 20.8%，但根据新普通股的市场价值计算，它的实际盈利能力可以达到 42.2%。因此，在公司运行较为顺利的情况下，新普通股的价格翻了一番；尽管达到了每股 46 美元，却仍被认为是最理想的股票之一。

间接的方法

当许多公司因为只有一类股票而觉得力不从心时，就有可能通过向优先股的股东支付大量额外股息来调整公司的资本结构。美国锌公司和弗吉尼亚铁煤焦炭公司就进行了这样特殊的股息分配，分配金额占到了收益的 50%。这些操作会直接将公司置于市场的不利地位，也让我们无从判断股东究竟赚了多少。

说到间接资本化，美国钢铁铸造厂是一个非常有意思的案例。多年以来，这是唯一一家没有发行优先股的设备公司。因此，虽然它在第一次世界大战期间的收益也很可观，但并没有鲍德温机车厂或美国机车公司那么引人注目，而且它的股票价格比其他设备公司低得多。1919 年时，情况发生了变化，美国钢铁铸造厂收购了另一家大型公司——格里芬车轮公司（Griffin Wheel Co.），随后发行了大约 900 万股新优先股。由于格里芬车轮公司的盈利通常会比这只优先股所需的 7% 股息高很多，超出的利润就可用于提高美国钢铁铸造厂普通股的盈利能力。站在市场的角度来说，这次交易显然非常成功。尽管在前一个市场繁荣期，美国钢铁铸造厂落后了，但经过资本调整，如今的它正在跟上其他设备公司的步伐。

很多人认为资本结构只是一个理论概念，没什么现实意义，而上面这些具体的例子就狠狠打破了这一固有印象。但资本调整只是权宜之计，我们很难想象所有公司都对资本结构进行同样的调整，并且在没有对症下药的情况下还能一直成功。

在繁荣的年代里，普通股占总资本的比例越小，每股收益就越大，这一点毋庸置疑。投机资本最多的公司表现也最好，但在经济萧条期，利润将大幅缩水，情况就会发生逆转。原先普通股的大量收益不仅会以惊人的速度减少，经常出现无力支付优先股的股息的情况，而且有时甚至连债券的利息都付不出，导致公司陷入窘境。但好在资本结构保守的公司在固定费用上并没有多大负担，想要渡过艰苦时期也不会太难。

以上情况与股市行情有直接的联系，也和那些直接持有或以保证金形式持有证券的人（边际交易者）密切相关。对边际交易者来说，价格上涨显然会为他的资本带来比直接购买者更大的利润。但当价格下跌时，边际交易者的资本也会消失得更快，还会有一笔债务需要经纪人去处理，直接购买者则可以坐等这场风暴结束。资本结构投机的公司与边际交易者非常相似，它的普通股就代表了公司的边际所有权。就市场的主要波动而言，这些股票的波动范围通常更大。它们在繁荣时期的涨幅更高，在价格下降时的跌幅也更显著。

一个重要的区别

如果要问这次研究得出了什么结果，我们只能说目前的分析看起来很矛盾，还没有一个定论。已知资本结构的简单调整会对收益表现产生显著的影响，但通过分析，我们发现这样的变化完全是人为的。如果真的是人为的，那么这是否一定是无意义甚至有害的？就像面对大多数常规问题一样，我们必须根据不同的情况来回答它。在公司的资本化过程中，既存在过度保守主义，也存在过于激进的情况。所处行业领域相对稳定的公司通常不会被收益大幅波动所影响，因此，我们完全可以适当地将部分公司资本换成有固定股息或利息的证券。在这种情况下，公司产生的利润常常超过年度成本，普通股就可以从中获利了。例如，很多人都认为公共事业公司应该将大部分资本用于优先证券，但这样的融资政策却经常会导致灾难性的后果。不过就北美公司而言，它的旧普通股在总资本中的比例无疑比以前或所需的比例大多了。所以说，北美公司最近的调整非常明智，不仅极大提高了普通股的收益，而且没有使优先股的费用增加到令人不安的程度。美国钢铁铸造厂的情况与北美公司非常相似，它同样有充分的理由进行资本重组，让公司的资本化程度达到与其他设备公司相当的水平。

另一方面，如果怀特汽车公司的董事们被问及为什么不效仿上述做法，并以马克卡车公司的资本结构为基准进行重组，他们可能会说在 1920—1921 年的艰难时期，不分配优先股的股息对公司更有利。所以，在马克卡车公司尚未能支付普通股第一笔现金股利的时候，怀特汽车公司却能够继续支付普通股 8% 的股息（每股 4 美元）。

如果不是因为篇幅有限，我们显然还可以讨论更多。不同类型的公司可以通过科学探究来确定什么样的资本化最合适，公司可以根据利润调整过于保守的资本结构，也能防止资本构成过于投机。作者在这里想顺带表达一个观点，即杂货零售行业公司的优先股比例往往不够高。这些公司极其稳定的盈利记录证明了它们的优先证券的比例理应更高，普通股的每股利润自然也应该更高。从这一点来看，虽然刚刚宣布退市的伍尔沃斯公司优先股遵循了传统的财务惯例，但对普通股的股东来说，可能并不是真正有利的。我们完全可以料到，公司大概率会用这些资金来进一步扩张其卓越的事业。如果伍尔沃斯公司、克瑞斯吉公司和其他类似的公司将大部分普通资本转化为优先股，那么毫无疑问，它们的股票将会有更好的前景，在现有的高水平上取得新的重大进展。

证券价值分析并不是一门深奥的科学，它的本质是数学运算，但并没有涉及微积分的内容——事实上，证券分析很少会达到代数的难度。但正如上文讨论呈现的那样，证券价值分析确实需要对算法有一定的了解。

第 21 章

Benjamin Graham on Investing:
Enduring Lessons from the Father of Value Investing

关于债券收益的真实谈话

每个小投资者都应该知道的事—— 一部意义深刻的金融短剧

投资经纪人乔治·布罗考（George Brokaw）先生与他的客户亨利·拜尔（Henry Byer）先生进行了以下关于折价债券的对话。

拜尔：早上好，布罗考先生。我可以占用你几分钟宝贵的时间吗？请问你看过我的债券名单了吗，有没有什么要提的建议？

布罗考：当然了。你知道巴尔的摩-俄亥俄州铁路公司利率 5% 的债券——

拜尔：嗯，它们不是很好吗？我觉得这家公司做得不错。

布罗考：哦，它们是不错，但我已经打算让你换了它们，这样在安全性完全相同的情况下，你可以将收益率提高 1%，甚至更多。

拜尔：这听起来太棒了，简直难以置信！我该怎么做呢？

布罗考：很简单。你只需要将我们刚才说的利率 5% 的债券换成同公司利率为 4.5% 的债券，它们抵押担保的财产完全相同。

拜尔：这太奇怪了！我居然没有注意到利率 4.5% 的债券售价比利率 5% 的债券低那么多。

布罗考：并没有低很多。利率 4.5% 的债券售价是 81 美元，而利率 5% 的债券的价格是 83 美元。但要注意，利率 4.5% 的债券将会在 1933 年到期，只剩下不到10年的时间，所以它的摊销收益率将会是7.3%，而利率5%的债券要1995年才到期，它的摊销收益率只有6.05%。

拜尔：这就是你所谓的更好的选择吗？！这对我一点好处都没有。对那些大型机构来说可能没问题，它们可以根据摊销收益率来买债券。但我只是一个小投资者，我必须要看到息票的回报，而折价债券的回报在很大程度上是需要慢慢积累的。这或许是一场和时间的精彩较量。如果每年少拿0.5%，到1933年我才有希望把这些钱赚回来，到那时我都不一定还持有这只债券了。无论如何，这只利率5%的债券很可能几年内都不会再出现同样或者更低的价格了，不少债券专家都说长期债券将会大幅上涨。恕我直言，布罗考先生，你的建议在我看来简直是一派胡言。

布罗考：谢谢你的赞美。你这么说我一点儿也不意外。99%的投资者都和你想的一样，但这样就大错特错了。你愿意花几分钟时间听听我对这个问题的分析吗？

拜尔：我相信你可以聊一整天，但你别想让我接受任何古怪的建议。话虽如此，你的时间比我的宝贵，如果你浪费得起，那我也没意见。请继续。

布罗考：你刚刚发表了一段简短有力的演说，轻蔑地拒绝了我的提议。如果你允许我重申一下你的论点，相信会对我们的讨论有所帮助。总的来说，你认为：

1. 作为一个小投资者，你不可能为了10年后在本金上获得的利润而牺牲息票回报。
2. 可能会有很多意外情况导致你在1933年以前就卖掉这些债券，在这种情况下，预期利润将会落空。
3. 无论如何，你希望在未来几年内，利率为5%的债券价格能有同样的涨幅或者显著的升值，而这很可能发生。

我说得对吗?

拜尔：非常完美。

布罗考：好的，让我们依次来检验这三个论点。首先，关于你无法接受息票回报减少这一点。如果你是一个以此为生的寡妇，或是某项遗产的终身受益人，那么这个论点听起来可能还有点道理。但你并没有把得到的每一分钱都花完，我的意思是你还有很多钱，不是吗？如果我没记错的话，你经常找我给你推荐一些不错的投资产品。

拜尔：哦，那是另外一回事了。就像每个雄心勃勃的人一样，我只是在努力积累自己的财富。这也是为什么我需要尽可能多的收入。

布罗考：可你没发现，转换成巴尔的摩－俄亥俄州铁路公司利率为4.5%的债券实际上是稳赚不赔的，尽管每年会少几美元利息。这个投资方式和在普通储蓄银行存款一样，利率却高得多，请你再仔细考虑一下我的建议。每张债券一年损失的利息只有5美元，前四年的差额可以通过你转换时获得的2个点弥补回来，所以前六年，你在每张债券上的牺牲总共约为30美元，在这种情况下，你的投资本金一定至少能增值170美元。我相信为了在第六年年底收到170美元的回报，你完全可以做到期间每年投资5美元，你觉得呢?

拜尔：我当然可以，但这意味着我要被整个债券投资捆绑10年——

布罗考：事情要一件一件做。我们现在仅考虑你的第一个反对意见，即你无法接受每张债券的利息从一年50美元降到45美元。但如果它最终能带来足够的回报，你会很乐意这样做的吧?

拜尔：好吧，如果你只考虑第一点本身，我承认这个理由并不充分。

布罗考：这回答也太不认真了。请问你对这条反对意见的答复是否满意?

拜尔：好吧，你赢了。是的，答案是肯定的。

布罗考：现在来看你的第二个论点。你担心可能在债券到期之前就会想把它卖掉，这样一来，会有整整17个点的利润流向其他人。不过，你真的认为必须持有债券到1933年才能实现本金价值的增长吗？

拜尔：当然了，为什么这么问？假设我在1926年卖出债券，我怎么知道它们那时的价格会高于81美元还是低于81美元？我必须取一个合理的平均值，然后才能判断它们是否值这个价钱。

布罗考：照你这么说，投资者一定以为1933年以前他的债券价格都会停留在81美元的水平上，然后在到期的时候突然增长到100美元。不管是谁在1933年买下它们，都将在极短的时间里获得巨大的利润。

拜尔：哦，我确实认为几年后，当债券快要到期时，它的价格就会像预期的那样开始上涨。你不会是想告诉我，这只债券每年都一定会涨两个点吧？尽管到期日越来越近，可目前我只看到了债券下跌，并没有上涨。

布罗考：你知道的，任何一只股票的价格变化都取决于两个因素——距离到期日的时间和利率的浮动。不过，临近到期日，债券的价格涨势可能会因为利率普遍升高或者债券投资质量下降而消失。

拜尔：是的。但这样的话，假如几年后我卖掉了所有债券，你要怎么保证我能得到本金升值的部分呢？

布罗考：没有绝对的保证，但从概率上来说，情况对你非常有利。所有的投资都有风险。事实上，如果你持有利率5%的再融资债券，然后又不得不在1927年卖掉它们，那损失的可能性要大多了。

拜尔：你怎么证明这一点？

布罗考：想想各种可能性。现在是1927年3月，你必须对巴尔的摩－俄亥俄州铁路公司利率4.5%的债券做出处置了。假设它们的报价仍然只有81美元，你会认为白白浪费了三年0.5%的息票回报，对吗？

拜尔：当然。

布罗考：让我们看看在利率5%的再融资债券上可能会发生什么情况。如果你在1927年以81美元的价格卖出这些利率4.5%的债券，还有五年半时间到期，这意味着你的收益将达到8.95%。那你觉得利率5%的债券是否还有可能以83美元的价格出售，并且收益率只有6.05%？

拜尔：这也有可能，不是吗？

布罗考：但你一开始提到的那些机构呢？它们中的一些人手持数百万美元利率5%的再融资债券。你不觉得他们会立即换成这些利率4.5%的债券，以确保在六年内获得所持债券的票面价值吗？还是说你觉得他们会允许这样的价差存在？

拜尔：我想是不会的。

布罗考：如果这只利率为4.5%的债券售价从收益率7.3%的水平跌到了收益率8.95%的基础上（债券的价格与收益率负相关），那么同样的情况肯定也会导致利率为5%的债券价格从收益率6.05%的基础上降到7.5%。你知道那时它们的价格会是多少吗？让我们看看收益率手册……哎呀，它们的售价将会是67美元。所以你看，比起你在亏损15个点的情况下卖掉利率为5%的债券，即使只能在利率4.5%的债券上实现盈亏平衡，那也要好多了。

拜尔：好吧，但要是债券价格上涨了呢？

布罗考：还没聊到这儿呢，你都开始讨论第三点意见了。首先我想明确一点，即使在到期前出售债券，你也可以从折价的逐步摊销中获利。请允许我为你讲讲几个收益率手册上的数字。假定你在两年内就处理掉了利率4.5%的债券，并且它们仍以收益率为7.3%时的价格出售，而利率5%的债券收益率仍为6.05%。两只债券的价格会是多少呢？

巴尔的摩－俄亥俄州铁路公司利率为5%的债券	83.25美元
巴尔的摩－俄亥俄州铁路公司利率为4.5%的债券	84美元

利率4.5%的债券将上涨3个点，而利率5%的债券还有很久才到期，价格也几乎没有波动。这意味着除了息票回报，利率4.5%的债券每年还会升值1.5%，每年的盈利合计60美元，而利率5%的债券收益只有51美元。所以你看，即使只持有了两年，我刚才提到的1.15%额外收益也会稳

稳地落进你的口袋。

拜尔：有意思，我以前从没这样考虑过。

布罗考：让我们再进一步换个角度考虑问题。假设两年后，巴尔的摩－俄亥俄州铁路公司利率 4.5% 的债券和利率 5% 的债券收益率在同一水平上——这样才是合理的。利率 4.5% 的债券收益率为 6.15%，价格为 90 美元，而利率 5% 的债券价格仍旧是 83 美元。这样你只需要牺牲 1 个点的息票回报，就能获得 9 个点的利润。

拜尔：你真的认为利率 4.5% 的债券有可能以和利率 5% 的债券相同的价格出售吗?

布罗考：为什么不可能？看，债券名单中就有两只情况跟巴尔的摩－俄亥俄州铁路公司非常相似的债券，它们也由相同的财产抵押担保。

	价格	收益率
纽约中央铁路公司利率为 4% 的债券，1989 年到期	81 美元	4.98%
纽约中央铁路公司利率为 4% 的债券，1942 年到期	86 美元	5.18%

在这张表中，短期发行的债券收益率只比长期债券高 0.2%，和我们刚才所说的 1.15% 收益差得很远。再来看看这两只南太平洋铁路公司债券的情况：

	价格	收益率
南太平洋铁路公司利率为 4% 的担保债券，1949 年到期	82.5 美元	5.25%
南太平洋铁路公司利率为 4% 的（可转换）债券，1929 年到期	92.25 美元	5.58%

其中，1929 年到期的债券已经不能再转换了，因为它没有财产担保，

与另一只利率为 4% 的担保债券相比，它的投资评级实际上会低一些。不过，这组债券的收益率差异比巴尔的摩–俄亥俄州铁路公司的债券小多了。

拜尔：这两个例子很有说服力。

布罗考：另外，南太平洋铁路公司的债券正好证明了我的论点，即在折价购买债券的情况下，并不一定要等到债券到期才能从升值中获利。最近，我找到了这组对比数据。

	1917 年 5 月的价格	1923 年 8 月的价格
南太平洋铁路公司利率为 4% 的债券，1929 年到期	82 美元	92.25 美元
南太平洋铁路公司利率为 4% 的债券，1949 年到期	82 美元	82.5 美元

你可以观察到，在过去六年里，南太平洋铁路公司利率 4% 的可转换债券价格已经涨了 10.25 美元，占最初 18 个点折价的一半以上。这并不是因为利率下降，也不是因为南太平洋铁路公司债券信用的提高，毕竟长期债券的价格几乎没有上涨。

拜尔：好吧，在你的第二个论点上，我完全被说服了。我现在懂了，巴尔的摩–俄亥俄州铁路公司利率 4.5% 的债券收益率确实是 7.3%，直接回报也不止 5.4%，哪怕我在到期前卖出债券，也应该能够凭借更高的收益率获利。但我仍然认为，即使收益率相对低了 1%，利率 5% 的再融资债券表现也会更好，因为我预计长期债券的价格将会上涨。

布罗考：换句话说，你认为利率 4.5% 的债券能达到票面价格只是因为到期了，而利率 5% 的债券价格能涨到 100 美元则是因为货币利率下降了。

拜尔：是的。更重要的是，这些利率 5% 的债券售价有可能超过票面价格，但你不能指望利率 4.5% 的债券也会这样。

布罗考：你确定利率 5% 的债券能在未来几年内达到票面价格吗？

拜尔：嗯，非常有希望。我确信债券价格的长期趋势是上升的。

布罗考：那你为什么不按自己的想法来做呢？

拜尔：你这是什么意思？

布罗考：如果长期债券真的上涨了很多，那你就有了一个大赚一笔的好机会。你要做的就是卖出五只债券，然后我会为你买进 2 万美元巴尔的摩－俄亥俄州铁路公司利率 5% 的债券或类似的债券。当它们达到票面价格的时候，你就能获得 3400 美元的利润，也就是说，你的投资差不多会翻一倍。

拜尔：嘿，你这是想让我用保证金投机吗？

布罗考：我可没这么说。没有损失的风险，怎么能算投机呢？

拜尔：那当然也会有一些损失的可能。

布罗考：这正是我想说的。你说你对巴尔的摩－俄亥俄州铁路公司利率 5% 的债券价格将会上涨一事有很大的把握，但到做决定的时候似乎又不太确定了。别忘了，如果长期债券的前景比中期债券好得多，那么在债券市场中前者的收益率也会相应较低，你觉得呢？

拜尔：有一定的道理。

布罗考：但事实并非如此。加拿大自治领（Dominion of Canada）1931 年到期、利率为 5% 的债券销量高于其另一只在 1952 年到期、利率为 5% 的债券。密苏里－堪萨斯－得克萨斯州铁路公司 1928 年到期、利率为 6% 的优先留置权债券收益率低于其 1950 年到期、有相同担保的、利率为 4% 的债券。正如我之前说的，纽约中央铁路公司以及南太平洋铁路公司的短期债券和长期债券的收益率几乎完全相同，所以在安全性相同的情况下，巴尔的摩－俄亥俄州铁路公司利率 4.5% 的债券是整个市场上唯一一只收益率比同公司短期债券高 1% 的品种。

拜尔：那你怎么解释这种差异呢？

布罗考：谁能说得清呢？债券市场上时不时会出现很多意外或异常状况，这可能就是其中之一吧。但很少有投资者会利用这种差异，因为他们不是太懒，就是太笨。你更希望成为哪一种呢？

拜尔：两种都不希望。请赶紧运用你的聪明才智，马上帮我转换吧。你在过去15分钟里说的所有实话中，最正确的就是，99%的投资者都和我想的一样，而我们都大错特错了。

第 22 章

Benjamin Graham on Investing:
Enduring Lessons from the Father of Value Investing

解读“雷丁案”

股东们面临的问题——分拆前后的盈利能力——煤炭资产的秘密

1913 年 9 月，政府提起了那场著名的诉讼，解散了当时的雷丁联合公司。这场官司有两个目的：一是分离新泽西州中央铁路公司与费城－雷丁铁路公司的资产；二是终止这些运营商对无烟煤子公司的控制。作者撰写这篇文章的时候，距离这场诉讼已经过去了近 10 年，雷丁公司的股东们即将通过一项分拆计划，这显然标志了政府在这项长期运动上的彻底胜利。

正如我们所见，现在的雷丁公司是一家控股公司，持有三家主要子公司的全部股份。为了方便，我们将其子公司称为铁路公司、煤炭公司和钢铁资产公司。根据调整方案，雷丁公司失去了对煤炭公司和钢铁资产公司的权益，保留了它对铁路公司的权益，不过该铁路公司也即将被合并。新的煤炭公司也将与钢铁资产公司合并，其股票将以每股 4 美元的价格优先向雷丁公司现在的优先股和普通股股东们开放认购，每股新股票可以兑换两股旧的股票。为了确保分拆的产权清晰，股东们必须在 1926 年 7 月 1 日前处置完他们持有的铁路公司或煤炭公司的股份。雷丁公司利率为 4% 的一般债券现在是控股公司和煤炭子公司的共同债务了，其中三分之二将被转换成新铁路公司利率为 4.5% 的一般债券，另外的三分之一则会被转换成新煤炭公司利率为 5% 的第一抵押债券。这些公司之间其他各种结算也将在 7 月 1 日生效，这将给雷丁公司的财产库带来 2710 万美元现金资产的净流入。

雷丁公司拥有的新泽西州中央铁路公司的股票在最终出售前都会被托管，而新泽西州中央铁路公司持有的利哈伊 – 威尔克斯巴里煤炭公司（Lehigh & Wilkesbarre Coal）的股份已经售出了。

简单总结一下，雷丁公司分拆计划的条款目的在于创立四个独立的实体，用不同公司的股份来取代股东们单一的股份。新公司的股票认购权对每一位雷丁公司的股东来说都是一项不错的奖励，但这也带来了一个明显的问题，即股东无法同时保留在铁路公司和煤炭公司的股份，他们必须在一家公司的股票和另一家公司的股票之间做出最终选择。因为人们都有喜欢拖延的弱点，股东们很自然地推迟了所有的行动，打算至少等到明年 1 月 1 日煤炭公司股票开放认购的时候再做决断。正因如此，我们很难从早期的情况调查中获得特别有利的条件。但如果所谓的行动方案只是权宜之计，那么在竞争变得太过激烈之前，它对股东们来说还是有帮助的。

除了在煤炭公司和铁路公司的股份间进行抉择外，我们还有很多可分析的内容，比如雷丁公司所有重要证券的新价格和新情况。如雷丁铁路公司利率 4.5%、售价 86 美元的债券，煤炭公司利率 5%、售价 93 美元的债券，雷丁公司每股大约 32 美元的第一和第二优先股（不含认购权），铁路公司每股 56 美元的普通股，以及煤炭公司每股 50 美元的股份，它们的安全性和对投资者的吸引力如何？另外说明一下，雷丁公司的优先股和普通股价格不含认购权，我们是用它们现在的报价减去认购权的价格得到的结果。雷丁公司优先股目前的价格为每股 55 美元，铁路公司普通股的现价为每股 79 美元，而它们的认购权目前在纽约场外证券交易所（N.Y. Curb）以 23 美元的价格出售。为了回答上述问题，我们必须先调查雷丁公司分拆的一些财务细节，再查阅手头与公司盈利能力及资产价值有关的资料。

让我们先解决现在股东所面临的问题。他们究竟是应该以每股 56 美元的价格（不含认购权）保留铁路公司的股票，还是以每股 50 美元的价格持有煤炭公司的新股票呢？这个问题的答案有很多。在华尔街，“内部人士”通常倾向于持有煤炭公司的股票，因为煤炭股本身就具有非凡的可能性。最近，雷丁公司的普通股价格涨了 5 个百分点，专业的股票分析员在此之前就常常提醒人们要关注股票的股利分配，而煤炭股票可分配的权利正在不断积累。作者提出的说法完全不带偏见，也没有担责的顾虑，请读者们一定要认清它们的价值。

我们评估的第二个依据是雷丁公司在去年 1 月 30 日提交给美国法院的证据，其内容涉及铁路公司和煤炭公司对现在雷丁公司利率为 4% 的一般债券债务的适当划分。它们在划分债务时考虑的问题和现在摆在我们面前的问题差不多，即这两种资产的相对价值。雷丁公司的管理层提议，煤炭公司和铁路公司分别承担该公司总债务的三分之一和三分之二，并通过宣誓陈述书表达了对这一提议的支持。也就是说，煤炭公司新债券背后的资产价值不低于 1 亿美元，铁路公司新债券背后的资产价值不低于 2 亿美元。此外，可用于支付债券利息的收入平均值应该分别在 600 万美元以上和 1200 万美元以上。

相对价值

这些宣誓书中有一些巧妙的措辞，例如“不低于”，往往会让人联想到更大的价值，但证词还特别说明了一点，即两家公司的董事长都认为，新抵押的铁路公司资产价值约为煤炭公司的两倍。所以，至少从相对价值的角度上来说，这些数字的意义还有待商榷。

我们以上文估算的数据为基础，在表 22–1 中计算了铁路公司和煤炭公司普通股的估值，并且考虑了证词中没有考虑到的非抵押资产。不过，这些估算仍会受到所有资产评估手段都有的一些限制。值得注意的是，我们算出铁路公司普通股的资产价值为每股 108 美元，煤炭公司股票的资产价值仅每股 59 美元。前者比现在的报价高 47 个点，而后者只比它现在的报价高了 9 个点。

表 22–1 雷丁（铁路）公司普通股和雷丁煤炭公司股票的资产价值（1922 年 11 月 30 日）（单位：美元）

基于提交给美国法院的证据中的估值				
		铁路公司		**煤炭公司**
新抵押的资产价值		200 000 000		100 000 000
其他资产的附加价值（按每项附加资产的表现）		148 118 000		13 700 000
总资产		348 118 000		113 700 000
扣减项：			31 500 000	
一般抵押债券	63 000 000			
其他债务	70 425 000			
优先股	70 000 000			
		203 425 000		31 500 000
可用于普通股的余额		144 693 000		82 500 000
每股		108		59

所以，考虑到这一证词，铁路公司股份当前的价格似乎太便宜了点。可能有读者会说，作者可以参考宣誓书的方式比较两只股票的盈利能力，这样他们的印象会更深刻。这很合理，但我们做不到。上文中估算的利润分别是 600 万美元和 1200 万美元，可事实证明这两个数字是极不精确的，因为我们无法判断估算过程中是否考虑了众多相关因素，比如未开采矿产的收入、损耗、所得税和其他扣除项。事实上，当我们有这么多具体的历史数据和当前数据可供研究时，就不必靠这些模糊的估计来判断铁路公司资产的盈利能力了，毕竟雷丁公司的董事长也能做出这种程度的估计。煤炭公司的数据则非常神秘，但我们仍有办法找到更多的细节，并将在下文中公之于众。

煤炭子公司和钢铁子公司的亏损会以什么样的方式影响雷丁公司普通股的收益？在收到认购权以及股票价格降到每股 56 美元后，雷丁公司的普通股还有可能维持 4 美元的股息吗？针对这些问题，表 22–2 给出了相当惊人的回答。它总结说明了分拆计划中相当复杂的各式条款，以供读者参考。

表 22-2 分拆计划对雷丁公司普通股的影响 （单位：美元）

a）分拆计划的所得

雷丁公司将收到的	收到的现金	转让的债券债务		总计
给煤炭公司的	13 100 000	31 542 000		44 600 000
给钢铁公司的	14 000 000			14 000 000
	27 100 000	31 542 000		58 600 000
每年新增现金收入的价值（利率为 5%）			1 350 000	
每年减少的债券利息			950 000	
通过分拆增加的收入合计			2 300 000	

b）分拆计划的亏损

	放弃的资产价值（雷丁公司得到的）	1912—1922 年的平均值：雷丁公司收到的股息和利息	1912—1922 年的平均值：可用于雷丁公司普通股的收益
煤炭公司	74 875 000	273 000	2 695 000
钢铁公司	1 000 000	*875 000	1 270 000
	75 875 000	1 148 000	3 965 000

续前表

c）小结

分拆计划表面平均收益的净所得	1 152 000
分拆计划实际平均收益的净亏损	1 665 000
分拆计划资产账面价值的净亏损	17 215 000

d）分拆前后可用于雷丁公司普通股的收入

	1912—1922年的平均值		并入子公司后的值（包括子公司的未分配收益）	
	控股公司报告的值	每股		每股
分拆前	7 050 000	5.04	14 067 000	10.05
分拆产生的变化净值	+1 152 000	+0.85	−1 665 000	−1.19
	8 202 000	5.89	1 240 000	8.86

* 扣除1922年12月31日参与分拆时收到的300万美元。

总而言之，这些数据表明在过去的 11 年半时间里，雷丁公司普通股的实际收益平均只有每股 10 美元多一点，这包含了三个主要子公司的全部利润。因为分拆，雷丁公司失去了煤炭公司和钢铁资产公司的全部收益，只剩下平均每股 2.83 美元，但这部分损失被调整过程中收到的现金和债券债务转让金抵销了 1.64 美元。因此，平均收益减少的净额只有每股 1.19 美元，还剩下 8.86 美元，比其 4 美元的股息高出一倍多。

这样的表现显然让人放心了不少，并且证明了公司要想维持原有的股息一点儿也不费力。但奇怪的是，就雷丁公司而言，分拆计划实际上增加了其普通股的平均收益。也就是说，如果把子公司的收入都包括在内，再减去煤炭公司和钢铁资产公司的收益，这样算出的股息余额会比原来的估值更大。

正如我们分析的那样，雷丁公司普通股的盈利能力在过去就很好，但仍然远不如今年公布的当期利润那样惊人。表 22–3 列出了铁路公司上一财年（截至 1923 年 8 月 31 日）的收支账，并调整了固定费用以反映分拆的细节。表中显示，每股普通股的可用余额超过 17 美元，或者说超过其市场价格的 30%（不含认购权的价值）。

表 22–3　　新雷丁（铁路）公司的收支账
（截至 1923 年 8 月 31 日的上一财年）　　（单位：美元）

销售总额	105 003 000
税后净额	31 243 000
* 扣减项，减其他收入	4 096 000
优先股的股息	2 800 000
可用于普通股的余额	24 347 000
每股	17.89

* 雷丁公司与费城 – 雷丁铁路公司 1922 年的合并数据，经调整以反映分拆的结果。

在合并公司的新基础上，铁路公司极低的固定费用同样重要。我们可以看到，扣减项的净额只占了销售总额的 4%，这表明公司的资本结构非常保守，资金头寸不是一般地强。这里需要指出，作为设备和各种证券的所有者，控股公司（即雷丁公司）已经收到了铁路公司报告中提到的大部分利息和租金。当雷丁公司合并了其铁路子公司，这些公司间的项目就会被取消了。

煤炭公司能赚到什么

当我们开始调查煤炭公司的情况时，却发现我们手头的资料与人们的普遍认知之间存在着尖锐的矛盾，这些数字既提示了牛市的可能，又看跌了煤炭公司的股票。如果参考表 22–2 中的数据，我们可以看到，煤炭公司和钢铁公司报告的 1912—1922 年综合年收益平均不到 400 万美元。如果再扣除利率 5% 的新债券的利息费用 155 万美元，余额便只剩每股 1.75 美元了。在战时繁荣期到来之前，煤炭公司每年的平均利润只有 100 万美元，钢铁公司的平均利润约为 75 万美元。正如贸易的发展历史一样，后者的利润在 1916—1919 年之间大幅上涨，然后出现了两年赤字，还有一年只有名义上的收益，实际并没有任何利润。无烟煤的价格翻倍对这家煤炭公司来说绝对是一个好消息，这让它在不增加产量的情况下利润也能翻四倍。因此，1917—1921 年，煤炭公司的平均年收入为 440 万美元，但 1922 年的罢工导致了小小的赤字。

正如上文我们所说的，煤炭公司的董事长估计可用于债券利息的未来收益不会低于 600 万美元。尽管他说的是最低限度，但根据过去的记录，也不可能做出更高的估计了。扣除 155 万美元的利息费用和 75 万美元的损耗后，这 140 万股股票还有 370 万美元的可用余额，折合每股 2.65 美元（可能需要缴纳所得税）。

很多人倾向于认为以上所有考虑都是误导性的或者无关紧要的。雷丁煤炭公司有大量未开采的煤矿，在这个繁荣的行业中也占据了领先的地位。据估计，该公司在至今发布的报告中都故意低估了利润，无论情况怎么变化，其未来的收益都将远超以往。

至于无烟煤的生产商，即雷丁煤炭公司能否稳稳地利用天然的垄断地位不断提高利润，这一点就让读者来判断了。我们曾提到，雷丁煤炭公司报告的盈利总是太过保守，但经过仔细审查公司账目，作者必须承认这是毫无根据的。在最近发布的关于无烟煤行业成本和利润的报告中，美国煤炭委员会（U. S. Coal Commission）也没有提出任何相关的怀疑。这份报告明确指出了不同公司的利润率差异很大，很大程度上取决于公司的地理位置：雷丁煤炭公司在财产所在地之一的舒尔基尔油田开采的成本比在利哈伊和怀俄明州要贵得多。或许，这就是利哈伊 – 威尔克斯巴里煤炭公司定期报告的每吨利润要高得多的原因。

利哈伊 – 威尔克斯巴里煤炭公司的年产量只有雷丁煤炭公司的一半左右，但即使近年来无烟煤价格高涨，它表现出的平均盈利能力也更好。尽管如此，新泽西州中央铁路公司卖出的利哈伊 – 威尔克斯巴里煤炭公司股票赋予了这些矿产资源 2800 万美元的价值，而雷丁煤炭公司股票认购权当前的报价则意味着 7600 万美元净值的煤矿资产。

债券和第一优先股

综上所述，我们得出了一个非常明确的结论，即每股 56 美元的雷丁（铁路）公司的普通股显然比每股 50 美元的煤炭公司股票更有投资价值。与单纯的投机者不同，那些以内在价值为指导的股东显然应该继续持有雷丁公司的普通股并处理掉他们的认购权。雷丁公司在分立后表现出的巨大的平均盈利能力和当前盈利能力，以及异常低的固定费用，都让这只普通股在当前的层级上具有特别的吸引力。如果篇幅允许，通过与芝加哥 – 西北铁路公司（Chicago & North Western）、切萨皮克 – 俄亥俄州铁路公司，甚至是与诺福克 – 西部铁路公司以及联合太平洋铁路公司的股票进行详细的比较分析，可以更有效地揭示这一事实。

然而，我们还需要特别提及雷丁公司优先证券的情况，即新的利率为 4.5% 的一般债券和第一优先股。利率为 4.5% 的一般债券在纽约场外证券交易所的发行价是 86 美元。如果投资者以每股 87.5 美元的价格购买了 3000 美元市场上现有的雷丁公司利率 4% 的一般债券，就可以得到 1000 美元煤炭公司利率为 5% 的新债券和 2000 美元铁路公司利率为 4.5% 的新债券。如果煤炭公司利率为 5% 的债券售价为 93 美元，那么新的利率 4.5% 的一般债券的成本就能降到 84.75 美元。这些新债券的投资质量堪比金边债券，例如诺福克 – 西部铁路公司利率为 4% 的债券以及艾奇逊 – 托皮卡 – 圣达菲铁路公司利率为 4% 的债券。它们的售价在 87 美元到 89 美元之间。与它们的价格相比，我们明显能看出新债券的价格低得不正常。因此，雷丁公司利率为 4.5% 的一般债券价格完全可以达到 90 美元以上。作者也有理由相信这些一般债券可以成为纽约州储蓄银行和信托基金的法定投资。但作为一只担保信托债券，雷丁公司目前利率 4% 的一般债券拒绝了这一特权。

雷丁公司第一优先股的售价为每股 32 美元（不包括认购权），相当于其 50 美元面值的 64%。作为最高级别的优先证券，这只股票的投资等级应该等同于联合太平洋铁路公司及诺福克 – 西北铁路公司的优先股，它们也是利率为 4% 的非积累优先股，并且价格都在每股 72 美元上下。因此，雷丁公司的股票价格似乎低了差不多 4 个百分点，尤其是在公司最终出售了新泽西州中央铁路公司的股票的情况下，它们仍有不错的投机前景。

在本文撰写的过程中，尽管所有雷丁公司的证券都取得了实质性的进步，但仍然没有达到一个相对合理的水平。

第 23 章

如何在当前市场的具体案例中应用科学的转换理论

对活跃在市场上的众多证券的比较优势的审查

证券转换的基本思想非常简单。投资者或者交易员通过卖出一只其持有的股票，并买入另一只股票以获得一定的优势。这种转换的优势可以体现在以下一个或多个方面：

1. 更高的安全性；
2. 更高的收益；
3. 更大的盈利可能；
4. 更好的适销性。

理想的转换可以在不造成任何损失的情况下确保投资者得到想要的优势。然而，面对这样一个现实问题，比较明智的做法通常是在证券买卖的某一个方向上做出小小的牺牲，从而在另一个方向上获得实质性的显著改善。如果安全性能够显著提高，那么收益率轻微下降也是可以接受的。当转换的收入回报和获利可能性非常大的时候，我们甚至有理由转向级别稍低一点的投资上去。

本文旨在列出各种理想的转换类型，讨论每种转换类型的原理，并通过以前和现在的例子来具体阐明这一点。

本来可以盈利的转换类型

证券转换时有发生，我们完全有可能建立一门学问，找到一种适用于特定证券的一般转换形式。1921年的债券市场就是一个很好的例子，当时在售最高级别债券的收益率非常高。如果能够长期保证这样高的收益率，对投资者显然是有利的。因此，相比短期债券，投资者更青睐长期债券。举一个经典的例子，某位胜利债券的持有人在价格为98美元的时候将它转换成了价格为87美元、利率为4.25%的长期自由债券，从而连续17年在美国政府债券上获得了4.9%的回报，而不只有短短两年。在市场上，这一优势的直观表现即长期债券的价格上涨了11个百分点。

其他的综合转换有时则没有那么明显的特征。但头脑非常清醒的分析师或许在10年前就已经发现了从铁路股到工业股的一般转换中能获得巨大优势。去年，一些精明的投资者抓住了机会，在低价铁路股行情十分有利的时候又转回到了这些股票上。

把重点放在价值上！

毕竟，稳健投资的基本理念就是从相对弱势的证券转向相对强势的证券。

本文不仅向读者说明了如何识别“弱点”和“优势”，而且给出了具体的例子来阐释这一主题。

作者在本文中表达的观点并非对投机者的建议，而是在仔细比较了个人所有的证券价值后得出的投资结论。

事实证明，上述转换对任何投资者来说都值得一试。但当我们仔细检查个人投资者的证券名单时，经常会发现投资者的特殊情况可以证明某些一般类型的转换确实是合理的。

例如，一名寡妇收到的遗产中可能会有各式各样的次级证券，对她的丈夫来说，这些证券都给出了非常诱人的投机承诺，但对一名寡妇来说，这些证券的风险实在太大了。所以很明显，这时她就需要通过一般转换把持仓换成报酬低一点但更安全的证券。可反过来说，一位长期只购买收益率很低的金边债券的商人，也可能会为了获得更高的收入回报，在一个恰当的时机决定承担起谨慎选择和持续监管的负担，以及一些不可避免的小风险。因此在他的例子中，出现利率为 4% 的债券大量转换为利率 6% 的债券的情况也很合理。

在讨论上述主题时，我们还应该考虑另一个重要的因素——税收状况。显然，对很多利率为 3.5% 的自由债券的原始认购者来说，附加税的豁免并不重要，只要他们以非常微小的价格差异把自由债券转换为利率为 4.25% 的债券，就能大幅提高收益。另一方面，一些富有的投资者的证券名单中包含了艾奇逊 – 托皮卡 – 圣达菲铁路公司利率为 4% 的一般债券，它的收益率仅为 4.65%，并且需要缴纳正常税和附加税。如果扣除了 8% 的正常税，收益率就只有 4.22% 了——比利率为 4.25% 的自由债券的收益率还低，而后者不需要缴纳正常税，还享受某些附加税的豁免。换句话说，这些不差钱的投资者可以通过把金边铁路债券转换为自由债券或者完全免税的市政债券，来增加他们的实际收入。

高级可转换债券的转换

在这篇文章中，作者经常强调可转换债券的内在优势。与相应的普通股比较，它们有同等的盈利可能，但损失的风险要小得多。尽管如此，公众仍然不够了解可转换债券的优点，这就很奇怪。与平价的直接转换不同，这类证券的市场价格很少能反映出转换特权潜在价值该有的溢价。

例如，底特律爱迪生公司（Detroit Edison）1932 年到期的利率为 6%

的可转换债券将在明年12月15日按票面价格以1∶1的比例转换为普通股。这只普通股目前的价格是每股105美元，在1922年就已经达到过每股118美元的高价了。而利率为6%的债券现在的售价是104美元，收益率为5.4%——其价格和收益率只反映了债券强劲的投资评级，几乎没有考虑到可转换债券极具吸引力的转换特性。

此外，作者发现，要说服典型的普通股股东对收入回报做出任何轻微的、暂时的改变都很困难，哪怕是为了确保高级可转换债券能够有更好的安全性。几周前，利率为7%的美国房地产发展公司（U. S. Realty & Improvement）优先股（可按票面价格转换为普通股）的售价为每股103美元，而利率为8%的普通股价格为每股102美元。这些普通股的股东很少会趁这个机会把普通股转换为优先股，因为他们不愿支付1美元的差价，也不愿意8%的股息变成7%，哪怕股息的减少只会持续一小段时间。但实际上，与普通股相比，持有可转换优先股的战略优势非常大，以至于转换成本就不太重要了。优先股的股东几乎能够确保自己不受股息减少或者市场剧烈衰退的影响，当出现任何有利于普通股的发展时，他也可以再次选择把优先股转换为普通股。在撰写本文时，美国房地产发展公司优先股的售价为每股102.5美元，而普通股的售价为每股96美元，这已经证明了以1美元的代价进行转换是非常合理的。

在可转换债券的问题上，投资者的偏见异常顽固，所以我们有必要做出特别的努力，以一种合乎逻辑的方式来说明问题。在过去的五年里，作者观察到了无数例子，比如从通用沥青公司（General Asphalt）的普通股转到它的可转换优先股，或者从南太平洋铁路公司的股票转换成它的可转换债券，以及从石油生产精炼公司（Producers & Refiners）的普通股转换为参与型优先股，所有这些都是在几乎平价的基础上转换的。这么做的股东们可以躲开一大笔损失，或者说，他们可以在将来转危为机，并获得可观的利润。如果层层剖析，就会发现目前的记录中没有一次损失超出了正常范围。

> **基本思想**
>
> 证券转换的基本思想非常简单。投资者或者交易员通过卖出一只其持有的股票并买入另一只股票以获得一定的优势。

那为什么投资者不乐意抓住这些机会呢？心理学家对这种情况可能会做出以下解释：一个人购买或持有普通股是因为他相信这只股票会上涨。如果你建议他转换成可转换债券或优先股只是为了预防市场下跌可能造成的损失，那他根本不会听的，因为他觉得普通股不会下跌。而我们的想法是，即使普通股上涨的可能性非常高，但为了抵御下跌的可能性而支付少许保险费仍然是英明的。这一论点通常太过复杂或深奥，投资者并不能理解。

本文包含对以下证券的持有人的实用建议

债券

艾奇逊–托皮卡–圣达菲铁路公司利率为4%的债券
岩岛铁路公司1954年到期利率为4%的债券
芝加哥–密沃尔基–圣保罗铁路公司1925年到期利率为4%的债券
跨区捷运公司利率为5%的债券

优先股

新泽西州公共服务公司利率为7%的优先股
伊利诺伊州中央铁路公司利率为7%的优先股
加利福尼亚石油公司利率为7%的优先股
基金会公司利率为7%的优先股

普通股

底特律爱迪生公司的普通股
安大略–西部铁路公司的普通股
伊利诺伊州中央铁路公司的普通股
特拉华州–拉克万纳西部铁路公司的普通股
基金会公司的普通股
匹兹堡–西弗吉尼亚州铁路公司的普通股
加利福尼亚石油公司的普通股
水蚺铜矿公司的普通股
纽黑文铁路公司的普通股
雷铜矿公司的普通股
美国农业化工公司的普通股
通用电气公司的普通股

我清楚地记得1920年4月发生的一件事，当时，我向一位联合纺织厂的普通股股东提了个建议。该普通股的售价为每股45美元，1932年到期、利率为7%的可转换债券的售价等于票面价格，他只需要花1个点的钱就可以把普通股转换成可转换债券，从而将短期债券的价格保护与参与股票上涨的股利分配特权结合起来。而他的回答是："我很确定普通股的价格会涨到每股60美元，为什么我要浪费额外1个点的钱呢？"在那一年结束前，我们就看到了"浪费"额外的1个点的智慧。因为该普通股的价格直降30美元，跌到了每股16美元；而债券的价格只下降了差不多4个点，在几个月后退市时的价格为102.5美元。我建议的转换原本可以给他带来非常可观的利润。

让我们吸取这个悲伤故事的经验教训，然后应用到当前的情况中（见表23–1）。对伊利诺伊州中央铁路公司普通股的持有人来说，支付部分差价并容忍短时间内回报降低1%，从而将普通股换成可转换优先股，会不会不够谨慎？典型的普通股股东会这么说："伊利诺伊州中央铁路公司的表现非常好，7%的股息也是绝对安全的，而且它的普通股价格比优先股更便宜，我为什么要放弃每年1个百分点的回报而转换成优先股呢？"然而，事实如我们"愚蠢的建议"一样给了他一记响亮的耳光。

表23–1　可转换–参与型证券　（单位：美元）

转换前				转换后			
	价格	股息	收益率		价格	股息	收益率
加利福尼亚石油公司的普通股	25	1.75	7%	加利福尼亚石油公司利率为7%的优先股	98	8	8.1%
伊利诺伊州中央铁路公司的普通股	105	7	6.6%	伊利诺伊州中央铁路公司利率为7%的优先股	105.5	6	5.7%
基金会公司的普通股	74	6	8.1%	基金会公司的利率为7%的优先股	93	7	7.5%

就精准预测普通股未来的市场走势而言，这位股东确实是一个大胆的人，他完全相信自己可以做到这一点。毕竟就在去年 12 月，伊利诺伊州中央铁路公司以低于票面价格的价格出售，该价格比其优先股价格还低 5 个百分点。到了 1921 年，它的普通股价格已经跌到了 85.5 美元。这一转换的根本目的不在于将利率为 7% 的投资换成 6% 的投资，而是提供一个临时的安全位置，让投资者可以在一年左右的时间里观察市场和铁路股的发展。如果市场行情普遍向下——唉，这也并非不可能——毫无疑问，他还能以一个极为有利的价差再次转换成普通股。如果一切顺利，伊利诺伊州中央铁路公司坚不可摧的地位优势将直观表现在普通股 120 美元的价格涨幅上，而他可以行使转换特权转换回普通股，并且只需要为中间这一段非常值得的犹豫时间支付很少的净成本。

基金会公司的股票也有类似的情况，尽管公众对这些股票的兴趣不大，但它们的情况更典型。该公司利率为 7% 的可积累优先股售价为每股 93 美元，它可以在支付每股 6 美元的情况下转换为 1.25 倍的普通股，而普通股报价为每股 74 美元。也就是说，持有 10 股普通股的人可以用几乎同样多的钱把这些股票转换为 8 股优先股。而且他仍然能在 1925 年 12 月之前的任何时候收回他的 10 股普通股，同时他将拥有更好的投资地位。一旦普通股的价格和去年一样跌到了每股 60 美元以下，他完全可以卖掉优先股再买回普通股，这样就能节约一大笔钱。

最近，加利福尼亚石油公司普通股的持有者面前出现了一个不同寻常的转换机会，他们可以用实际现金利润把原来持有的股份转换成参与型优先股。这样的转换不需要任何成本，但却能为投资者提供更高的安全性。加利福尼亚石油公司利率为 7% 的可积累优先股售价为每股 98 美元，票面价格为 100 美元，它可以平等地和普通股一起参与到所有超过 7% 股息的分配中去。后者的售价等于票面价格，均为 25 美元，即 1 股优先股等于 4 股普通股。

换句话说，优先股获得的股息不会低于普通股。10 年来，加利福尼亚石油公司优先股的平均回报率为7%，普通股的股东则一无所获。优先股拥有更好的股息保证以及和普通股平等参与分配任何增益的权力，这本该使优先股有资格以明显高于非优先股的价格出售。但实际上，市场一直在为普通股支付更高的价格。这种异常唯一可能的理由就是优先股120美元的赎回价格比当前价格高出了22个点。考虑到加利福尼亚石油公司发行的债券规模相当大，而且一直在工厂账户上随意花钱，该公司赎回优先股的希望看起来非常渺茫。需要补充说明的是，在以前的市场中，当这只债券（以及类似的石油生产精炼公司的参与优先股）以普通股的同等价格出售时，通过把它们转换为优先债券的方式，投资者就能在不久的将来获得可观的利润。

在表23–2列出的转换，即从新泽西州公共服务公司（Public Service Corporation）利率为7%的优先股转换到公共服务电力公司（Public Service Electric）利率为7%的优先股，也具有以上转换特征。由于公共服务电力公司优先股的股息是由公共服务公司担保的，所以这只优先股实质上是一种债券，且投资排名在母公司的优先股前面。显然，这只担保优先股有权以更高的价格出售，但我们实际的买入价格可以略低于普通优先股。例如，特拉华州盔甲公司（Armour & Company Delaware）的有担保优先股比伊利诺伊州盔甲公司（Armour & Company Illinois）的无担保优先股报价高出10个百分点。

表23–2 **债券和优先股的转换** （单位：美元）

	价格	收益率		价格	收益率
艾奇逊–托皮卡–圣达菲铁路公司1995年到期、利率为4%的一般债券	87	4.6%	雷丁铁路公司1997年到期、利率为4.5%的一般和再融资债券	89	5.1%
芝加哥–罗德岛–太平洋铁路公司1934年到期、利率为4%的再融资债券	77	7.46%	“镀镍铁路”公司——托莱多–圣路易斯西部铁路公司1950年到期、利率为4%的债券	79	6.4%

续前表

	价格	收益率		价格	收益率
跨区捷运公司 1966 年到期、利率 5% 的再融资债券	65.5	7.8%	布鲁克林 – 曼哈顿运输公司 1968 年到期、利率为 6% 的债券	78	7.75%
			第三大道铁路公司 1960 年到期、利率为 4% 的再融资债券	55	7.7%
芝加哥 – 密尔沃基 – 圣保罗铁路公司 1925 年到期、利率为 4% 的债券	86	15%	圣路易斯西南枢纽铁路公司 1952 年到期、利率为 5% 的债券	83	6.25%
新泽西州公共服务公司利率为 7% 的优先股	98	7.1%	公共服务电力公司利率为 7% 的优先股	96.5	7.2%

不过，理想转换的范围并不仅限于同一家公司的证券，比如我们在上文讨论过的证券。当然，我们也可以用其他更直接和简单的理由来支持这一论点。大多数的证券转换会涉及两家不同的公司，所以我们通常需要对这两家公司进行非常详细的比较分析。但在讨论各种有代表性的转换建议而不需要考虑全盘时，我们就会有充分的空间来思考每个案例最重要的特征。

我们在表 23–2 中阐明了一种可以增加收入的转换类型，即从艾奇逊 – 托皮卡 – 圣达菲铁路公司利率为 4% 的债券（售价 87 美元）转换到雷丁公司新的利率为 4.5% 的债券（售价 89 美元）。这里的两只债券都是最高等级的。由于最近雷丁公司与其煤炭子公司分拆了，所以该公司的债券对人们来说仍然非常新奇，其利率为 4.5%。也因为这样，它们的收益率比其他同类标准债券高 0.5%。但最终它们的收益率应该会和艾奇逊 – 托皮卡 – 圣达菲铁路公司的债券一样，均为 4%。

为了谨慎起见，我们会建议投资者以大致相同的价格将 1925 年到期的利率为 5% 的芝加哥 – 密尔沃基 – 圣保罗铁路公司债券转换成 1952 年到期的利率为 5% 的圣路易斯西南枢纽铁路公司债券。有的投资者购买了大量芝加哥 – 密尔沃基 – 圣保罗铁路公司利率为 4% 的债券，以期在一年内公司按面值赎回债券时可以大赚一笔。但当我们静下心来调查相关情况，就会发现该公司根本不可能在明年赎回它们。最可能的结果是投资者不得不延期赎回，如果延期赎回也难以执行，可想而知该公司离破产被接管也不远了。

很久以前就买了这只债券的投资者会发现，自己正处于高度投机的状态，市场行情既有可能高涨，也可能会急转直下。这只债券的价格在去年涨了 20 个百分点，目前看来最谨慎的做法就是以同样的价格买入安全性更好的利率为 5% 的债券，比如圣路易斯西南枢纽铁路公司利率为 5% 的债券。这意味着投资者将得到比以前多 1% 的票息，失去一个价格快速上涨的投机机会（听起来不坏），同时也极大提升了安全性。

出于同样的考虑，我们建议投资者将 1934 年到期的岩岛铁路公司利率为 4% 的债券转换为 1950 年到期的托莱多 – 圣路易斯西部铁路公司利率为 4% 的债券。后者的债务由纽约 – 芝加哥 – 圣路易斯铁路公司（N. Y. C. and ST. L）（又名"镀镍"铁路公司）承担，这是一家非常繁荣的公司，其普通股的股息率可以达到 6%。而岩岛铁路公司多年来一直表现平平，它发行的大量非优先债只能算是二流债券。

这种转换可以在两只债券价格几乎相同的情况下进行，投资者只需要接受到期日延长的可能，就能获得安全性大幅增加的回报。过去的经验告诉我们，保证还款远比还款日期重要多了。

作者将通过跨区捷运公司利率为 5% 的债券来说明另一个重要的投资原则，即债券持有人应当更关注债券的不利因素，而不是有利条件。持有人的回报是有限的，并不会随着公司收入的增加而提高，但公司业绩的严重下滑却可以威胁到其债券利息支付。对债券投资者来说，跨区捷运公司的组织结构本来就不稳固，它的固定费用极其高昂，几乎消耗了所有的当前可用收入，只留下很少的一部分资金应急。

不管我们对未来收益的增长有多么乐观，都无法回避一个事实，即上述债券缺少基本的安全条件。没有次级证券在前面作为缓冲，很难抵挡盈利能力波动的影响。出于这个原因，我们会想一些合理的办法，在不损害任何收益的情况下就完成转换，比如把它们换成布鲁克林－曼哈顿运输公司利率为 6% 的债券，或者第三大道铁路公司利率为 4% 的债券，又或者两者兼有。布鲁克林－曼哈顿运输公司的固定费用比跨区捷运公司多一半，第三大道铁路公司的这一费用是它的两倍，而跨区捷运公司的利润率只有大约 15 个百分点。

普通股的转换

就普通股的转换进行推荐是一项难度很大又很冒险的工作，常常吃力不讨好。不论你的分析多么准确和全面，总有可能会出现一些新情况来推翻你的结论，或者市场并没有按照你的预期行事。为了说明前一点，作者在几个月前将诺福克和西部铁路公司和雷丁公司的普通股进行了详尽的比较，结果毫无疑问是雷丁公司的股票更有吸引力。但诺福克西部铁路公司与宾夕法尼亚州的租约谈判显然有可能彻底改变这种局面，一旦谈判成功，诺福克的股票将获得全新的价值。

再说市场行为的不可预测性，作者想起在之前的《华尔街杂志》曾提到，美国皮革公司的优先股比中央皮革公司的更有吸引力，而且售价也高出 5 个点，但两者的价差后来扩大到了 15 个点，情况就对中央皮革公司更有利了。一段时间后，中央皮革公司的股票跌了 20 个点，美国皮革公司的股票涨了 20 个点，它们以事实证明了这一建议是非常合理的。

因此，对于表 23–3 中建议的转换，我们必须根据它所代表的具体意义来做决定——也就是说，它们是对表中讨论的股票的所有相关事实进行分析的结果，而不是万无一失的赚钱方法。由于篇幅所限，本文只能作简单讨论。

表 23-3 普通股的转换 （单位：美元）

	价格	股息	收益率		价格	股息	收益率
纽黑文铁路公司	18	—	—	堪萨斯城南方铁路公司	18.5	—	—
纽约－安大略西部铁路公司	17	—	—	沃巴什铁路公司	17	—	—
特拉华州－拉克万纳西部铁路公司	116	6	5.1%	雷丁公司	55	4	7.2%
匹兹堡－西弗吉尼亚州铁路公司	44.5	—	—	佩雷·马奎特铁路公司	41.5	4	9.6%
水蚺铜矿公司	32	—	—	肯尼科特铜矿公司	35	3	8.5%
雷铜矿公司	9.75	—	—	莱特航空公司	10.5	1	9.5%
美国农业化工公司	10.5	—	—	阿特拉斯铁钉公司	7	—	—
通用电气公司	220	8	3.7%	西屋电气制造公司	61	4	6.5%

比起纽黑文铁路公司的股票，投资者更喜欢堪萨斯城南方铁路公司的股票，因为前者有严重的财务问题，而后者没有这方面的问题。尽管在规模较小的铁路上，两者提升盈利能力的可能性同样很大。安大略西部铁路公司与沃巴什铁路公司之间的转换方式则不同。安大略西部铁路公司的资本结构比例失衡，发行的股票规模太大，这导致了它无法在股票上获得可观的利润；沃巴什铁路公司的普通股较少，很容易将有利条件转化为大量的每股收益。考虑到沃巴什铁路公司优秀的财务实力，我们没有理由偏爱安大略西部铁路公司的股票。

雷丁公司和特拉华州－拉克万纳西部铁路公司之间的对比非常鲜明。雷丁公司去年的每股收益超过了 10 美元，每股支付的股利是 4 美元，售价为 55 美元；特拉华州－拉克万纳西部铁路公司每股收益为 7.5 美元，每股支付的股利是 6 美元，售价却超过了 120 美元。雷丁公司报告的总利润和净利润都远高于特拉华州－拉克万纳西部铁路公司，但拉克万纳的股票在市场上的销售额超过了 2 亿美元，而雷丁公司普通股的销售额只有 7700

万美元。特拉华州–拉克万纳西部铁路公司的固定费用相对更少，不过雷丁公司根深本固，对它而言这点差异无关紧要。总的来说，投资者对拉克万纳的股票前景非常乐观，因为该公司发行的煤炭债券可能将进行分红（每份价值约 38 美元）。一旦向股东分配了红利，我们可以想象，公司剩余资产的价值势必会减少——尤其是政府债券，每年都会在收入上损失 240 万美元，很可能会导致该公司不能继续发放 6 美元的股利。

从匹兹堡–西弗吉尼亚州铁路公司的普通股到佩雷·马奎特铁路公司股票的转换似乎是理所当然的。因为佩雷·马奎特铁路公司的普通股每年会向股东支付 4 美元的股利，而匹兹堡–西弗吉尼亚州铁路公司到目前为止没有支付任何的费用。此外，尽管匹兹堡–西弗吉尼亚州铁路公司在收入中计入了煤炭子公司的股利，使这一数字超过了其当期利润，但仍远低于佩雷·马奎特铁路公司的收入。

在工业领域中，把水蚺铜矿公司的股票转换为肯尼科特铜矿公司普通股也是同样的道理。前者暂停了股利发放，而肯尼科特铜矿公司仍然有盈利的能力，并能够支付 3 美元的股利。同样，除非情况发生重大变化，不然雷铜矿公司几乎不可能会支付股利，这显然证明了把它的股票转换为莱特航空公司的股票是合理的，因为它已经持续一段时间向股东派发 1 美元股利。政府对莱特航空公司的诉讼不清不楚，导致该公司受到了巨额赔偿金的限制，但另一方面，该公司的资金头寸又非常强劲，不会限制股利的发放。

美国农业化工公司和阿特拉斯铁钉公司的普通股转换则体现了一种不同的想法。由于收益表现很差，两只股票的价格都有所下跌。但阿特拉斯铁钉公司的普通股前面没有优先证券，其市场价格是由净流动资产保证的，一旦盈利状况恢复正常，就可以继续向股东支付股利（据阿特拉斯铁钉公司的董事长估计，正常情况下的每股收益为 4.5 美元）。美国农业化工公司在可积累优先股的股利分配方面异常困难，该公司的资本结构中存在大量的优先证券，因此其战略地位远不如阿特拉斯铁钉公司。

市场上还有一些本应该成功却常常失败的转换建议，通用电气公司和西屋电气制造公司的普通股转换就是其中之一。西屋电气制造公司的业务量约为通用电气公司的一半，它的每股收益也差不多只有后者的二分之一。然而，通用电气公司普通股的售价几乎是西屋电气制造公司股票的四倍，而西屋电气制造公司股票的股息回报更高。我们对情况进行了全面的分析，包括通用电气公司的投资和折旧费等特性，以及无线电业务对未来利润的影响，都没能给出一个让人信服的理由来证明目前价差的合理性。我们只能猜测，这可能和通用电气公司将会分拆有一定的关系（在本质上并不意味着什么），或者与某些新发展可能会带来非凡的成果有关，比如水银蒸汽发动机。以西屋电气制造公司当前的盈利能力，它的价格本该更高。通用电气公司希望在未来创造奇迹的目标很宏伟，但实现的可能也很渺茫。因此，投资者在考虑转换时会认为前者才是更可靠的购买对象。

本文的篇幅不长，对研究证券转换这样一个广泛的主题来说显然不够合理。因此，本文与其说是为每一种转换找到一个完整的、令人信服的理由，不如说是用具体的例子来阐明若干一般性概念。

第 24 章

少有人知的八只便宜股票

主要以现金或等价物为保证的股票——前面没有债券或优先股—— 一组非常有趣的股票

作者按：本文讨论了一组少见的股票的处境，它们有以下两个特征：（1）这些股票前面没有其他负债，优先级最高；（2）公司的现金资产能够基本覆盖它们的市场价格，安全性较好。我们借此机会指出一点，本文分析的股票通常鲜为人知，所以它们的市场很窄，但这些股票的价值不止于此，应该以更高的价格而不是"市场价格"出售。

假设有这样一家公司，它在小额经常账户和股本以外没有任何负债。其股票价格为每股 138 美元，而持有的现金和有价证券总价值折合每股 175 美元。也就是说，该公司每股股票的现金价值比售价至少高 30 美元。假设该公司持有的股份价值中还有 127 美元来自以面值计算的可分红铁路股，120 美元来自子公司的投资。最后，该公司的股份还有另外的 7 美元来自其持有的固定资产，尽管去年它的净营业利润达到了每股 30 美元。

"假设有什么用！"一向温和的读者也忍不住开始怒吼，"你说得好听，这根本不可能成真。"与读者想的恰恰相反，如今的市场上就存在同样的情况——除了股票的票面价格是 1 美元而不是 100 美元，所以刚才说的包含价格在内的数字都指的是 100 股，而不是 1 股的金额。这家公司就是托诺帕矿业公司，它在费城证券交易所和纽约场外证券交易所挂牌上市，票面价格为 1 美元，目前的售价为每股 1.375 美元。

只要看一眼表 24–1，就能证明我们的说法，即托诺帕矿业公司的现金资产实际上超过了股票的销售总额；其总资产是总市场价值的 3 倍，最小的资产项目是矿井和设备。该公司定期向股东支付 15% 的股息，折合每股 15 美分，并且有 20 年不间断的股息记录。20 年来，托诺帕矿业公司为 100 万美元的股票支付了 1555 万美元股息，年均收益率超过了 75%。去年，它的股票收益为每股 52 美分，占了该股票市场价格的 37%，但其中约有 30 美分被摊销到勘探和开发新矿产的费用上了。

表 24–1　　托诺帕矿业公司　　（单位：美元）

资本化情况：100 万股，每股售价为 1.375 美元，总市值为 137.5 万美元 没有债券或优先股			
1923 年 12 月 31 日的资产负债表			
		金额	**每股**
现金资产		1 752 000	1.75
其他流动资产	152 000		
减：所有负债	66 000		
		86 000	0.09
托诺帕－戈德菲尔德铁路公司的股票		1 272 000	1.27
对子公司的投资		1 196 000	1.2
矿井和设备		69 000	0.07
		4 375 000	4.38
1923 年的收支账户			
			每股
（来自自有矿井的）总营收		1 262 000	1.26
经营净利		308 000	0.31
投资净额		211 000	0.21
总收入		519 000	0.52
勘探支出		296 000	0.3
可用于股息的余额		223 000	0.22

像托诺帕矿业股这样有着辉煌股息记录的股票售价怎么可能会低于公司的现金资产价值？对这种不可思议的情况，我们有三个解释：第一，大家都知道该公司在托诺帕丰富的矿藏已经几乎枯竭；第二，勘探部门为开发新矿产付出了艰苦卓绝的努力，可成效却微乎其微；第三，去年白银价格的下跌导致人们纷纷看跌矿业股。在种种不利因素的作用下，托诺帕矿业股票的价格从 1917 年的每股 7.125 美元降到了如今的低位。

尽管没有人能确定经营前景，悲观主义的胜利却仍然令人惊叹，它甚至不以现金和市场投资金额来评估股票的价值；尤其是有充足的理由证明，该公司持有的托诺帕 – 戈德菲尔德铁路公司（Tonopah & Goldfield railroad）以及其他各种子公司的股票本身就值得现在的售价时，这种悲观主义就更难理解了。我们唯一能想到的理由是，可能有人会担心在寻找新矿产的过程中这些财富会被挥霍一空。

公司的管理政策对勘探支出设定了限制，未经股东同意不得动用现金资产，只能在当期收入内开支。某些利益集团一直在煽动股东对公司进行清算，并自行分配公司财产。一旦通过了这样的决定，股东肯定可以得到远高于当前价格的清算股息。但另一方面，作者和大部分股东都认为，“有超凡能力和经验的管理层”［此处引用了威德（Weed）在《矿业手册》（*Mines Handbook*）中的表述］最终更有可能决定通过开发新矿产来增加公司的资产，而不是消耗公司的资产。

作为不常见股票的代表，托诺帕矿业公司的这组股票有几个特点。首先，它之前没有任何类型的负债；其次，现金资产占了售价的大部分。这里说的现金资产包括银行存款、短期同行拆借以及随时可售的短期证券，但不包括应收账款和存货。

这类股票非常罕见。美国钢铁公司和通用电气公司持有的现金和自由债券已经很好了，但仍没有达到上述股票的程度。可以想见，在这种典型财务状况下的公司一定会被保守投资者热切追捧，它们的股票也会很活跃，非常受人欢迎。但现实却完全相反。

本文分析的八只股票完全都有资格被称为“现金资产股”，可惜的是，谁都没能成为人们最爱的投资目标（见表 24–2）。事实上，这八只股票中的大多数都在投资排行榜上籍籍无名，一般的证券买家甚至都没有听说过它们。但仔细想想也不奇怪，毕竟，标准又受欢迎的股票很少会有别样的魅力，而价廉物美的好东西都是在“人迹罕至”的地方被找到的。试想，当所有人都知道了一只股票的售价远低于其最小内在价值，那这个价格还能维持多久呢？

表 24–2 八只现金资产股票 （单位：美元）

这些股票之前无债券或优先股			
	流动资产 *	市场价格	
	每股		市场
托诺帕矿业公司	4.31	1.38	费城证券交易所和纽约场外证券交易所
特兰苏 – 威廉姆斯钢锻件公司	24.62	28	纽约证券交易所
克雷克斯地毯公司	39.9	29	纽约证券交易所
坎伯兰管道公司	88.2	128a	纽约场外证券交易所
南方管道公司	80.79	95	纽约场外证券交易所
彭诺克石油公司	8.36	15.5b	纽约证券交易所
沙特克 – 亚利桑那州铜矿公司	4.53	5	纽约证券交易所
莱特航空公司	19.79	10.5	纽约证券交易所

* 包括扣除流动负债后的流动资产。

a. 1923 年每股收益为 26.21 美元。

b. 1923 年每股收益为 5.28 美元。

特兰苏 – 威廉姆斯钢锻件公司

为了支持我们的论点，接下来，我们将向读者介绍一家公司——特兰苏 – 威廉姆斯钢锻件公司。该公司的股票在纽约证券交易所的售价为每股

28 美元，相应的股息为 3 美元。我们分析了该公司在今年 5 月 31 日的资产负债表（见表 24–3），同时也是最新的一份报表，结果显示每股 28 美元的价值中，仅公司现金和所持的证券就超过了 18.5 美元，而剩余资产的市场估值只有 9.5 美元。不过，特兰苏 – 威廉姆斯钢锻件公司在其他净流动资产上还有每股 6 美元的价值，这部分价值不包括任何负债。因此，就该公司的工厂和运营价值而言，28 美元的股票价格实际上只相当于每股 3.5 美元，或者说总共 35 万美元的价值。

表 24–3　特兰苏 – 威廉姆斯钢锻件公司　（单位：美元）

资本化情况：10 万股，每股售价为 28 美元，总市值为 280 万美元
没有债券或优先股

1924 年 5 月 31 日的资产负债表

		金额	每股
现金资产		1 856 000	18.56
其他流动资产	855 000		
减：所有负债	249 000		
		606 000	6.06
固定资产净值		1 259 000	12.59
		3 721 000	37.21

1923 年的收支账户

		每股
总营收	6 247 000	62.47
经营利润	506 000	5.06
折旧费	116 000	1.16
经营净利	390 000	3.9
投资收益	69 000	0.69
总收入	459 000	4.59

截至 1924 年 3 月 31 日的 5 个月的净收益，年收益为每股 2.64 美元。

考虑到特兰苏 – 威廉姆斯钢锻件公司的工厂去年产品的销售总额为 624.7 万美元，折旧前的净营业利润为 50.6 万美元，这 35 万美元的市场估

值似乎低得太离谱了。该公司本身的固定资产折旧额为125.9万美元，折合每股12.59美元，这个数字只比1916年11月的账面价值多了6.3万美元。显然，这个折旧额定得还是非常保守的。

特兰苏–威廉姆斯钢锻件公司自成立以来一直定期支付股息，股息率最低的一年是1922年，每股支付的股息是2美元。顺便一提，目前28美元的价格是该公司有史以来的最低价格（今年早些时候出售的300股除外），相比之下，1919年的价格高达每股74.875美元，去年的价格也有每股40美元。特兰苏–威廉姆斯钢锻件公司的历史记录、资金头寸和股息率都非常令人满意。然而，该公司的股票却是证券交易所中不活跃的股票之一。这也是必然的，一旦交易活跃起来，比如有人购买了几千股它的股票，就有可能使价格上升到每股40美元。之后它便不会再是一只和今天一样出色的特价股票了。

克雷克斯地毯公司

在证券交易所中，知名产品制造商克雷克斯地毯公司的股票同样不起眼，而且它的股票也是一般类型的。与特兰苏–威廉姆斯钢锻件公司的股票相比，克雷克斯地毯公司股票的股息和盈利记录不如前者规律，但它的资产负债情况更胜一筹。据上一份报表所示，扣除仅仅4.5万美元的流动负债后，克雷克斯地毯公司的每股价值中有17美元来自现金和持有的证券，23美元来自其他流动资产，再加上账面价值为221.3万美元的固定资产，3万股股本的账面价值为每股113美元。而它当前的售价仅为每股29美元。

克雷克斯地毯公司有着如此丰富的资产，而且其股票前面没有任何更优先的负债，在这样的情况下，目前没有股息和报告收益的特殊波动都不再重要了，寻找便宜货的投资者完全可以不予理会。根据1923年6月30日的资产负债表（见表24–4），该公司的利润相当于每股3.25美元。在

1921—1922 年期间，克雷克斯地毯公司基本实现了盈亏平衡，但在 1920 年，该公司的每股收益达到了 14.57 美元。记录显示，克雷克斯地毯公司近 10 年派发的股息很不稳定，它在 1911—1913 年、1918—1920 年支付的股息都只有 6 美元。

表 24-4 克雷克斯地毯公司 （单位：美元）

资本化情况：3 万股，每股售价为 29 美元，总市值为 87 万美元 没有债券或优先股			
1923 年 6 月 30 日的资产负债表			
		金额	每股
现金资产		509 000	16.97
其他流动资产	733 000		
减：所有负债	45 000		
		688 000	22.93
固定资产和其他资产		2 213 000	73.77
		3 410 000	113 67
1923 年的净利润		98 038	
每股收益		3.27	

克雷克斯地毯公司拥有大型设备和良好的声誉。可想而知，如果该公司采取了合适的经营政策，想要在小盘股上表现出持续而可观的盈利能力并不难。显然，管理层已经做出了某些必要的变革，这家持续经营的公司资产不可能会一直远低于其清算价值。

管道股票

市场上有一个股票大家族，同时也是股市中的贵族，一直以来都以在现金资产方面卓越的财富为特征，它们就是管道股票，以前都属于美孚石油集团的子公司。除了经济实力，管道股票还有许多其他吸引人的特征，如它们融合了美孚石油集团的良好声誉和丰厚的股息回报。

管道公司从事的运输业务非常稳定，不存在劳动力的问题，也没有固定费用，更不需要任何资本支出。因此，在理论上，管道股票似乎完美融合了理想投资的所有必要条件。然而，这些石油运输公司一直以来的战略地位似乎被最近的事态发展削弱了，因为它们的主要客户有将业务转移到其他运输机构的风险。5 月 24 日发行的《华尔街杂志》对这一情况进行了富有启发性的讨论。

但在这个大家族中，有一家公司的表现格外突出，丝毫没有受到其他公司近来收益减少的影响。它就是坎伯兰管道公司（Cumberland Pipe Line），作为肯塔基州长寿井唯一的石油开采商，该公司完全不必担心与运水公司之间的业务或者其他管道公司的竞争会造成任何损失。1923 年，坎伯兰管道公司的实际利润超过了其在 1922 年的出色表现，两年的利润分别为每股 26.21 美元和 24.12 美元，更证明了它的稳固地位。坎伯兰管道公司股票的股息为 12 美元，按照目前每股 128 美元的价格计算，其收益率超过了 9%。

表 24–5 清楚地表明了坎伯兰管道公司完全值得在我们的现金资产股名单中占有一席之地，该公司持有的现金及其等价物不低于每股 83.9 美元。再加上估值保守和折旧力度很大的固定资产，坎伯兰管道公司的总资产为每股 171 美元。值得注意的是，它的各类负债总额仅为 2.4 万美元，折合每股 8 美分。另外，坎伯兰管道公司的账上确实有 86.8 万美元的“石油购销或有准备金”，但调查显示，这实际上是盈余账户的一部分。坎伯兰管道公司融合了美孚石油集团所有吸引投资者的特征，显而易见，该公司不会被那些充满威胁性的不利条件影响。凭借其在资产、收益和股息方面的出色表现，我们能确定坎伯兰管道公司的股票是一项可以盈利的投资。

表 24–5　坎伯兰管道公司　（单位：美元）

资本化情况：3 万股，每股售价为 128 美元，总市值为 384 万美元
没有债券或优先股

1923 年 12 月 31 日的资产负债表

		金额	每股
现金资产		2 517 000	83.9
其他流动资产	153 000		
减：所有负债	24 000		
		129 000	4.3
固定资产	4 639 000		
减：折旧	2 162 000		
		2 477 000	82.56
		5 123 000	170.76
1923 年的盈利		1 022 000	34.07
减：折旧		236 000	7.86
可用于股息的余额		786 000	26.21

南方管道公司

如果只考虑现金资产，南方管道公司（Southern Pipe Line）的表现更引人注目（见表 24–6）。分析表明，该公司目前每股 95 美元的价格中，有至少 78 美元（或者 80% 以上）的价值来自现金和可供出售的投资。因此，对固定资产的保证降到了每股仅 15 美元，这个比例似乎已经很低了，几乎可以抵销南方管道公司的股票在未来任何可能的收益损失。然而，事实却并非我们所想的那样，尽管该公司 1923 年的利润只有每股 5.48 美元，但从今年开始，它的运输量大幅增长，完全有可能赚到 8 美元的股息。

表 24–6　　南方管道公司　　（单位：美元）

资本化情况：10 万股，每股售价为 95 美元，总市值为 950 万美元
没有债券或优先股

1923 年 12 月 31 日的资产负债表

		金额	每股			每股
现金资产		7 873 000	78.73	1923 年的盈利	718 000	7.18
其他流动资产	207 000			减：折旧	170 000	1.7
减：所有负债	1 000				548 000	5.48
		206 000	2.06			
固定资产	5 971 000					
减：折旧	2 333 000					
		3 638 000	36.38			
		11 717 000	117.17			

新月管道公司

关于这一主题，我们必须提到新月管道公司。该公司报告的净现金资产为每股 15.85 美元，而它的股票当前售价仅为每股 13 美元，这是一只现金资产比率超过 100% 的股票。就这一点而言，新月管道公司的股票是最具吸引力的，但它的其他方面却是所有管道公司中最弱的。作为一条小型管道线，它似乎因为情况变化正面临着完全失去业务的危险。去年，新月管道公司的每股收益只有 73 美分，最近还停发了股息，打破了美孚石油集团旗下的股票一直以来的传统。

新月管道公司的例子很好地说明了在现金资产股上我们应该考虑的某些要求和注意事项。如果能够以 90 美分的价格在银行购买价值 1 美元的存单，这当然是一件好事，但你的交易利润会被严格限制在 10 美分以内。如果收回这 1 美元的时间需要很久，考虑到所花费的时间，你可能会发现这项投资的实际利润会很小。

如果想要真正“发大财”，你必须要有办法挑出那些与现金资产股完全不同的股票。比如一家几乎没有剩余现金的公司，因为它的现金都投在了业务中，而且负债很多——这就像是在用别人的钱来提高你的盈利能力。以上种种因素共同作用，一旦成功，就会使非优先股票的价值增长至少 10%，其增幅可以达到 10 倍甚至更多。许多公用事业公司的普通股就是很好的例子。但如果失败了，公司很快会被接管，其普通股则会退出市场。

因此，现金资产是公司强大实力的来源，但只能带来适度的利润。它们对投资者的吸引力非常强烈，但投机的可能性非常小。所以，如果一只股票的价值中有 16 美元来自现金，并且几乎没有其他资产，当它的价格为每股 13 美元时，作者不会觉得这是一只价廉物美的股票。上文中我们特别推荐的股票都有强劲的资金头寸，并且在其他有吸引力的特征支持下更加突出。例如，托诺帕矿业公司和克雷克斯地毯公司，它们实力的关键在于总资产均远超出市场价值。另一方面，坎伯兰管道公司和特兰苏 – 威廉姆斯钢锻件公司所有的现金财富则与它们出色的盈利能力和股息紧密结合在一起。

彭诺克石油公司

彭诺克石油公司也很好地证明了本文的论点。最近，该公司在纽约场外证券交易所中得到了应有的地位。小型的石油公司常常会出现财务问题，但对于彭诺克石油公司 3 月 31 日的资产负债表（见表 24–7），厌倦了财务问题的分析师会惊喜地发现，该公司有一项未偿付的项目：“现金、抵押物损失和免税证券：303.1 万美元”，而各类负债都被包括在一个条目“应付账款：15.7 万美元”下面。

表 24–7　　**彭诺克石油公司**　　（单位：美元）

资本化情况：37.5 万股，每股售价为 15.5 美元，* 总市值为 581.3 万美元
没有债券或优先股

1924 年 3 月 31 日的资产负债表

		金额	每股	收入账户	1923 年	1924 年第一季度
现金资产		3 031 000	8.08	总收入	3 874 000	558 000
其他流动资产	264 000			净收入	3 396 000	464 000
减：所有负债	157 000	107 000	0.28	准备金和冲销	1 398 000	152 000
固定资产	5 425 000					
减：折旧等	2 670 000			可用于股息的余额	1 998 000	312 000
		2 755 000	7.35	每股收益	5.28	0.83
				年收益率	5.28	3.32
		5 893 000	15.68			

* 在 7 月 25 日支付 20% 的股票股息前。固定的现金股利为 1 美元。

如上表所示，彭诺克石油公司每股股票持有的现金资产共 8.08 美元，占了当前市场价格（15.5 美元）的一半以上。这是一笔庞大的储备金，它为公司的发展提供了很好的可能性，但目前只占了公司收入的一小部分。可以说，在过去的一年半时间里，彭诺克石油公司所有出色的收益都来自其经营性资产。

1923 年，彭诺克石油公司的每股利润是 5.28 美元，这还是在油价暴跌，并且扣除了损耗和总计超过整个资产账户 25% 的其他费用的情况下的数字。这些惊人的结果都是由一个特殊原因导致的，即通卡瓦（Tonkawa）油田的自喷期产量大幅提高。因为稳定高产，彭诺克石油公司仅 1924 年第一季度的收益就接近每股 5 美元，扣除准备金后的收益为每股 3.32 美元。更重要的是，该公司最近引进了一口深沙井，使其总产量增加了一倍多，目前的利润估计已经达到了以前的三倍。

当然，这种自喷期的产量不会持续太久，但我们可以在相同的砂层上钻其他油井，生产端的前景因此得到了不可估量的改善。普遍的生产过剩，以及降价、按比例分配或停产的可能性都会给眼前的收益蒙上阴影。即使是寻根究底的统计学家知道的所有石油股票中，如今的彭诺克石油公司不仅拥有最多的现金，其当期收益与股票售价的对比也是最明显的。

沙特克－亚利桑那州铜矿公司

让我们回到纽约证券交易所的股票上来，投资者们可能会短暂关注沙特克 – 亚利桑那州铜矿公司的股票。这只股票的规模不大，每股售价只有 5 美元，但它也有着独特的优点。表 24–8 的分析显示，现金和自由债券占了市场价格的一半以上，而其他的净流动资产几乎占了剩下的全部。因此，市场没有给予矿业资产任何价值。在扣除大量损耗和折旧后，沙特克 – 亚利桑那州铜矿公司持有的矿业资产价值为每股 17.02 美元。

表 24–8 沙特克 – 亚利桑那州铜矿公司 （单位：美元）

资本化情况：249 390 股，每股售价为 10.5 美元，总市值为 261.86 万美元
没有债券或优先股

1923 年 12 月 31 日的资产负债表

		金额	每股	1923 年的收支账户	
现金资产		1 008 000	2.88	营业收入	847 000
其他流动资产	648 000			营业利润	222 000
减：所有负债	69 000			投资收入	38 000
		579 000	1.65	总收入	260 000
固定资产	9 056 000			折旧、损耗和开发费用	262 000
减：准备金	3 097 000				
		5 959 000	17.02	扣除准备金后的损失	2 000
		7 546 000	21.55		

1923 年的盈利（扣除准备金前），每股 70 美分。
1924 年第一季度的盈利（扣除准备金前），每股 85 美分。

考虑到这些资产不仅在有利条件下产出了非常大的利润，而且在目前低迷的金属市场上给公司带来了实际的净现金收入，市场对沙特克–亚利桑那州铜矿公司的矿山和设备的估值为零似乎太过保守了。事实上，在1924年第一季度，该公司生产铜的净运营成本仅为每磅7.95美分。值得一提的是，该公司现在生产的铅比铜还多，尽管铜矿储备的寿命难以确定，但它仍拥有大量铅矿，这一点是毋庸置疑的。在金属股过去的每一次上涨中，这只股票的涨幅都超过了10美元，并且在接下来有利的市场中还会有相似的进步，总体前景非常好。

莱特航空公司

如果没有莱特航空公司的股票，那么我们对现金资产股的列举是不完整的。该公司的股票在市场上的销售额为270万美元，而它的财务部门持有超过400万美元的现金和投资。换句话说，现价每股10.5美元的股票拥有16.25美元的现金资产。

美中不足的是，政府扬言将对莱特航空公司提起诉讼，要求追回据称被多付给前任公司的约470万美元。政府的主要论点是，尽管战争合同的某些条款确实经过了美国陆军部的同意，但违反了公共政策，所以是无效的。

对于这个悬而未决的诉讼，可以说公司本身和它的特别顾问，以及更重要的注册会计师都一致认为政府提起诉讼是没有法律依据的。同样值得注意的是，自从司法部部长宣布打算提起这些诉讼以来，两年半过去了，他仍然未采取任何法律行动。此外，美国政府无可否认对该公司经证实的索赔负有118.1万美元的责任，法院将在诉讼结果出来之前扣留该款项，并可能将其用于对莱特航空公司做出的相应判决。

与此同时，莱特航空公司资产负债表展现出的情况无疑是令人惊奇的（见表24–9）。该公司的流动资产（包括来自美国陆军部的应收账款）接近每股25美元，固定资产的账面价格只有每股2.68美元。这些价值适中的经营资产在扣除自由折旧后，每年产生的净利润超过每股1美元。再加上投资收入，莱特航空公司去年的总利润达到了每股1.7美元，完全付得起它自1921年8月以来一直定期支付的1美元股息。

表24–9 莱特航空公司 （单位：美元）

资本化情况：24.939万股，每股售价为10.5美元，总市值为261.86万美元
没有债券或优先股

1923年12月31日的资产负债表

		金额	每股	1923年的收入账户	
				营业收入	2 227 000
现金资产		4 049 000	16.25	营业利润	238 000
其他流动资产	1 024 000			投资收入	186 000
减：所有负债	143 000			可分配股息总额	424 000
		881 000	3.54	每股收益	1.7
美国政府的应付		1 181 000	4.75		
账款、工厂等		669 000	2.68		
		6 780 000	27.22		

1924年第一季度的盈利，折算全年的利率为每股1美元。

在对莱特航空公司地位的总结中，即便只是简要总结，我们也不能忽略它在这个前景大好的行业中的重要地位，或是忘记对其精明保守的政策表示敬意。这一政策不仅严密保护了该公司庞大的现金储备，而且避免了开拓业务所需的昂贵支出。因此，只要商业航空保持盈利，莱特航空公司就在一个进可攻、退可守的位置上，既可以随时大幅扩展业务，也可以在失去目前的收入来源——美国政府的订单时不付出任何代价进行清算。

经过深思熟虑，作者认为，如果美国政府起诉失败，莱特航空公司每股股票的价值至少将达到30美元。在这场诉讼中，情况似乎对该公司非常有利，它的胜算很大，我们想象不到有什么样的不利结果可以导致这只股票的价值低于目前的市场价格。

第 25 章

低价股票的长线投资机会

两种“便宜股票”——八只值得讨论的股票——聪明的投机还是疯狂的赌博

低价股票对投资者来说有一种永恒的吸引力。投资者会认为这些投资与他有限的财富最相宜，而且和那些浮夸的股票相比，损失的风险也更小。虽然以理性的眼光来看待问题，这两种偏好低价股票的理由都有一定的谬误，但这两者都能解释低价股票形成的原因。

在牛市中，低价股票上涨的幅度最大，这一点毋庸置疑。在撰写这篇文章的时候，我瞥见了放在一旁的报纸，注意到第一只股票是阿贾克斯橡胶公司（Ajax Rubber）的股票，它的价格已经从每股 4.5 美元涨到了 9.75 美元。下一只股票是联合化学公司（Allied Chemical）的股票，价格从每股 65 美元涨到了 79 美元。因此，阿贾克斯橡胶公司的股价涨了一倍多，而联合化学公司的股票价格涨幅约为 20%。

读者们可能会想到许多低价股票，比如通用汽车、洛氏公司（Loew's）和内华达铜业股票，即使在这个活跃的市场上，它们的表现也一直不佳。一项相关研究表明，低价股票实际上有两种类型，我们可以不太正式地称之为“人为的”低价股票和“真正的”低价股票。这种人为的低价股票手段非常简单，只需要将每股价格定在一个较小的数字上，然后大量发行股票。

通用汽车公司的股票就很好地证明了这一点。该公司把普通股的数量增加了 50 倍，总共超过了 2000 万股，其原因可能是为了获得低价股票通常具有的市场优势。然而，低价股票对市场的刺激作用被大量股票的负担抵消了，因此，它现在以 4 股新股票兑换 1 股旧股票的方式在一定程度上来说只是在重蹈覆辙。

真正的低价股票估值往往会低于公司的资产和营业额。阿贾克斯橡胶公司的股票价格只有每股 4.5 美元，对于一家总资产 1100 万美元、年销售额达 1600 万美元的公司来说，普通股的总价值只有 191.5 万美元，确实很低。一般情况下，股票价格低的原因通常是公司利润微薄、收益不佳，或有着沉重的负债，又或者两者兼而有之。阿贾克斯橡胶公司股票价格低的原因正是前者，跨区捷运公司则是第二个原因的例证，而威克威尔 – 斯宾塞钢铁厂（Wickwire Spencer Steel）则是两个原因的综合作用。

盈利提高意味着什么

从上文可以看出，真正的低价股票会对有利的发展做出非常明显的反应。销售额或利润率任何轻微的提升都有可能对普通股的情况产生实质性的影响。如果阿贾克斯橡胶公司能够再次实现 10% 的标准销售利润率，那么它的每股收益将达到 31.5 美元。如果跨区捷运公司在与阿贾克斯橡胶公司相同的营业比率下增加 10% 的营收，理论上，普通股的盈利就会额外增加每股 10 美元。这就是近年来令华尔街都惊叹不已的某些股票飞涨的秘密，美国自来水公司（American Water Works）和麦考利连锁商店就是很好的例子，不少其他公司也可以说明这一点。

为了回应广大读者的要求，我们在这篇文章中公布了一份值得投资的低价股票名单。考虑到投资者普遍不了解低价股票，本文对这一主题的处理给予了特别关注。读者应当注意本文的教育意义和提出的

> 一些具体建议。为了涵盖比以往更广泛的领域，文中的这些股票不仅限于工业股票，还包括了部分铁路股和石油股。

谨慎的人会立刻反对说，这些机会可以带来巨大的利润，也会产生相应的风险。正如公司事务的小小改进就可能使股票价格的大幅上涨一样，任何不利的发展都可能导致公司破产、被接管，彻底消失在历史的长河中。我们可以这样回答：如果有可能获得几倍的利润，那么在有能力承担这种风险的情况下，偶尔冒几美元的风险也不是什么坏事。不过，即便是这种合理的风险，在很大程度上也可以通过谨慎的选择来消除。接下来，我们将讨论若干代表不同工业领域的低价股票的各种可能性，来具体研究这一问题。

国际农业公司

国际农业是一只去年发行的普通股，它是国际农业公司自愿调整的结果，目前的售价为每股 5 美元，调整如下。

- 将利率为 5% 的第一抵押债券的到期日从 1932 年延长到了 1942 年（超过 85% 的债券已经被延期了）。
- 将 900 万美元的银行贷款转换为 1000 万美元新的可积累优先股（利率为 7%）。
- 用 43.3 万股无面值的新普通股置换 2030 万美元的旧优先股和旧普通股。

在这三项规定中，最重要的是第二项，即通过尚未到期的优先股来承担一项固定的逾期债务；当然，股息支付是可以酌情决定的。通过调整，该公司回到了健康的财务状况，它的总利息费用也减少到了平均净营业利润的一小部分。

正是这样的安排让新的普通股变得有意思起来了。按每股5美元的价格计算，整个普通股的销售额仅为216.5万美元，而这代表了一家年营业额为3000万美元的公司的股权。

如果人们期待已久的农业复苏终于来临，化肥公司也从长期的经济萧条中恢复过来，那么显而易见，该普通股很快就会拥有非常壮观的盈利能力。与此同时，银行愿意放弃其固定债权来换取每股90美元的优先股，这一事实表明了银行对国际农业公司未来的偿付能力充满信心。因此，在作者看来，国际农业公司的新普通股每股5美元的价格代表了一个有趣的猜测：（1）在有利的贸易条件下，它的股价可以很容易地上涨四五倍；（2）即使复苏延迟了，该公司在摆脱财务困境方面应该也不会有什么困难。

沃巴什铁路公司

这样的猜测也适用于沃巴什铁路公司的普通股，它的价格为每股16美元，从“保守投机”的角度来说，这只普通股非常有吸引力。该公司在市场上发售的全部普通股价格约为1100万美元，而它控制的资产年总营收为6600万美元。只需要一点想象力，我们就能把握这样一个组织在未来的可能性。考虑到运输量的增长不可避免，在经营费用可控的情况下，该公司的盈利肯定会远高于去年的每股2.7美元。与此同时，沃巴什铁路公司的固定费用不高，所以最不可能出现财务问题；再者，不可积累优先股扣留的股息一直在为普通股的利益积攒股本和财务实力。

芝加哥–密尔沃基–圣保罗铁路公司和沃巴什铁路公司的普通股目前售价均为每股16美元，它们分别是疯狂的赌博和聪明的投机的完美例证。一方面，考虑到芝加哥–密尔沃基–圣保罗铁路公司持续的赤字、没有融资的希望以及即将到期的4500万美元债券，我们显然必须做好该公司会破产的准备，尽管这不一定会发生，但也有一定可能性。

与沃巴什铁路公司相比，芝加哥–密尔沃基–圣保罗铁路公司的固定费用少，运营成本低，营运资金充沛，近年来的收益记录也好得不可思议；尽管此前该公司并没有进行重组，而重组后的股票价格也没有再提高。这一对比反映了股市的一个特殊的弱点——它往往只关注某只股票的单个因素，而忽视了其他可能更重要的因素。沃巴什铁路公司的股票在最近上涨的股市中表现一般，它的伙伴们一直希望今年可以得到优先股的股息，而收益的下降让股息分配成了一件不确定的事情。对芝加哥 – 密尔沃基 – 圣保罗铁路公司股票的狂热信徒来说，没有什么红利可指望，因此也不必担心在这一点上失望；他们乐观地把信心寄托在西北地区条件的改善和铁路公司的普遍繁荣上，以期在该公司利率为 4% 的债券于 1925 年到期时能渡过难关。

其实只需稍加思考就会发现，即使不支付沃巴什铁路公司不可积累优先股的股息，也不会对普通股造成很大的伤害。最坏的情况也不过是在实现非优先股票盈利的可能性之前，投资者需要多一点耐心等待。但华尔街的许多人宁愿赌芝加哥 – 密尔沃基 – 圣保罗铁路公司能逃脱监管部门的惩罚，也不愿相信沃巴什铁路公司的未来是安全可靠的。

西姆斯石油公司

西姆斯石油公司的股票是另一种不同类型的低价股票，它的售价为每股 14 美元。从公司目前的收益和财务状况来看，这似乎是一笔划算的交易（见表 25–1）。该公司的普通股前面实际上没有任何债务，净流动资产超过了每股 6 美元，其中一半是现金和自由债券。在 1924 年的前六个月，扣除每股 2.47 美元的摊销费用后，西姆斯石油公司普通股的年均收益约为每股 5 美元。

该公司有一段动荡的历史，它的股价曾经在一年内从每股 73 美元跌到了 6 美元，但在新的管理之下，它已经稳定下来了，在得克萨斯州和阿肯色州的油田开发都很成功。西姆斯石油公司的产量已经从 1921 年的 100

万桶增加到了去年的近 400 万桶。

表 25–1　三家石油公司的统计状况：西姆斯石油公司　（单位：美元）

资本化情况：			
担保债券			564 000
66.91 万股无面值股票，每股售价为 14 美元			9 367 000
总计			9 931 000
1924 年 6 月 30 日的资产负债表			
			每股
现金资产		2 053 000	3.06
其他流动资产	2 520 000		
减：流动负债	373 000	2 147 000	3.19
固定资产净值		11 510 000	17.2
总资产		15 710 000	23.45
减：债券		564 000	0.84
可用于股票的余额		15 146 000	22.61
收支账户		**1923 年**	**1924 年前 6 个月**
营业总额		4 050 000	3 887 000
税后净利润		1 278 000	2 479 000
损耗、折旧等		1 244 000	824 000
可用于股票的余额		34 000	1 654 000
每股收益		1.91	3.71
扣除各项费用后的每股收益		0.05	2.47

或许会计方法是最能说明一家公司管理质量的要素了——尤其在冲销方面，西姆斯石油公司采用的方法非常保守。考虑到出色的收益和公司持有的大量现金，就如上一份年度报告暗示的那样，除非石油行业的形势变得相当低迷，否则今年应该派发股息了。然而，对于和如今的西姆斯石油公司一样根深叶茂的公司来说，应该要记住，这个行业很容易出现暂时的不景气，但这只代表一段时间内利润会减少，它迟早会恢复到繁荣的状

态。正如我们所说，从长线投机的角度来说，每股 14 美元的西姆斯石油股票相当便宜。

华尔道夫酒店集团

这只连锁酒店股票为我们展示了一种非常有趣的可能性，它的售价约为 15 美元，每年支付的股息为 1.25 美元。华尔道夫酒店集团经营着大约 115 家分店，主要分布在新英格兰州地区，去年的总销售额接近 1400 万美元。该公司的资本只有 154.6 万美元利率为 8% 的优先股和 44.16 万股总市值为 662.5 万美元的无面值普通股。上一年，华尔道夫酒店集团的利润相当于每股普通股 2.38 美元；而在 1924 年的前六个月，该集团的年均收益为每股 2.58 美元。

因此，华尔道夫酒店集团的收益率为 16%，而它支付的每股股息为普通股市场价格的 8%。对于任何行业来说，这些数字都令人非常满意，尤其是在今年总的行情不好的情况下。但作为一家连锁酒店，华尔道夫酒店集团非常值得与其他投资者偏爱的公司较量一番，那样我们就能更直观地发现它的表现具有更重要的意义。

无论是从股息还是收益的角度来说，市场上在售的成熟的连锁商店股票整体上的投资回报率都低得不正常。伍尔沃斯公司支付的股息不到其股票市场价格的 3%，而它去年的收益率约为 7%。联合雪茄商店当前单价为 53 美元的股票被认为非常有吸引力，因为根据它现在的数字估算的全年每股收益能达到 3 美元左右，收益率不到 6%。还有很多这样的例子。事实上，所有连锁商店的股票售价都远远高于当前的业绩——因为公众相信，与未来的增长相比，现在的价格一点也不贵。这些销售公司的独特优势在于，无论在景气还是不景气的时候，它们都有办法提高销售额并保持利润率。这些公司的有形资产通常很少，但它们中的大部分都有丰富的经验和有效的管理，这才是最有价值的东西。

因此，我们完全有理由把华尔道夫酒店集团的股票归到“连锁商店股”这个迷人的圈子里去。华尔道夫酒店集团成立已经有很多年了，其门店、销售额和利润都在稳步增长。该公司的现金头寸虽然不算出色，但也够用了。这只股票去年的售价为每股 22 美元，只要时机合适，很有可能达到一个更高的价格。

盐溪生产者公司和山地生产者公司

这两家公司最初是相互独立的公司，如今在很多方面都有着密切的联系。它们共同掌控着怀俄明州高产的盐溪油田 50% 以上的产量，都与中西部炼油公司（Midwest Refining，美孚石油集团在印第安纳州的子公司）签订了一份不同寻常的合同，并成为该合同的受益者，合同有效期一直持续到 1934 年。根据协议，中西部炼油公司将承担这两家公司的所有开发和生产成本，并且会按芝加哥的汽油等产品的报价购买两家公司的所有产品。因此，除了小额费用、税费和摊销费用，盐溪生产者公司和山地生产者公司报告的收入都是净利润。这一安排是为了促进怀俄明州油田的有序钻探，还能确保两家公司的长期生存和对其宝贵资产的有效利用。

这两家公司的资本化情况和收益非常相似，如表 25–2 所示。因为有关它们的报道相当少，想要了解全部事实并非易事。通过仔细的调查，我们发现了两家公司的一些有利特征，并列举如下。

- 两家公司在 1923 年石油价格低迷的情况下仍获得了可观的收入。根据公司年报，除了出售石油获得的近 700 万美元（不包括所有运营费用）外，每家公司的资产都比原先多了 350 多万美元，这代表的是已储存但未出售的石油的价值。根据现有数据，作者在这里列出了 1923 年的收支账，但其准确性无法保证。
- 两家公司（特别是盐溪生产者公司）的现金头寸非常强劲。

表 25–2 三家石油公司的统计状况：盐溪生产者公司和山地生产者公司 （单位：美元）

	盐溪生产者公司		山地生产者公司	
资本化情况：				
债券和优先股		无		无
普通股，面值为 10 美元		14 968 600		16 821 820
价格		23.5		18
总市值		35 176 000		30 279 000
现金资产		7 135 000		3 157 000
其他流动资产	7 452 000		4 274 000	
减：负债	943 000	6 509 000	579 000	3 695 000
固定资产	30 154 000		35 210 000	
减：准备金	15 044 000	15 110 000	11 141 000	24 069 000
总资产		28 754 000		30 921 000
	产量 / 桶	**出售石油的净收益**	**产量 / 桶**	**出售石油的净收益**
1924 年第一季度			2 209 000	2 280 000
1923 年	预计 7 540 000	预计 6 888 000	7 582 000	6 923 000
1922 年	4 250 000	4 617 000	预计 4 293 000	预计 4 650 000

续前表

1923 年的收支账户	盐溪生产者公司	每股	山地生产者公司	每股
出售石油的净收益	6 888 000		6 923 000	
储存的石油价值	3 846 000		3 684 000	
自由债券的利息	预计 800 000		200 000	
	11 534 000		10 807 000	
扣除推测的税金和费用	1 301 000		预计 1 300 000	
	10 233 000	6.84	9 507 000	5.65
折旧与损耗	4 610 000			
可用于股息的余额	5 623 000	3.76		
股息——现金	2 245 000	1.5	1 850 000	1.1
新布拉德福德公司的股票	2 993 000		2 403 000	
盈余增量	387 000			
当前股息	2		1.6	
收益率	8.51%		8.89%	

- 尽管制定了减产政策，但两家公司的产量仍在稳步增长。它们在盐溪油田已探明的区域仅开发了 20%，显然可以保证油田的长寿。
- 如上所述，与美孚石油集团签订了非常有利的经营合同，确保运营效率和利润都是最高的。
- 股息回报率都超过了 8%。

两家公司在大多数情况下的表现都差不多，但盐溪生产者公司的现金头寸略胜一筹，故作者更喜欢盐溪生产者公司。

低价优先股

在米高梅电影公司（前身为高德温电影公司）的优先股上，我们看到的是一个非常不同的行业里的一只非常不同的股票。最近，高德温电影公司（Goldwyn Pictures）与洛氏公司旗下的制片子公司米特罗电影公司（Metro Films）合并，成立了米高梅电影公司。根据协议条款，高德温电影公司将按 1：1 的比例把自己的股份兑换为米高梅电影公司的新优先股，该优先股的利率为 7%，票面价格为 27 美元。这只新股将于 9 月 15 日首次派息，股息率为 1.75%。高德温电影公司的优先股目前收到的股息是 1.89 美元。它的当前价格为每股 15 美元，相当于新股票面值的 56%，折算下来的股息率只有 12.5%。

高德温电影公司的初始现金投资远远超过了当前价格。可以说，该公司做成了一笔大生意，但是可能因为决策不当最终亏损了。据我们所知，在公司并购时，高德温电影公司已经能够自负盈亏了。新股票的上市申请及相关完整数据在本文撰写时尚未公布。

据了解，这两家公司目前的年收入总共为 160 万美元，是优先股股息要求的 4.5 倍。其中，高德温电影公司贡献了 45 万美元，米特罗电影公司的营收则是 125 万美元。该优先股背后的总资产价值为 800 万美元，而它在市场上的发行总额仅 280 万美元。

高德温电影公司的股东希望以 1：1 的比例把所持有的股份兑换成新的优先股，这导致了该优先股的面值为 27 美元，这是一个非常特殊的数字。毕竟，考虑到报告中股息所要求的巨大利润和高收益率，15 美元的价格对这只优先股来说太低了。米特罗电影公司则没有为新公司贡献大量的有形资产，但它的盈利能力将发挥重要的作用。据了解，洛氏公司一半以上的利润都来自米高梅电影公司。因此，在某种程度上我们可以认为，米高梅电影公司的优先股优先于洛氏公司的股票；这 100 多万股洛氏公司的股票发行总额为 1600 多万美元，对投机者来说显然相当有吸引力。

路虎汽车控股公司

在这些平平无奇的低价股票群像中，最后一幅或许是最特别的。路虎汽车控股公司的股票等级为"A"，在纽约场外证券交易所的售价为每股 8.5 美元。它是威利斯陆上汽车公司清算的产物，而威利斯陆上汽车公司是一家充满活力的汽车制造商旗下的公司，但命途多舛。这是一个很长的故事，但能够说明的是，所有已确认的求偿都已全额付清了，并且路虎汽车控股公司与威利斯陆上汽车公司第一优先股的股东达成了一项单独协议。根据协议，他们持有的股份将以 1：1 的比例兑换为现在的路虎汽车控股公司的股票。

路虎汽车控股公司在持有每 1 股自己的普通股的同时，也持有 1 股威利斯陆上汽车公司的普通股，两者的售价均为每股 8.5 美元。1928 年 7 月后，这些路虎汽车的股份将可以分配股息。该公司也是威利斯陆上汽车公司清算剩余现金的继承者。作为后者的接管公司，路虎汽车控股公司的账上有大约 180 万美元，折合每股 12 美元路虎汽车的股票，但这笔钱有一个前提限制，即必须先支付美国政府的索赔。最初，美国政府的索赔有两项，一是大量未支付的税款，但税务局撤销了这项索赔，想必事情已经处理好了。另一项是美国政府提起的诉讼，标的金额为154.8万美元，据说是美国陆军部多付给杜森伯格汽车公司——威利斯陆上汽车公司前子公司的款项。对接管公司来说，如果这场持续了五年的索赔真的成功了，它可能还需要为此支付56万美元的滞纳金。

这起诉讼正在新泽西州法院不紧不慢地进行着。但辩方相信结果将会对它们有利，因为（1）政府实际上并没有多付款；（2）诉讼金额是任意设定的一个最大限额，实际的涉案金额要小得多；（3）政府做出的任何判决只能用杜森伯格汽车公司本身的资产来偿债，除非它们可以追溯到威利斯陆上汽车公司的财产。据称，即使败诉了，该公司的损失最多也只有几十万美元。

关于这场诉讼的最终结果，想必读者的心里已经有答案了。正如莱特航空公司的案例，该公司至少还有现金，而负担则落到了美国政府的肩上。作者要说明的是，到目前为止，这些战争合同诉讼基本上都失败了。

不管怎样，以每股8.5美元的价格购买了路虎汽车控股公司股票的人就有了一个有趣的投机机会。他承诺的款项由同等数额的威利斯陆上汽车公司的股票保证金全额支付。此外，他很可能获得每股最高12美元的现金股利。这也许需要一年左右的时间才能最终落地，但看起来只要耐心一点，就能得到丰厚的回报。

八只低价股票的概况

国际农业公司

1. 由于1923年的调整，公司的财务状况较好。
2. 利息费用减少到只占平均净营业利润的一小部分。
3. 由于农业复苏，人们更加相信化肥需求会增加。
4. 经济状况的改善将对每股5美元的普通股产生有利影响。

沃巴什铁路公司

1. 可控的经营费用和运输量的增长，可以在几年内增加公司的收益。

2. 不可能出现财务问题。不支付优先股的股息增加了该公司的实力。

3. 每股 16 美元的普通股去年的收益为 2.7 美元，很有吸引力。

西姆斯石油公司

1. 今年的每股收益按全年利率计算为 5 美元。目前股票的售价为 14 美元。

2. 自 1921 年以来，产量翻了两番。

3. 鉴于良好的收益和强劲的财务状况，今年可能会派息。

华尔道夫酒店集团

1. 连锁餐饮行业蓬勃发展。

2. 1924 年应该能赚到双倍的股息（2.5 美元）。

3. 股票的售价为每股 15 美元，收益率超过 8%。在目前的价格水平上很有吸引力。

盐溪生产者公司和山地生产者公司

1. 现金状况良好。

2. 盐溪油田的产量稳步增长，矿产资源仅开发了 20%，似乎可以确信该油田的长寿。

3. 与中西部炼油公司的优惠合约（见正文）。

4. 尽管山地生产者公司的产量略高一点，但盐溪生产者公司的股票更有吸引力。盐溪生产者公司支付的股息为 2 美元，收益率为 8.51%。山地生产者公司支付的股息为 1.6 美元，收益率为 8.89%。

米高梅电影公司

1. 优先股的售价为每股 15 美元，它将获得每股 1.89 美元的股息，收益率为 12.5%。

2. 总资产差不多是优先股金额的 3 倍。
3. 合并总收益是优先股股息要求的 4.5 倍。
4. 股票即将上市。

路虎汽车控股公司

1. 威利斯陆上汽车公司清算的结果。
2. 公司资产中每 1 股自己的股票都对应有 1 股威利斯陆上汽车公司的普通股。
3. 现金分配的可能性（见正文）。
4. 诱人的长线投机机会。

第 26 章

Benjamin Graham on Investing: Enduring Lessons from the Father of Value Investing

六只价廉物美的低价派息股票

有利可图的投资

本文简要分析了六只有吸引力的派息普通股，其售价在每股 14 美元至 41 美元的范围内（见表 26–1）。这种选择会吸引一类特殊的证券买家。他不是那种非常谨慎、守旧的“老派”保守投资者，除了抵押债券以外，他持有的任何东西都是一场危险的赌博。

表 26–1　六只非常有吸引力的低价股票

公司	价格	股息	收益率
美国钢铁铸造厂	37 美元	3 美元	8.1%
白鹰石油公司	24 美元	2 美元	8.3%
韦伯 – 海尔布罗纳公司	16 美元	1 美元	6.2%
古巴 – 美国制糖公司	32 美元	3 美元	9.3%
底特律佩奇汽车公司	14 美元	1.2 美元	8.3%
哥伦比亚炭黑公司	41 美元	4 美元	9.8%

这类买家也算不上典型的华尔街投资者。毕竟，典型的投资者只根据报价进行买卖，价格背后的资产对他们来说毫无意义。在这两个极端之间，还有一类精明老练、才智过人的投资者，他们知道在考虑收入和本金价值的基础上，经过认真挑选的、根基深厚的派息普通股是总体上来说最赚钱的投资。因为归根结底，这些派息普通股真正投资的是美国繁荣的前景。

六只低价派息股票的对比情况如表 26–2 所示。

表 26–2 六只低价派息股票的对比情况 （单位：美元）

资本结构	美国钢铁铸造厂	古巴 – 美国制糖公司	白鹰石油公司	底特律佩奇汽车公司	韦伯 – 海尔布罗纳公司	哥伦比亚炭黑公司
债券	—	9 035 000	3 000 000	3 000 000	—	—
优先股	8 951 000	7 874 000	—	2 338 000	960 000	—
普通股数量	722 200	1 000 000	460 000	600 000	225 520	402 131
市场价值	26 721 000	32 000 000	11 040 000	8 400 000	3 608 000	16 480 000
资本总额	35 672 000	48 909 000	14 040 000	13 738 000	4 568 000	16 480 000
1923 年度报告						
销售额	63 592 000	36 063 000	14 693 000	46 296 000	6 500 000†	8 597 000
可用于普通股的余额	6 987 000	7 450 000	1 348 000	2 352 000*	442 000	3 376 000
每股收益	9.55	7.45	2.93	3.92	2.6†	8.4
1924 年上半年						
销售额	—	—	6 632 000	26 559 000	—	—
可用于普通股的余额	2 046 000		1 017 000*	1 854 000		1 228 000
每股收益（全年水平）	5.62	—	4.42	6.18	—	6.1
资产负债表数据						
日期	1923–12–31	1923–12–31	1924–5–31	1924–6–30	1924–2–29	1924–12–31
现金资产	10 097 000	1 793 000	681 000	1 724 000	662 000	1 245 000
流动资产总额	23 901 000	25 051 000	5 438 000	9 113 000	2 771 000	3 189 000
流动负债	3 767 000	6 633 000	739 000	2 763 000	1 063 000	875 000

* 减去估计的扣减项后。† 截至 1924 年 2 月 29 日，在收购布罗考兄弟的公司前。部分销售额为估计值。

美国钢铁铸造厂

本文首先从钢铁行业开始说起，作者选择的研究对象为美国钢铁铸造厂的股票，它的股息为 3 美元，售价为每股 37 美元，所以股息收益率超过了 8%。这只股票有很多值得推荐的地方。该公司是铁路设备领域的领导者，其产品包括钢外壳和汽车车轮，后者有稳定的更换需求。

该公司没有发行债券，优先股的发行规模只有普通股的三分之一。1923 年，它的收益为每股 9.55 美元，是普通股股息的 3 倍多。1924 年上半年，尽管钢铁行业严重萎缩，它的利润仍有每股 2.81 美元——全年利润几乎可以达到股息的两倍。该公司持有的现金和自由债券总额为 1200 万美元。截至去年 12 月 1 日，该公司流动资产总额为 2390 万美元，而流动负债仅为 380 万美元。

通过与其他证券，特别是和一种标准的、知名的证券进行比较，往往最能凸显一种证券吸引投资者的特点。如果将每股 37 美元的美国钢铁铸造厂的股票与每股 45 美元的伯利恒钢铁公司的股票进行比较，前者的优势就显而易见了。在这里，我们只进行浅显的比较，但这样的比较也足以说明我们的意图了。伯利恒钢铁公司的股票价格比美国钢铁铸造厂的股票高 8 个点，但不支付股息。在市值为 8100 万美元的普通股前面，该公司还有 2.13 亿美元的债券和 5900 万美元的优先股。伯利恒钢铁公司的普通股只占了总资本的 23%，而美国钢铁铸造厂的这一比例为 75%。

在 1922 年、1923 年和 1924 年的上半年，美国钢铁铸造厂在每个时期的每股收益都比伯利恒钢铁公司多 40% 到 140%。仅净流动资产一项就占了前者资本总额的近 60%，而伯利恒钢铁公司的这一比例为 34%。最后但同样重要的是，自 1920 年以来，美国钢铁铸造厂每年都支付每股 3 美元的股息。这绝对是一只非常有吸引力的股票。

> 虽然许多股票的价格已经涨到了很高的水平，但对谨慎的投资者

来说仍有不错的机会，特别是在中低价的股票中。本文挑选并供投资者考虑的所有股票都经过了严格的本金价值与股息安全性检验。值得注意的是，这些股票涵盖了六个行业，本文在每个行业中只选择了一只股票，为研究提供了必要的多样性因素。如果投资这六只股票的其中任何一只，除了有很好的本金增值机会以外，还能获得8.4%的总收益。

古巴－美国制糖公司

这只股票的股息和售价几乎完全和第一只相同。古巴－美国制糖公司的股票报价为每股32美元，每年的股息为3美元，收益率为9.3%。该公司是制糖业中第二大的公司，如果只考虑财务稳定性，它在行业中排名第一。该公司生产糖的成本很低，这使它展现出了令人信服的可持续盈利能力，尽管在过去的10年里，糖的生产出现了太多的变化。当然，古巴－美国制糖公司也在1921年遭遇了严重的打击，但即便如此，它在近10年里的股票平均收益也有大约每股4.5美元。

该公司有100万股普通股，它的票面价值为10美元，售价为3200万美元。它还有900万美元随时可能被赎回的债券，相应的赎回资金则来自公司的现存资产。这样一来，古巴－美国制糖公司普通股的前面就只剩下了790万美元优先股。1923年9月30日，该公司包括债券和优先股在内的净流动资产为1840万美元。在该财年，古巴－美国制糖公司普通股的每股收益为7.45美元，远远超过了当前股息的2倍。至于本年度的利润数据，该公司尚未公布。和往常一样，食用糖的价格变化很大，最近的价格涨了很多。在六月末，该公司以上半年数据估计的全年利润大约为每股5美元。

1920年以来，这只股票的价格波动很大，这与不断变化的制糖业的状况是相符的。它的最高价是1920年的每股60.375美元，最低价则是两年后的每股14.5美元。而在去年的一整年里，该股票的价格一直稳定在每股30~35美元。考虑到这只股票的高股息率和近期令人满意的收益，再加上该公司在这个基础产业里的优势地位，这个价格似乎非常有吸引力，而它10年来的记录也恰恰证明了这一点。

白鹰石油公司

接下来，我们将转而讨论石油行业的股票。在这里，我们不妨关注一下白鹰石油公司股票的优点，它的股息为每股2美元，售价为每股24美元。就整个行业的背景而言，该公司的记录确实非常出色。自1919年，也是白鹰石油公司成立以来，石油行业一直非常火爆。除了美孚石油集团外，几乎所有公司的情况都与它们五年前的样子天差地别了。许多公司已经发展壮大了好几倍，也有许多公司破产了，还有的公司两种情况都经历了。

然而，在这个跌宕起伏、风云变幻且动荡不安的年代里，白鹰石油公司一直在追寻一条极其平稳的道路。自1919年以来，该公司持续每年支付2美元的股息，外加一笔25美分的现金和额外的0.25股股票。该公司只公开发行过一次股票，唯一的债券就是近期发行的利率为5.5%的票据，其总价值为300万美元。最后，不论是1922年的繁荣期还是1923年的萧条期，该公司在支付股息后都有盈余。

考虑到白鹰石油公司只是一家小公司，这种稳定的记录更值得注意了。该公司的销售额约为1470万美元，资本总额约为1400万美元，这绝对值得称道。不过它们并不能与大型的独立公司相提并论，更不用说与美孚石油集团比了。尽管如此，白鹰石油公司已经建立了一个从原油生产到零售的完整组织，包括三个炼油厂以及自己的管道和油罐车。但该公司的实力关键在它的分销系统。在去年年底时，该公司在整个美国中西部有472个加油站和散装加油站。白鹰石油公司一直在稳步发展这方面的业务，以期为它的炼油产能提供尽可能多的可靠的渠道。所以它在 1922 年直接卖给消费者的汽油（加仑）达到了 17%，而 1923 年的这一数字达到了 40%。这一事实充分说明了为什么该公司在油价低迷的情况下也能盈利。要知道，在这样的情况下，原油和汽油批发价格间的利润太过微薄，往往会对普通的小型炼油商造成严重的负担。

1924 年上半年，白鹰石油公司在未摊销前和税前的每股收益为 3.52 美元。这意味着扣除所有项目后，该公司的每股收益约为 2 美元。换句话说，该公司在今年的前六个月就赚到了全年所需的股息。毫无疑问，近期原油价格的下跌将对该公司整体有利，因为它自己供应的原油产量仅为其炼油厂需求的三分之一，在这种情况下，它可以节约大量的外部采购经费。

最近有报道称，白鹰石油公司的汽油已经售罄，没有多余的库存了；而该公司目前持有的现金实际为 170 万美元，今年 5 月时持有的现金为 68.1 万美元。如果这种说法是正确的，我们就会发现，在解决目前生产过剩的问题上，加油站对白鹰石油公司是多么地有价值。

我们可以通过与科斯登石油公司（Cosden）的股票的对比来说明白鹰石油公司股票对投资者的吸引力。科斯登石油公司的股票售价更高，而且不支付股息。科斯登石油公司去年的报告结果为亏损，而白鹰石油公司的每股收益为 2.93 美元。在与 1923 年相同的基础上估计损耗等因素后，科斯登石油公司在 1924 年上半年的每股收益不到 1.5 美元。此外，该公司还有超过 900 万的应付账单，它的流动负债几乎等于它的速动资产。而另一方面，白鹰石油公司拥有约 540 万美元的流动资产，流动负债仅有约 74 万美元。显然，白鹰石油是一只不错的股票，在当前每股 24 美元的价格水平上非常值得购买。

底特律佩奇汽车公司

我们自然而然地从石油想到了汽车。在这个行业里，我们选择的是底特律佩奇汽车公司的普通股，其售价为每股 14 美元（面值为 10 美元），支付的股息为 1.2 美元，收益率超过 8.3%。尽管驾驶汽车的人对该公司的产品——佩奇汽车和朱伊特汽车非常熟悉，该公司的股票也在纽约场外证券交易所上市了，但纽约公众对这只股票却很陌生。不过在底特律证券交易所，这只普通股却相当活跃。最新报道称，这只普通股即将在纽约证券交易所上市。

但凡看过这只股票的资料，研究者马上就会被它上半年出乎意料的强劲表现惊到。它在 1924 年上半年的销量为 2550 万辆汽车，而 1923 年的全年销量为 4630 万辆。优先股派息后的净利润还有 185.4 万美元，相当于每股普通股 3.09 美元——按全年计算，每股普通股的年收益超过了 6 美元。这些利润与钱德勒汽车公司（Chandler）的股票相当，而后者的售价几乎是底特律佩奇汽车公司的 3 倍。霍普汽车公司（Hupp）股票的售价也是每股 14 美元，但它的每股收益只有底特律佩奇汽车公司的 25%。需要特别注意的是，底特律佩奇汽车公司第二季度的收益比上一季度高得多，与汽车公司今年业绩普遍下行的情况相悖。1923 年，该公司的收益为每股 4.99 美元，但我们显然还需要对它进行一些扣除，最终的净利润约为每股 3.92 美元。

底特律佩奇汽车公司最近经历了一次显著的成长。在 1921—1923 年的短短两年时间里，它的汽车销量从 8700 辆上升到了 42 900 辆。事实证明，推出价格较低的朱伊特车型是极为成功的一步。该公司正在一家新工厂增设另一条生产线，该工厂可以说是全国最好的工厂之一了。当然，如此快速的扩张需要相当大的投资。尽管流动资金有可能因此减少，但除了现金股利外，该公司的巨额收益加上去年春天卖出的 300 万美元债券，已经足够使公司保持良好的流动性了。1924 年 6 月 30 日，底特律佩奇汽车公司的流动资产约为 910 万美元，流动负债约为 280 万美元。因此，该公司的营运资本完全可以覆盖债券和优先股的总额了。

无论是基于自身的表现，还是在横向比较的基础上，底特律佩奇汽车公司似乎都是最具吸引力的汽车股票之一。

韦伯 – 海尔布罗纳公司

这只股票是近年来记录优秀的商业或零售集团股票的代表。韦伯 – 海尔布罗纳公司拥有 13 家销售男装和家具的连锁店，其中 12 家都在纽约市。它的股票报价为每股 16 美元，支付的股息为 1 美元，收益率为 6.2%。在截至今年 2 月的上一年里，该公司的每股收益为 2.6 美元，去年同期水平为 2.4 美元。在本财年开始的时候，韦伯 – 海尔布罗纳公司以 30 万美元的优先股和 113.4 万美元现金收购了布罗考兄弟（Brokaw Bros.）公司；其中一部分现金是通过额外出售 5.2 万股普通股筹集的，其售价为每股 15 美元。该公司目前已发行了 96 万美元的优先股和 22.5 万股普通股，资本总额共计 457 万美元。

目前，韦伯 – 海尔布罗纳公司的年销售总额约为 800 万美元。布罗考兄弟的公司去年净利润只有 7 万美元左右，但在过去的八年里，平均净利润为 15 万美元。在新的控股方管理下，可以预见某些政策上的变化将大幅提高公司未来的利润。布罗考兄弟的公司被合并后，每年的净利润预计约为 80 万美元，折合每股 3.25 美元。如果这些数字可以实现，该公司自 1919 年 11 月以来持续支付的 1 美元股息或许很容易就能上涨了。

韦伯 – 海尔布罗纳公司的财务状况良好，270 万美元的速动资产完全可以覆盖 100 万美元的流动负债。它的股票的有形价值只有每股 7.5 美元，但对零售商店股来说已经是相当不错的表现了。与同类的股票相比，韦伯 – 海尔布罗纳公司的股票售价非常诱人，而且随着公司业务的稳步发展，该股票的价格还有大幅增长的可能性。

哥伦比亚炭黑公司

这项研究将结束于对哥伦比亚炭黑公司股票的分析，它不代表任何特定群体。除非这里有一个“其他”行业，那它就可以很简单地归类了。该公司的股票售价为每股 41 美元，支付的股息为 4 美元，因此它的收益率接近 10%。它的主要产品是炭黑，这是打印机油墨的主要成分。在过去的几年里，炭黑也是轮胎制造的主要成分，用于生产主要的“黑色胎面”。它被广泛用于各种橡胶制品、油漆、清漆、抛光剂和其他大量产品中。该公司还生产灯黑（具有许多工业用途）和其他黑色颜料。

炭黑产自天然气，哥伦比亚炭黑公司的众多油田所蕴含的大量天然气都在生产炭黑，其中最主要的来源是路易斯安那州的门罗气田（Monroe Gas Field）。该公司掌控着约 4.8 万英亩已探明天然气资源的土地和 5.3 万英亩的未勘探土地。此外，它还拥有 26 家工厂以及管道和油罐车。该公司还产出了大量炭黑的副产品——汽油，并对外出售了约 10% 产量的天然气。

哥伦比亚炭黑公司的资本结构非常简单，只有 40.2 万股无面值股票，发行总额为 1648 万美元，没有发行任何债券或优先股。该公司过去五年的报告显示，其产量、销量和利润均有显著增长。天然气的产量增加了两倍多，销量从 1918 年的 300 万千立方米[①]增加到了 1923 年的 840 万千立方米。而该公司的税前利润从 138.6 万美元涨到了 386.6 万美元。减去所有扣减项（包括 140 万美元的摊销费用）后，该公司去年的每股收益超过了 8 美元，相当于股息的两倍。但最近的工业大萧条对哥伦比亚炭黑公司也有影响，它在 1924 年的利润在一定程度上减少了，根据上半年情况推测出的全年利润为每股 6.1 美元。正因为如此，该股票的价格已经从每股 55 美元的高点降到了目前每股 41 美元的低点。

去年 12 月 31 日，哥伦比亚炭黑公司的营运资本状况非常好。流动资产共计 318.9 万美元，而流动负债只有 39.5 万美元应付账款和 48 万美元预估的税款。鉴于该公司强劲的资金头寸，以及它的收益仍比股息要求多 50% 的事实，我们似乎没有理由预期该公司股票的收益率会有所变化。

① 天然气的国际单位。——译者注

哥伦比亚炭黑公司的产能一直在稳步提升，其产品的用途也在持续增加，所以该公司从再次兴起的商业活动中获得了不少优势。在这样的情况下，今年的收益想要超过 1923 年的出色表现应该是轻而易举的。

第 27 章

雷丁公司——市场中的“睡美人”

被误导性比较掩盖的优异表现——投资现实与投机的可能性

我们可以将雷丁公司与其他两组的股票做一个有趣的比较。一组包括特拉华州－拉克万纳西部铁路公司、诺福克西部铁路公司以及南太平洋铁路公司的股票，它们的每股收益和雷丁公司的股票差不多，但售价却高得多。而在另一组中，利哈伊谷铁路公司的股票以及芝加哥西北铁路公司的股票售价与雷丁公司的股票差不多，但收益却少得多。除了诺福克西部铁路公司的股票外，雷丁公司股票的股息收益率均高于其他几家公司。

就当前收益而言，雷丁公司的股票售价为什么会比其他公司低那么多？是因为某些特殊原因，它今年的收益才特别好？或者是因为它的固定费用负担比其他公司重得多？又或者是因为它过去的记录不如其他公司令人满意？都不是。雷丁公司的出色表现也绝不只是 1924 年的偶然现象。事实上，该公司 1923 年的数据更加令人惊叹。除了一点例外，该公司的固定费用是整组中最低的。鉴于良好的记录和财务状况，其股票被公认为全美最好的铁路股之一。

就作者所见，雷丁公司的股票在市场上落后于其他股票的真正原因恰恰在于它的一个优点，即在 1923 年前八个月创下的惊人收益。这一原因非常矛盾，为了厘清思路，我们必须重新审视雷丁公司近年来的情况。从1923年1月1日到8月31日，雷丁公司报告的总收益和净收益前所未有地高，这意味着可用于普通股的余额足有每股20美元。当时，这一强劲的表现被两个因素掩盖了：一个是一般市场的严重衰退，另一个也是更重要的一个，即有关雷丁公司分拆计划的诉讼，以及随之而来的不确定性。一直以来，投资者对雷丁公司股票的投机热情主要集中在它的煤炭资产上，因此，相比当期收益这一普通因素，他们更加担忧这些资产最终将被如何处理。

直到1923年10月，该公司才最终解决了这一分拆难题。然而，极其巧合的是此时该公司开始将大量资金花费到设备维护上——再加上短期的煤矿工人罢工，以及煤炭行业的普遍下滑，导致该公司在这一年最后四个月的利润非常微薄。最终的结果并不是之前推测的每股20美元，而是每股13.5美元，这在公司分拆的基础上也还算令人满意。

从1924年1月开始，当年报告的收益应当与1923年下半年较差的数据进行比较，而不是与1923年前几个月的惊人数据比较。如果与后者进行比较，那么雷丁公司报告显示的总收益会明显下降20%，而它的净收益则下降了整整50个百分点。因此，投资者普遍认为雷丁公司今年的业绩非常糟糕，但实际上，该公司今年的收益将远远超过以往的平均水平。

如果这一连串有误导性的月度比较确实阻碍了雷丁公司股票在市场上的发展，那么现在可能就到了形势转变的时候。因为该公司1924年9月的数据不仅比今年任何一个月的情况都好，而且比前一年同期的数据也要好得多。在今年剩下的几个月里，这一比较优势很可能会延续下去，这将有助于纠正人们对该公司股票表现的误解。

因此，现在或许是研究雷丁公司真实盈利能力的最好时机。通过将该公司股票目前的情况与文章开头提到的五只具有代表性的铁路股进行比较，我们可以得出表27–1中的结果。该表给出了雷丁公司股票在1923

年的实际每股收益和 1924 年的估计值，均以占近期售价的百分比来表示。其中最值得关注的是，无论是去年还是今年，雷丁公司每股收益占股票价格的比例都高于其他五只铁路股中的任何一只。与南太平洋铁路公司的股票相比，雷丁公司的这一比例是南太平洋铁路股的 1.5 倍，而与利哈伊谷铁路公司股票 1923 年的相应数字相比，雷丁公司的比例是它的 8 倍。

表 27–1　　六只铁路普通股的收益率和股息收益率　　（单位：美元）

				每股收益		近期市盈率	
	价格	股息	收益率	1923 年	1924 年（估计值）	1923 年	1924 年（估计值）
芝加哥西北铁路公司的普通股	68	4	5.88%	4.94	5.5	7.3%	8.1%
利哈伊谷铁路公司的普通股	70	3.5	5%	*1.9	7	2.7%	10%
雷丁公司的普通股	65	4	6.15%	*13.5	9.25	20.8%	14.2%
诺福克西部铁路公司的普通股	122	8	6.54%	11.8	9	9.7%	7.4%
特拉华州 – 拉克万纳西部铁路公司的普通股	138	6	4.35%	7.1	9	5.2%	6.5%
南太平洋铁路公司的普通股	104	6	5.77%	12.9	10.25	11.4%	9.9%

* 在公司分拆的基础上。

更有意思的是，雷丁公司与诺福克西部铁路公司以及特拉华州 – 拉克万纳西部铁路公司的比较。如表 27–2 所示，这三只铁路股在股票的发行量、总收益和净利润方面呈现的数据几乎完全相同，但在固定费用方面存在较小的差距。在这种情况下，人们自然会期望它们的报价都在一个近似的水平上。然而，其中表现最好的那只股票售价还不到另外两只的一半。

表 27–2　　1924 年前九个月的结果（以千美元计）

	总营收	净营收	固定费用和优先股股息（估计值）	可用于普通股的余额	推测出的全年余额	已发行普通股的数量	推测出的每股收益（美元）
芝加哥西北铁路公司的普通股	111 426	11 699	6505	5194	8000	1432	5.5
利哈伊谷铁路公司的普通股	56 709	8684	3013	5681	8500	1210	7
雷丁公司的普通股	68 319	13 828	5000	8828	13 000	1400	9.25
诺福克西部铁路公司的普通股	68 399	12 320	4299	8021	12 000	1328	9
特拉华州 – 拉克万纳西部铁路公司的普通股	64 213	11 463	704	10 759	15 400	1691	9
南太平洋铁路公司的普通股	202 693	33 449	7500	25 949	38 000	3724	10.25

当某公司的收益出现可疑的高点或低点时，请注意该公司的维护费账户。这里显示的结果可能与我们的预期恰恰相反。截至今年 9 月 30 日，雷丁公司在维护费上已经花了当年总收益的 36.4%。对这条铁路来说，这样的维护费实在高得不正常，比其他的铁路都要高，只比诺福克西部铁路公司的维护费低一点。顺便一提，雷丁公司在控制运输费用上是做得最好的。在这方面，该公司比特拉华州 – 拉克万纳西部铁路公司少花的费用足足占了前者总收益的 9%——考虑到两家铁路公司的运行条件基本相同，这将为雷丁公司的股票带来非同一般的优势。如果仅考虑财务状况，雷丁公司可以和这个国家最好的铁路公司比肩。该公司很多年都没有发行过新的债券了，过去的债券债务也减少了 3000 万美元。除此以外，该公司还通过各种分拆付款得到了大量现金资产。

尽管只做了简短的分析，但揭露的事实似乎证明了以下结论：根据盈利能力和财务实力这两个因素的比较情况，雷丁公司股票的售价与其他铁路股相差太多。雷丁公司 1923 年和 1924 年的每月盈利比较呈现出的发展状况非常有误导性，这在某种程度上解释了股票价格存在差异的原因。但这里还有其他值得讨论的因素，不仅因为它们与雷丁公司的相对价值有关，而且对“市场理性是如何运作的”这一让人烦恼的问题有所启示。

上文所说的其他因素中，最主要的一个就是股息回报。雷丁公司的股票收益率与诺福克西部铁路公司、南太平洋铁路公司以及芝加哥西北铁路公司相同，均为 6%。然而，股票投资者更习惯关注股息率，而非总收益率。他们在投资高级铁路股时更是如此，因为与波动的收益相比，高级铁路股的股息非常稳定。只有当人们普遍认可这些数字能预示股息的增加和减少时，公司收益表才能对市场产生显著的影响。因此，即使投资者意识到了雷丁公司的市盈率比南太平洋铁路公司低得多，他们也不愿意接受雷丁公司股票的股息回报率降低；除非能让他们相信雷丁公司的股息率很快就会提高，或者南太平洋铁路公司的股息率会降低。而后一种情况是不可能发生的。另外，按照雷丁公司的收益，该公司完全有理由将股息提高到 6 美元，但究竟会不会提高，或者什么时候提高，没人能够预测。

至于另外两只收益低于雷丁公司股票的铁路股，即利哈伊谷铁路公司和特拉华州 – 拉克万纳西部铁路公司的股票，投资者在购买时也考虑了其他因素。它们的身旁常常盘旋着一对华尔街的孪生天使——并购与分配。尽管它们一个代表加法，另一个代表减法，但美妙的市场差异让投资者在并购与分配中都发现了上涨的可能。需要注意的是，利哈伊谷铁路公司持有的科克斯兄弟（煤炭）公司［Coxe Bros.（Coal）］的股票必须等到 1926 年 2 月 1 日之后才能出售。在截至 1922 年的前 10 年里，煤炭子公司的平均收益为每股 70 美分，该公司几乎所有的收益都以股息的形式支付给了母公司——利哈伊谷铁路公司。但对冷静的观察者来说，这并不是一件值得高兴的事，尤其是当这项资产被分配给了股东，利哈伊谷铁路公司就损失了一部分资产。在1926年2月1日前，该公司不能对煤炭公司的股票进行任何操作，要等利哈伊谷铁路公司的债券到期，才可以处置目前作为抵押物的煤炭股。

特拉华州–拉克万纳西部铁路公司持有6000万美元格伦奥尔登煤炭公司（Glen Alden Coal）利率为4%的债券，由于其在库资产非常庞大，令人惊叹，投资者们从未停止过对该资产将如何在股东之间进行分配的揣测。按照债券价值80美元计算，收益将有望达到每股30美元—— 一个相当可观的数字。但我们不能忘记，任何这样的分配都意味着该公司将损失每年240万美元的收益，或者说每股将损失1.5美元。如果没有这笔投资收益，特拉华州–拉克万纳西部铁路公司在1923年连6美元股息都赚不到，更何况该公司今年的利润非常低，股息支付也存在风险。市场往往把这类资产视为公司的收入来源，同时也可分配给股东。这就意味着，市场对同一资产进行了两次评估——这是一个必须要打破的逻辑谬误。

此外，并购谈判似乎也在这两只股票价格上升的过程中发挥了主导作用。据说，范·斯威林根铁路公司（Van Sweringens）正在计划收购特拉华州–拉克万纳西部铁路公司，而纽约中央铁路公司（甚至沃巴什铁路公司）在考虑收购利哈伊谷铁路公司。往长远想，一切皆有可能。没有人能百分百确定范·斯威林根铁路公司、摩根大通公司或者纽黑文铁路公司不会以每股200美元的价格收购特拉华州–拉克万纳西部铁路公司。因此，在一个投机的市场中，重要的是想象力，而不是分析。但对铁路股感兴趣的投资者可能会说，大多数大型铁路公司都以接近合理相对价值的价格被收购了，所以高价很可能只是偶然的，并非普遍情况。

说来也怪，无论是在分拆还是并购的角度上，雷丁公司都不是一个局外人。该公司仍持有市值3600万美元的新泽西州中央铁路公司的股份，这样的市场价值完全是狂热的投资者们炒作出来的数字。这些股份就像利哈伊谷铁路公司持有的科克斯兄弟（煤炭）公司的股票一样，最终肯定会被出售。在尚未确定的并购计划中，雷丁公司很可能会被并入巴尔的摩–

俄亥俄州铁路公司——尽管有人持反对意见，认为雷丁公司的价值太高了，不适合被并入任何一个铁路集团。

因此，上述理由可以解释这些股票的价差，但不能证明雷丁公司的股票价格相对较低的合理性。而且雷丁公司的股票有充分的投机吸引力，当公众对它们产生兴趣时，就很容易促成交易。它们吸引投资者的理由还包括：当前的收益快速上升到了远高于去年的水平；分配新泽西州中央铁路公司股票的可能性；并购的事态发展可能会引发一场争夺这家格外繁荣的铁路公司的战争。

在股市中，实际情况固然重要，但更重要的是抓住重点。用童话的方式（非常适合华尔街）来说，雷丁公司的股票就是一位睡美人，正在等待白马王子（即以平平无奇的买方联合方式）唤醒它的生机和活力，并向欣赏它的民众展现魅力。

第 28 章

确定铁路优先股价值的简单方法

投资者应该关注什么——建议和注意事项

假使你提议以 76 美元的价格购买旧金山铁路公司利率为 6%、收益率超过 8% 的收益债券，谨慎的债券投资者大概率会拒绝这个建议，他们不喜欢收益债券，因为这种债券并不会定期支付利息，而且该公司去年的收益只有利息费用的 1.25 倍，两者的差额太小，对投资者来说风险就太大了。

与此同时，不断有投资者买入旧金山铁路公司利率为 6% 的非积累性优先股，价格同样为每股 76 美元。这些投资者被该公司在 1923 年的收益所震撼，那年的收益是股息的 8 倍，今年则有望达到 10 倍以上。如果一只股票的收益是其股息的 8 倍或 10 倍，那么这只股票就很安全——事实也是如此，该股票至少比同公司的收益债券安全得多，毕竟后者的收益只有利息费用的 1.25 倍。

这似乎很合理，却也荒谬至极。当然，我们都知道圣路易斯 – 旧金山铁路公司（St. Louis & San Francisco）的优先股不可能比利率 6% 的收益债券更可靠，原因很简单，在收益债券收到利息后，优先股才能获得股息。事实上，该公司的收益债券已经连续八年都定期收到了利息，而同公司的非积累优先股却没有收到任何利息。

理论上，这只利率为 6% 的优先股售价应该略高于利率为 6% 的收益债券，而实际情况却并非如此，显然，普通投资者对优先股的估值方法存在问题。这在很大程度上可以说是美国金融分析师的责任，他们一直在各种文章和手册中强调每股收益，导致投资者认为每股收益才是检验股票安全性的真理。

在作者看来，这种做法是中世纪黑暗时代（the Dark Ages）的残余。当时，证券分析是内幕交易中的一个分支，通过编造一些符合股票情况的数据，就能证明任何给定的结论。最近，证券发行公司又开始强调数据，在债券公告中特别标出了某只债券的收益可以达到利息的多少倍。然而，公告公布的内容不可尽信。例如，公司会声称第三抵押债券的收益至少能达到利息的 5 倍，诱导投资者购买，但与此同时，公司并不会告知投资者，第三抵押债券的收益还不到第一抵押债券利息费用的 2 倍。目前，投资银行家协会（the Investment Bankers Association）已经明令禁止这样的做法，所以，是时候纠正人们对优先股股息安全性的普遍观念了。

> 本文的优点在于摒弃了分析铁路优先股的传统方法，给出了评估这类股票价值的常规方法，并提出了若干简单有效的检验方式，对指导投资者在该领域的交易行为具有重要的意义。对于思维缜密的投资者来说，这篇文章尤其值得阅读和研究，因为他们会发现，文中的许多观点不仅在购买铁路优先股时非常有用，同时也适用于其他有价证券的评估。

这些数字意味着什么

我们将以圣路易斯 – 旧金山铁路公司的情况为例，简要说明当前的谬论是如何产生的。表 28–1 是一些简要数据。

表 28–1 **圣路易斯 – 旧金山铁路公司**

1923 年可用于债券利息的余额	18 611 000 美元
债券利息	14 577 000 美元
可用于优先股的余额	4 034 000 美元
优先股的股息要求	471 000 美元
利息保障倍数	1.27 倍
优先股股息保障倍数	8.57 倍
利息和优先股股息总的保障倍数	1.25 倍

旧金山铁路公司有大量长期债务，但只有少量优先股。该公司超出固定费用的部分仅 400 万美元，与利息要求相比，这一差额非常小，但支付 47.1 万美元的优先股股息还是绰绰有余的。显然，在这种情况下，只计算优先股的收益将会得出非常具有欺骗性的结果。当某铁路公司的债券利息保障倍数只有 1.25 倍时，若该公司声称其优先股股息保障倍数超过了 8 倍，那必然是没有意义的，很容易误导投资者。

显然，衡量优先股股息的安全边际只有一种科学方法，那就是将债券固定费用和优先股股息相加，计算收益覆盖前者的倍数。这与现在普遍用于衡量各种非优先债券安全性的程序完全相同，即计算收益覆盖该债券和所有优先证券利息要求之和的倍数。以旧金山铁路公司为例，该公司 1923 年的收益相当于其债券利息和优先股股息之和的 1.25 倍，这比只说“优先股的每股收益为 50 美元”更能说明问题。

当董事们必须行使自由裁量权，决定支付或停止支付股息时，单独考虑优先股的发行规模和由此产生的每股收益，确实具有重要的意义。在只需要支付少量优先股股息的情况下，哪怕只是为了保住作为股息支付者的信用优势，铁路公司也大概率会继续派发股息，即便支付完固定费用的余额就所剩无几了。因此，有时光是优先股的收益就会对市场产生相当大的影响。

但如果我们仔细研究上述优先股在这些年的记录，就会惊讶地发现，那些业绩平平的公司在优先股股息的支付方面非常不稳定。每当公司的收益下降，董事们就很难抵抗以牺牲优先股股东利益的方式节省现金的诱惑，尤其是当股东要求的股息不可积累时。事实上，在所有不支付普通股股息的铁路公司中，唯有堪萨斯城南方铁路公司连续 10 年定期支付了优先股股息。

铁路股票市场全貌

为了进一步说明本文的观点，同时让读者对所有铁路优先股有一个全面的了解，我们附上了表 28–2。除了少数处于被接管状态或者非常不活跃的股票，表中对每一只上市的铁路股都进行了分析。为比较这两种衡量标准得出的不同结果，我们列举了每只股票的每股收益（当前正在使用的标准）以及超出固定费用与优先股股息之和的安全边际。表中的数字是这些股票在自然年 1923 年全年和截至 1924 年 9 月 30 日前 12 个月的数据。若某股票未公布 1924 年的实际利息和其他扣减项，我们则参考该股票在 1923 年的数据。

需要注意的是，铁路公司支付的债券利息并不是每次都能准确地反映公司实际的固定费用。公司可能还需要支付大额租金（包括保证的股息），这些实际上就相当于额外的利息费用；但同时公司也可能会收到数额巨大的“其他收入”（如投资利息、租金贷记等），正好抵销扣减项。根据经验，作者发现比起只用债券利息来衡量固定费用，还是直接计算税后净收入与股息盈余之间的差额更加直观，即“扣减项净额”或“固定费用净额”。表 28–2 中写明了收益覆盖该数据和优先股股息之和的倍数。

根据股息支付情况，我们可以将表中涉及的铁路股分为三组：支付优先股和普通股股息的股票；仅支付优先股股息的股票；两者都不支付的股票。按照字母顺序排列，第一组的前两只股票是艾奇逊–托皮卡–圣达菲

表 28–2　上市铁路优先股的分析

（单位：美元）

优先股	股息		价格约为	收益率	1924 年 12 月 31 日的欠款	优先股的每股收益，截至		净利息和优先股股息的保障倍数，截至	
	有权获得的股息	实收				1923 年 12 月 31 日	1924 年 9 月 30 日	1923 年 12 月 31 日	1924 年 9 月 30 日
第一组									
艾奇逊–托皮卡–圣达菲铁路公司的优先股	5 N	5	93	5.38%		33.9	30.5	5.2	4.7
巴尔的摩–俄亥俄州铁路公司的优先股	4 N	4	63	6.35%		38.1	26.1	1.7	1.4
切萨皮克–俄亥俄州铁路公司的优先股	6.5 C Co	6.5	107	6.08%		71.5	85.7	1.8	1.9
旧金山铁路公司的优先股	6 N	6	76	7.90%		50.2	58.7	1.22	1.29
伊利诺伊州中央铁路公司的优先股	6 N Co	6	114	5.27%		72.5	80.8	3	3
镀镍铁路公司的优先股	6 C	6	90	6.67%		24.2	14.5	1.7	1.4
诺福克西部铁路公司的优先股	4 N	4	76	3.27%		70.4	57.2	11.5	4.1
芝加哥–诺福克西部铁路公司的优先股	7 N P	7	110	6.35%		39	44.6	1.6	1.7
佩雷·马奎特铁路公司的最优先股	5 C	5	81	6.15%		46.5	43.6	2	1.9

续前表

优先股	股息		价格约为	收益率	1924 年 12 月 31 日的欠款	优先股的每股收益，截至		净利息和优先股股息的保障倍数，截至	
	有权获得的股息	实收				1923 年 12 月 31 日	1924 年 9 月 30 日	1923 年 12 月 31 日	1924 年 9 月 30 日
佩雷・马奎特铁路公司的最（第二）优先股	5 C	5	71	7.05%		37.4	34.8	1.8	1.7
雷丁铁路公司的第一优先股	2 N	2	36	5.33%		94.3	50.3	11.3	4.8
雷丁铁路公司的优先股	2 N	2	35	5.72%		49	24.9	6.3	3
第二组									
科罗拉多南方铁路公司的第一优先股	4 N	4	63	6.35%		14.8	31.1	1.73	2.35
科罗拉多南方铁路公司的第一（第二）优先股	4 N	4	57	7.02%		10.8	27.1	1.5	2.03
海湾、移动－北方铁路公司的优先股	6 C	5	82	6.1%	24.5	8.2	9.4	1.23	1.38
奥马哈铁路公司的优先股	7 N P	5	90	5.57%		5.5	7.9	0.95	1.03
岩岛铁路公司的优先股	{7 C*	7	97	7.22%		8.2	10	1.05	1.1
	6 C*	6	86	6.95%}					

续前表

优先股	股息		价格约为	收益率	1924年12月31日的欠款	优先股的每股收益，截至		净利息和优先股股息的保障倍数，截至	
	有权获得的股息	实收				1923年12月31日	1924年9月30日	1923年12月31日	1924年9月30日
圣路易斯西南铁路公司的优先股	5 N	5	74	6.77%		15.4	10.4	1.75	1.34
堪萨斯城南方铁路公司的优先股	4 N	4	58	6.9%		13.2	12.2	1.37	1.31
西太平洋铁路公司的优先股	6 N Co	†6	86	7%		6.7	6	1.08	1
第三组									
芝加哥－东伊利诺伊州铁路公司的优先股	6 C	无	55		6	5.04	延期支付	0.98	0.57
芝加哥大西部铁路公司的优先股	4 C	无	29		35	1.22	1.87	0.73	0.79
伊利铁路公司的第一优先股	4 N	无	41			15.1	12.3	1.45	1.31
伊利铁路公司的第二优先股	4 N	无	40			33.1	24.8	1.39	1.25
密苏里－堪萨斯－得克萨斯州铁路公司的优先股	7‡	无	68			11.4	14.2	1.12	1.16

续前表

优先股	股息		价格约为	收益率	1924 年 12 月 31 日的欠款	优先股的每股收益，截至		净利息和优先股股息的保障倍数，截至	
	有权获得的股息	实收				1923 年 12 月 31 日	1924 年 9 月 30 日	1923 年 12 月 31 日	1924 年 9 月 30 日
密苏里太平洋铁路公司的优先股	5 C	无	71		32.5	0.17	6.90	0.78	1.08
沿海铁路公司的优先股	4 N	无	39			3.22	7.84	0.98	1.08
苏铁路公司的优先股	7 N P	无	62			9.85	延期支付	1.18	1.1
芝加哥 – 密沃尔基 – 圣保罗铁路公司的优先股	7 N P	无	29			0.18	延期支付	0.77	0.7
沃巴什铁路公司的优先股	5 N Co	无	54			7.67	6.55	1.1	0.79
中西部铁路公司的（第二）优先股	4 N Co	无	22		**	4.29	延期支付	1.01	0.83
惠灵 – 伊利湖铁路公司的（第二）优先股	6 N	无	30		***	8.55	7.18	1.11	1.06

C= 积累性的。

N= 非积累的。

Co= 可转换的。

P= 参与型的。

**=45.5% 应计为最优先股（未上市）。

***=57% 应计为最优先股（未上市）。

†= 在完成（对丹佛铁路公司的）担保后将会收到一笔股息。

*= 已积累 5% 的股息。就每一个百分点的股息而言，优先支付利率 7% 的股票，再支付利率 6% 的股票。

‡= 自 1928 年 1 月 1 日开始积累。

铁路公司和巴尔的摩 – 俄亥俄州铁路公司的优先股。那些只以每股收益为衡量标准的人可能会惊讶地发现，1923 年，尽管巴尔的摩 – 俄亥俄州铁路公司的优先股收益率比艾奇逊 – 托皮卡 – 圣达菲铁路公司高 1%，但前者的每股利润更高。我们在表格中增加的一栏数据揭示了真相，即艾奇逊 – 托皮卡 – 圣达菲铁路公司超出固定费用和优先股股息之和的安全边际是巴尔的摩 – 俄亥俄州铁路公司的三倍。

按照作者提出的观点，我们可以发现第一组股票安全边际的差异确实可以充分体现出对应收益率的不同。但佩雷 · 马奎特铁路公司的（第二）优先股是个有趣的例外。该股票的价格为每股 71 美元，股息率为 5%，总共回报给投资者略高于 7% 的收益，是这一组股票中收益率较高的一只。从某种程度上来说，该公司过去两年的收益为它的优先股提供了比巴尔的摩 – 俄亥俄州铁路公司、南方铁路公司和芝加哥西北铁路公司都要好的保障，尽管以上三家铁路公司的收益都明显更低于佩雷 · 马奎特铁路公司。另外，该公司的优先股是可积累的，而其他铁路公司的优先股则不可积累。顺便一提，佩雷 · 马奎特铁路公司优先股的发行价格为每股 85 美元，其中 90% 的资金即每股有 76.5 美元来源于镀镍铁路公司新的优先股。这意味着佩雷 · 马奎特铁路公司一旦完成与范 · 斯威林根铁路公司的合并，它的股票价值理应会比每股 71 美元高几个点。

股息安全性是评估优先股价值过程中最重要的因素，但却不是唯一的影响因素。我们有时还需要考虑其他问题，如：

1. 优先股的股息是可积累的吗？
2. 积累了多少未付股息？
3. 这是参与型的优先股吗？
4. 这是可转换的优先股吗？

准确的衡量很少会影响债券转换权和优先股参与权的价值，两者都取决于普通股的状况和前景。伊利诺伊州铁路公司和西太平洋铁路公司

（Western Pacific）的优先股都可进行转换，前者主要凭借这一特性吸引投资者，后者却没有因此受到重视。在其他条件均相同的情况下，积累性的优先股总是比非积累性优先股更值得投资。但这一规律的应用也要结合铁路股的特点，有的股票可能符合规律，有些则可能完全不符。

艾奇逊－托皮卡－圣达菲铁路公司的优先股是非积累性的，不过这一点无关紧要，因为这家公司不太可能会暂停派发股息。密苏里太平洋铁路公司就不一样了，最近，该公司优先股的积累特性成了推动其发行的一个重要因素。由于该公司收益开始好转，人们对其最终支付自 1918 年以来积累的每股 32 美元股息抱有强烈的期望。

这让我们看到了另一个关于优先股的重要事实，尽管它常常会被投资者和投机者们所忽视。如前文所述，优先股的安全性显然不可能比投资排名在它前面的债券更高；优先股也不可能比同样状况下的债券更有价值，这一点不太明显。假设密苏里太平洋铁路公司的普通股股东放弃他们的权利，把财产移交给优先股的持有人，那么该优先股就会成为一只实质上的普通股（就和现在的大北方铁路公司的优先股一样）。但作为一只新的普通股，其内在价值将比现在作为优先股的价值更高，因为在该优先股目前拥有的所有股权和待支付股息外，该股票还将有权获得这只普通股附带的所有实际价值。

以上论点的合理性昭昭在目。优先这个词并不会增加股票的价值。如果一只普通股有和优先股一样高的收益，并且在支付股息前没有更多扣减项，那么它一定比相似情况下的优先股更有价值——因为普通股有权获得全部的未来收益，而优先股只能获得一部分有限的收益。具体来说，如果密苏里太平洋铁路公司的优先股是该公司发行的唯一一只股票，那么其价值应该等于现有优先股与普通股的价值之和。在当前报价合理的基础上，每股可以达到 100 美元。

应用新的测试方法

当我们结合当前的优先股价格来看待这种批判性推理时，又会对其中一些股票的价值产生全新的见解（见表 28–3）。接下来，我们将进一步研究密苏里太平洋铁路公司的优先股。今年，该优先股的价格从每股 24 美元涨到了每股 72 美元，这在很大程度上是因为收益大幅提升了，人们更加期待股息的派发——不仅能收到当年 5% 的股息，还可以清偿欠款。作为一只潜在的普通股，该优先股的实际表现似乎并不突出。1923 年，密苏里太平洋铁路公司优先股的每股收益为 17 美分。在截至 1924 年 9 月 30 日的前 12 个月里，每股收益已上升至 6.9 美元。相应地，1923 年该公司的收益覆盖优先股之前扣减项的倍数为 1.01 倍，而当前的这一倍数为 1.38 倍。

这样的表现远不如圣路易斯西南铁路公司的普通股出色，其售价比密苏里太平洋铁路公司的优先股低了 20 个点。1923 年，“棉花带”铁路股的每股收益是 14.75 美元，尽管今年的运输量有所减少，但截至 1924 年 9 月 30 日，该股票的每股收益仍达到了 8.71 美元。此外，该公司在这两个时期，收益覆盖普通股之前的所有费用（包括优先股股息）的倍数分别为 1.75 倍和 1.34 倍。

如果将雷丁铁路公司的普通股与密苏里太平洋铁路公司的优先股进行比较，前者的表现将会更令人印象深刻，尤其是在考虑最优先股费用的安全边际时。我们也知道密苏里太平洋铁路公司的优先股在 1924 年第四季度的预期收益可能会更高（目前估计全年收益将达到每股 9 美元），但仍无法扭转局面。

然而，目前的这种比较并没有把未付的股息考虑在内。假如密苏里太平洋铁路公司的优先股是一只普通股，那么情况将会比索取拖欠着的 32% 的股息好得多——该股票将有权获得未来公司能支付的全部股息。通过比较，我们可以发现以密苏里太平洋铁路公司目前的收益显然无法证明其优

表 28–3 铁路优先股和普通股的对比

（单位：美元）

	股票			年度每股收益，截至		年度优先股费用覆盖倍数，截至	
	价格	支付的股息	收益率	1923 年 12 月 31 日	1924 年 9 月 30 日	1923 年 12 月 31 日	1924 年 9 月 30 日
密苏里太平洋铁路公司的优先股	72			0.17	6.9	1.01	1.38
圣路易斯西南铁路公司的普通股	52			14.75	8.71	1.75	1.34
芝加哥 – 东伊利诺伊州铁路公司的优先股	55			5.04	延期支付	2	0.86
雷丁铁路公司的普通股	68	4	5.88%	14.5	7.25	6.3	3
奥马哈铁路公司的优先股	90	5	5.57%	5.5	7.9	1.24	1.34
南方铁路公司的普通股	76	5	6.58%	10.1	10.6	1.6	1.7
苏铁路公司的优先股	62			9.85	延期支付	1.24	0.89
佩雷・马奎特铁路公司的普通股	65	4	6.15%	8.93	8.21	1.8	1.7

先股价格（每股71美元）的合理性——尤其是将该公司过去几年的糟糕记录考虑在内时。因此，该股票的价格上升很大程度上反映了人们对近期收益能够持续增长的期望，以及对铁路公司扩张计划将带来的其他预期利益的贴现。这意味着密苏里太平铁路公司优先股的价格更着眼于未来，而不是现在，当然更不是过去。也就是说，该股票的价格基础是推测性的，并没有经过缜密的分析。

表28–3还列出了铁路优先股和普通股在其他方面的比较。结果表明，市场或许过于关注优先股名义上的优先性了，并没有考虑到它们在实际情况中也存在局限性。在此基础上，作者做了如下总结。

- 我们的分析表明，从投资价值的角度来看，这三组中最有吸引力的股票分别为：
  第一组：佩雷・马奎特铁路公司的（第二）优先股；
  第二组：科罗拉多南方铁路公司的（第二）优先股；
  第三组：伊利铁路公司的第一优先股或密苏里–堪萨斯–得克萨斯铁路公司的优先股。
- 从铁路股票市场的近期走势来看，对更投机的股票来说，投资分析的价值不大。
- 从“长期持有”的角度考虑，投机性铁路优先股的价格水平似乎不符合逻辑。

潜在的买家必定会支持以下任一种观点：要么相信所有铁路股都将迎来繁荣的新时代，要么作为投资者天生的谨慎，他会怀疑这些铁路运营商面临的困难是否能在一夜之间全部消除。如果持怀疑态度，就大多数较弱的铁路公司而言，想要在目前的情况下捡漏它们的优先股，风险似乎太大了。但如果投资者对铁路股的未来完全持乐观态度，通过精心挑选普通股，他们将更有可能实现投资目标。

第四部分

1925 年 1 月至 1927 年 1 月

导读

戴维·M.达斯特

在 1925 年之前，本杰明·格雷厄姆就已经自愿离开了纽伯格 – 亨德森 – 洛布公司（1923 年离职，时年 29 岁），并在哈里斯家族的支持下，建立了一个私人投资账户——格雷厄姆公司（Graham Corporation）。两年后，该公司解散，一个新结构——本杰明·格雷厄姆联合账户（Benjamin Graham Joint Account）就此诞生。对此，格雷厄姆仅得到了部分利润作为补偿。1925—1927 年期间，格雷厄姆总共为《华尔街杂志》撰写了 8 篇文章。

1925 年是一个令人振奋的时期，开启了“咆哮的 20 年代”。在消费者对汽车需求迅速增长和公司收益增长 42% 的提振下，通用汽车公司的普通股上涨了 130%，其他汽车制造商［包括纳什汽车（Nash）和哈德逊汽车（Hudson Motor）］的股票以及轮胎橡胶股、石油股的价格也大幅上涨。其他行业，如零售商店、连锁店、水泥和石膏公司的股票以及铁路股，都呈现出一片繁荣的景象。随后，美国联邦储备委员会（Federal Reserve）将贴现率提高至 4%，市场因此在 11 月份出现了一些震荡，但道琼斯工业平均指数最终仍收于 156.66 点，至此，全年共上涨了 30%。

下一年的股市表现则要平稳得多。1926 年，道琼斯工业平均指数的涨幅为 0.3%，1927 年的涨幅为 28.8%（1928 年又上涨了 48.2%，收于 300.00 点）。1926 年 2 月至 3 月的六周期间，道琼斯工业平均指数回调了

17%，这也是自 1921 年至 1929 年底市场达到长期峰值期间最严重的市场抛售。1926 年第三季度，著名的佛罗里达房地产泡沫开始破裂，但仍有几只股票在这一年里大涨，其中就包括华纳兄弟电影公司（Warner Brothers）和图案设计生产商巴特里克公司（Butterick）的股票，两者的价格分别翻了约 5 倍和 3 倍。

1927 年，美国电话电报公司推出了纽约和伦敦之间的商业电话服务，并在纽约和华盛顿特区之间成功播送了电视节目；同年 5 月 20 日至 21 日，查尔斯·林德伯格（Charles Lindbergh）首次实现了从纽约罗斯福机场（Roosevelt Field）跨越大西洋，单人直飞巴黎布尔盖特机场（Le Bourget Field）。这些都体现出国家自信在不断增长，而这种信心也体现在了投资领域。道琼斯工业平均指数上涨了 28.8%，道琼斯铁路平均指数（Dow Jones Rail Index）也超过了 1906 年 1 月创下的历史最高水平，这时的股市整体向好，有几家此前并不出众的公司成了投资领域的焦点。例如，国际收割机公司（International Harvester）的股票涨了 90%；塞拉尼斯公司（Celanese）的股票涨了 166%；梅西百货公司（Macy & Co.）的股票涨了 97%；约翰斯·曼维尔公司（Johns-Manville）的股票涨了 123%；莱特航空公司［其旋风发动机为圣路易斯精神号（The Spirit of St. Louis）飞机提供动力］的股票涨了 276%。

说到这里，我们或许有必要了解一些本杰明·格雷厄姆的生平信息了。1894 年 5 月 9 日，格雷厄姆出生于伦敦，是家里三个男孩中最小的。1 岁时，他随家人搬到了纽约。1914 年，他以全班第 2 名的成绩从哥伦比亚大学毕业，并获得了优等生荣誉。哥伦比亚大学曾邀请格雷厄姆留校，教授哲学、数学或英语，但他都拒绝了。1915 年，他来到华尔街，在纽伯格 – 亨德森 – 洛布公司开始了第一份工作。

在 45 年的投资生涯中，格雷厄姆充分发挥其敏锐、职业道德和创造力，研究股票、债券、看跌与看涨期权、国际证券、清算以及套利与对冲策略，偶尔也会涉足代理权的争夺［其中最著名的是他在北方管道公司

（Northern Pipeline）的投资上大赚了一笔]。格雷厄姆是一个精力充沛、求知欲极强的人。他在哥伦比亚大学教授了27年高级证券分析课程（1927—1954年），后来又到加州大学洛杉矶分校商学院担任了15年董事教授（1956—1971年）。他结过三次婚，是五个孩子的父亲[长子艾萨克·牛顿·格雷厄姆（Isaac Newton Graham）于1927年死于脑膜炎，年仅9岁]。他至少创作了三部戏剧[1934年，《庞帕杜宝贝》（*Baby Pompadour*）在百老汇短暂亮相]，翻译了一部乌拉圭小说[马里奥·贝内代蒂（Mario Benedetti）的《休战》（*The Truce*）]，写了六本书（包括他的回忆录和两本广为流传的作品：1934年首次出版的《证券分析》，后于1940年、1951年、1962年、1988年和2008年再版；1949年首次出版的《聪明的投资者》，后于1954年、1959年和1973年再版）。除了《华尔街杂志》中收录的这些文章，他还为《巴伦周刊》（*Barron's*）、《经济论坛》（*Economic Forum*）、《金融分析师杂志》（*The Financial Analysts Journal*）和其他出版物撰写了大量文章。1948年，格雷厄姆收购了美国政府雇员保险公司（GEICO Insurance Company）的控股权。1935年，他帮助创建了纽约证券分析师协会（New York Society of Security Analysts），此外，他还是特许金融分析师协会（CFA Institute）的忠实支持者。尽管1929年、1930年、1931年和1932年的投资组合分别下跌了20%、50%、16%和3%（四年累计跌幅为77%），这四年道琼斯工业平均指数的跌幅分别为17.3%、33.8%、52.71%和23.1%，但格雷厄姆仍在几十年里都保持着出色的投资记录。他曾教导过沃伦·巴菲特，并在1954年至1956年期间聘请巴菲特为格雷厄姆–纽曼公司（Graham-Newman Corporation）工作。

格雷厄姆曾在多地居住：曼哈顿115号街和125号街、布鲁克林、布朗克斯（the Bronx）、纽约弗农山（Mt. Vernon）、新泽西州（特伦顿市）迪尔（Deal）、纽约的贝雷斯福德（Beresford）和埃尔多拉多（El Dorado）公寓、加利福尼亚州比弗利山庄（Beverly Hills）北枫树街（North Maple）611号、英国伦敦、加利福尼亚州拉霍亚市（La Jolla）伊兹大道（Eads

Avenue）7811 号、葡萄牙马德拉群岛（Madeira）丰沙尔（Funchal）。1976 年 9 月 21 日，他在法国普罗旺斯艾克斯（Aix-en-Provence）逝世。

他被埋葬在纽约哈德逊河畔黑斯廷斯（Hastings-on-Hudson）的斯蒂芬·怀斯自由犹太教堂韦斯切斯特山公墓（the Stephen Wise Free Synagogue Westchester Hills Cemetery），碑文上有他最喜欢的诗歌之一——阿尔弗雷德·丁尼生勋爵（Alfred，Lord Tennyson）所作史诗《尤利西斯》（*Ulysses*）的最后四个字："永不屈服。"

…

《低价股票汇总清单》一文介绍了七只物有所值且前景非常不错的低价派息股票，并简洁有力地阐明了推荐这几只股票的理由。格雷厄姆强调，撇开投机行为不谈，投资低价股票远不如挑选稳妥债券简单，因为前者需要更强的洞察力和分析能力。当股价整体处于高位时，"价格最低的股票可能实际上是最昂贵的；对许多人来说，这就像一只死气沉沉的股票等待着一场体面的葬礼时，突然被激发出了虚假的活力"。

格雷厄姆分析的第一只低价股票（分析对象不分先后）是美国拉法朗斯消防车公司（American La-France Fire Engine）的普通股，该股定价为每股 10 美元，收益率为 10%。美国拉法朗斯消防车公司生产各种消防设备和卡车，大部分产品都卖给了市政府。该公司的收入和盈利增长稳定，营运资金足以覆盖其 3 年期债券和优先股的债务，有形资产净额与股价完全相等。

道格拉斯果胶公司（Douglas-Pectin Corporation）股票的每股售价为 16 美元，收益率为 6.67%。该公司主要生产用于制作果酱和果冻的果胶，同时也是美国最大的醋制造商。该股票的账面价值为每股 10 美元，营运资本状况良好。基于对新产品推出的预期，该股已经从每股 9.38 美元的低点开始上涨，同时，公司也"具有一定内在价值，其股票有望从食品行业的有利发展中受益匪浅"。

米高梅电影公司利率 7% 的累积优先股报价为每股 18.5 美元，收益率为 10.22%。该公司由洛氏公司的制作和发行子公司——高德温 · 米特罗电影公司（Goldwyn Metro Films）经合并而成，其全部普通股归洛氏公司所有。该公司的优先股股息保障倍数约为 3 倍，净流动资产可以完全覆盖优先股的面值。从 1926 年开始，每年都有占发行总量 2% 的股票以每股 27 美元的价格被赎回，相当于在该投资基础上额外获得 1% 的收益。

莱特航空公司目前的股价为每股 16 美元，收益率为 6.25%。格雷厄姆推荐这只股票的原因有如下三点：（1）该公司拥有声望、经验、实体设施、现金等各种资源，能够确保其在商业航空业居于领先地位；（2）莱特航空公司具有非凡的流动性，每股的净流动资产为 24 美元，其中 17 美元（超过市场价格总额）为现金和有价证券；（3）在与美国政府的一场滥收费用的诉讼中，似乎有充分的理由相信，“如果该公司败诉，法院判给政府的钱也只占 470 万美元索赔款中的很小一部分”。

华尔道夫酒店集团是一家连锁公司，拥有 116 家餐厅，主要位于东部地区。该公司的股票每股售价为 19 美元，收益率为 6.58%，销售额和收益均稳步增长。最近，一家知名金融公司投资了华尔道夫酒店集团，有望促进其持续扩张。

美国最大的服装熨烫机生产商美国霍夫曼机械公司（U.S. Hoffman Machinery）的股票每股售价为 24 美元，收益率为 8.33%。尽管其普通股的账面价值只是略高于市场价格，但很大一部分账面价值来自基础专利价值的资本化。“该公司卓越的管理和强劲的财务状况有助于延续其出色的业绩”。

第五大道巴士公司股票的定价为每股 11.5 美元，收益率为 5.56%，“股息率有望在短期内提高”。就像每一家公用事业公司一样，第五大道巴士公司“有着长久且稳步扩张的业务，几乎不会受经济衰退的影响”，但与其他公用事业公司不同的是，它的大部分工厂和设备都可以出售或移动。该公司没有长期债务，也没有发行在外的优先股，总资本中近 50% 是运营资本。目前，第五大道巴士公司已经申请了所有线路的额外特许经营权，“如果公司最终获准扩大经营，股东们无疑将会从增长的利润和股息中获得相应的利益”。

…

在《切萨皮克–俄亥俄州铁路公司的股东是否遭受了不公平的对待》一文中，格雷厄姆研究了范·斯威林根利益集团向切萨皮克–俄亥俄州铁路公司股东们提出的合并要约，并讨论了该要约是否公平。范·斯威林根是一对来自美国克利夫兰的兄弟，他们打算合并镀镍铁路公司、伊利铁路公司、佩雷·马奎特铁路公司、（小）霍金谷铁路公司（Hocking Valley）和切萨皮克–俄亥俄州铁路公司等多家铁路公司，该要约只是合并计划的一部分。

格雷厄姆发现，合并要约对切萨皮克–俄亥俄州铁路公司的估值只有其收益的 8 倍，比对佩雷·马奎特铁路公司和镀镍铁路公司的估值都要低。经过更仔细的研究，他又发现了一个更显著的差异，即切萨皮克–俄亥俄州铁路公司 1923 年公布的收益，因其支付的维修费而降低了。该维修费（货车报废的一次性费用）约为该公司收入的 40.7%，而镀镍公司和佩雷·马奎特铁路公司的维修费还不到收入的 35%。因此，在将所有即将合并的铁路公司维修费调整到 35% 后，“切萨皮克–俄亥俄州铁路公司的盈利能力就具有非常明显的优势了”。

在此基础上，该要约为合并切萨皮克–俄亥俄州铁路公司而支付的价格仅是其收益的 5 倍，而支付给其他铁路公司的价格则为相应公司收益的 10 倍。按 1924 年的收益计算：

我们发现，总的来说，切萨皮克–俄亥俄州铁路公司的股东所持股份的价值比镀镍铁路公司的资产少 25%，股东们也不得不接受这一情况；而佩雷·马奎特铁路公司对股东非常大方，其待遇是切萨皮克–俄亥俄州铁路公司股东的 3 倍。从这个角度来看，即便伊利铁路公司的历史表现比切萨皮克－俄亥俄州铁路公司差得多，它给出的待遇也比后者多 50%。

随后，格雷厄姆再次强调了切萨皮克－俄亥俄州铁路公司股东受到的待遇并不公平：

普通股股东产生怀疑也很正常，毕竟他们的股票去年的每股盈利是 17 美元，而交换给他们的新股票价值却只有 94 美元；相比之下，镀镍铁路公司普通股之前的每股盈利为 13 美元，现在的价值已经达到 128 美元。佩雷·马奎特铁路公司的收益只有切萨皮克－俄亥俄州铁路公司的一半，但是报价却相当于每股 72 美元。

根据过去 10 年的平均营收和盈利数据，格雷厄姆发现，“切萨皮克－俄亥俄州铁路公司完全能够保持它的优势地位，甚至有很大可能会进一步提高”。格雷厄姆还通过详细分析发现，切萨皮克－俄亥俄州铁路公司拥有充足的净利润，可用于支付股息，这一优势实际上就是因为产生净利润的基本要素也具备相应优势，包括总收益、固定费用、实物资产评估和经营效率。考虑到前述要约对切萨皮克－俄亥俄州铁路公司的估值比其他公司低得多，股东们已经非常克制了，格雷厄姆总结道，他的研究可以证明“人们对切萨皮克－俄亥俄州铁路公司的股票待遇表示不满是有充分理由的”，这一点毋庸置疑。

…

在《铁路公司合并对证券价值的影响》一文中，格雷厄姆回顾了五年前即 1920 年出台的《交通法案》（*the Transportation Act*）对铁路合并的主要影响。州际商会企图建立一些强大而繁荣的超级铁路集团，并制订了宏伟计划，但到目前为止，由于指导方针含糊不清、监管普遍不到位，“对于这个合并计划，赞成的铁路公司比不赞成的多”。只有七家铁路运营商遵循了州际商会的全面合并计划，“或许我们唯一能够确定的是，合并过程充满了不确定性”。

州际商会的初步合并计划进行得并不顺利。对此，格雷厄姆通过分析州际商会可能的回应措施，并审视州一级的立法环境，讨论了这些问题对各铁路公司的股票会产生什么样的影响。在考虑到一些例外情况后，格雷厄姆列出了购买他所选定的股票的理由：

我们有理由相信，如果按比例计算，大型铁路公司将主要从那些对其有战略意义的小型铁路公司股票中获益。因此，在收购这些小型公司时报价高一点也不算什么了。

根据格雷厄姆的预测，涉及大型铁路公司的合并，尤其是规模最大的宾夕法尼亚铁路公司（Pennsylvania Railroad），并不能带来同样好的获利机会，因为对于被收购铁路公司的普通股股息或用债券交换普通股的交易行为，该公司实行的政策“本质上是不健全的”。格雷厄姆还指出，在拟议的镀镍铁路合并中，提供给切萨皮克–俄亥俄州铁路公司股东的条款“极不完善”，因此，少数股东可能会受到不公平的对待。结合以上州际商会的举措，格雷厄姆指出，“合并对长期投资价值的影响不会像短期投机带来的刺激那么大”。

…

《如何在股市中淘便宜货》一文介绍了各种逢低买进的投资机会，以及证券成为便宜货的一些因素。格雷厄姆坦言：“在股市中，买便宜股票无疑是一种不错的获利方式，不仅安全性高，而且能给人满意的回报。但这绝不是唯一的方法，可能也不是最好的方法。”格雷厄姆认为，“便宜货的本质在于价格”，“大多数股票便宜是因为有一些缺点，但即使是这样，它们也能受到投资者的青睐”。分析表明，这些缺点要么是虚构的，要么被过分强调了，又或者是重要的，但“远没有其他有利因素重要”。

格雷厄姆通常会在稳健债券和优先股中寻找目标，因为它们的收益高，并且有转换权或参与特权。另一种则是被忽视或错误分析的股票，在安全程度差不多的情况下，它们的收益率相对更高。此外，倘若公司的资产价值非常庞大，非优先证券的持有人（通常指股东）不会允许公司违约，在保障良好的情况下，即使收益不佳，该公司的债券也是一种便宜货。格雷厄姆引用了高级石油公司（Superior Oil）的例子，该公司利率为7%的债券总额为71.4万美元，而资产是债券总额的6倍多。

接下来，格雷厄姆介绍讨论了最简单的“捡漏”机会，即股票价格没有及时反映出价值提高的情况。例如，库达海包装公司（Cudahy Packing）与巴尔的摩联合天然气和电力公司（Consolidated Gas & Electric of Baltimore）的股价出现大幅波动，但其价格“在任何常规的评估方法下都很合理”。

工业金融公司（Industrial Finance）的普通股则是一种完全不同的类型，该普通股的转让价格非常低，只有收益的2倍，部分原因是该公司从未支付过股息，且拖欠优先股的股息长达六年。在这种情况下，只要公司的营业额或利润率稍稍增长，其普通股的收益就会产生惊人的收益。

作为资产驱动而非收益驱动的廉价股典型，格雷厄姆介绍了北方管道公司（Northern Pipe Line）收益率为7.5%的股票。该公司没有债务或发行在外的优先股，现金和有价证券的价值就等于该股票的市场价格。从本质上讲，该公司股票价格之所以低廉，部分原因是投资者担忧刚刚竣工的巴拿马运河（Panama Canal）会带来运输竞争。在格雷厄姆看来，正是因为投资者过多地考虑了不利因素，有些股票的价格才会那么低。过度强调不利因素（原材料价格上涨和租约到期）已经将华尔道夫酒店集团的股票价格拉到了廉价股的水平。最后要说明的是，廉价股票的出现是因为公司没有抓住机会，以至于被投资者忽视了，就像沙特克－亚利桑那州铜矿公司和能源公司盐溪生产者的股票一样。

•••

在《小股东的胜利》这篇文章中，格雷厄姆讨论了州际商会否决范·斯威林根兄弟［奥里斯（Oris）和曼蒂斯（Mantis）］提出的大型镀镍铁路合并计划的影响。州际商会驳回该计划的理由是：（1）交换比率不公平；（2）新发行的优先股未被授予表决权；（3）镀镍铁路公司仍是一家控股公司，故而允许控制权集中；（4）伊利铁路公司的短线铁路应当被合并，但煤炭资产应当被排除在合并计划外。

该商会表示，"申请人没有义务证明责任较小的公司的股东之间的交换比率是公平合理的"。范·斯威林根兄弟一直想要把他们对每家组成公司的少数所有权转变为对合并集团的多数控制权。这与州际商会的立场完全相悖，该商会不赞成在没有多数股权的情况下控制其他公司，并坚称优先股的股东应享有投票的权利。该商会还指出，四家铁路公司中有两家受到了不公平的对待，并评论道："切萨皮克－俄亥俄州铁路公司与霍金谷铁路公司的股东们明显缺少独立而公正的代表。"

格雷厄姆详细说明了州际商会反对合并的"正当性，更确切地说——必要性"：

> 但州际商会的意见确实表明了古老的公平规则仍然有效——虽然少数股东可能没有权力，但他们仍拥有权利；就算董事代表的是单方利益，他们仍有义务对每一位股东负责。

在分析投资界对委员会意见细节的反应时，格雷厄姆指出，投资者并没有考虑铁路合并的概念，州际商会的反对意见也并非不可逾越，事实上，其他一些重要的合并在"镀镍铁路大合并仍前途未卜时就完成了"。

…

《美国钢铁公司的账面价值之谜》一文对比了美国钢铁公司 1925 年 12 月 31 日的账面价值（每股 281 美元）与其近期记录中的最高股价（每股 140 美元）。文中，格雷厄姆重申了一个古老的原则："繁荣的公司往往会以高于其资产价值出售，不成功的企业则会以低于其资产的价格出售。"

但铁路和钢铁这两个主要行业的公司除外。

通过丰富的表格数据，格雷厄姆详细介绍了美国钢铁公司的情况：（1）过去10年总的利润表结果；（2）对资产负债表的影响；（3）对公司盈利能力的影响。经过一系列的分析，得出的结果令人惊讶，“5亿美元的追加投资只产生了1500万美元的额外利润”。对此，格雷厄姆做出重要提醒：

> 经验丰富的投资者都知道，盈利能力对股价的影响远比对财产价值的影响大。衡量一门生意的价值不在于投入的多少，而在于我们能从中得到什么。

尽管工厂投资大幅增加，营业收入却没有增长，这是因为劳动力成本的增长不成比例，造成公司的费用比率过高。与此相对的是美国钢铁公司增加工资支出的原因是：（1）1923年，政府废除了12小时工作制，导致雇员数量相对大幅增长；（2）劳动力成本占公司所售商品总成本的比例很高，因此，增加工资会给该公司“带来相对更大的影响”；（3）10年来，美国钢铁公司的铸锭产量只提高了15.5%，而同期全国产量提高了42%。

在格雷厄姆看来，美国钢铁公司工厂的大部分支出没有用于增加产能，而是用来淘汰过时和不经济的设备和（或）试图改进制造工艺，从而提高该公司在钢铁制造商中的竞争力。同时：

> 如果需要用未分配利润来弥补工厂投资中已报废的设备（并且没有通过折旧和应急准备金进行摊销），那么真实的收益就会略低于报告的数字。

随后，格雷厄姆得出结论，“竞争压力逐渐削弱了销售利润率和资本回报率”，这可能就是“过去10年来美国钢铁公司普通股股东的地位提升不太明显的根本原因”。不可否认，钢铁行业需要稳步扩张资产，但却不能在保证收益的同时也能保证同步增长。正因如此，“股市对这些资产的估值会低于其面值，也是有一定道理的”。

最后，格雷厄姆写道："一直以来，钢铁公司普通股的基本特征都没有变化——比大多数投资都更可靠，但其价值会增长得慢一些。"

…

在《定期股票股利何时有益，何时有害》这篇文章中，格雷厄姆研究了用股票代替现金定期派发股利的目的、效果、实用性和可能被滥用的情况。虽然从理论上讲，以股票形式支付股利的主要原因是"调和公司管理层两个相互冲突的目标：奖励股东和发展公司"，但股票的内在价值不仅与股利有关，还取决于收益、发展前景、管理质量和股票的适销性等因素。

格雷厄姆指出，投资的根本目标是定期获得收益，这也是公司支付现金股利的意义。但如今的投资者越来越关注股票未来的盈利能力，而不是当前的股利。因此，比起直接支付现金股利，他们更愿意公司保留收益、进行资本增值。

由于公司的整体股利政策最终是由董事会决定的，格雷厄姆承认：

> 这种情况通常有利于大股东，但不利于小股东；支持内部人士，同时非常排外；有利于管理高层，并且不在乎股东整体的利益。

仅以股票形式支付的定期股利产生的收益率不受市场价格影响。例如，"北美公司的股票每年支付的股利为 10%，不管其股价是多少，表面上都会产生 10% 的收益"。与此同时，定期股票股利有一个基本矛盾，即"公司认为应付的股利经常达不到股东的期望"。格雷厄姆认同定期股票股利的一般概念，但他也指出，股票分红型公司的出现会导致分给股东的股利明显高于当前股票收益，这会误导投资者，使他们产生错觉和根本不合理的看法。因此，格雷厄姆呼吁建立健全的股利支付标准，避免机械应对定期支付的股利政策，更有针对性地应用政策。而这一政策的主要原则是，所支付的股票股利现值应该适当低于再投资收益。

…

《新时代证券选择中的歧视》一文回顾了在 1926 年的几个月里，股票市场的主要板块、甚至是某一特定板块的领头公司间股票价格的剧烈波动。对此，格雷厄姆抛出了一个问题："在过去一年的价格波动中，我们是否可以辨别出任何有可能在未来市场创造价值的新的控制因素或行动准则？"

格雷厄姆通过分析影响股票价格变动的各种因素，找到了答案。

- 修正型——对先前的市场过度行为进行必要的调整；
- 反映型——对应了当前影响该股票的发展；
- 预期型——对预期未来会发生的情况进行贴现；
- 操纵型——代表了不受某种因素影响的大规模市场操作，但该因素对内在价值有影响。

1926 年 3 月，市场出现重大调整，几乎影响了所有的股票。其原因可追溯至 1925 年，当时的市场高度投机，股票价格一路上涨，直到保证金和抵押物被赎回才遏止了这一势头。过高的估值和过度投机导致许多股票出现价格大幅修正和回调，包括连锁商店、大型公用事业控股公司、大型银行公司的股票，以及大多数乳制品和冰淇淋股。

至于和经营业绩同步的反映型价格运动，格雷厄姆列举了铜业股、糖业股、烟草股和纽约电车公司（New York traction）股票上涨的例子，这都是公司基本面和业绩改善的结果；而建筑设备、煤炭、皮革和橡胶股的集体下跌则是"因为这些行业的发展不尽如人意"。事实上，证券交易所的名单中有很多同一行业的成对公司，其股价却朝着相反方向波动，反映出了公司的发展是否乐观。例如，在工业领域，通用电气公司的股价上涨了，而西屋电气制造公司的股价却下跌了；在肉类加工业，盔甲公司（Armour）衰落了，库达海包装公司（Cudahy）崛起了；在酒行业，美国国家酿酒公司（National Distillers）的股价回落了，而美国工业酒精公司的股价上升了；在电影领域，百代电影公司（Pathé）取得了进步，而华纳兄弟电影公司（Warner Brothers Pictures）的业绩却出现了下滑；在铁路板块，艾奇逊 – 托皮卡 – 圣达菲铁路公司、诺福克铁路公司和岩岛铁路公司的股票价格均上涨了，而沿海铁路公司（Seaboard）和大西洋海岸线铁路公司（Atlantic Coast Line）的股票价格却下跌了。

要注意的是，除了少数例外，1926 年的市场价格“整体是随着行业发展而变化的，并没有提前发生变动”。格雷厄姆发现，只有美国钢铁公司的股价是因为投资者的预期而上涨——投资者预期 1926 年的现金股利会增长，1927 年可能会派发股票股利。

在比较跨区捷运公司和与其非常相似的曼哈顿高架改造担保公司（Manhattan Elevated Modified Guaranteed）的股票时，前者不同寻常的价格波动表明，操纵的影响正在起作用，这阻止了正常价格关系的确立。

格雷厄姆认识到，或许在某种程度上，20 世纪 20 年代的牛市在价格和持续时间上都有发展空间。在总结时，他将 1926 年归为“比前几年都更有逻辑性和智慧”的一年。

然而，作者认为经验丰富的观察者会追求更多证据，而不是只用 12 个月的时间就确认疯狂投机和随之而来的普遍清算已经过去了。

第 29 章

Benjamin Graham on Investing:
Enduring Lessons from the Father of Value Investing

低价股票汇总清单

七只在即时收益和长期前景上有吸引力的低价派息股票

吉卜林（Kipling）[①]有一句名言：“建造部落的方式有9种和60种，每一种都是正确的。”但这很容易就会被现在的投资方法超越。可惜的是，我们不能断言“这些投资方法每一次开花都能结出正确的果实”，但稳健投资的范围绝不仅限于单一的“金边债券”，而是有各种各样的投资和评价方法。在很多人看来，投资低价普通股是一种荒谬的矛盾。但这个想法是可行的，结果可能也是最令人满意的，并且这种方法比选择稳妥债券要简单得多，因为后者需要更强的辨识力和研究力。

当市场中股票的价格水平看起来普遍很高的时候，如果投资者没有被价格吓退，那么想要选中真正有吸引力的普通股将会变得异常困难。尤其需要注意的是，价格最低的股票可能实际上是最昂贵的。对许多人来说，这就像一只死气沉沉的股票等待着一场体面的葬礼时，突然被注入了虚假的活力。而购买其余的股票总会带来相应的风险。

至于如何选择，就要看读者自己了。无论我们如何巧妙地选择，都不可能有股票能完全不受经济普遍衰退的影响。但如果不考虑近期价格波动

① 约瑟夫·鲁德亚德·吉卜林（Joseph Rudyard Kipling，1865—1936），英国作家、诗人。——译者注

的问题（既可能上升，也可能下降），小投资者仍然可以购买各种本质上值得当前价钱的低价派息股，从长远来看有希望得到非常令人满意的结果。以下段落讨论了七只这种类型的低价派息股票（见表29–1）。

就纽约证券交易所的证券而言，本文涵盖的7只低价股票实际上代表了这类股票仅存的吸引投资者的机会。过去几期的《华尔街杂志》已经推荐了其中一些售价较低的股票，但我们仍有几只推荐的股票。在本文的分析中，这些股票的出现顺序不分先后。

表29–1　七只有吸引力的低价派息股票　（单位：美元）

股票	大致价格	股息	收益率	*1924年的每股收益	收益与市场价格的比值
美国拉法朗斯消防车公司	10	1	10%	1.6	13.8
道格拉斯果胶公司	16	1	6.33%	1.7	10.7
第五大道巴士公司	11.5	0.64	5.56%	1.77	15.4
美国霍夫曼机械公司	24	2	8.33%	4	16.7
华尔道夫酒店集团	19	1.25	6.58%	2.32	12.2
莱特航空公司	16	1	6.25%	1.65	10
米高梅电影公司（面值27美元）	18.5	1.89	10.22%	5.44	29.4

*估计值。

美国拉法朗斯消防车公司

普通股（面值10美元），价格为10美元，股息为1美元，收益率为10%。

该公司生产各种消防器材，也生产商用卡车，大部分产品都卖给了市政府。现在的公司于 1912 年开始运营，其销售额从第一年的 150 万美元稳步增长到了 1924 年的 800 万美元以上。在此期间，拉法朗斯消防车公司坚持在报告中写明派发股息后的盈余。其普通股已经连续 10 年定期收到股息了，自 1920 年 2 月开始，该普通股的利率就调整为目前的 1 美元（10%）。

如果把拉法朗斯消防车公司在 1924 年前 9 个月的收益折算成全年利率，那么每股收益就是 1.7 美元。1923 年，该公司在资本化程度稍低的情况下，大概也能获得同样的收益。拉法朗斯消防车公司拥有优秀的管理和充足的资金支持，其有形资产的净值与当前价格完全相同。

在该公司的资本结构中，优先级排在 34.5 万股普通股前面的还有 200 万份三年期的债券和约 400 万股优先股。不过，这些优先债务是由运营资金全额支付的。这么看来，该公司业务异常稳定的特性和持续扩张的出色记录，不仅证明了当前资本结构的合理性，其普通股也有很大可能增值。

道格拉斯果胶公司

股票价格为每股 16 美元，股息为 1 美元，收益率为 6.67%。

该公司主要生产果胶，这是制作果酱和果冻的主要成分。它的果胶产品以“赛托”（Certo）的品牌瓶装销售，几年来销量增长迅速。此外，该公司也是美国最大的食醋制造商。

该公司的资本由 47.5 万美元的利率为 7% 的债券（1932 年到期）和 30 万股无面值股票构成。该股票的账面价值大约为每股 10 美元，营运资本头寸充裕。在 1922 年和 1923 年，该股票每股净利润约为 1.7 美元。在 1924 年的前三个季度，净利润达到了每股 1.35 美元，这意味着 1924 年全年的净利润将和 1923 年相差无几。该公司自 1923 年 4 月成立以来，已经支付了 1 美元的股息。

这只股票的价格已经在 9.375 美元的低点上涨了不少，其一部分原因是整体市场也是向上的，两者具有一定的一致性；另一部分原因则是该公司在近期宣布即将向市场推出新产品—— 一种风味极佳的蓖麻油，预计销量将会非常大。道格拉斯果胶公司的股票很难被归为廉价股票的行列，但它确实拥有内在价值，而且很可能会从食品行业的有利发展中获得极大利益。

米高梅电影公司

利率为 7% 的积累性优先股（面值 27 美元），价格为 18.5 美元，股息为 1.89 美元，收益率为 10.22%。

该股票的面值为 27 美元，非常罕见，但这是高德温电影公司根据前者的评估价值，按照一股换一股的方式兑换而来的。米高梅电影公司是洛氏公司的制作和发行子公司——高德温 · 米特罗电影公司经合并成立的公司。

该公司有 497.1 万美元的优先股，售价为 18.5 美元，相当于面值的 70%。而洛氏公司拥有的全部普通股价值为 310 万美元，并以长期预付款的形式向米高梅电影公司追加了 370 万美元投资。去年，米高梅电影公司公布的总收益约为 2000 万美元，净收益约为 100 万美元。换句话说，其优先股股息保障倍数约为 3 倍。该公司的流动资产和营运资产净额完全可以覆盖其优先股的面值。

尽管米高梅电影公司的前身多年来一直保持着庞大的业务总量，但利润却非常不规律，尤其是高德温电影公司。但我们似乎有充分的理由相信，公司合并带来的新情况将有助于稳定公司目前的盈利能力，因此，米高梅电影公司在支付优先股的股息方面应该不会有什么困难。事实证明，该公司最大的价值是和拥有众多影院的洛氏公司的密切联系。

米高梅电影公司的优先股价格最近从每股约 15 美元涨到了 18.5 美元，其中的部分原因是洛氏公司的强大实力和活跃程度对它产生的关联影响。当然，现在该优先股不像价格较低的时候那样有吸引力，但它仍有 10% 的收益率，依然是一只非常值得推荐的股票。从 1926 年开始，每年都有占总量 2% 的股票以每股 27 美元的价格被赎回。对该投资来说，这一偿债基金条款的价值相当于额外 1% 的收益。

莱特航空公司

股票价格为每股 16 美元，股息为 1 美元，收益率为 6.25%。

尽管该股票最近从大约每股 10 美元的价格开始上涨了，但仍有值得考虑的可能性。作者推荐莱特航空公司的股票主要有以下三个原因。

- 对于那些对商业航空的未来充满信心的人来说，这只股票就是最有吸引力的投资工具。该公司拥有极佳的声誉、丰富的经验和实体设施、充足的现金资源和经济支持，以及其他一切能够将它推向行业领先地位的资源。此外，这家公司成立多年，经历了许多考验，自 1921 年 5 月以来连续五年保持了稳定的利润和不间断的股息记录。该公司的资本结构非常简单，仅由 24.9 万股无面值股票组成。
- 该公司的流动资产头寸非常好，仅净流动资产就超过了 600 万美元，折合每股 24 美元，其中的 17 美元（相当于市场价格）是现金和有价证券。
- 三年前，美国政府声称将起诉莱特航空公司，要求其赔偿 470 多万美元，据说是因为与该公司前身签署的战争合同价格虚高。虽然已经过了很长一段时间，但实际上政府尚未提起任何诉讼。而且我们有充分的理由可以相信，即便莱特航空公司败诉，法院判给政府的钱也只占这笔款项中的很小一部分。

莱特航空公司的股票不仅有可能继续保持最近的市场活跃程度，而且可能会有很好的长期前景。如果该公司能够处理好政府的索赔，并且不产生沉重的成本，那么就会如管理层预期的那样，莱特航空公司庞大的现金资产和战略交易头寸将会推动股票的价格大幅上升，远超现在的水平。

华尔道夫酒店集团

股票价格为每股19美元，股息为1.25美元，收益率为6.58%。

华尔道夫酒店集团经营着116家连锁餐厅，主要位于美国东部。该集团的资本结构中包含约155万美元的优先股和价值840万美元的44.2万股无面值普通股。该集团每年的总业务量约为1400万美元。过去三年，集团每年的净利润为115万美元，相当于每股利润2.3美元以上。

这些收益相当于该股票市场价格的12.2%。对于连锁店来说，这个比例已经算比较大了，因为实际上，所有连锁店在市场上都倾向于根据未来的预期利润来销售，而不是根据当前的业绩。最近，一家在连锁店领域非常有名的银行收购了华尔道夫酒店集团的大量股份。这意味着该集团可以利用这种性质的公司获得更多资源和经验，并且有很大的可能实现扩张。

美国霍夫曼机械公司

股票价格为每股24美元，股息为2美元，收益率为8.33%。

该公司是美国目前最大的服装熨烫机生产商，其产品销往裁缝店、洗衣店、酒店、服装厂和其他许多地方。自1908年以来，该公司的年销售额从9.4万美元持续增长到了500多万美元。公司资本包括130万美元利率为 7% 的积累性优先股（可以按 30 美元的价格转换为普通股）和 18 万美元的普通股。在目前的情况下，扣除每股 1 美元的专利费摊销后，该公司过去三年每年的净利润都超过了每股 4 美元。

从某种程度上来说，公司普通股的账面价值超过了市场价格，尽管其中很大一部分价值是通过专利资本化体现的。该公司的专利相关业务稳步增长、持续盈利，可见这些基础专利拥有非常坚实的价值。霍夫曼机械公司卓越的管理和良好的财务状况有助于延续其出色的业绩。

第五大道巴士公司

股票价格为每股 11.5 美元，股息为 0.64 美元，收益率为 5.56%。

尽管该股票的收益率低，但有许多有利因素可以弥补这一点，其中最重要的就是股息率有望很快提高。第五大道巴士公司是一家结构复杂的控股公司，掌控着纽约市著名的绿色巴士。根据纽约 – 芝加哥巴士公司的并购计划，它们新成立的公共汽车公司（Omnibus Corp）收购了第五大道巴士公司的大部分股份，但第五大道巴士公司保留了其纽约资产的权益。由于有相当一部分的股票没有转入新公司，它们仍可以在纽约证券交易所中进行交易。

第五大道巴士公司是公用事业公司中最不同寻常的一个，因为它似乎集中了这些公司所有的优点，没有任何缺点。就像每一家公用事业公司一样，该公司有着长久而且稳步扩张的业务，几乎不受经济衰退的影响。这些公司的固定工厂投资往往是其年营业额的好几倍，但第五大道巴士公司没有进行这样大幅的投资，而是投入了不超过每股 2 美元的营收，其中 1 美元用于工厂，1 美元用于设备，而且几乎所有的工厂和设备都可以随时移动或出售。正因为如此，该公司完全不需要发行大量的债券和优先股，而有大量债券和优先股往往是公用事业公司的典型特征，总是成为公司的负担。

除去无意义的控股公司结构，第五大道巴士公司的资本为 72.85 万股无面值股票，其单价为每股 11.5 美元，总共价值 837.8 万美元。该公司没有债券或优先股。此外，公司的总资本中近 50% 是运营资本，40% 是现金和有价证券（主要是自由债券）。该公司在没有筹集到任何新资本的情况下，将年收益从 1912 年的约 60 万美元提高到了 1924 年的近 600 万美元，同时还积累了 300 万美元现金盈余，可用于进一步发展。这一事实充分证明了该公司的业务在本质上就非常有利于公司发展。

1923 年，第五大道巴士公司的每股净利润为 1.77 美元，相当于其股票市场价格的 15.5%。该公司在 1924 年的数据也将和上一年基本相同。但需要注意的是，该公司 300 万美元的保障基金占到了资本的 40% 以上，却只产出了大约 10.7% 的收益。这意味着就该公司实际投入业务的现有资本而言，净收益达到了 20%。这个数字对于工业领域的公司来说是很令人满意的，对一家公用事业公司来说简直就是个奇迹了，因为很少有公用事业公司的收益能达到其总资本的 10%。

考虑到纽约市复杂的交通状况，投资者可能会犹豫是否要入股第五大道巴士公司。尽管该公司的很多方面都不确定，但我们完全不必担忧它的将来。因为该公司的特许经营权通常是永久性的，而且大概率是排他的，其他公司基本不可能获准在其线路上运营。另一方面，当地政府考虑在全市范围内扩大公交设施覆盖面，第五大道巴士公司已经通过投标获得了所有线路的额外特许经营权。尽管该公司在公用事业领域中有许多竞争者，它仍有足够的理由独占鳌头。因为该公司的报价是以充足的资金、长期的经验以及——决定性因素——公众认可的商誉为支撑的。如果该公司最终获准扩大经营，股东们无疑将会从增长的利润和股息中得到相应的好处。

第 30 章

切萨皮克－俄亥俄州铁路公司的股东是否遭受了不公平的对待

对范·斯威林根铁路并购案的分析——子公司的收益与其收购价相比如何

去年 8 月初宣布的“镀镍铁路大合并”因为各种原因而被推迟了。对那些熟悉大型并购案的人来说，如此大规模的公司交易自然会有大量细节和许多技术障碍，所以延期完成并不奇怪，也没什么可担忧的。但密切关注并购进程的人必然会敏锐地察觉到，过去几个月的谈判有一个相当惊人的特征。

作者记得，在合并条款最初公布的时候，人们认为这些条款对各组成公司都是非常有利的，除了切萨皮克－俄亥俄州铁路公司。股市也直观地反映出这一点，即镀镍铁路公司、伊利铁路公司和佩雷·马奎特铁路公司的股票价格纷纷上涨，而切萨皮克－俄亥俄州铁路公司的普通股和优先股价格都大幅下跌。与此同时，少数股东可能会有组织地反对合并计划，尤其是当该计划明显没有对持不同意见的利益方做出任何补偿规定时，人们也对此进行了相当多的试探性讨论。

自此，推进该计划的主要难点就在于使不配合的股东意见达成一致。

该公司不得不召开多次会议，直到最终达成新的协议。但奇怪的是，这些讨论都是在范·斯威林根铁路公司和伊利铁路公司或佩雷·马奎特铁路公司的董事之间进行的，几家公司的董事代表了公司中可能有异议的股东。

切萨皮克–俄亥俄州铁路公司的董事们显然没有考虑过是否有必要代表他们的股东采取任何类似的措施——尽管其他人都认为该公司的股东比其他任何铁路公司的股东都更有可能提出异议。只要对切萨皮克–俄亥俄州铁路公司的优先股进行分析，情况就很清楚了。根据该合并计划，这只优先股的每股报价等于1.15股镀镍铁路公司的新优先股。新优先股的开盘价为每股83美元，这意味着范·斯威林根铁路公司给切萨皮克–俄亥俄州铁路公司优先股的报价为每股95.5美元，不仅比当时的市场报价低了13个点，甚至比该优先股的最低记录低5个点。在这样的情况下，即使切萨皮克–俄亥俄州铁路公司的股东决定不交出手中的股份，似乎也没有什么可指摘的；而且他们至少也有权保护自身的利益，就像伊利铁路公司或佩雷·马奎特铁路公司的少数股东一样。然而，直到最近新的租赁条款公布，切萨皮克–俄亥俄州铁路公司的股东才知道，范·斯威林根铁路公司对佩雷·马奎特铁路公司和伊利铁路公司的反对者做出的让步中，有一部分是他们的利益。

碰巧的是，切萨皮克–俄亥俄州铁路公司股东原本零零星星的反对意见，经过了一段时间的销声匿迹，最近又在纽约的一家有点神秘的保护委员会和一家南方投资公司分发的通告中出现了。所以，为了确定根据合并计划向切萨皮克–俄亥俄州铁路公司股东提出的报价是否充分和公平，现在就是仔细分析情况的好时机。

这个问题涉及四家重要铁路公司的估值，复杂到令人望而却步。由于霍金谷铁路公司的规模较小，且公众持有的股票有限，我们没有在这里考虑它。上述合并计划没有表明范·斯威林根铁路公司是如何达成交换基础的，但我们可以理解为该公司采用了一种简化程序，主要根据各铁路公司在 1923 年的净收益决定报给它们的金额。因为各铁路公司在前几年的情况要么过于异常，要么时间太久远，不具有参考价值。所以对我们来说，合乎逻辑的方法是暂时先接纳 1923 年的价值标准，看是否能证明什么结论，然后用其他年份的证据来检验这个标准。

首先，支付给每家铁路公司的费用是多少？为了简化该问题，我们假设新公司实际上在购买不同铁路子公司的股票，并且是以新公司的股票进行支付的，而新股票的估值参考了优先股和普通股近期的价格，分别为每股 86 美元和 85 美元。旧镀镍铁路公司的状况有一点复杂，因为该公司将收到两批新股票—— 一批用于公司的实物资产，另一批则用于投资佩雷·马奎特铁路公司与切萨皮克 – 俄亥俄州铁路公司。后两家公司股票的持有成本是 1790 万美元（该成本由新公司承担），而它们将得到的新股票价值为 2320 万美元，因此，这 530 万美元利润应当从总的购买价格中减去。如表 30–1 所示，新公司购买（旧）镀镍铁路公司资产的股权所支付的金额约为 6600 万美元，这与它给伊利铁路公司股票的报价一模一样。另一方面，佩雷·马奎特铁路公司的股票总共价值 5200 万美元，切萨皮克 – 俄亥俄州铁路公司优先股和普通股的总价值为 7400 万美元。

表 30–2 总结了四家铁路公司在 1923 年的收支账目，并从表中摘取了可用于股息的净收益占股票报价总额的百分比数据，如表 30–3 所示。

表 30–2 或许可以表明，至少在表面上，伊利铁路公司的股票在其收益基础上没有得到和其他几家公司同样好的待遇。但在现实中，上述分析让人明白了一个事实：一年的结果并不能决定铁路股的价值，不论是比较价值还是实际价值。就好像两只股票在某一年偶然赚了同样多的钱，在不考虑过去记录的情况下就说它们价值相同是非常荒谬的。

表 30–1　范・斯威林根铁路公司的合并项目（以千美元计）

股票	每股交换比例	优先股总额	普通股提供的新股票价值	每股 86 美元的优先股价值	每股 85 美元的新普通股	给旧股票的报价总额
纽约 – 芝加哥 – 圣路易斯铁路公司的优先股	1 股优先股	34 391	49 130	29 577	41 760	71 337
纽约 – 芝加哥 – 圣路易斯铁路公司的普通股	1 股普通股		减去投资利润			5348
对切萨皮克 – 俄亥俄州铁路公司及佩雷・马奎特铁路公司持股的投资	（见正文）		旧镀镍铁路公司优先股的净值			65 989
切萨皮克 – 俄亥俄州铁路公司的优先股	1.15 股优先股					
切萨皮克 – 俄亥俄州铁路公司的普通股	0.55 股优先股 0.55 股普通股	50 430	35 985	43 370	30 587	73 957
伊利铁路公司的第一优先股	0.5 股优先股					
伊利铁路公司的第二优先股	0.5 股优先股	31 952	44 993	27 479	38 244	65 723
伊利铁路公司的普通股	0.4 股普通股					
佩雷・马奎特铁路公司的最优先股	1 股优先股					
佩雷・马奎特铁路公司的优先股	0.9 股优先股	22 386	33 289	19 252	32 546	51 798
佩雷・马奎特铁路公司的普通股	85 股普通股					

表 30–2　　1923 年结果的分析（以千美元计）

	镀镍铁路公司	切萨皮克 – 俄亥俄州铁路公司	佩雷·马奎特铁路公司	伊利铁路公司
总营收	57 477	101 978	45 966	132 978
税后净收益	10 677	18 369	9232	20 539
扣减项（净额）	4346	9487	4029	*10 000
可用于股息的余额	6331	8979	5203	10 542
占总收营收的比例：维修费	34.9%	40.7%	34.4%	37.9%
其他费用和税费	46.5%	41.3%	45.5%	46.7%
（a）在报告基础上，股票收购价格的利润	9.59%	12.47%	10.1%	16.05%
同上（b）在总营收 35% 的基础上调整后的维修费	9.5%	20.33%	9.66%	20.3%

* 扣除 1923 年收入中给偿债基金和美国担保结算系统的 332.4 万美元费用。

表 30–3　　四家铁路公司可用于股息的净收益占股票报价总额的百分比

公司	百分比
伊利铁路公司	16.05%
切萨皮克 – 俄亥俄州铁路公司	12.47%
佩雷·马奎特铁路公司	10.10%
（旧）镀镍铁路公司	9.59%

维修费的影响

因此，我们可以假定伊利铁路公司 1923 年的表现过于异常，不会对分析结果产生决定性的影响。这样一来，人们就会发现切萨皮克 – 俄亥俄州铁路公司收益和报价的比值略高于其余两家铁路公司。镀镍铁路公司股票的收购价格是该公司 1923 年收益的 10 倍以上，而切萨皮克 – 俄亥俄州铁路公司的这一比率只有8倍。但是，假如我们更仔细地分析1923年的报告，会发现有一个要素使不同公司股东在待遇方面的实际差异远远超过了我们第一次比较的结果。该要素就是总收入中专门用于维修支出的部分。众所周知，在铁路公司表现平平的时期里，维修费的比率很大程度上在管理层的掌控之中。因此，通过限制或增加维修费用的简单方法，就可以很容易地扩大或缩小任意一年的净收益。因此，我们在对任何年份的结果进行分析时，特别是在分析衡量长期盈利能力时，必须考虑到该时期公司遵循的维修政策。

表30–2同样列出了上述四家铁路公司的维修费占1923年总费用的百分比。切萨皮克–俄亥俄州铁路公司的这一比例是所有铁路公司中最高的，再加上镀镍铁路公司和佩雷·马奎特铁路公司显示的百分比不足35%，前者40.7%的数字就更引人注目了。而这里正好有一个简单的理由能说明几家公司在维修费上的差异。1923年，切萨皮克–俄亥俄州铁路公司一次性支付了353.3万美元用于退役货运车厢的维修费。这笔费用显然很不寻常，而且并非经常性支出（事实上，镀镍铁路公司当年的退役货运车厢账目只有3.6万美元，而切萨皮克–俄亥俄州铁路公司1922年的该账户也只有17.4万美元）。这样庞大的支出项实际上是1923年偶然出现的，而不是每年都有的。

因此，只有将四家铁路公司的维修费用调到基本相同的基础上，才能对它们的收益进行公平的比较。如果我们选择35%作为示范比率，并对各净值进行相应的修正，那么切萨皮克–俄亥俄州铁路公司在盈利能力方面的优势就显而易见了。在这个基础上，切萨皮克–俄亥俄州铁路公司将从新公司给它的股票报价中赚到20%的利润——无论是佩雷·马奎特铁路公司还是镀镍铁路公司，表30–2中显示的维修费都只有前者的一半不到。

1924年的数据

如果范·斯威林根铁路公司根据各铁路公司在1923年的情况制订了

该合并计划，那么 1924 年的业绩在决定提出的条款是否公平这一点上有同样重要的意义。1924 年的相关数据已在表 30–4 中列出，其中切萨皮克–俄亥俄州铁路公司的利息费用是根据前六个月的报告数额估算的。报告显示，切萨皮克–俄亥俄州铁路公司的总收益和收益盈余均有增长，而另外两家铁路公司的这两项数据均有下降。根据报告，该公司 16.89% 的股息余额用在了收购切萨皮克–俄亥俄州铁路公司的股票上，差不多是镀镍铁路公司的 2 倍，而且比佩雷·马奎特铁路公司的收益高 75%。

表 30–4　　1924 年结果的分析（以千美元计）

	镀镍铁路公司	切萨皮克–俄亥俄州铁路公司	佩雷·马奎特铁路公司	伊利铁路公司
总营收	53 992	108 033	41 798	119 097
税后净收益	10 960	20 463	8799	18 699
扣减项（净额）	5091	*7963	3864	*9399
可用于股息的余额	5869	12 500	4935	9300
占总收营收的比例：维修费	33.3%	42.3%	33%	36.6%
其他费用和税费	47.4	38.9	46.1	47.4
扣减项净额	9.6	7.1	9.2	7.9
（a）在报告基础上，收益占收购价格的比率	8.9%	16.89%	9.52%	14.16%
同上（b）在总营收 35% 的基础上调整后的维修费	7.02	27.45	7.9	17.08

* 截至 1924 年 11 月 30 日前 12 个月的数据，部分为估计值。

但这还不是全部。在这 12 个月的时间里，切萨皮克–俄亥俄州铁路公司继续实行了极其宽松的维修支出政策，而其他三家铁路公司则进一步削减了开支。截至去年 11 月 30 日的前 12 个月里（无法获取到去年 12 月的数据），切萨皮克–俄亥俄州铁路公司的维修费占总收益的比率异常高，达到了 42.3%，而镀镍铁路公司的这一比率仅为 33.3%，佩雷·马奎特铁路公司则只有 33%。假如切萨皮克 – 俄亥俄州铁路公司能够限制维修费，将其控制在与其他铁路公司同一水平上，那么该公司的净收益将多出约 950 万美元——这意味着每股普通股的收益将增加整整 14 美元，全年的收益将达到每股 30 美元以上。

在与 1923 年结果比较的基础上，为充分认识到 1924 年数据的意义，我们必须在平均维修比率的基础上重新计算数据。我们同样以总收益的 35% 为标准，重算的结果显示切萨皮克 – 俄亥俄州铁路公司的净收益不低于报价的 27%，而旧镀镍铁路公司的这一比例仅为 6.4%。我们发现，基于重算的当前业绩，切萨皮克 – 俄亥俄州铁路公司的股东将被迫接受所持股份价值比镀镍铁路公司的资产少 25% 的情况；而佩雷 · 马奎特铁路公司对股东非常大方，其待遇是切萨皮克 – 俄亥俄州铁路公司股东的 3 倍。在这个角度上，即便伊利铁路公司的历史表现比切萨皮克 – 俄亥俄州铁路公司差得多，它给出的待遇也比切萨皮克 – 俄亥俄州铁路公司的股东得到的好 50%。

如果要说这些数字有什么价值，那就是 1923 年和 1924 年切萨皮克 – 俄亥俄州铁路公司的业绩有力地支持了其股东要求更好待遇的呼声。但优先股的股东并不能被这个例子说服，为什么他们应该接受比当前持股市场价值低得多的新优先股，毕竟他们拥有非常有价值的潜在转换特权。同样地，普通股的股东有怀疑也很正常，他们的股票去年的每股盈利是 17 美元，而交换给他们的新股票价值却只有每股 94 美元；相比之下，镀镍铁路公司的普通股每股盈利为 13 美元，现在价值则达到了 128 美元。佩雷 · 马奎特铁路公司的收益只有切萨皮克 – 俄亥俄州铁路公司的一半，它的报价却达到每股 72 美元。假如切萨皮克 – 俄亥俄州铁路公司的股票能得到和佩雷 · 马奎特铁路公司同等的待遇，那么它的价值将达到每股 144 美元；而根据镀镍铁路公司股票当前的价格换算，切萨皮克股票的价值甚至可以超过每股 170 美元。不过，该计算没有考虑到切萨皮克 – 俄亥俄州铁路公司大幅增长的盈利能力，这一优势将与其异常高昂的维修费达成一个平衡。

其他应考虑的事项

以上分析仅参考了 1923 年和 1924 年的数据，相信读者能够理解这一点，因为合并计划的条款也是以近年来的盈利为基础的。如果拿过去 10 年的平均数据来比较，切萨皮克 – 俄亥俄州铁路公司完全能够保持其优势地位，甚至可能会更突出。因为到目前为止，该公司在建立、保持盈利能力方面的记录都是最出色的。伊利铁路公司过去两年里相对较好的业绩也不算什么了，何况它在 1923 年以前的记录并不稳定，平均表现也一般。佩雷·马奎特铁路公司从 10 年前就开始了破产管理，直到两年前才开始获得普通股的股息。现在的镀镍铁路公司是由三家较小的铁路公司合并而成的，在范·斯威林根兄弟挥舞着魔杖对它们施法合并前，这三家铁路公司的股票明显被归在二流股票的行列中。“四叶式”立体交叉铁路股的发行商——托莱多 – 圣路易斯西部铁路公司实际上刚刚才脱离破产管理；伊利湖西部铁路公司（Lake Erie & Western）自 1907 年以来就没有支付过股息；原来的纽约 – 芝加哥 – 圣路易斯铁路公司普通股自 1912 年以来就没有收到过任何回报。相比之下，自 1915 年以来，切萨皮克 – 俄亥俄州铁路公司每年的收益都超过了每股 6.5 美元，且过去 10 年的平均年收益超过了每股 10 美元。

除了每年可用的净收益，要想详尽地比较合并铁路集团，自然需要考虑许多其他因素。收购方将根据铁路公司的总收益、固定费用、实物资产估值、技术操作结果和其他众多细节来研究确定收购价格，但本文篇幅有限，故不能详细讨论这些细节。不过，下文列举的简单事实将表明，切萨皮克 – 俄亥俄州铁路公司可用于股息的净利润优势，实际上直接来自产生净利润的基本要素的相应优势。

切萨皮克 – 俄亥俄州铁路公司股票的收购价稳定在超过镀镍铁路公司股票 10% 的水平上，与此同时，前者的总业务量却足有镀镍铁路公司的 2 倍。此外，前者的实际运营成本比镀镍铁路公司要低得多，在实质上抵消了巨额维修开支这一不利条件。同样，尽管切萨皮克 – 俄亥俄州铁路公司的股东收到的总报价比佩雷・马奎特铁路公司高出了 40% 以上，其总营收却是佩雷・马奎特铁路公司的 2.5 倍，而且前者的实际运营成本远低于佩雷・马奎特铁路公司和镀镍铁路公司。伊利铁路公司的总营收略高于切萨皮克 – 俄亥俄州铁路公司，但由于其运输成本较低，净营收一直都比较高。如果按总营收计算，切萨皮克 – 俄亥俄州铁路公司的固定费用净额与总营收的比率均低于镀镍铁路公司和佩雷・马奎特铁路公司，但如果以净收益为准，前者的固定费用比例则是四家铁路公司中最低的。

切萨皮克 – 俄亥俄州铁路公司 1946 年到期的利率 5% 的债券是可转换的，该公司报告的每股普通股的巨大收益都将因为转换操作而有所减少。然而，随着股票资本逐步取代融资债务，公司的财务结构更加稳固，可以在很大程度上抹平这点差距。

由于篇幅所限，以上分析比较简略，不过仍可以为切萨皮克 – 俄亥俄州铁路公司股票的待遇不公提供充分的理由。尽管租赁协议已经为有异议的股东增加了一些特殊条款，在没有完整协议文本的情况下，我们目前还不能确定那些条款能否完全满足他们的要求。

第 31 章

铁路公司合并对证券价值的影响

如何解决合并中的问题

每当人们回想起 1920 年在康明斯（Cummins）参议员领导下通过的《交通法案》，就会不由自主地想到摩西（Moses）在西奈山上向以色列的孩子们颁布律法的场景。因为在联邦管制不到的荒野，铁路运营商们已经徘徊了 26 个月，它们不是已经实现私人经营，非常接近流淌着蜂蜜和牛奶的乐土（利润率 5.75%）了吗？这部 1920 年的法案包含了规定、禁令和条例，无疑是一部名副其实的《申命记》①（*Deuteronomy*）。

规定

在总共 294 段的规定中，没有哪一段比第 5 段“将美国大陆的铁路资产整合为有限的几个集团”更接近这位可敬的参议员的思想核心。根据规定，对铁路资产的分组既要保留竞争，又要使各个铁路集团的经营成本保持一致，以确保其资本收益率达到统一。合并的程序首先是由州际商会公布一项初步确定的计划，并就此召开听证会，最后通过敲定的计划。该法

① 《申命记》是摩西五经（律法书）的最后一卷。——译者注

案还规定了在符合最终计划的前提下，只要新集团的证券面值不超过合并后的资产价值，那么两家或两家以上的铁路公司合并就是“合法的”。

该法案通过之时，欢声雷动——它开创了铁路行业的新纪元，强大而又繁荣的超级铁路集团将取代如今良莠不齐、规模不一的铁路公司。凭借更高的经营效率、更好的服务和更雄厚的资金实力，铁路集团将在许多方面占据优势地位。毫无疑问，有一种新的投机因素注入了铁路行业，而这正是华尔街最喜欢的一个因素。

通过《交通法案》的意义显然在于为这些宏伟的愿景提供合法依据。我们若是对相关章节的文本进行研究，就会发现该法案仍有严格的限制和语义模糊的词句。首先，该法案本身并没有创立任何合并公司，甚至根本没有要求任何铁路公司合并。它只要求委员会通过一项计划——在该计划中，铁路公司的各种情况都“可能”影响到合并。严格地说，该法案在禁止与计划不符的合并上花了更多的心思，相关规定比促进符合要求的合并条款都更具体。事实上，该法案特殊的措辞很快就引起了争议，以至于在州际商会最终通过确定的计划之前，任何形式的合并都是禁止的。因此，在这种矛盾的局面下，该法案唯一的具体成效就是无限期地阻止所有的合并。

> 本文对影响铁路公司合并的主要因素进行了权威的述评。鉴于事态发展对铁路证券的价值产生了显著影响，投资者有必要了解清楚目前的形势。

这正是五年前研究合并问题的学生们面临的困难之一。其他的难点还涉及：

- 委员会拟订初步计划和决定最终分组的程序；
- 该计划是否真的能促进铁路公司的合并；
- 将被接管的铁路公司给予证券持有者的一般待遇；

- 有异议的股东和各州的权利。

我们似乎有必要问一问，过去五年的事态发展对这些与合并有关的问题有什么启示？其中一些启示可以直接帮助到铁路股的投资者，另外的一些则是有高度技术性的启示，可能包含了具有重大现实意义的推论。在对相关情况的简要回顾中，我们将尽可能对所有考虑因素进行讨论，但总的来说仍是以对铁路证券持有者的影响为主要出发点的。

编制总体规划

首先，在采取全面合并计划方面，人们已经完成了哪些工作？州际商会不失时机地解决了该问题，于 1921 年 8 月公布了对该法案中规定的初步建议。合并计划打算以 19 个铁路集团来代替约 150 家现有铁路公司。该计划的内容很大程度上是基于铁路专家雷普利（Ripley）教授提出的建议，相关建议都被归纳在了一份详尽的讨论报告中。在合适的时机，委员会开始召开听证会，这个过程持续了好几个月，并从大量证人那里得到了各种意见。这份初步的计划受到了很多批评，证人们在细节上提出了很多修改意见，其中就包括银行家约翰·E. 奥尔德姆（John E. Oldham）提出的全面替代方案。

作为即将合并的铁路公司代表，公司的高层们自然是本次询问的主要对象。强大的铁路公司的领导们表现得非常大方，没有对分配到它们公司的小公司提出任何要求，但有理有据地表达了扩大它们想要的铁路配额的想法。至于这个州占据主导地位的一些铁路公司，其管理层表示坚决反对整个合并构想，并声称该合并不会带来好处，客观存在的反对意见也很难调和。

最近，相关讨论的焦点在于宾夕法尼亚铁路公司和其他一些东部铁路公司之间的争议，主要涉及一份涵盖当地铁路合并的拟议替代计划。这就要求我们去了解更多的情况。

听证会很早就正式结束了，因此经常有传言说州际商会即将宣布最终的计划。也许东部铁路公司之间的差异是导致该计划延期的一部分原因，但不管怎样，最终的方案何时出现，以及它与四年前公布的初步提案有什么相似或不同，都是不可预测的。

这就是总体合并计划目前的状况——相当地不确定。与此同时，一些单独的合并计划已经发生或正在进行。对于这些计划，我们必须想办法找到有关合并想法实际进展的任何具体信息。在表 31–1 中，我们列出了一份相当全面的清单，总结了过去四年里各种铁路合并的进展，但不包括以前就存在的控制形式与合并范围变化的情况。该清单分为三部分，其构成分别是已完成的合并、待定的合并以及预期的合并。“待定合并计划”指的是已经公布了具体内容，正在等待批准的计划。“预期合并方案”则意味着该方案仅列出了合并铁路公司的名单。

表 31–1　到目前为止具体合并的进展

被收购的铁路公司	收购方	州际商会计划中集团的母公司
A. 已完成的合并		
国际 – 大北方铁路公司	新奥尔良 – 得克萨斯州 – 墨西哥铁路公司（密苏里太平洋铁路公司）	密苏里太平洋铁路公司
新奥尔良 – 得克萨斯州 – 墨西哥铁路公司	密苏里太平洋铁路公司	密苏里太平洋铁路公司
丹佛 – 里奥格兰德铁路公司	（1/2）密苏里太平洋铁路公司 （1/2）西太平洋铁路公司	艾奇逊 – 西太平洋铁路公司
卡罗来纳 – 克林奇菲尔德 – 俄亥俄州铁路公司	大西洋海岸线 – 路易斯维尔 – 纳什维尔铁路公司	大西洋海岸线 – 路易斯维尔 – 纳什维尔铁路公司
四叶草铁路公司	镀镍铁路公司	镀镍铁路公司
伊利湖西部铁路公司	镀镍铁路公司	镀镍铁路公司
B. 待定的合并		
切萨皮克 – 俄亥俄州铁路公司	新镀镍铁路公司	切萨皮克 – 俄亥俄州 – 弗吉尼亚铁路公司

续前表

被收购的铁路公司	收购方	州际商会计划中集团的母公司
霍金谷铁路公司	新镀镍铁路公司	切萨皮克－俄亥俄州－弗吉尼亚铁路公司
伊利铁路公司	新镀镍铁路公司	伊利－拉克万纳铁路公司
佩雷·马奎特铁路公司	新镀镍铁路公司	佩雷·马奎特－安阿伯铁路公司
镀镍铁路公司	新镀镍铁路公司	镀镍－利哈伊谷铁路公司
弗吉尼亚铁路公司	诺福克西部铁路公司	切萨皮克－俄亥俄州－弗吉尼亚铁路公司（雷普利教授将其分配给了诺福克西部铁路公司）
阿拉巴马－维克斯堡铁路公司	伊利诺伊州中央铁路公司	南方铁路公司
维克斯堡－什里夫波特－太平洋铁路公司	伊利诺伊州中央铁路公司	南太平洋－岩岛铁路公司
海湾－船岛铁路公司	伊利诺伊州中央铁路公司	伊利诺伊州中央铁路公司
C. 预期的合并		
1. 东部集团合并计划		
利哈伊谷铁路公司	纽约中央铁路公司	镀镍－利哈伊谷铁路公司
纽约－安大略西部铁路公司	纽约中央铁路公司	纽黑文铁路公司
诺福克西部铁路公司	宾夕法尼亚州铁路公司	诺福克西部铁路公司
奥尔顿（东线）铁路公司	宾夕法尼亚州铁路公司	旧金山铁路公司
拉克万纳铁路公司	镀镍铁路公司	伊利－拉克万纳铁路公司
雷丁－泽西中央铁路公司	巴尔的摩－俄亥俄州铁路公司	巴尔的摩－俄亥俄州铁路公司
西马里兰州铁路公司	巴尔的摩－俄亥俄州铁路公司	纽约中央铁路公司
安阿伯铁路公司	巴尔的摩－俄亥俄州铁路公司	佩雷·马奎特铁路公司
布法罗－苏塞克斯铁路公司	巴尔的摩－俄亥俄州铁路公司	伊利－拉克万纳铁路公司
沃巴什（东线）铁路公司	巴尔的摩－俄亥俄州铁路公司	伊利－拉克万纳铁路公司
芝加哥－东伊利诺伊州铁路公司	纽约中央－镀镍铁路公司	密苏里太平洋铁路公司

续前表

被收购的铁路公司	收购方	州际商会计划中集团的母公司
惠灵－伊利湖铁路公司	第三铁路集团	镀镍－利哈伊谷铁路公司
匹兹堡－西弗吉尼亚铁路公司	第三和第四铁路集团	镀镍－利哈伊谷铁路公司
特拉华－哈德逊铁路公司	第四铁路集团	伊利－拉克万纳铁路公司
2. 宾夕法尼亚州建议以下公司做出的变化		
利哈伊谷或拉克万纳铁路公司	宾夕法尼亚州铁路公司	镀镍－利哈伊谷铁路公司 伊利－拉克万纳铁路公司
弗吉尼亚铁路公司	宾夕法尼亚州铁路公司	切萨皮克－俄亥俄州－弗吉尼亚铁路公司
芝加哥－东伊利诺伊州铁路公司	宾夕法尼亚州铁路公司	密苏里太平洋铁路公司
布法罗－苏塞克斯铁路公司	宾夕法尼亚州铁路公司	伊利－拉克万纳铁路公司
拉克万纳铁路公司	纽约中央－镀镍铁路公司	伊利－拉克万纳铁路公司

上表在单独一栏中对已经或即将收购各铁路公司的集团和州际商会分配的集团进行了比较。通过研究这份名单，我们可以发现，对于州际商会合并计划，赞成的铁路公司比不赞成的多。在表中列出的 29 家铁路运营商中，只有 7 家的分配情况完全符合暂定计划的规定。在这种情况下，分析州际商会在批准合并计划前的态度，就成了一件极有意思的事情了。

州际商会的态度

最引人注目的问题当然是在最终计划通过前，州际商会是否有权批准任何合并？州际商会一直倾向于遵循最高法院的优良传统，即如果可以依据次要理由驳回特定的案件，就不对重大问题做出裁决。此前通过的收购中，只有一项涉及法律意义上的合并，其他的都是通过购买股票、租赁或者经营协议实现的。因此，在所有符合第二种情况的合并中，委员会都抓住了技术上的区别（毫无疑问，该法案也应用了这一点），避开了是否要批准初步合并计划的问题。

但最早的镀镍铁路公司、四叶草铁路公司以及伊利湖 – 西部铁路公司的合并却避免不了这个问题，这在任何意义上都是一种合并。轻微的争议显然掩盖了潜在的不安，尽管委员们的观点略有分歧，州际商会仍做出了明确的决定，它无权阻止或指导他人阻止符合各州有效法律的理想合并。然而，伊士曼（Eastman）委员意见总是与大部分人相左，即使是在涉及通过购买股票进行收购的案件中亦是如此，他还在该案件中旁征博引，运用了众多有说服力的论据来反对大多数人的立场。

下一个重要问题是委员会对现实偏离其暂定计划的态度。奇怪的是，尽管许多铁路公司出现了很多这样的偏差，但对委员会来说，有必要发表意见的只有两个涉及重要铁路公司的例子。第一个例子涉及的情况是，美国旧金山铁路公司申请收购国际 – 大北方铁路公司（International & Great Northern）的股票，但该公司的股权已经被分配给了密苏里太平洋铁路公司。因此，委员会没有同意该交易。第二个例子是密苏里太平洋铁路公司想要收购丹佛 – 里奥格兰德西部铁路公司（Denver & Rio Grande Western）一半的股票，而该铁路公司的股票已经被分配给了艾奇逊大铁路集团（the greater Atchison system）。与前一个例子不同的是，尽管在 11 名委员中有 4 人不同意，该收购计划最终仍获得了批准。委员会的意见表明，它在两个案件中的不同决定主要取决于这样一个事实——第一个计划会损害“贸易和商业的路线及渠道”，第二个计划则能够维持现状。到目前为止，委员会批准的其他铁路公司组合与暂定计划都不冲突。

至于州际商会对待定合并计划的态度可能会和它原来的提议冲突这件事，相信读者们会有自己的见解。或许最恰当的说法是，委员会需要令人信服的证据来证明该合并符合大众的利益。也可以说，该合并计划涉及的铁路公司越重要，距离完成其最终计划的核心越近，就越不可能在确定的计划公布前得到批准。

有人曾多次要求州际商会考虑某些州的意见，包括对拟议收购计划的态度和相关法律。而商会的立场——总的来说就是——某个州的意见只是在确定一项合并计划是否符合公共利益时需要考虑的因素之一，并且《交通法案》授予了它在执行合并计划时高于其他州不利法律的权力。有人可能会指责州际商会在同样的决定中，为了否认某个州的不利法律就把收购计划视为法律意义上的合并，又为了解决暂定计划的合法性问题称该计划不属于合并（只是租赁或者购买股票）。该商会最终对上述问题做出了肯定的裁决，支持了州法律的有效性；但在其他时候，比如州法律和它的决定相悖时，显然它又不承认州法律的效力了。这就是合并问题中令人困惑的一点。

对证券价值的影响

现在，让我们讨论经济上的一些因素。合并发展是如何影响证券持有人的钱袋子的？并购的可能性无疑是对股市最重要的影响，甚至比实际的合并更有影响力。我们可以将诺福克西部铁路公司、利哈伊谷铁路公司、特拉华州 – 拉克万纳西部铁路公司、芝加哥 – 东伊利诺伊州铁路公司、岩岛铁路公司以及匹兹堡 – 西弗吉尼亚铁路公司的股票列为因合并影响，价格始终保持在比较水平以上的股票。在前面提到的四个例子中，宾夕法尼亚州铁路公司的出现就如同“天使”一般。该公司为诺福克西部铁路公司争取利益，并且想取代在东部替代合并计划中分配给芝加哥 – 东伊利诺伊州铁路公司的奥尔顿铁路公司（the Alton），还想要合并特拉华州 – 拉克万纳西部铁路公司或利哈伊谷铁路公司——但这两家公司都已经被其他铁路集团占有了。毫无疑问，人们对铁路公司竞争性收购的预期将使铁路股票市场变得非常活跃。

更合逻辑的问法是，实际公布的合并计划对市场价值的真正影响是什么？在大多数情况下，收购得来的股票购买价格或交换价值会高于此前获得的股票。但我们可以观察到，几乎所有的铁路公司都存在规模太小或者不符合广大群众利益的问题。岩岛铁路公司收购“棉花带”铁路公司的控股权以及堪萨斯城南方铁路公司收购凯蒂铁路公司的控股权是其中最重要的两次合并。然而，这两次合并都是在没有向股东提出任何全面收购要约的情况下完成的。至少在“棉花带”铁路公司的例子中，该公司的发展还没有任何市场性的结果。

以规模和普遍利益来说，镀镍铁路公司的合并才是最重要的。目前，该合并已成为州际商会听证会上的一个主题。但站在市场的角度上来说，伊利铁路公司和佩雷·马奎特铁路公司股票当前的售价是在没有进行并购的情况下可能会有的价格。与合并前的市场价值相比，切萨皮克－俄亥俄州铁路公司的股票价格明显偏低了，而镀镍铁路公司的股票价格无疑又偏高了。因此，对以上例子进行总结归纳成了最困难的一件事。我们有理由相信，如果按比例计算，大型铁路公司将主要从那些对其有战略意义的小型铁路公司股票中获益，因此在收购价格上慷慨一些也不算什么了。而在规模更大的合并例子中，我们不可能指望这些股票的收购价格能高出其合理盈利能力的水平。这样的事有可能会发生，但并非绝对。在某些情况下，仅资产的高估值就能抵消经营业绩不佳的影响。

鉴于宾夕法尼亚州铁路公司想要收购的各铁路公司在当前市场上的重要性，作者将进一步讨论该公司的情况。反对宾夕法尼亚州铁路公司的扩张计划主要有两个原因，一是因为该铁路集团已经比任何竞争公司的规模都要大，二是因为该公司目前所采用的保证普通股股息（或者说把债券换成普通股）的方法本质上是不健全的。据了解，这造成了宾夕法尼亚州铁路公司的固定费用增长异常，并且已经引起了大股东的不满。此外，州际商会本身也透露了［尤其是在潘汉德尔（Panhandle）租赁案的裁决中］它并不完全赞同扩张政策。诺福克西部铁路公司最近在保证分红的基础上租用了弗吉尼亚铁路公司的铁路线，这可能是宾夕法尼亚州铁路公司向诺福克西部铁路公司进行租赁前的一个初步尝试——或许可以促使委员会就宾夕法尼亚州铁路公司的战略计划和财务方法给出明确意见。

少数派的立场

合并发展确实能带来市场价值上升的前景，但与此同时，我们也必须考虑某些股票因为不公平的对待而出现价格下跌的可能性。切萨皮克 – 俄亥俄州铁路公司就是这样的一个例子，它在镀镍铁路合并中的条款被少数股东谴责为严重不作为（作者在《华尔街杂志》最近的一篇分析文章中表达了他的观点，即事实可以充分支持少股股东的异议）。持不同意见的少数派的权利是整个合并过程中最重要的问题之一，因此，我们需要密切关注切萨皮克 – 俄亥俄州铁路公司不同派系之间斗争的进展。

人们普遍觉得，提出抗议的股东只能寻求法院的帮助，因为州际商会可能只会从公共利益的角度来审查条款，而不会考虑证券所有者之间的利益。这种观点很大程度上是因为委员会不顾某些股东的反对，批准了潘汉德尔铁路公司的行动。我们对州际商会的意见进行了仔细的研究，但未能证实这一结论。在潘汉德尔租赁案中，委员会指出：

> 我们不认为有必要讨论我们在保护少数股东利益方面的责任……因为在我们看来，法案授予我们的权力不会损害任何相关股东的利益。

以上是前文提到的典型的德尔菲式（Delphic）发言，无论委员会的权力是否受到质疑，它的决定都不会有变，通过这样的决定可以避免越过其授权范围。在批准纽约中央铁路公司购买四大铁路股票的决定中，另一份声明主题相同，但有些晦涩：

> 在涉及同一控制下的两家子公司之间的交易案中，我们（可能）会进一步仔细审查拟议的交易，从而在提出抗议的少数派立场上确定这笔交易是否公平。

因此，可以恰当地说，委员会一直以来都在避免就少数派的利益问题做出任何承诺。但上文最后引用的意见似乎意味着它倾向于认为其管辖权确实适用于这些事项。切萨皮克－俄亥俄州铁路公司少数派的律师在委员会面前可以非常自由地盘问证人，这一点似乎可以支持以上解释。为了公平，有异议的少数派似乎更应该向委员会寻求帮助，而不是交给法院。毕竟法院的流程更繁琐，需要更长时间才能迎来正义。

回顾这篇文章，我们考虑的每一点都未得到回答，得出的结论也不够确定，所以也没有多大的价值。或许，我们唯一能够肯定的是合并问题充满了不确定性。作为总结，我们以问答的形式附上一份有关合并情况的简短概述。

1. 问：合并对国家和铁路公司有好处吗？

答：从权威角度来说，这绝对是有利的，但证据远没有那么确凿。

2. 问：《交通法案》会促进合并吗？

答：虽然法案有一定的局限性，但毫无疑问，它可以促进铁路合并。

3. 问：实际的合并是否会严格遵循州际商会的初步计划？

答：显然不会。

4. 问：合并会提高铁路证券的价值吗？

答：总的来说会，但对长期投资价值的影响不会像短期投机带来的刺激那么大。

5. 问：合并是否会在一个对所有相关股东总体公平的基础上，按照合乎情理的路线进行？

答：这显然还有待观察。

第 32 章

Benjamin Graham on Investing:
Enduring Lessons from the Father of Value Investing

如何在股市中淘便宜货

枯燥却非常暴利——当前的一些便宜股票

“便宜货”是指能够以低于其确定价值的价格买到的东西。其概念涉及的是当前价格与确定价值的比较——也就是说，不是和投机的或预期的价值的比较。举一个简单的例子：一位家庭主妇以每盒 4 美分的价格买了尤尼塔饼干，她自然会认为自己买到了便宜货，因为 4 美分的价格明显低于该商品的公认价值。另一方面，那些能够在佛罗里达房地产交易中积累财富的人或许是警觉而敏锐的，但他们购买的资产显然不便宜。

这种区别在华尔街尤为重要。在股票市场上淘便宜货无疑是一种安全且回报令人满意的赚钱方式。但这绝不是唯一的方法，可能也不是最好的方法。投资者想要更快获得更大的利润通常有两种方式，要么娴熟地顺应趋势进行交易，要么精明地预判未来的行业发展。最近的公用事业股票充分证明了前一种类型的机会，电制冷行业的股票则证明了另一种机会的可能性。尽管这些股票产生了非常可观的利润，但无论如何都称不上便宜货，因为便宜货的本质在于价格低廉。但在购买这些股票的过程中，价格并不是主要的决定因素。它们的买卖取决于不同的时机，而不单单是便宜的或者是贵的价格。

喜欢淘便宜货的人总是紧盯着既定的事实。他会分析最近的资产负债表，也会研究过去的收入账目，他对未来的预期主要基于过去的平均水平。他远离市场的喧嚣，不在意潮流，通常只买小众的东西。他做事拖沓——对未来缺乏想象力，或许可以说目光短浅，但他的资本回报率很高，晚上都能睡得很香。

即使有买到便宜货的机会，往往也是充满争议的或者非常不明显的。我们不能指望能够找到在各方面都特别有吸引力的股票，其中也包括价格因素。大多数股票便宜是因为有一些缺点，但即使是这样，它们也能受到投资者的青睐。分析表明，这些缺点：（1）是虚构的；或者（2）被过分强调了；或者（3）重要但远不如其他优势因素的影响大。表 32–1 列举了不同类型的便宜货。下面，让我们来讨论一些具体的例子。

表 32–1 不同类型的便宜货 （单位：美元）

证券名称	最近的价格	每股股息	主要交易特征
债券			
国际电话电报公司利率为 5.5% 的可转换债券	*99.5		价格中未反映出有价值的可转换特权
高级石油公司利率为 7% 的第一抵押债券	92		即使存在不利的发展，但与投资总额所保证的安全性相比，抵押债券的规模很小
优先股票			
康格里默公司的股票	103	7	1925 年上半年的收益是股息的 40 倍，1924 年的收益是股息的 50 倍
普通股票			
库达海包装公司的股票	100	7	收益占市场价格的 16.1%：在这类公司中是一个较大的比率
巴尔的摩联合天然气和电力公司的股票	45	2	本身的收益就很大，特别是与其他公用事业公司相比时
工业金融公司的股票	13		收益按市场价格计算超过了 50%，收益与良好的前景抵消了糟糕记录的影响
北方管道公司的股票	80	6	现金资产与市场价格相等，有名义上的负债
华尔道夫酒店集团的股票	15.5	1.25	尽管最近业绩有所下滑，但其收益比例仍远高于其他连锁公司

续前表

证券名称	最近的价格	每股股息	主要交易特征
沙特克－亚利桑那州铜矿公司的股票	50	1	新科尼利亚铜矿公司的持股和流动资产可以完全覆盖该股票的价格，前景非常好的矿山则作为红利
盐溪生产者公司 26 号的股票	2		出色的条件和财务状况，保证了多年来的巨大收益

* 近期的报价。

本文的主要目的在于说明不同类型的“捡漏”机会，以及如何确定哪些是证券中的便宜货。作者给出的例子不是为了提供当前这些机会的完整清单，而是为了说明便宜股票的主要类别。股票“捡漏”可能不会像华尔街的投机操作那样让人狂热和兴奋，但也有自己特有的精神上的刺激形式——对那些不畏艰难的人来说，“捡漏”能带来经济回报。

优先证券中的便宜货

一般来说，债券或优先股有两种类型的捡漏机会。第一种是能够产生适当利润的稳健债券，它们通常还拥有转换权或参与分配的特权。在这种情况下，购买者无须支付额外费用就获得了一项有价值的权利。最近就有这样一个例子，即国际电话电报公司（International Telephone & Telegraph）的债券，其利率为 5.5%，售价为每张 99 美元，并且可以在明年 4 月以 125 美元的价格转换为股票。这只债券的收益率只有 5.58%，但其巨额利润远高于利息要求，使它拥有了非同寻常的吸引力。以上价格不包括转换为股票的 10 年特权的费用，由于该公司发展迅速，该债券最近的报价已经不止 99 美元了。因此，在面向公众发行的债券中，它是相当罕见的价格明显低于其相对价值的例子之一。

另一种类型的便宜货是指相对于安全性而言，收益率过高的股票。有时候，价差纯粹是因为股票的受关注度太低，但它们的价差则一般是因为公众没能正确评价真实的情况。也就是说，投资者过于重视不利的因素，而它们实际上并不重要（这种情况很常见）。以康格里默公司（Congoleum）的优先股为例，它的售价为每股102美元，收益率为6.85%。或许有读者记得，康格里默公司今年的表现比不上去年，普通股的股息因此有所减少，其股票价格较之前的高点也下跌了一半以上。这样一来，该公司利率为7%的优先股又怎么会是价格高于面值的便宜货呢？答案很简单。该公司的164.1万股普通股当前价值约为4000万美元，而它的前面只有178万美元流通在市场上的优先股。表32–2是收益数据。

表32–2　康格里默公司的收益数据　（单位：美元）

年份	可用于优先股股息的余额	优先股的利息要求
1922	4 893 000	243 000
1923	6 863 000	129 000
1924	6 388 000	136 000
1925年上半年	2 777 000	68 000

所以，尽管收益缩水导致了普通股疲软，但它的余额仍然超过了优先股股息40倍以上。这样的差额实在太大了，以至于该股票的安全保证比许多价格高出其10个点的标准优先股都要好。显然，一旦时机合适，这只股票将以每股107美元的价格被赎回。

债券中的便宜货

倘若公司的资产价值非常庞大，非优先证券的持有人不会允许公司违约，在保障良好的情况下，即使收益不佳，该公司的债券也是一种便宜货。皮尔斯石油公司（Pierce Oil）去年通过出售普通股筹集了约650万美元的新资金，并以此进行了资本重组。当时，该公司利率为8%的债券售价为 92 美元，发行的总金额为 170 万美元，但需要每年支付 20 万美元给它的偿债基金，以确保最终可以按 110 美元的价格赎回。本次再融资产生了 250 万股新的普通股，其市场价格为 1750 万美元，相当于债券发行额的 10 倍。

不管怎样，这些债券最终都会被处理掉，因为股东们刚刚进行了如此巨额的投资，自然不会允许小额债权人占有这笔财产。所以，在把债券都处置完毕后，即使皮尔斯石油公司的股票价格有所下跌，债券的价格也涨到了 106 美元。

目前，高级石油公司利率为 7% 的债券也出现了类似的情况，其售价为 92 美元，收益率为 9.5%，并且将于 1929 年到期。在最初发行的 100 万美元债券中，现在仅有 71.4 万美元尚未赎回，该公司还必须每年赎回 20 万美元。在该债券的优先级后面是 109.1 万股市值约 320 万美元的股票。尽管生产资产的账面价值是发行额的 6 倍，该公司的净流动资产却不足以覆盖其债券发行额。高级石油公司报告的持续亏损主要来自过于沉重的折旧和损耗费用。例如，在扣除这些费用前，该公司 1924 年的利润是 82.6 万美元——该金额超过了债券的发行总额。由于高级石油公司在一起损害赔偿诉讼中胜诉了，根据判决结果，它将极有可能从大西洋炼油公司（Atlantic Refining）那里获得 350 万美元的可观赔偿。因此，高级石油公司可以合理使用这些赔偿金，以每张 105 美元的价格赎回小额债券。这种可能很实际，但即使撇开不谈，这些资产的价值也已经远远超过了 71.4 万美元的债券，所以不管有什么意外情况，这些债券都能够得到偿还。

库达海包装公司

当价值提高了、价格却没有及时反映前者的变化时，便是最简单的“捡漏”机会。这样的例子在牛市的高峰期就很难找到，在这个时候尤为罕见。因为长期的上升趋势是以工业上相对有限的进步为基础的，其间几乎没有留下任何真正的有利条件，或者说这些有利条件已经被利用过了。其中的一个例子就是库达海包装公司的股票，它以票面价格在纽约证券交易所出售，每股支付的股息为 7 美元。根据表 32–3 所示的普通股的每股收益可以看出，该公司正在从战后通货紧缩的亏损中稳步恢复。

表 32–3　库达海包装公司普通股的收益情况　（单位：美元）

年份	收益
1921	–12.49
1922	+3.78
1923	+8.32
1924	+16.13

1925 年的官方数据尚未公布，但据说有权威报告表明，库达海包装公司的情况比去年的出色表现还要更进一步，其发展前景也非常振奋人心。最近的收益价格比率使得库达海包装公司的股票进入廉价股票的行列，因为这一比率在与以下股票的属性相比时都高得不正常（1924 年的比率为 16.1%）。

- 当前市场上所有工业股票的平均值；
- 其他包装行业股票当前的表现；
- 这类股票需要的正常盈利能力。

库达海包装公司唯一的弱点在于过去七年的平均利润相对较低。如果这些数字表明，该公司的业务在根本上受到了经济周期大幅波动的影响，那么根据该公司 1924—1925 年的业绩，购买它的股票就有很大的风险。然而，人们普遍认为 1920—1921 年期间的困难是不常规和偶然的，包装行业正在恢复战前的稳定状态和稳步增长的趋势。如果我们把库达海包装公司的股票当作邮购行业的股票（经历了更严重的通缩亏损）来看，那么这个价格就很离谱了。

巴尔的摩联合天然气和电力公司的股票

根据股票的类型和年代不同，把它们归为廉价股票的标准——即收益占市场价格的百分比自然也有所不同。16%对包装行业的股票来说是一个非常有吸引力的数字，但如果以1925年前六个月汽车股票的表现来说，这个数字就没有决定性的意义了。在这组股票中，由于收益的季节性变化和个别公司的业绩波动，这半年的数据无法成为确定公司盈利能力的有效指标。与此相对的是，公用事业公司（要求）的收益比例比以前更小，因此（在分析这类公司时）其投资地位的巨大改变是有一定道理的。

试想巴尔的摩联合天然气和电力公司的情况，该公司在过去一年里的每股收益约为5.75美元，相当于其市场价格（每股45美元）的13%。这个百分比其实比其他公用事业公司的股票大多了。以美国自来水公司为例，该公司同期的每股收益只有3美元，不到其股票价格（每股62美元）的5%。这家位于巴尔的摩的天然气和电力公司，不仅目前的盈利状况让人很满意，在过去三年的平均利润也非常稳定，保持在每股5.5美元的水平上。另外，就优先债务而言，该公司的资本结构较为保守。目前巴尔的摩联合天然气和电力公司股票的股息为2美元，相应的收益率只有4.4%，但这不该是决定性的因素，尤其是在收益有可能大幅增加的时候。显然，巴尔的摩联合天然气和电力公司的股票没有取得和其他公用事业股票一样惊人的增长。以目前这类股票的估值标准来评判，该股票的价格似乎太低了；但对本文来说最关键的是，任何合理的评估方法都能充分证明其价格的合理性。

工业金融公司的股票

同样的基本原则出现在另一种完全不同的便宜股票中，即面值10美元、售价为每股13美元的工业金融公司的普通股。在这里，我们将看到一个非常不利和一个非常有利的特点。我们很快就会注意到它的缺点——这只股票不仅从未支付过股息，其公司甚至拖欠了 6 年优先股 6% 的股息。与此相对的是，这只普通股去年的每股收益为 7.45 美元，比它的市场价格高了 55%。这样的情况非常值得进一步研究。

莫里斯计划公司（Morris Plan）是工业金融公司的子公司，在美国各地开展对公和对私的小额贷款业务。莫里斯计划公司的董事会表明，该公司在履行有益于社会的公共职能，并且拥有最好的赞助商。与此同时，该公司的制度使得业务不断增长，亏损的比率非常低。莫里斯计划公司的子公司——工业承兑公司（Industrial Acceptance Corporation）与斯蒂贝克汽车公司（Studebaker Corporation）签订了独家合同，为其经销商和客户购买汽车提供融资。该公司早期的财务表现较差可能是因为有开发费用，以及在 1916—1923 年之间扣留的优先股股息，当然，这是非常有必要的。1923 年，公司收到了相当于普通股每股 4.5 美元的丰厚利润。如上所述，该公司在 1924 年的业绩甚至更好，利润达到了每股 7.45 美元。根据上一份年度报告的预期，1925 年又会是繁荣的一年，并且该报告暗示了优先股股息拖欠的问题将很快得到解决。

这些发展使得工业金融公司的股票看起来非常有吸引力，这不仅是因为它在过去两年里的收益本身就很高，也因为公司充分证明了它已经在一个能够盈利的领域中站稳了脚跟。简单地说，整个故事可以概括为：工业金融公司发行的全部普通股售价仅 150 万美元，而它的子公司——莫里斯计划公司去年的交易额为 1.2 亿美元。在这种情况下，只要营业额或是利润率稍稍增长，普通股就会产生惊人的收益。

这里还有一只与工业金融公司的股票名称非常相似的普通股，最近的价格也卖到了每股 13 美元左右，其发行方为工业纤维公司（Industrial Fibre）。通过两者的比较，可以很好地说明真正意义上的捡漏和普通获利机会的内在差异。工业纤维公司制造的产品是人造丝，它已经开始参与新兴产业的发展了。该公司在不同年份的每股收益为：1922 年，25 美分；

1923 年，38 美分；1924 年，36 美分；1925 年上半年，1.55 美元（全年水平）。以上结果表明，该公司近期的进展非常振奋人心，再加上对未来的乐观预期，这只股票对投资者的吸引力可不小。但我们也应当考虑到该公司本身收益较小的情况。因此，买家购买工业纤维公司股票的动机必然是看好该公司的未来；而对工业金融公司的股票来说，它被主要推荐的理由则是最近的表现不错。工业纤维公司的未来前景并不差，这一点充分说明其股票的价值被明显低估了。

购买现金资产股

一般来说，人们会认为资产不如收益重要，但前者往往在创造捡漏的机会方面发挥着重要的作用。这个原则在标准石油管道公司（Standard Oil Pipe Line）的所有股票上均有体现。其中，最好的例子或许就是北方管道公司（Northern Pipe Line）的股票。这只股票的售价为每股 80 美元，支付的股息为 6 美元，因此收益率为 7.5%。标准石油集团自 1912 年分拆以来，每年支付至少 6 美元的股息，平均下来每年可超过 10 美元。该公司的普通股前面没有更优先的资本负债，仅现金和有价证券的价值就达到了每股 80 美元，相当于市场价格的全部。而公司的总负债只有每股 12 美元，毋庸置疑，其中的一半是以其他准备金的形式存在的。

试想一下，这样的资本结构会带来什么问题？问题就在于最近的收益。由于加利福尼亚州的过剩石油也能通过巴拿马运河向外运输，与该集团的所有公司一样，北方管道公司的业务也受到了不利影响。报告的每股净收益持续下降，从 1922 年的 12.05 美元降到了 1923 年的 7.7 美元，1924 年只剩下 5.35 美元了。但经过仔细研究，似乎没有任何证据表明过去三年的数据有任何明确的盈利减少的趋势。事实上，今年上半年的石油运输统计数据已经展现出了实质性的进步，北方管道公司的运输量增加了 14%。随着加利福尼亚州石油的高产量开始稳定下来，本地石油管道公司的竞争影响可能会减弱；而且没有迹象表明管道公司将被取代，它们仍负责将原油从中部大陆的大型油田输送到东部炼油厂。

这里还有一个因过多考虑不利因素，造成股票价格偏低的例子。随着北方管道公司股票的价格降到现金资产的金额，再加上目前的收益大概率足够支付股息，该股票的价格显然远低于那些保守的估值。

北方管道公司的股票是典型的现金资产股，没有负债，且现金资产占了销售价格的大部分。这样的股票往往会让那些喜欢淘便宜货的人心动不已。大约一年前，《华尔街杂志》就推荐过这类股票了。为了说明这种股票的可能性，我们附上了这组股票目前的报价和 1924 年的价格（见表 32–4）。值得注意的是，这些股票确实并非投机的宠儿，但它们平均的涨幅远超过一般股票市场的行情，与此同时，它们承担损失的风险也非常小。

表 32–4　　九只现金资产股的表现　　（单位：美元）

1924 年 7 月 19 日发行的《华尔街杂志》的推荐名单

	每股现金资产	1924 年 7 月推荐时的价格	近期的价格	变化
新月石油公司	15.85	13	17	+31%
克雷克斯地毯公司	16.97	29	52	+79%
坎伯兰管道公司	83.9	128	153	+20%
彭诺克石油公司	8.08	15.5	*20.5	+32%
沙特克 – 亚利桑那州铜矿公司	2.88	5	6	+20%
南方管道公司	78.73	95	78	–18%
托诺帕矿业公司	1.75	1.375	5	+264%
特兰苏 – 威廉姆斯钢锻件公司	18.56	28	26.5	–5%
莱特航空公司	16.25	10.5	30.5	+190%
平均增幅				+68%
标准数据				
231 只股票的平均值	104.7	130.1		+24%

* 已考虑资本重组的情况。

华尔道夫酒店集团的股票

这只股票属于一家连锁餐饮公司，同样是一个说明不利因素导致股票价格低廉的例子。由于食材价格上涨，某些租约到期，该公司最近的收益下降了，而该公司的股票价格相应地从每股 20 美元降到了每股 15.5 美元。按照目前的报价，这只股票的股息为 1.25 美元，股息率为 8%。尽管人们对该公司在 1925 年上半年的表现非常不满意，但这只股票的收益仍达到了价格的 11%，这一比例明显高于其他连锁行业的公司。在同一时期，蔡尔德公司（Child）股票收益率不到 6%，而基于沙特克 – 亚利桑那州铜矿公司的市场报价，前者的收益率才不到 5%。因此，通过比较，我们可以发现不管是当前的表现还是过去的记录，华尔道夫酒店集团的股票都非常便宜。此外，该公司的赞助者资金实力雄厚且经验丰富，考虑到这一优势，我们似乎没有理由对它的未来感到悲观。

沙特克 – 亚利桑那州铜矿公司的股票

有时候，一只股票会因为某种原因表现出廉价的特性，但在快速浏览收入账目或者资产负债表时，我们很难发现这种原因。以沙特克 – 亚利桑那州铜矿公司的股票为例，其铜业股的售价为每股 51 美元。在这里，造成该铜业股廉价的主要因素是公司对新科尼利亚铜矿的控制；后者属于斑岩铜矿，有可能以低成本进行大规模生产。

新科尼利亚铜矿公司的股份售价为每股 20 美元，而每股沙特克 – 亚利桑那州铜矿公司的股票持有 1.9 股其子公司的股份，因此很明显，沙特克 – 亚利桑那州铜矿公司股票价格中的 38 美元就代表了它所持有的新科尼利亚铜矿公司股份的市场价值。此外，沙特克 – 亚利桑那州铜矿公司的其他投资和净流动资产的价值超过了每股 12 美元。这么一来，该公司矿山与设备的市场估值只剩下了每股 1 美元，按全部股份计算则是 65 万美元。这些矿山和设备每年的产量为 7000 万磅，即使在 1924 年，折旧前的净收益也有将近 100 万美元。沙特克 – 亚利桑那州铜矿公司的矿山不仅记录非常好，而且前景一片光明。现在的股票价格意味着，投资者以每股 20 美元价格的投资，就能得到新科尼利亚铜矿这样庞大的资产作为红利。顺便一提，这只股票支付的股息是 4 美元，收益率接近 8%。

盐溪生产者公司的股票

该公司的股票在纽约场外证券交易所挂牌，其售价为每股 26 美元，支付的股息为 2.5 美元，收益率超过 9%。作为一只石油股，盐溪生产者非常便宜，这是因为它没有充分挖掘其可能性。大部分拥有宝贵的油田的公司都会尽快开发它们的土地，其中部分原因是为了快速获利，但更主要的是防止竞争公司排水。该公司和伙伴山地生产者公司完全控制了怀俄明州著名的盐溪油田的核心地带。该油田的开发者是印第安美孚石油公司的一家子公司，主要目的就是为了确保未来几年的石油供应。因此，这片区域的钻探过程非常缓慢，实际产出远低于潜在的产量。尽管在不久前盐溪生产者和山地生产者公司还发现了一个富饶的深砂矿，但现在不会有人想要真正开发这个极其宝贵的额外资源。

即使盐溪生产者公司严格控制了产量，在过去的两年里，公司每年的收益都远高于每股 4 美元。该公司拥有超过 1700 万美元（或每股 11 美元）的净流动资产，其中一半以上都是现金和自由债券。这只股票之所以看起来格外有吸引力，原因有两点：一是在有利的条件下，它能够给出很好的回报；二是不管从财务还是经营的角度来考虑，该股票的未来都是有保证的。

第 33 章

Benjamin Graham on Investing:
Enduring Lessons from the Father of Value Investing

小股东的胜利

范·斯威林根合并方案的致命缺陷——对并购局势的影响——三家合并公司的价值

对华尔街来说，镀镍铁路的合并方案被否决显然是一个糟心的意外；股票价格刚开始出现震荡，该意外就加剧了这种情况。然而，不管这件事对投机结构有什么样的短期影响，对真正的华尔街来说，这无疑是这个国家聪明又保守的证券所有者的一次伟大胜利。

对投资者来说，上述决定意味着公平交易必定会在铁路融资中占据主导地位，大的利益集团不能仅凭其庞大的规模，就把自身无节制的意志强加给小型合作伙伴。同样，该决定也不会阻碍铁路合并这一基本趋势。相反，州际商会能够从运输的角度批准合并方案（同时也指出该公司的财务状况不够令人满意），说明不管镀镍铁路的合并是否符合一开始的总计划，该商会明显是有自由裁量权的。该商会的决定大大减少了铁路合并过程中的技术障碍。范·斯威林根合并方案的失败并不意味着必须放弃待定的合并计划，只是计划一定得公平。在州际商会拒绝批准合并方案后，范·斯威林根的股票的运行情况如图 33–1 所示。

《华尔街杂志》的读者们显然对镀镍铁路合并案的大致情况都很清楚。自范·斯威林根兄弟通过并购佩雷·马奎特铁路公司、伊利铁路公司、切

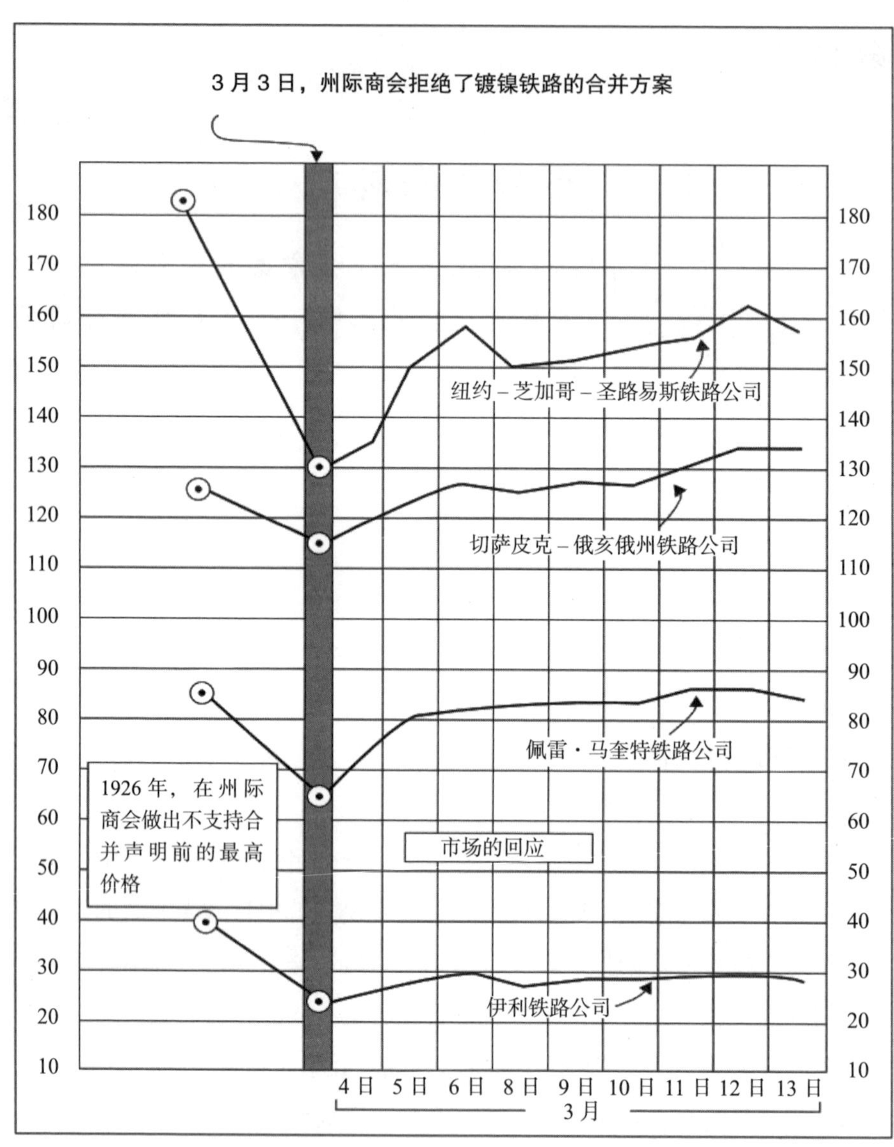

图 33–1　在州际商会拒绝批准合并方案后，范·斯威林根的股票的运行情况

萨皮克－俄亥俄州铁路公司与霍金谷铁路公司建立起震惊全国的纽约－芝加哥－圣路易斯铁路线，至今已有一年半了。他们的方案包含了许多能够唤起人们浪漫想象的元素。这对来自克利夫兰的兄弟迅速崛起、气质相当神秘，并且在大概只有无聊的银行家才会涉足的金融领域做出了惊人之

举——所有的一切都传递出一种引人好奇的信号。

就像通常会发生的那样，拥有更清醒的判断既会让人高兴，也会使人感到遗憾。范·斯威林根兄弟的合并方案并不是没有缺点。一开始只受到一些零星的、试探性的反对，但最终，这些反对凝聚成了非常坚决的意见——他们不同意切萨皮克–俄亥俄州铁路公司与霍金谷铁路公司给股东们的待遇。在州际商会举行的漫长的听证会上，对公众来说，这些条款恰当与否似乎盖过了股票本身的问题。事实上，早在 1925 年 2 月，作者就在《华尔街杂志》表示支持这一案件。在不忽略具体问题的重要性，同时也不轻视少数有异议的股东的情况下，我们应当注意到，镀镍铁路合并案中还有其他几个需要反思的因素。这里指的就是合并计划的条款以及执行该计划所采用的方法。

> 人们可以称赞范·斯威林根兄弟有事业心和建设性的才能，但不可否认的是，他们无情地漠视了较小伙伴的合法权利……在这个开明的时代，我们实在无法理解如此涉及公共利益的大规模交易怎么能以一种冷漠无情且毫无技巧的方式进行？这不禁让人想起了旧时代的工业巨头。

委员会的反对意见

州际商会的意见列举了上述提案的诸多缺陷，以解释其反对该提案的理由。其中，最主要的是：

- 交换的比率并不公平；
- 新的优先股应当拥有表决权；
- 旧的镀镍铁路公司仍是一家控股公司，故而允许控制权集中；
- 伊利煤炭资产公司应当被排除在合并计划外；

- 伊利铁路公司较短的铁路线应当被合并。

“但根据记录，对切萨皮克－俄亥俄州铁路公司以及霍金谷铁路公司的股东来说，这些条款明显没有经过充分的考虑。”上述文字有力地表明了委员会调查交换比率得到的结果，但它们为确定和批准各种提议而采用的方法遭到了严厉的批评。此前，我们曾提到切萨皮克－俄亥俄州铁路公司与霍金谷铁路公司运输量的增长，以及和它们的股息相比数额巨大的收益。不同的是，该意见书指出，在 1924 年 8 月到 1925 年 12 月期间，镀镍铁路公司的普通股价格涨了 68 个点，而切萨皮克－俄亥俄州铁路公司的股票仅涨了 32 个点。最终，我们得出的普遍性结论是“申请人没有义务证明责任较小的公司的股东之间的交换比率是公平合理的”。

接下来的两项明确否定该方案的条款都与范·斯威林根兄弟一个令人反感的目的有关——把他们对每家组成公司的少数所有权转变为对合并集团的多数控制权。通过把佩雷·马奎特铁路公司、伊利铁路公司、切萨皮克－俄亥俄州铁路公司的有表决权的优先股转换成无表决权的新优先股，可以部分实现以上目的。另一种手段则更加巧妙。旧的镀镍铁路公司将按一股换一股的方式来换取新的普通股和优先股，并将其持有的佩雷·马奎特铁路公司和切萨皮克－俄亥俄州铁路公司的股票换成额外的新股票。然而，旧镀镍铁路公司没有像其他铁路公司那样——把这些新股票分给股东，并换回它们的旧股票，而是计划将新股票留在公司的资产库里，以控股公司的形式继续生存下去。这样一来，范·斯威林根兄弟只要持有旧公司约 54% 的股份，就能保住对新镀镍铁路公司全部股份的所有权，而旧公司 32% 的股权将通过这两种技巧被转移到合并集团 51% 的控制权中。

在进一步研究控股情况时，委员会注意到范·斯威林根兄弟持有的股票属于另一家独立公司——范·埃斯公司（the Van Ess Company），这对兄弟拥有该公司 80% 的股份。而该公司的股票又被绑在另一项有投票权的信托中，这样，他们就能在不持有任何股份的情况下继续行使控制权了。委员会明确反对范·斯威林根兄弟在没有多数股权的情况下对其他公司进行控股，并坚称优先股的股东有资格享有投票的权利。

在意见书中，州际商会坚决反对合并集团将伊利煤炭资产公司的财产包括在内，并提出了一个以前很少被关注到的问题。该商会认为，铁路公司应该只从事铁路运输业，而且没有理由同意新镀镍铁路公司为收购煤炭公司而发行证券。另一方面，这个决定对合并的支持者来说是一种刺耳的提醒：整个合并理论的主要目的之一，就是通过将小铁路公司并入大型铁路集团来解决问题。研究这个问题的学生们指出，到目前为止，合并计划的制订者都礼貌而沉默地忽略了较小的铁路公司。因此，在当前的情况下，美国短线铁路协会（American Short Line Association）不得不含泪提出抗议。委员会没有说明将在多大程度上坚持“较小的铁路公司应当被包括在合并计划中”的原则，但专门谴责了新公司对经营不善的子公司（目前由伊利铁路公司控股）不够负责。

范·斯威林根兄弟的手段

除了讨论未获得批准的各项条款外，州际商会的意见书还对制订和批准计划所采用的方法进行了大量探讨，这正是关系到普通铁路股东主要利益的地方。人们可以称赞范·斯威林根兄弟有事业心和建设性的才能，但不可否认的是，他们无情地漠视了较小伙伴的合法权利。对作者来说，这些程序从一开始就让人惊讶不已——在这个开明的时代，我们实在无法理解如此大规模的涉及公共利益的交易怎么能以一种冷漠无情且毫无技巧的方式进行？这不禁让人想起了旧时代的工业巨头。

该计划的首次公告中并未提及持不同意见的股东们的处境。甚至有这样一则非正式的声明称，没有加入该计划的股东将不会得到他们持有的任何东西。这样的恐吓显然是非常荒谬的，以至于后来需要专门澄清。而在制定交换比率时，制定者对这些表象毫不关心。针对切萨皮克–俄亥俄州铁路公司普通股的条款显然也不充分，不过至少关于这一点的争论是有依据的。然而，表面上给予切萨皮克 – 俄亥俄州铁路公司优先股的待遇实在是令人无法容忍。尽管伊利铁路公司和佩雷·马奎特铁路公司优先股的交换意味着它们的市场价值将大幅提升，但对于切萨皮克 – 俄亥俄州铁路公司的优先股来说，分配给它的新股票价值比它当时的报价低 13 个点。在股息仅增加了 0.4% 的情况下，合并条款就要求该公司的股东放弃优先股特有的安全性、投票权以及更重要的极其宝贵的转换特权——而佩雷·马奎特铁路公司的优先股没有转换特权，却能得到 1% 的股息增幅。

伊利铁路公司第一优先股的股东也有充分的理由感到不满，因为他们得到的东西比第二优先股的股东少。若是完全无视他们的优先索赔要求似乎太不合理了，毕竟佩雷·马奎特铁路公司第一优先股的股东比第二优先股多 10% 的收益。真实的情况是范·埃斯公司有 5.26 万股伊利铁路公司的第二优先股，而只有 2.47 万股伊利铁路公司的第一优先股，这能够合理地解释以上安排，但却是一个非常糟糕的理由。

该计划有不少令人恼火的细节，其中最恼人的一项安排是旧镀镍铁路公司凭借其持有的切萨皮克 – 俄亥俄州铁路公司与佩雷·马奎特铁路公司的股票分别换到了两批新股票，而切萨皮克 – 俄亥俄州铁路公司尽管持有霍金谷铁路公司的大部分股票，却没有得到任何额外的股份。根据记录，镀镍铁路公司才刚刚买下了佩雷·马奎特铁路公司的股票，甚至没有为它们付款，购买这两批股票的费用都将由新公司承担，更凸显了不平等。范·斯威林根兄弟对他们关心的事情的偏袒极其明显，尽管有许多可用的手段，但他们甚至不愿费心来掩饰这一点。

被忽视的股东

至于该计划的条款是否真的像看起来那样不公平，应该是因人而异的。范·斯威林根兄弟并不缺专家为他们在委员会面前进行全面的合理性辩护，但他们在切萨皮克–俄亥俄州铁路公司董事会确认其合并计划时遵循的程序，只能激发令人不满的情绪。当佩雷·马奎特铁路公司和伊利铁路公司的董事们在各个地方进行审议、谈判并要求修改条款时，由范·斯威林根铁路公司控制的切萨皮克–俄亥俄州铁路公司却非常爽快地接受了该计划。作者在最初关于镀镍铁路计划的文章中就提到了这一“惊人的特点”，他是这样表述的（倘若不是为了以绝对冷静的方式来分析该案例，他的语言可能不会这么温和）：

> 但奇怪的是，这些讨论都是在范·斯威林根铁路公司和伊利铁路公司，或者和佩雷·马奎特铁路公司的董事之间进行的，它们的董事代表了伊利铁路公司和佩雷·马奎特铁路公司中可能有异议的股东。切萨皮克–俄亥俄州铁路公司的董事们显然没有考虑过是否有必要代表他们的股东采取任何类似的措施——尽管其他人都认为该公司的股东比其他任何铁路公司的股东都更有可能提出异议。

在主旨上，州际商会的措辞与作者相同，不过语气更坚定有力：“维护切萨皮克–俄亥俄州铁路公司与霍金谷铁路公司所有股东利益的方式，与保护佩雷·马奎特铁路公司和伊利铁路公司利益的方式之间的对比是惊人的。”该商会再次申明“切萨皮克–俄亥俄州铁路公司与霍金谷铁路公司的全体股东都明显缺少独立而公正的代表”。

该商会的意见特别谴责了切萨皮克–俄亥俄州铁路公司的董事长，他并不是由范·斯威林根任命的，所以股东们期望他能做出一些努力，为那些多年来雇用和信任他的人争取充分的报酬，这自然是合理的。但当佩雷·马奎特铁路公司的董事们能够大幅提高他们兑换股票的比率时，切萨皮克–俄亥俄州铁路公司的董事长仅发布了一则声明，同意了范·斯威林根铁路公司向他的股东们提出的各种条件。这部分记录读起来着实令人痛苦。

在上文中，我们已经详细叙述了合并程序的这一方面，不是想要指责某一方，而是为了明确指出委员会决定不支持合并计划是恰当的，更是必要的。这不是故意阻挠合并者的胜利，也不意味着任何心怀不满的股东声称自己的利益被轻微损害了，就能阻止众人期待的重要发展。但州际商会的意见确实表明了一点，即古老的公平规则仍然有效——即使少数股东可能没有权力，但他们仍有权利；就算董事可能代表的是单方利益，他们仍有义务对每一位股东负责。

对其他合并的影响

该合并对合并局势的影响必须从两个方面来考虑：一个是镀镍铁路单独的合并计划，另一个则是全国铁路的总体合并计划。经历了第一次失望，华尔街很快意识到，上述意见绝不是对整个合并想法的否定。在通过全国总体计划前，某些重要铁路的合并分组是否有效，以及合并计划能否偏离州际商会的初步提议，本文对这两个问题都做出了肯定的回答。

然而，大多数的评论都未提及该计划可能由于其运输特性而被批准——即使这种可能性极其微小。在该商会的 11 名委员中，有 3 人缺席了会议，4 人甚至不同意运输计划。这意味着其余的 4 名成员以某种方式达成了“多数意见”。就这一点而言，情况让人有些摸不着头脑。但可以确定的是，即便这一决定不是完全胜利的标志，至少也是合并理念上的一次突破。

“范・斯威林根兄弟现在会怎么做呢？”这一直是金融区普遍存在的疑问。他们的首席律师无疑对州际商会的断然拒绝感到非常生气——该商会在一开始就暗示了他的委托人放弃整个计划，后来的声明则没有那么极端。没过几天，华尔街就听说了他们正在修改、制订相关计划的消息。假设任何新提案都在努力解决委员会的所有反对意见，似乎就公平了。而这意味着必须给予切萨皮克－俄亥俄州铁路公司和霍金谷铁路公司的股东们更好的条款；优先股必须有表决权，范·斯威林根也必须放弃控股其他公司的想法；或许应该把伊利铁路公司的下属铁路线也包括在内，把它的煤炭资产剥离。这些变化中的一部分将给合并带来不小的困难，但都可以克服。例如，关于伊利铁路公司的煤炭股在已发行债券的情况下的抵押问题，可以通过向其股东发放相关财产的权益证书来解决。当然，在分配新镍铁路公司的股票时，他们应该同意进行一些补偿性的削减。

切萨皮克–俄亥俄州铁路公司的股东现在占了上风。经过最近令人恼火的失败，范·斯威林根兄弟在与切萨皮克–俄亥俄州铁路公司、霍金谷铁路公司的少数股东达成协议前，不太可能会向委员会提交新的计划（因霍金谷铁路公司的情况涉及的公共利益相对较小，我们不在此进行讨论了，谨对持不同意见股东的律师出色的案情陈述表示敬意）。当讨论给切萨皮克–俄亥俄州铁路公司的新条款时，需要注意的不仅是当初给予更宽松待遇的理由，而且要关注自计划开展以来该公司更出色的盈利能力。

切萨皮克–俄亥俄州铁路公司普通股的价值

在作者看来，州际商会一直积极支持并且成功捍卫了切萨皮克–俄亥俄州铁路公司的利益，即使该商会现在要求新普通股的交换比率提高到 150%，也在合理的范围内（原本提议各 55% 的新优先股和普通股，不仅在总量上不够，而且如果要求股东放弃一半的未来收益来换取回报有限的证券，那么同样会令人不满）。这样的新安排——当然这仅代表个人观点——将使切萨皮克–俄亥俄州铁路公司普通股的价值升至每股 150 美元以上。作者相信，即使不考虑并购带来的所有发展机会，切萨皮克–俄亥俄州铁路公司近年来的表现也足以证明这个数字的合理性。

佩雷·马奎特铁路公司股息的提高已经抵消了此前合并计划被否决所造成的严重不利影响。该公司上一年的盈利为每股 11.5 美元，股息率为 6 美元，所以普通股的股东能平静面对未来的发展。

当然，伊利铁路公司股票的情况远没有那么好，尤其是普通股。由于在煤炭资产上获得的股息较少，去年的每股收益只有 3.7 美元。该股票的市价从每股 40 美元跌到了 25 美元，这样的行情充分显示了伊利铁路公司的不利地位，而它目前 30 美元的价格水平也算不上过高。当下，伊利铁路公司的第一优先股正在试图超过第二优先股的价格水平，并且由于该股票的股息派发渠道畅通，这些股票的持有者最终遭受的损失不会很大。

切萨皮克 – 俄亥俄州铁路公司刚刚提高了股息，并效仿了佩雷・马奎特铁路公司在股息方面的做法，结果当然是有利于股东的，但也可能会使合并情况进一步复杂化。州际商会是否会同意提高切萨皮克 – 俄亥俄州铁路公司的比率，且不在其他地方做出任何补偿性的削减，以及佩雷・马奎特铁路公司的董事是否会在提高普通股的股息后，再为它们的股东争取更宽松的条款，都很难预测。随着蒸汽压路机的停产，范・斯威林根兄弟可能会发现新的镀镍铁路合并计划比原来的计划更难实行。尽管有些事情不是他们所期望的，但已有迹象表明银行可能会撤回对该项目至关重要的支持。因此，不出所料，当镀镍铁路大合并仍前途未卜时，其他一些重要的合并实际上已经完成了。

第 34 章

Benjamin Graham on Investing:
Enduring Lessons from the Father of Value Investing

美国钢铁公司的账面价值之谜

普通股是否值每股 280 美元——资产与收益的对比——钢铁行业的重要特征

美国钢铁公司的账面价值与市场价格之间的巨大差异一直是华尔街关注的焦点。去年 12 月 31 日，该公司适用于普通股的净资产相当于每股 281 美元——几乎是当前最高纪录的 2 倍。这种情况已经存在了许多年，时不时会有各种不同的解释。每当美国钢铁公司间歇性地占据市场领先地位时——就像最近一样——巨大的账面价值就足以证明其股票一直处于被严重低估的状态。而在其他时候，这些不断积累的权益却始终没能完全得到市场的认可，管理层将大部分收益转变为不动产的政策也因此遭到了指责。

当然，以上两个论点可能都不合理。毕竟，市场不太可能在这么多年里都对最突出行业的优点视而不见，而钢铁公司的董事们同样不可能执行与股东最大利益相悖的再投资政策。这里似乎有一个谜，并且是一个有趣的谜题，不仅涉及钢铁公司的真正价值（这本身就是一个非常重要的问题），而且还牵扯到资产价值，以及资产价值与投资价值之间的关系这样普遍性的问题。

在证券交易所的名单中，不论是市场价格还是账面价值，该公司的股票在“买卖”两个方向上都表现出了最大的差异性，而造成这一切的根本原因很简单。一般来说，繁荣的公司售价往往会高于其资产价值，不成功的企业则会以低于其资产的价格出售。但这里有两个主要的例外，即铁路公司和钢铁公司。在这几组股票中，即使是最强大的公司，其售价也低于账面价值。当然，铁路股和其他的股票都不同，它们的命运主要受政府监管的影响。值得思考的是，除了少数的几家钢铁公司，美国钢铁公司实际上是目前仅有的一家股票售价低于其有形资产价值的、繁荣的工业公司。

美国钢铁公司普通股独特的市场地位来自对公司业务有影响的异常条件。要想了解情况，最好的办法就是通过资产负债表（实物和财务因素）和收入账户（经营和利润因素）追溯公司前几年的发展。我们以 10 年为单位，这是一个常用的间隔，也是一个比较适合研究的周期。表 34–1 简要说明了：（A）过去 10 年的总体结果；（B）对资产负债表的影响；（C）通过对 1925 年和 1915 年的经营情况进行比较，在一定程度上揭示了异常条件对盈利能力的影响。

表 34–1　美国钢铁公司的资产负债表和收支账户　（单位：美元）

A. 美国钢铁公司 1915—1925 年的财务表现总结		
		每股
普通股收益	936 019 000	184.1
普通股支出	409 181 000	80.5
盈余增量	526 838 000	103.6

B. 资产负债表的变化：1925 年 12 月 31 日与 1915 年 12 月 31 日的对比			
增加的工厂和其他资产	264 317 000	增加的其他流动资产	526 838 000
盈余增量	197 502 000	减少的基金负债	124 268 000
增加的现金和投资	83 198 000		
其他准备金增量	106 089 000		
	651 106 000		651 006 500

续前表

C.1925 年与 1915 年利润表的对比			
	1915	1925	增幅
销售收入等（与子公司之间的交易除外）	552 700 000	1 064 400 000	93%
工资	176 800 000	456 700 000	158%
税金	13 600 000	50 900 000	274%
折旧	32 400 000	56 100 000	73%
其他费用	225 400 000	396 500 000	76%
总费用	448 200 000	960 200 000	114%
扣除利息前的余额	104 500 000	104 200 000	–0.3%
支出的净利息	28 700 000	13 600 000	–52%.
优先股股息	25 200 000	25 200 000	
可用于普通股的余额	50 600 000	65 400 000	+29%
每股利润	9.96	12.86	

从整个时期来看，该公司的业绩非常令人满意。一方面，普通股的平均年收益达到了每股 184.1 美元，非常出色；平均股息为 8 美元，非常充足；总的盈余增量为每股 103.6 美元，这也是最令人印象深刻的一点。此外，该公司还有一笔价值 1.24 亿美元的其他准备金，折合每股 24 美元，其中的一部分显然可以作为盈余。如表 34–1 的 B 部分所示，该公司已投入了总共 6.5 亿美元（合每股 128 美元）的资金，用于投资工厂、增加营运资本和赎回债券。另一方面，在去年 12 月 31 日，美国钢铁公司的普通股价格只比 10 年前多了 47 美元（或总市值 2.4 亿美元）。仅营运资本的增长就超过了其普通股的价差，后者不仅远低于现金资产和赎回债券的总额，而且不到新增盈余的 50%，也不到新增盈余和其他准备金的 40%。

这些数据都说明了一点，即美国钢铁公司的普通股被严重低估了。但表 34–1 的 C 部分显示，若是换一个角度看待该问题，就会得到不同的结果。在这里，5 亿美元的追加投资只产生了 1500 万美元的额外利润。尽管美国钢铁公司普通股的资产价值大幅上涨，其每股收益在 1915—1925 年期间的增长额不会超过 3 美元。就增长速度而言，该股票的市场价格远不如其背后的财产价值，但比起盈利能力还是略胜一筹。1915 年，该股票的每股收益为 9.96 美元，按每股 89 美元的收盘价计算，收益率为 11%；1925 年，该股票在最后一次交易中的售价为每股 136 美元，盈利 12.86 美元，收益率为 9.5%。

这些数据尽管有点矛盾，但确实包含了美国钢铁公司的资产价值不同于市场价值的线索。经验丰富的投资者都知道，盈利能力对股价的影响远比对财产价值的影响大。衡量一项生意的价值不在于投入的多少，而在于我们能得到什么。这句话非常正确，许多不盈利的公司在市场上的售价低于其营运资本——同样也低于其流动资产，在停止运营时可以很容易地变现。这样的公司很常见，它们的破产比生存更有价值。因此，即便是现金资产也不是影响市场价值的主要因素，除非有极大的可能实行特殊分配政策。因此，华尔街甚至完全否认了美国钢铁公司增持黄金的价值——但看了资产负债表的读者们肯定会以为股东们的口袋里多了同等数额的现金。

即使用利润具有滞后性解释了滞后的市场价格，我们也会遇到一个新问题——如何解释美国钢铁公司在大幅增加投资的情况下，收益增长却非常缓慢？在我们着手解决该问题前，不妨想想这个前提是否合理。该股票在 1915 年 12 月 31 日和 1925 年 12 月 31 日的比较价格是否真的有意义？股票的报价是不断波动的，常常会随着各种暂时的、甚至非常轻微的影响产生不合逻辑的反应。若我们在比较股票价格时选择的时间段过于随意，就不太可能得出严谨的结论。考虑到钢铁行业在不同时期的业绩差异很大，人们可能还会提出疑问：只比较 1915 年和 1925 年这两年的收益，能否恰当地衡量该公司过去 10 年盈利能力的增长？

幸运的是，就研究目的而言，我们选择的价格和收益都非常适合比较研究。该股票在 1915 年底的价格为每股 89 美元，这本身就是一个平均值，代表了当时上涨的中点。而 10 年后，该股票的价格在长期牛市之后又创下了每股 136 美元的新高。这两个时期的价格相差 47 个点，充分反映了过去 10 年来美国钢铁公司普通股市场地位的提高。同样地，1925 年应该是一个比 1915 年更好的商业年度。1915 年始于萧条，结束于一片繁荣，在这整整 12 个月里表现出的业绩差强人意。但在 1925 年，钢铁和其他许多行业的产量创下新高，显然是超过平均水平的一年。因此，我们现在采用的盈利能力和市场价值数据的优点（如果有的话）就在于它们比 10 年前的数据更符合现在的平均条件。

我们可以得出一个必然的结论：美国钢铁公司普通股的持有人得到的实际利益，与第一次世界大战前至今涌入钢铁行业的大量股票并不相称。盈利能力、股息率和市场价值的增长也没有达到与盈余、资产负债状况相称的程度。这三方面的差异很快就归结为一个问题——收益问题；从本质上来说，股息率和市场价格都取决于此。那么，我们是否有可能确定收益跟不上资产增长的根本原因？这并不容易。由于本文篇幅有限，我们无法进行详尽的调查，但只要简要地研究这些记录，也能帮助阐明这个重要而复杂的问题。

首先，在追溯再投资利润与收益增长之间的关系时，前者可以分为两部分：（A）用于改善公司财务状况的部分；（B）用于扩大经营的部分。A 部分包括用于偿还债务和增加现金资产的资金；B 部分则是工厂、存货和应收款项以外的投资盈余。两者的差异立刻揭示了一个有意思的情况，如表 34–2 所示。

表 34–2　用于财务和经营的资金差异对比　（单位：美元）

	1915—1925 年的资产增长	1925 年相比 1915 年的收益增长
A 类“财务”	303 600 000	15 088 000
B 类“经营”	347 416 000	–319 000
	651 016 000	14 769 000

看来 1925 年比 1915 年多的全部收益增长都来自专门用于“财务”目

的的盈余，尽管再投资于“经营”资产的金额更大，这部分盈余一点也没有用到收益上。而 1925 年的利润比 10 年前多出约 1500 万美元，是因为收到的利息变多，支付的利息减少了。正如预期的那样，这部分收入相当于新资本的 5% 左右。关于这一点，我们稍后再讨论。

在增加了巨额工厂投资的情况下，营业收入却没有增长，这种情况必定是因为费用率过高。表 34–1 的 C 部分和表 34–3 展示了相关数据的对比情况。

表 34–3　　1925 年和 1915 年报告中特定项目的对比

	1925 年超过 1915 年的百分比
资产账户	17.7%
容量：锭	10.6%
产能：成品钢	5.9%
产量：成品钢	12.8%
每吨收入	73.9%
销售总额	93%
雇员数量	30.7%
平均年薪	97.6%
工资总额	158.3%

这些对比清楚地表明，利润率较低的主要原因是劳动力成本的增长不成比例（尽管税收负担无疑对其他行业都造成了严重的影响，但对该公司来说，大幅上涨的税金只是附带的重要因素）。当产品的售价上涨了 74% 时，平均年工资却提高了 98%，这样一来，公司在雇用劳工方面就更困难了。

这些对比数据和其他公司相差不大，但其他公司的净利润却成功实现了大幅增长。

美国钢铁公司的工资负担来源于三个方面。首先，政府于 1923 年废除了 12 小时工作制，直接导致了雇员数量大幅增长。工作时间的减少，意味着人均产出也相对减少；或者换一种说法，时薪的增长远远超过了年薪。其次，钢铁行业的工资在总成本中所占的比例非常高，因此，工资支出扩大的后果在钢铁行业比在其他行业中更严重。最后，我们必须指出的是，该公司并没有享受到产量大幅增加的好处，而这一优势恰恰帮助其他公司抵消了更高工资水平的影响。事实上，该公司 1925 年的铸锭产量只比 1915 年高 15.5%，这无疑是一个令人失望的数字，特别是和全国产量 42% 的增长相比时。

这样的生产比率让我们想起了该公司在新工厂设施上的大额支出取得的成果。该公司总裁贾奇·加里（Judge Gary）曾指出，公司的铸锭产能在 12 年里只增长了 20%，而竞争公司的产能增长了 60%，这有效地解决了过度扩张的指控。但反过来，现在又要考虑每增加 1 吨产量所需的成本问题。我们已经知道，自 1915 年以来，新增经营资产投资达到了 3.47 亿美元。与此相对的是，该公司报告的铸锭产能增长为 220 万吨，而成品钢的产能仅增加了 90 万吨。虽然无法进行准确比较，但值得注意的是，共和国钢铁公司去年的成品、半成品钢产量为 93.2 万吨，其总市值只有 6000 万美元。

显然，该公司大部分的工厂支出没有用于提高产能，而是用来改进制造工艺了。另一个事实是，报废过时和不经济的设备会导致公司产能减少，因此总的产能提高有限。自 1915 年以来，该公司表现平平，其营业费用（不含工资）的增长速度稍低于总收入。事实证明，把工厂支出用于改进工艺对公司表现帮助不大。

尽管资本支出被划分为增加（产能）和改善（工艺）两种类型，但事实却是，无论是在产能还是成本上，在产量或是利润率上，都没有产生相应的收益。这种状况很难让人满意，但其根本原因在于该行业的竞争特性，更确切地说，是激烈的竞争和精密的制造工艺共同作用的结果。当制造过程涉及非常多不同的操作时，技术就会不断改进；一旦某家公司采用了新技术，其他公司就必须立即跟进。这就导致公司需要不断花钱购买新设备，快速淘汰旧设备。副产焦炭法就是一个典型例子，它的出现淘汰了蜂巢炼焦炉。但竞争压力抑制了效率提高带来的利润边际增长，因此，最终获得主要利益的是消费者。

人们可能会怀疑，钢铁公司每年的维护费和折旧费之所以如此高昂，是否已经考虑了这种不能按年计算的报废率？假如某公司需要用未分配利润来抵销工厂投资中已报废的部分（并且没有通过折旧和应急准备金进行摊销），那么我们可以认为该公司的真实收益一定略低于报告的数字。

再者，钢铁行业的综合性及其产品的多样性为扩张提供了持续的动力。几乎所有公司都能为自己的行动找到一个好借口，比如以前忽视的某个部门开始扩大规模，或者在从原料到成品的某个环节上"进一步巩固其地位"。总的来说，这意味着全国钢铁产能正在持续增长，并且超过了需求的增长。

或许，上述基本因素解释了钢铁公司不赞成竞争又无奈的态度，有时也很符合行业领导者们的乐观主义。盖奇·加里表达了希望减少财产账户支出的想法，但他坚持认为竞争公司的活动是在强迫钢铁公司跟上步伐，否则就会落后。扬斯敦钢管公司（the Youngstown Steel & Tube）是一家盈利能力高于均值的公司，其总裁坎贝尔（Campbell）表示，在目前成本较高的情况下，工厂支出必须从收益中开支，而不是通过出售证券来融资。持怀疑态度的人会问："如果它们不能期望在成本上获得合理的利润，那为什么要进行这些改进呢？"答案很明显——是竞争迫使它们这么做的。

施瓦布先生（Mr. Schwab）是伯利恒钢铁公司的创始人，他最近一直在呼吁人们关注投资于钢铁行业的每美元资本回报相对较小的情况，并毫不犹豫地将其归咎于公司在没有事先保证合理回报的情况下就进行了工厂支出的做法。然而，这种情况很可能不是政策错误引起的，而是因为经济规律的稳定作用。亚当·斯密（Adam Smith）很早以前就曾指出，在发达国家中，资本利润率的长期趋势是向下的。在战争混乱和战后波动的冲击下，钢铁行业过去 10 年的利润率就印证了这一原则。

对那些既想获利又想让财产增值的警觉投资者来说，这个问题至关重要。并非每个领域都存在收益递减的趋势。在过去的 10 年里，无数公司都能够增加收益，从而以一个远高于其资产增长的比率提高股票价格。这些公司涉及各行各业，包括美国烟草公司、玉米深加工产品公司、铁道弹簧钢厂，更不用说像伍尔沃斯公司以及通用汽车公司这样典型的例子了。以美国烟草公司为例，其普通股资产在过去的 10 年里增加了 5300 万美元，与此同时，其普通股的市场价格的上涨超过了 1.4 亿美元——这一差异是因为该公司的净利润从 800 万美元增长到了 1900 万美元。

如果一家公司异常繁荣，通常是因为需求出现了特殊的增长——比正常的、长期的或人口增长率更快的增长。这可能是由于公众对香烟、汽车等各种有商标的商品有了新的偏好，或者原本的偏好更强烈了，又或者是某种能够使特定类型的组织市场份额不断增加的优势引起的——连锁集团、百货公司和许多高效率的小型公司就是例证。在这种情况下，扩大销量可以使竞争保持在“健康”的范围内，并且允许公司能够在不断增长的营业额上保持令人满意的利润率。

但无论是整个钢铁行业，还是美国钢铁公司，都不属于这个类型。它们确实在成长，而且速度并不慢，然而，没有需求的特殊刺激，产能的增加往往与产量的增长保持同步。因此，竞争压力逐渐削弱了销售利润率和资本回报率。这似乎是过去 10 年来美国钢铁公司普通股股东的地位改善不太明显的根本原因，与其他许多公司相比，该公司的普通股股东似乎没有什么有利的支持。

最后，作者有必要指出这种情况对钢铁公司现金资产价值的实际影响。我们可以看到，公司的财务状况（有别于其经营资产）在过去的 10 年里已经有所改善，其增长超过了 3 亿美元，相当于每股 60 美元；此外，该公司从中获得了 1500 万美元的额外年收入（约占增长额的 5%）。然而，投资者通常会期望美国钢铁公司普通股的平均收益约为市场价格的 10% 左右，这在前景普通且盈利能力波动的股票中是一个公平的比率。一般来说，投资者不会因为公司存在大量现金资产而降低要求，除非有确定的大规模分红的可能。在这种情况下，公司所持现金或等价物的面值，与其对股东的实际价值之间存在很大的差距。因本文篇幅有限，我们无法就这一点进行深入探讨，但值得思考的是，就像工厂存在过剩的产能，这里可能也存在过剩的资金。

在没有迹象证明相反可能的情况下，我们必须假设美国钢铁公司的管理层完全了解以上因素，并且在股息和再投资之间进行年度利润分配时充分考虑到了这些因素。至于记入工厂账户的款项，其中很大一部分似乎是出于需要，而不是公司的选择；这些投资未能产生相应的利润增长，应当归咎于行业的固有条件，而非错误的判断。因此，坦率地说，并非所有用于现金资产和赎回债券的资金都是必要的。公认的支持极端保守主义的论点是股东必须最终获得利益，但该论点没有考虑到时间因素。按照这种观点，股东的股权在一年内还是在十年内变现，对他们来说都无关紧要。这简直太荒谬了，因为股票和债券在这方面是一样的，其收益一贯是按年计算的。因此，在真正意义上，延迟就意味着损失。如果股东延迟得到了回报，那么这份回报对他的价值就降低了。

上述结论显然质疑了美国钢铁公司坚不可摧的实力，或者说质疑了它远低于正常资本获利能力的实际投资回报。我们一直关注的是，该公司普通股的账面价值与其市场报价之间始终存在差异的原因和意义。我们的调查表明，钢铁行业是一个需要稳定地建立资产的行业，并不能保证收益同比增长。在这种情况下，我们无法避免股票市场以低于面值的价格评估这些新增资产，这也是有一定道理的。

这也许可以解释为什么美国钢铁公司的普通股没有、也不应该以每股 280 美元的价格出售。至于目前每股 140 美元左右的记录价格本质上是高还是低，这是一个完全不同的问题，本文最多只能间接、部分地说明这个问题。除了眼前的市场动荡和随之而来的股票分红预期外，作者冒昧提出了一种观点：一直以来，钢铁公司普通股的基本特征都没有变化——该股票比大多数投资都更可靠，但在价值增长方面会慢一些。

第 35 章

Benjamin Graham on Investing:
Enduring Lessons from the Father of Value Investing

定期股票股利何时有益，何时有害

定期支付股票股利的做法越来越普遍了，最典型的例子就是通用电气公司。这几年来，除了每季度支付的现金股利，该公司每年都发放特殊股票奖励。这一政策在公用事业领域得到了广泛的支持，其支持者包括北美公司、城市服务公司等知名企业。今年以来，除了惯常的现金支付方式，有几家公司也开始每季度或每半年派发一次股利。就在最近几周，罗瑞拉德烟草公司和哈特曼公司（Hartman）宣布打算用股票代替现金股利。鉴于定期股票股利的重要性日益增长，这些股利非常值得研究，例如，它们的目的和效果是什么？它们的作用有多大？可能会在哪些地方被滥用？

以股票形式支付股利的根本目的是调和公司管理层相互冲突的两个目标——奖励股东和发展公司。这两个目标虽然都非常值得称赞，但却是相互对立的。以下事实——对股东的奖励一般是通过支付股利实现的，而发展公司通常需要保留利润——可以充分证明这一点。尽管股东期望同时获得收入和增值，但通常来说，在一方面获得的越多，在另一方面得到的就越少。定期股票股利巧妙地为股东提供了一笔固定收入，同时又为公司扩张保留了更多可用现金。也就是说，表面上股东“吃掉了蛋糕”，而公司仍拥有这块蛋糕。

对许多人来说，这种伎俩只不过是陷阱和欺骗。在他们看来，股东认为的真正收入只是一纸空文，并没有什么效力，最高法院不会因此判定他比以前更富有。这种批评虽然指出了问题所在，但仍不够深刻。在纯粹的理论中，股东即使收到了现金股利，也不代表着财富真正增加了，因为这些股利的支付是以牺牲公司资产为代价的，并且股东所持股票以外的价值也会相应减少。但该理论忽略了一点，除了公司账面上的净资产外，股票的价值还取决于其他因素。当前收益、未来的前景、管理和可流通性在不同程度上独立于资产因素，但它们都对内在价值做出了各自的贡献。

股息率是另一个独立的价值因素，股息的重要性不言而喻。然而，股息政策的多样性表明，金融界对该问题的看法是混乱的，并没有统一的标准。要想理解股票股利，必须先理解现金股利。接下来，本文将对这个问题作简短讨论，揭开公司实践中股票股利的神秘面纱，或许能给读者一些启发。

> 定期股票股利的新趋势非常重要，因此有必要进行详细的分析。投资者有权知道这些定期股利的市场价值在什么情况下会高于合理水平，又是在什么情况下，支付的股息会与实际收益一致。

与收益和其他所有考虑因素都不同，广大投资者对股息率的重视是不可否认的。在收益和前景非常相似的两家公司中，支付更高股息（股利）的公司在市场上几乎总能卖出更高的价格。也就是说，证券买家会更青睐该公司的股票。现在，假使这种观点仅代表了一种毫无根据的偏见（或者说一种金融迷信），它仍然值得公司董事们的认可，因为董事们的首要职责是努力让股东满意，而不是改造股东或者让他们后悔。这当然也是投资者们所希望的。

但分配利润的愿望是建立在更坚实的基础上的，毕竟，固定收入才是投资的首要目的和根本目标。在债券和优先股的投资上，这几乎是唯一的考虑因素；只有在公认的投机普通股票中，本金价值的波动才是首要考虑因素。投资者往往会有一种根深蒂固又非常合理的期望，即好的普通股应该支付与其收益和内在价值比例相当的股利。

与以上基本原则相悖的是，美国公司融资中一直存在着一种强大的对立意识——强调未来的盈利能力，而非当前的股息，并且以增值来衡量股东的回报，而非收入。因此，只要未来有可能产生收益，董事们就可以非常自由地保留和利用全部或部分的利润。这种态度在我们看来很正常，而且在很大程度上也值得称赞；但需要注意的是，这是美国金融业特有的原则，国外的公司并不会普遍遵循该原则。如英国或荷兰的股东，他们会期望在留下充足的准备金（包括应急准备金，但不含新的资本准备金）后，可以分到几乎全部的当年收益。当需要资金来拓展业务时，他们会通过出售额外的证券来筹集资金——新股票的认购价通常会非常有吸引力。

美国与其他国家不同的做法可以追溯到很多原因，源于早期的大型“托拉斯”（一种垄断组织），这种组织的普通股主要是“水分”，并且承受着债券及优先股发行过多的负担。在这种情况下，公司迫切地需要以收益来增加资产，从而纠正此前过度资本化的问题。此外，许多实力强大的公司的控制人都是富有的股东，他们不需要股利，而且允许公司像私人公司一样积累利润（美国的小股东非常冷漠，不关注这些东西，所以没有太多必要考虑他们的权利）。在第一次世界大战时期，高额附加税让这个原因更令人信服了，因为公司的控制人可以通过放弃股利来节省大量的个人所得税。

在以上各种原因的作用下，积累收益的做法在不同程度上取代并模糊了原来分配收益的义务。可以说，在这个关键问题上，目前还没有公认的标准。负责的董事们会一丝不苟地履行义务，而其他人可能并不愿意这么做。不论保留收益在少数个案中是多么必要，在许多情况下又是多么有利，不可否认的是，该政策的盛行经常导致严重的权力滥用和不公正现象。尽管股息率实际上已经成了董事会可以自行决定的事情，但由于其本身的重要性，仍然是投资者的主要利益，尤其是小投资者。因此，一只股票的吸引力在很大程度上取决于董事们的自由裁量权、一时的兴致，或者个人利益；不仅代表着股票的市场价格，而且在一定程度上彰显了股票的内在价值。

我们必须承认，这种情况通常有利于大股东，但不利于小股东；支持内部人士，同时非常排外：有利于管理高层，并且不在乎股东整体的利益。

站在大众投资者的立场上考虑，公司的做法应该更加标准化，以促进收益与股利之间的关系趋于正常——这才是可取的。国外通常的做法是把全部利润用作股利，并通过发行新证券来扩大业务，许多极其有力的论据都可以为该做法提供支撑。但对典型的美国公司来说，在实行这一政策的过程中有很多真实或虚构的障碍。考虑到实际情况，我们也可以通过定期股票股利的巧计达成同样的目标。

以上讨论并非离题。前面所有的论点都是为了帮助读者正确理解“定期股票股利”的基本功能——这不是一种安慰，也并非漫无目的，而是对股东合法利益和愿望的有效认可。在这方面，我们必须分清定期（一年 1 次、2 次或 4 次）支付的股利，以及偶尔的或者“甜瓜”类型的股利。非定期的股利不该算作收入，而应该作为资本的再调整来考虑，可能会有助于调整股票的市价，使其降到一个更合适的数字。这样做有时是为了在保持名义上的每股利率不变的情况下，提高实际的现金股利——尽管这看起来没有任何实际意义。但总的来说，偶尔发生的大额股利分配，只是上述批评所针对的不标准分配政策中的一部分。这种分配的时间和金额通常是任意的，并且会对股票产生不当的、突然的影响，从而导致其市场价格与实际价值不符。

但定期股票股利之所以吸引投资者，是因为其能够带来固定收入。对于想要钱而不要股票的人来说，这实际上就等于现金。但最高法院没有注意到这一点，为了法律上的便利就强制出具通用的意见——以现金形式支付的股利是收入，而以股票形式支付的只是一纸空文。然而，法律意义上好的做法在心理学上可能非常糟糕，在投资者的心中，收入的概念并不取决于支付的形式是现金还是股票，而在于是否有稳定可靠的收入。

在此，我们附上一份非常完整的名单，列出了目前支付定期股票股利的公司，如表 35–1 所示。读者们可能会注意到过程中的一些变化，但它们几乎不会造成任何实际的后果。股票股利有的按年支付，有的每半年支付一次，还有的按季度支付；在前两种情况下，其作用通常是补充每季度的现金支出。有些公司允许股东选择领取固定利率的现金或股票，另一些公司则宣布派发现金股利，同时给予股东认购等额新股的权利。由于在所有的情况下，公司提供的股票在市场上的价值都远远超过了提供的现金，除了最粗心的股东，其他所有股东都会选择持有股票。因此，这种安排实际上就等于直接宣布派发股票股利。

表中的数据说明了股票股利政策的优点和可能存在的缺陷。从整体上看，这些股票的市盈率高于其他普通股。这一点显然证明了公众非常欣赏定期股票股利，这成了一个吸引投资者的独立因素，并且有利于股票市价的调整。但如果对股票名单进行详细审查，就会发现一个问题：这些股票股利能否有效维持市场价格？

许多这类股票的价格似乎都高于按当前收益保守估计的价格。在每一种情况下，支持者们无疑都会坚定地表示股票的未来前景足以保证现在的价格水平。然而，谨慎者会想到股利政策有可能过度刺激对未来的贴现，给投机的市场火上浇油。

以股票形式定期支付股利的特点之一是其收益率不受市场价格的影响。例如，北美公司的股票每年支付的股利为 10%，不管其股价是多少，表面上都会产生 10% 的收益。如果价格上涨，股利价值就成比例地增加。因此，从股利的角度来看，无论这些股票的售价多高，它们的吸引力都不会减少。投资者的这一考虑表明，股票股利并不像我们看到、听到的那样单纯。这一研究主题在会计角度上非常复杂，好在投资者可以忽略其中的

表 35–1　支付定期股票股利的股票　（单位：美元）

名称	股息率			当前市场价格	股利总价值	最近一年的收益		与市场价格的比率	
	现金股利	股票股利	支付股票股利（的频次）			截止日期	每股收益	股息率	收益率
美国天然气和电力公司	1	4%	每半年	104	5.16	6 月 26 日	6.84	4.96%	6.58%
美国电力和照明公司	1	4%	每半年	71	3.84	6 月 26 日	4.69	5.41%	6.61%
美国轧钢厂	2	5%	每年	48	4.4	12 月 25 日	2.35	9.17%	4.9%
美国自来水和电力公司	1.2	5%	每半年	59	4.05	6 月 26 日	4.51	6.86%	7.64%
联合天然气和电力公司的普通股“A”	2.5　或	10%	每季度	37	3.7	6 月 26 日	†3.73	10%	10.08%
加拿大姜汁汽水公司	2	5%	每季度	46	4.3	3 月 26 日	3.22	9.35%	7%
蔡尔德公司	2.4	4%	每季度	52	4.48	6 月 26 日	4	8.61%	7.69%
城市服务公司	1.2	6%	每月	44	3.84	7 月 26 日	‡3.38	8.73%	7.68%
电力投资者公司		10%	每年	44	4.4	5 月 26 日	3.18	10%	7.23%
电力制冷公司	2	5%	每季度	67	5.35	6 月 26 日	5.25	8%	7.84%
名演员电影公司	8	2%	每年	115	10.3	12 月 25 日	§ 13.67	8.95%	§ 11.88%
联邦照明和电车公司	0.8	4%	每季度	34	2.16	6 月 26 日	3.48	6.35%	10.24%
联邦汽车公司	0.8	*10%	* 每季度	33	4.1	6 月 26 日	3.9	12.42%	11.82%
通用天然气和电力公司“A”	1.5　或	6%	每季度	50	3	7 月 26 日	†2.35	6%	4.7%
通用电气公司	3	$1 (a)	每年	91	4.1	12 月 25 日	5.12	4.51%	5.63%

续前表

名称	股息率			当前市场价格	股利总价值	最近一年的收益		与市场价格的比率	
	现金股利	股票股利	支付股票股利（的频次）			截止日期	每股收益	股息率	收益率
哈特曼公司“B”		10% (b)	每季度	29	2.6	6月26日	3.19	8.97%	11%
卡夫奶酪公司	1.5	6%	每季度	69	5.64	12月25日	4.28	8.18%	6.2%
罗瑞拉德烟草公司		8%	每季度	32	2.56	12月25日	3.9	8%	12.19%
麦考利连锁商店“A”和“B”	1	3%	(c)	80	3.4	6月26日	5.82	4.25%	7.27%
北美公司		10%	每季度	56	5.6	6月26日	3.4	10%	6.07%
舒尔特零售商店		8%	每季度	47	3.76	6月26日	4.37	8%	9.3%
西格雷夫公司	1.2 或	10%	每季度	13.5	1.35	6月26日	2.75	10%	20.37%
标准天然气和电力公司	3	2%	每季度	56	4.12	12月25日	6.38	7.36%	11.4%
联合雪茄商店	2	5%	每季度	100	7	6月26日	5.03	7%	5.03%
公共能源照明公司“A”	2 或	10%	每季度	31	3.1	2月26日	†2.52	10%	8.13%
公共能源照明公司“B”	1 或	10%	每季度	14	1.4	2月26日	1.81	10%	12.93%

§ 12月31日发行的股票。† 有参与分配权时的收益。‡ 扣除准备金之前。* 推测利率。（a）面值10美元，售价11美元的特殊股票。（b）其A股售价为每股26美元。（c）分三个季度支付1%的股息。

大部分问题，但要注意不能忽视其更广泛的后果。其中的一个基本矛盾是，公司认为它们将要支付的股利经常会比股东认为他们将收到的要少。让我们回到北美公司的例子上，该公司以股票形式支付 10% 的股息。由于股票的票面价值为 10 美元，公司账目上的股利是每股 1 美元，但其市场价格为 50 美元，所以股东认为他的股利值 5 美元。某些无票面价值的股票也是如此，比如美国电力和照明公司（American Power & Light）的股票，其普通股被任意以每股 10 美元的价格计入资产负债表中。因此，尽管该股票在市场上的价值（股东估计的价值）为每股 2.4 美元，其公司实际是按每股 40 美分的价格支付 4% 的年股利的。

这一会计细节使得许多公司有可能实行一种股利政策——在这种政策下，公司支付给股东的股利明显高于当前股票收益。表中列出了一半普通股的股利政策，而其余的相当一部分股票的股息率非常接近报告收益率。尽管作者强烈赞同定期股票股利的总体概念，但也能感觉到此前披露的情况大概率是靠不住或有误导性的。他指出，公司亟需更有针对性而不是机械地应用这一有价值的技巧。

……尽管股息率实际上已经成了董事会可以自行决定的事情，但由于其本身的重要性，它仍然是投资者的主要利益，尤其是小投资者。因此，一只股票的吸引力在很大程度上取决于董事们的自由裁量权、一时的兴致，或者个人利益；不仅代表着股票的市场价格，而且在一定程度上彰显了其内在价值。

如果北美公司目前每股收益约为 3.5 美元，那么其相当于 5 美元的股息率肯定是有问题的（实际收益是否因超额准备金而增大都无关紧要，因为这里说的是真正的股利，并非记账股利）。董事们可能会声称他们只支付每股 1 美元（10 美元面值的 10%）的股利，但如果是这样的话，以前发行股票的价值就被牺牲了，而当前股利的大部分价值正来自此。撇开理论上的进攻与技术上的防御不谈，这种政策的致命缺陷在于太过微妙了。表面上，这种政策与投资者的常识性判断相悖，又会给人们太多幻想和错觉，因此投资者的决策势必会有风险。

在这方面，美国照明和电车公司的记录犹如一剂苦口良药，警示了众人。该公司或许就是定期股票股利领域的先驱。自 1909 年至 1920 年 5 月，该公司每季度都支付 2.5% 的现金股利和 2.5% 的股票股利，从未间断过。1916 年底，该股票的售价为每股 380 美元。因此，其年股利按票面价格计算为 20 美元，但按市场价值计算约为每股 48 美元。那一年（也是迄今为止最好的一年）的每股收益相当于 26 美元，之前的平均水平差不多只有 22 美元。这种宽松的股票分红政策导致流通在市场上的普通股从 1910 年的 900 万美元增加到了 1920 年的 2700 万美元。在该政策结束前夕，战后公用事业费上涨，严重削减了公司的净收益，后者在 1920 年降到了每股 8 美元。1921 年，伴随着市场价格急剧下跌至每股 78 美元的低点，该公司迫于现实，最终将现金股利和股票股利的年利率都降到了 4%。

自 1924 年起，美国照明和电车公司的收益大幅回升，比以往任何时候都要多。但公司的管理层在 1925 年初彻底弃用了股票股利，目前只向股东支付 8 美元的现金股利。也就是说，当其他人蜂拥加入这场热潮时，定期股票股利的事实创始人却退出了。

1917—1921 年期间，这只股票的价格发生了惊人的下跌，表明持续的股票股利政策从根本上来说就是不健全的。这涉及了股票发行规模的累积增长，最终会达到一个难以控制的总数。显而易见的是，美国照明和电车公司的麻烦与股利政策无关，而是因为公用事业在通胀情况下普遍存在困难。但同样明显的是，总的股利比收益宽松太多，而且这种向股东反复出示市值 38 美元的股票、却只对该财产再投资 12~16 美元的做法，迟早会造成令人不快的后果。

但股票股利并非必然会导致这种灾难性的后果，如果适当运用保守主义，股东们可能不会抨击将再投资收益资本化的做法。当公司自愿保留利润时，它们没有理由不发行股票，毕竟它们应该具备盈利的能力，并能通过与原始资本相同的形式支付现金股利。如果这一过程最终停止了，那么肯定是因为收益的再投资达到了极限。就这一点而言，收益应当以现金的形式交给股东，而不是回到公司里。当收益必须留在公司但又不能安全地资本化时，或者说不能指望增加未来的收益时，那么这些从根本上来说就不是真正的收益，而是用来弥补报废或其他一些隐藏减值的准备金。

值得注意的是，如果仅以未分配盈余的形式积累收益，往往会模糊股东的理解，使其无法分辨令人满意的盈利能力，并会过度简化管理问题。在许多情况下，股东通过放弃一段时间内可能产生的股利，实际上已经投资了其股票面值两倍的资金；但由于股票数量保持不变，他们会习惯性地把当前收益和股利与原始资本进行比较，而不是与迄今为止实际投入的现金总额比。两年前，盖奇·加里在谈论美国钢铁公司的普通股时曾说，7%的股息率“对任何股票来说都是非常不错的”。如果投资该股票的本金为每股 100 美元，那么他说得没错；但如果实际贡献给该公司的资金是每股 200 美元，那 7 美元的股利就远没有表面上看起来那么好了。

就支付定期股票股利的合理做法而言，我们显然需要一些明确的标准，这也是我们目前未做到的。其中最主要的原则是，所支付的股票股息现值应该适当低于再投资收益。因此，在确定利率时，我们应考虑的是待分配股票的市场价格，而不是票面价值或账面价值，尤其是当前者的数字要高得多的时候。有意思的是，名演员电影公司（Famous Players）在其最近通过的股利政策中意识到了这一点，该政策将在董事会确定的价格上额外向每股股票支付 2 美元。为了避免账面数字和市场数字之间这种麻烦的差值，一个简单的办法是用价值相对稳定的优先股票来支付股票股利。通用电气公司就是该计划的主要倡导者，多年来一直用利率为 6% 的特殊股票支付额外的股利。哈特曼公司最近才开始实行这一政策，而舒尔特零售商店（Schulte）在普通股分散转移前也试行了一段时间。

我们非常希望未来能够帮助读者更好地理解股利这个主题。这显然会涉及更明确地界定股东权利和董事职责，以及一种标准化的股利政策；各公司可以灵活制定政策细节，但必须一致同意股东对回报与其投资价值相称的要求。出于这个目的，定期股票股利将以事实证明该政策的好处，促使股东们自愿将一部分利润再投资于公司。

这种股利政策的大潮势不可挡。随着金融界越来越熟悉其各种特征，误解或滥用的情况将会稳步减少。最后，定期股票股利作为公司不可或缺的一部分，应该得到投资界的充分理解，并被公司领导广泛采用。

第 36 章

Benjamin Graham on Investing:
Enduring Lessons from the Father of Value Investing

新时代证券选择中的歧视

1926 年的市场教训对 1927 年的启示

在 1926 年的大部分时间里，人们已经习惯不用“市场趋势”这个说法了。那种将市场作为一个单一实体、从整体上回应牛市或熊市的旧观念，除了在去年 2 月和 3 月灾难性暴跌期间还有点用，几乎毫无价值。而在其他几个月里，每组股票的波动与其他任何一组股票都无关联，甚至在同一行业的公司中，股票的价格区间也是非常多样化的。在总结 1926 年的市场时，人们不禁想把某句耳熟能详的台词改成“每一只股票都有自己的运动规律”。

基于这种情况，人们经常讨论的股票市场平均指数（stock market averages）已变得和以往大不相同，其重要性也大大降低。在过去，平均指数可以很好地反映出大多数具有代表性的股票各自的价格变化。如果工业平均指数在一个月内上涨了 5 个点，那就意味着美国钢铁公司、鲍德温机车厂、美国罐头公司、美国糖业公司（American Sugar）等的股价都上升了很多。

平均指数失去价值

但在 1926 年的大部分时间里，工业平均指数并不是一幅具象的画，而是一个抽象的数字。该指数不能反映任意特定股票的市场行为，就像所有纽约人的平均身高、体重和收入数据不会符合每一个普通人的情况一样。

在这种情况下，我们会发现不同的平均指数表现完全不同，这取决于它们是基于哪些股票的数据计算得出的。一方面，基于230只股票的标准统计指数显示11月底的指数水平略高于年初；另一方面，基于238只股票的《华尔街杂志》股票指数下跌了约9%。

此外，作者对515只股票在11月30日和1月1日的报价进行了比较，发现245只股票的价格下跌了，170只股票的价格上涨了，涨跌比例约为2∶3。此外，通过分析不同行业股票的价格变化，我们发现18个行业的股票是整体下跌的，9个行业的股票总体是上涨的，另有10个行业的股票盈亏相当。这些观察结果往往证实了交易员们的普遍看法——尽管股票在临近收盘时普遍走强，但现在（1927年1月）的股票价格多半低于1926年初的水平。

1926年的多边市场

1926年市场的多边性使其有别于以往所有时期的市场，考虑到这一特点，问题就随之出现了：在过去一年的价格波动中，我们是否可以辨别出任何有可能为未来市场创造价值的新控制因素或行动准则？众多股票的价格波动是否表明如今的市场比以往任何时候都更复杂、更难以捉摸？是否反映了为符合新的公认价值标准而对股票价格做出的普遍再调整？这些问题都很有意思，即使答案只是不完整的或者需要重复验证的，也值得深思。

本文按行业对股票进行了分组，并从行为角度对1926年的市场做出了有效分析。通过讨论影响价格变动的各种因素，读者们将会更好地理解本文的研究目的。价格变动的影响可以简单分为以下四种（见图36–1至图36–4）：

- 修正型——对先前的市场过度行为进行必要的调整；
- 反映型——对应了当前影响该股票的发展；
- 预期型——对预期未来会发生的情况进行贴现；

- 操纵型——代表了不受某种因素影响的大规模市场操作，但该因素对内在价值有影响。

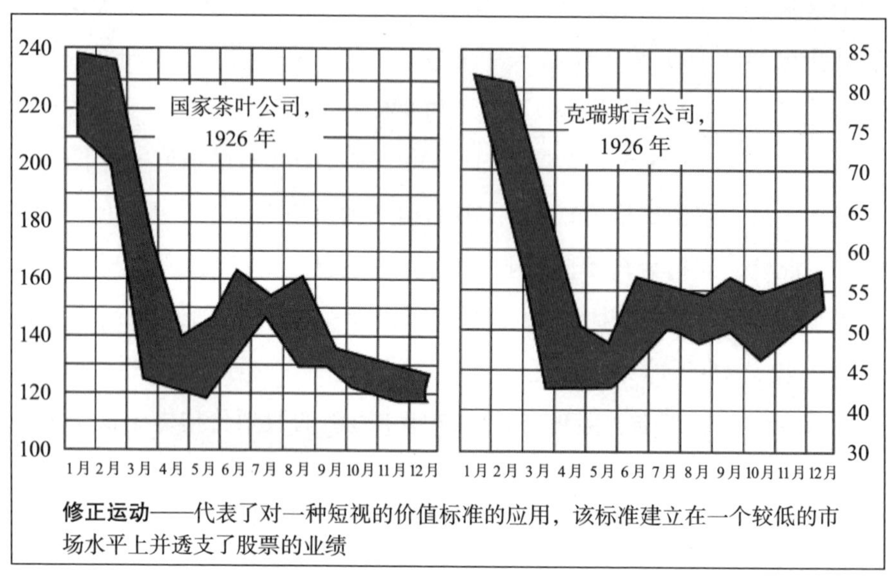

修正运动——代表了对一种短视的价值标准的应用，该标准建立在一个较低的市场水平上并透支了股票的业绩

图 36–1　价格变动的影响因素——修正型

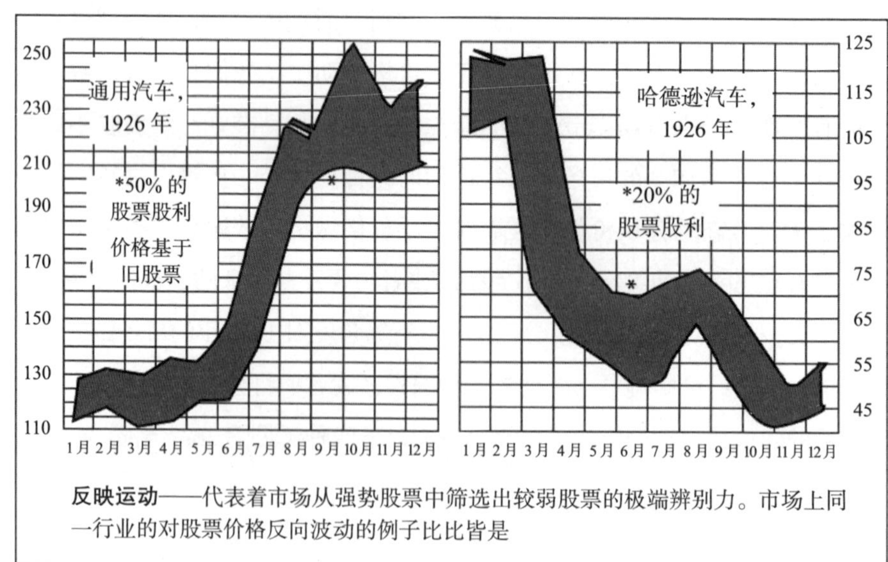

反映运动——代表着市场从强势股票中筛选出较弱股票的极端辨别力。市场上同一行业的对股票价格反向波动的例子比比皆是

图 36–2　价格变动的影响因素——反映型

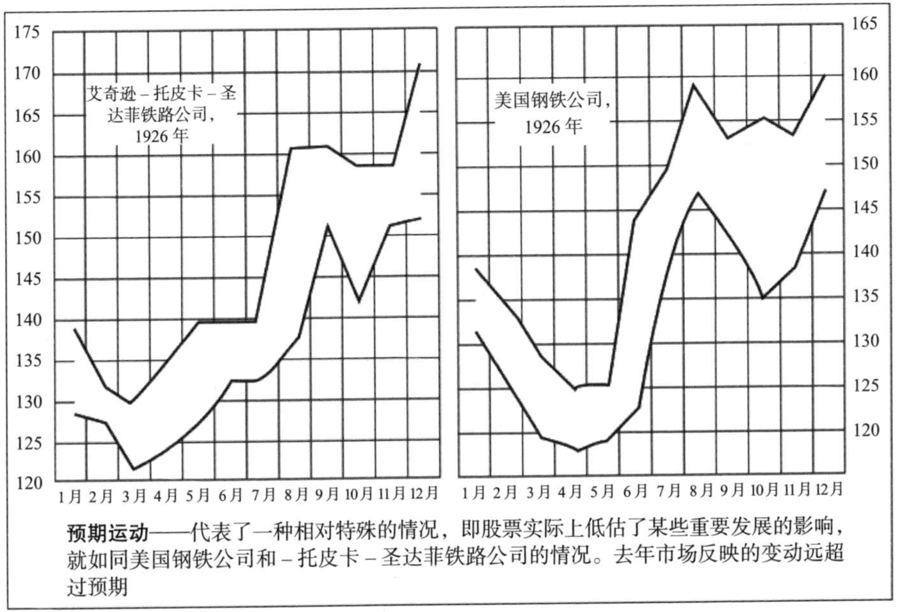

预期运动——代表了一种相对特殊的情况，即股票实际上低估了某些重要发展的影响，就如同美国钢铁公司和 – 托皮卡 – 圣达菲铁路公司的情况。去年市场反映的变动远超过预期

图 36–3　价格变动的影响因素——预期型

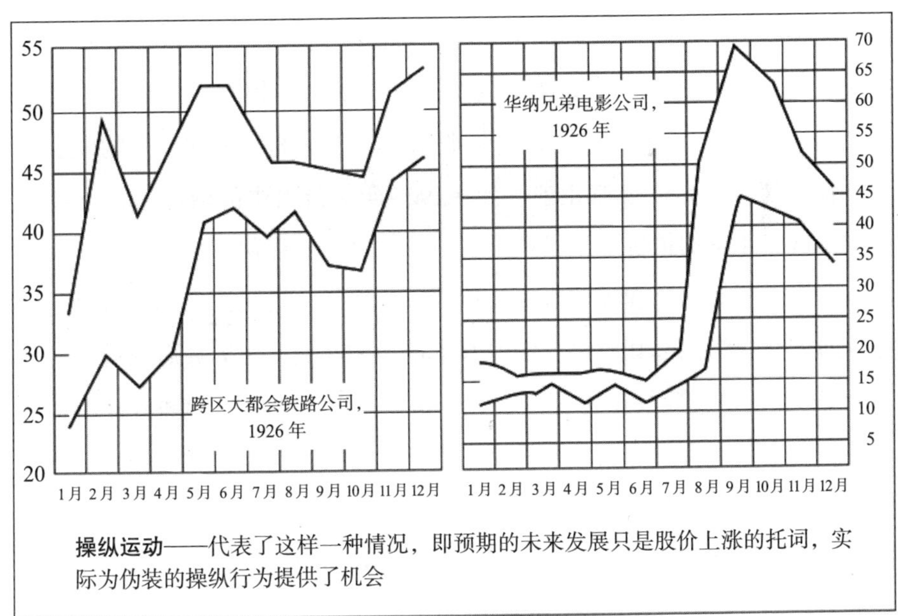

操纵运动——代表了这样一种情况，即预期的未来发展只是股价上涨的托词，实际为伪装的操纵行为提供了机会

图 36–4　价格变动的影响因素——操纵型

当然，并非所有的市场发展都能归为这几种类型。在很多情况下，不止一种影响在起作用，也很难确定是哪一种影响在起作用，但大多数的价格运动可能会与某些因素有着相当明确的联系。在这种情况下，1926 年市场上许多变幻莫测的事情就变得相对容易理解了。

去年市场上的修正运动

去年 3 月股市的暴跌是一个对所有股票的修正过程，在这期间，市场就像一个整体一样波动。前几个月过于激烈且任意而为的投机行为造成了股市急剧崩溃，以至于抵押贷款快速增长，许多资金池过度扩张。在下跌结束后，1926 年市场真正的多样性才显现出来，这期间的损失很大程度上在后来都得到了弥补。而在分析那些没能完全弥补损失的股票时，我们会发现有些股票受到了修正运动的影响，不同于去年春天的市场大震荡，这种影响更持久。

连锁商店股票就是一个典型的例子，几乎所有股票的售价都低于 1926 年 1 月 1 日的价格，平均跌幅约为 25%。然而，销售额持续增长，利润无疑超过了 1925 年的水平。在这组股票中，市场的行为与当前的发展背道而驰，其原因是需要修正前一年（1925 年）价格中的泡沫。1925 年的大涨使这些股票的报价达到了一个当前收益完全不能保障的水平，不仅如此，即使人们能够合理预期未来几年的收益增长，也无法保障其价格。以克瑞斯吉公司为例，其股票今年的开盘价为 885 美元（拆分后的股票价格为 88.5 美元），每股收益为 31.7 美元，市盈率仅 3.6%。在这种让人心惊的水平上，连锁商店股票尤其容易受到通货紧缩的影响。因此，去年 3 月这些股票的下跌不仅仅是技术上的障碍，而且代表了一种新的、相对短视的价值标准在统计学表现上的应用，这无疑使股票的报价建立在一个较低的水平上。

克瑞斯吉公司和国家茶叶公司（National Tea）等股票的市场行为通

过一个有趣的侧面，向我们揭示了基于预期的未来盈利能力购买股票一定会涉及的风险。但是，只要能够确保未来稳定的增长，当前利润率低一点也无须在意。事实证明，该理论有一个特殊的缺点。不论我们想得多么美好，只要看得足够远，并把这些遥远的利润作为当前投资的基础，就能用这一理论证明任何价格的合理性。当然，危险在于市场可能会在任何时候变得短视，并只以当前情况或短期前景衡量股票的价值。这正是发生在连锁商店股票上的事情，去年春天投机幻象的整体破灭刺激了市场观点的变化。

乍一看，公用事业股票的波动极其矛盾，有的股票大幅上涨，也有股票出现了严重的下跌。但如果我们仔细观察，就会发现这组股票本身就分为两个截然不同的子类别——大型控股公司和地方企业。与1926年初的价格相比，几乎所有后一种类型的股票售价都更高了，而前一种类型的股票的售价都降低了。

这种分歧同样源于1925年的市场行情。在那些狂热的日子里，大型控股公司（如北美公司、美国自来水公司）的股票成了投机者的最爱，以至于价格被炒到了不合理的水平，亟须调整。这里的情况与连锁商店股票的情况非常相似，尽管1926年的利润超过了1925年，但今年的价格趋势是向下的，因为它的初始水平过高。

但在上一年，当地的公用事业公司［如布鲁克林爱迪生电气照明公司、拉克列德天然气公司（Laclede Gas）］并没有大型控股公司那样的投机吸引力，所以它们的发展更有序、更保守。这些公司的股票反映了1926年持续向好的经营条件（包括在纽约利率诉讼中胜诉），因此它们的价格趋势总体是向上的。

自1926年1月1日起，一些规模较大的银行股开始大幅下跌，这也是1925年市场过于狂热的结果。1926年的收益加剧了通货紧缩的情况，尽管这一年的收益不比1925年差，但在股票价格快速上涨的过程中，银行未能实现原本很有信心达到的预期收益。大多数乳制品和冰淇淋行业股票的情况也差不多是这样的。

1925 年的过度投机有两种类型：第一种是影响到整个行业的股票，这些股票引起了公众的想象，即使是被误导的，也得到了广泛的关注；第二种是个别估值过高的股票，在大多数情况下，可能是秘密操纵事件的结果。后一种类型涉及各种各样的投机性大涨，以德文 – 雷诺公司（Devoe & Raynolds）、纽约罐头公司（New York Canners）等极端案例为首，包括美国亚麻籽公司、国际燃烧公司（International Combustion）、萨维奇武器公司（Savage Arms）、席梦思公司（Simmons Bed）、白石公司（White Rock）、沃辛顿泵机公司（Worthington Pump）等。在所有这些例子中，过去一年市场萎缩的主要原因并不是当前公司经营不善，而是 1925 年不合理的上涨。对于某些股票，比如乔丹汽车公司（Jordan Motors），此前过高的估值和令人失望的收益都在一定程度上导致其股价暴跌，很难说哪一个因素更重要。

由于 1925 年市场非常活跃，这里没有多少在当前 12 月 31 日价格过低、需要向上修正业绩的股票。奥本海姆柯林斯公司（Oppenheim Collins）可能是为数不多的案例之一，其股票价格为每股 49 美元，显然与其他百货公司股票的表现都不同。因此，尽管这组股票整体呈下降趋势，但这只股票仍上涨了 12 个点。

反映型市场运动

毫无疑问，去年大部分股票的价格变动都可以用当前的经营结果来解释。由于商品价格提高，铜业股和糖业股去年作为一个整体上涨了；烟草公司的收益一直显著增长，所以其股票价格如往常一样持续上涨；由于期望通过提高票价或其他方式缓解局势，导致了纽约电车公司的股价急剧攀升。

相反，由于一些行业的发展不尽如人意，建筑、煤炭、皮革、橡胶这几组股票都出现了普遍下滑。其实在这些例子中，下跌的趋势很常见，只有零星几个例外。但在更多领域的股票中，不同公司的涨跌情况相差很大。通过对这些情况的全面研究，我们发现了一些惊人的证据，不仅表明了美国公司的特点，更证实了单一公司往往拥有天然的优势或远超其竞争对手的执行力，在行业整体低迷的情况下仍能繁荣发展。

本文最突出的例子显然是通用汽车公司，当该公司的大多数竞争公司盈利能力相对较差时，它却取得了最辉煌的成绩。在这种情况下，通用汽车的销量增长完全是以其他公司业绩减少为代价的，因此，整个行业的轻微衰退实际上意味着大多数公司都经营困难。但仍有几家公司相当不错，能够跟上该行业巨头的脚步，在销量和利润上保持增长，比如保住了盈利的帕卡德公司（Packard）、客运领域的纳什公司和赫普公司（Hupp），以及卡车公司中的联邦汽车公司（Federal Motors）。

这份名单上有很多同一行业的成对股票，但它们去年的价格走势却完全相反。在大多数情况下，我们可以用当期收益或其他的一些发展来解释这种差异。例如，在西屋电气制造公司股价下跌的同时，通用电气公司的股价却在上升，其原因是后者分拆了公司、提高了股息，以及新业务的表现预计将更好。

更引人注目的是盔甲公司和库达海包装公司之间的对比。后者不仅以两股新股票交换了原来的一股股票，宣布派发更多现金股利，而且报告的利润也大幅增长，而盔甲公司则被迫暂停派发A股股息，其1926年的收益明显低于1925年。

同样，伴随着季度收益的大幅下降，国家酿酒厂的优先股和普通股严重缩量，而美国工业酒精公司则因为恢复股息而出现了上涨，证明了这是一个繁荣的年份。通过比较百代电影公司和华纳兄弟电影公司不同的价格运动，显然前者的疲软是因为1926年的收益较差，而华纳兄弟电影公司对维他风录声系统（Vitaphone）满怀热情，以至于收购时忽略了当前的赤字。

在铁路股票名单中，大多数铁路公司的股票之所以显著上涨，都与净收入的决定性增长有关，如艾奇逊－托皮卡－圣达菲铁路公司、诺福克西部铁路公司、岩岛铁路公司等。此外，股价下滑主要出现在南方的铁路集团，包括沿海铁路公司和大西洋海岸线铁路公司的股票上，这与佛罗里达州的发展密切相关。

经分析，我们得出了一个有趣的结论，即股票的价格与市场对个别公司或整个行业未来发展的贴现有关。直到最近，人们都把股市当作通用的商业晴雨表，能够至少提前几个月预测到工业形势的变化。但自1920—1921年的上一次大萧条以来，市场的这种传统特征就没有那么明显了，或许很大程度上是因为没有真正大幅度的商业波动可以预测。近年来，在股票整体波动的情况下，这些波动在很大程度上是与行业变化密切同步的，而不是提前出现的。

1926年的预期影响

1926年的股票市场没有单一的趋势可供参考，商业发展同样混乱而矛盾。因此，我们对股票价格是否能预测行业变化的研究必须从一般领域转移到特定领域。上文已经指出，大多数股票的价格变动可以用影响股票的当前发展来解释，也就是说，市场的影响在很大程度上是反映性的，而不是预期性的。

当然，在很多情况下，股票也会在没有任何解释的情况下大幅上涨或下跌，人们可以在随后的一些收益报告或股息政策中找到原因。不过，这种预期只能说明内部人士利用了提前知道的信息，并非市场上常说的对未来的贴现，其本质上是一种金融“窃听”。

考虑到股市作为商业晴雨表的意义，1926年的市场几乎没有起到预期作用。糖业股的价格上涨，不是因为商品糖的预期价格会上涨，而是因为其价格正在上涨。由于春季销售情况良好，5月至7月，汽车股的价格整体大幅上涨。但在公布业绩前，这些数据并没有反映出第三季度的业绩下滑和年底业务的大幅收缩。大多数单只股票的情况也是如此，例如，先进 – 鲁梅利公司（Advance-Rumely）的优先股在经营良好的情况下大幅上涨，然后在下半年市场暴跌的同时价格下降了 50%。这些股票的价格通常是随着行业发展而变化的，并没有提前出现变动。

美国钢铁公司是 1926 年为数不多的预期性市场行为的典型例子之一，其股票的价格在宣布分红前几个月就一飞冲天了。艾奇逊 – 托皮卡 – 圣达菲铁路公司的情况也一样，公司有可能在今年晚些时候提高现金股利、派发股票股利，其股价现在就上涨了。此外，伊利铁路公司股票的崛起与人们对该公司能顺利合并的预期密切相关。而范・斯威林根兄弟旗下的其他股票，尽管表面上是对合并计划成功的贴现，但也可以合理地归因于公司在 1926 年出色的经营成果。

预期还是操纵

在许多情况下，引起一只股票价格上涨的预期未来发展，确切地说，只是掩盖操纵行为的托词或话题。以纽约市的电车公司为例，第三大道铁路公司和跨区捷运公司的实际业绩变化并不大，但两家公司的股价分别涨了 200% 和近 100%。因此，我们可以推断这些股票大幅上涨是因为人们对缓解交通压力这一热点问题的明智预期。但如果市场只反映了预期未来价值，那就很难理解为什么跨区捷运公司股票的售价有时会和曼哈顿高架改造担保公司（Manhattan Elevated Modified Guaranteed）的股票相差不到一个点。在跨区捷运公司的股东收到股息前，曼哈顿高架改造担保公司的股东必定已经收到了每股 5 美元的（积累）股息，并且该公司在 1950 年之前不能支付超过 7 美元的股息。一旦支付股息超过了 7 美元的上限，曼哈顿的股票的回报率就将达到 7%。所以，这种价差通常是一些人为或操纵的影响在起作用，阻碍了市场确立正常的价值关系。

根据巴特里克公司的记录，其股票价格从每股 22 美元涨到了 72 美元的高点。这种飙升表面上是预期造成的——人们预期该公司一些新的、定义不清的管理政策可能会带来更多收益；但出于各种原因，也有人怀疑它是操纵的结果。这样的波动不禁让人想起 1925 年纽约罐头公司的崛起，其股票从每股 32 美元涨到了 81 美元，随后出现了灾难性的暴跌。

在前面的讨论中，我们已经举例说明了各种类型的价格影响是如何在 1926 年的市场中发挥作用的，并努力评估了它们的相对重要性。那么，我们的研究是否得出了对未来有价值的结论？当然，只有在市场与前一年相同的情况下，我们对 1926 年变幻莫测的行情的理解才会对 1927 年有价值。

如果 1927 年既是一场恣意妄为的投机狂欢，又是一场旷日持久、一成不变的熊市，那么去年市场的复杂性所要求的精细区分将没有任何意义。但主流的观点似乎认为今年市场的特征不太可能发生根本性变化。如果这个假设是正确的，我们通过对 1926 年记录的研究，就能提出一些有用的想法。

首先，如果价格变化更多地反映了当前的发展，而不是未来——就像去年的情况一样——那么我们的研究应该可以证明，若能正确判断即将发生的事情，就会带来极大的利益。换句话说，我们将会有先于市场采取行动的绝佳机会。投资者如果确信股票即将上涨，在当前相对不利的条件下买入股票，就能获得价格上涨带来的全部好处——只要该股票确实上涨了。例如，从橡胶股的低价来看，人们通常会认为市场预期 1927 年的业绩不佳，但这些低价可能只反映出 1926 年橡胶行业的微薄收益和库存损失。因此更可能的是，今年的情况会更稳定，利润也会更大；在这种情况下，如果在当前低迷的水平上买入这些股票，就有机会获得可观的利润。

假如人们预计石油或铜会有更高的价格，或者纺织和化肥行业将出现真正的好转，情况也是一样的。另一方面，如果一名交易员正确预测到了钢铁行业的衰退，那么他在做空方面也有类似的机会真正获利。

其次，正如 1926 年的市场纠正了许多股票在 1925 年过高的价格一样，

1927年的市场也会纠正今年过度的上涨或下跌。在一名价值分析师看来，市场在反映当前不利的结果时常常破坏性过强，以至于有偿付能力的股票价格都跌破了其最小内在价值。《华尔街杂志》正在不断发现和讨论这样的机会。阿特拉斯铁钉公司、哈特曼公司、金尼鞋业公司（Kinney Shoe）、李氏橡胶公司（Lee Rubber）、国家斗篷和西装公司、特兰苏–威廉姆斯公司的股票都有不错的机会。在总体市场条件相当有利的情况下，这类差异会在适当的时候自我调整，因此，以低价购买这类股票的人将获得可观的回报。

毫无疑问，与一年前相比，如今股票市场上不切实际、纯粹投机、估值过高的例子要少得多。对于目前存在的问题，时间和理性无疑会纠正其中很大一部分。因此，重要的是人们要确保不会被一时的热情冲昏头脑，轻信那些远高于财务结构和盈利记录保证的承诺。

通过研究股票价格与收益、过往记录的关系，我们发现在当前水平上，铁路股似乎比工业股更有吸引力——这与人们的普遍看法一致。当航空公司收入有所增长时，股票价格也会大幅上涨，但总体而言，它们的市盈率仍低于强大的工业公司。据我们判断，交通领域未来的波动应该不会像工业领域那么大，因此从投资的角度来看，前一种股票提供的机会更保守。

1926年的市场极其矛盾又变幻莫测，但本质上比之前大多数时间的市场都更有逻辑性和智慧。如果去年真的开启了华尔街歧视的新时代，那将是一件颇有意思的事情。但作者认为，经验丰富的观察者会寻找更多证据，而不是只用12个月的时间就确认疯狂投机和随之而来的普遍清算已经过去了。

Benjamin Graham on Investing: Enduring Lessons from the Father of Value Investing

ISBN: 978-0-07-162142-7

北京市版权局著作权合同登记号：01-2021-2071

北京阅想时代文化发展有限责任公司为中国人民大学出版社有限公司下属的商业新知事业部，致力于经管类优秀出版物（外版书为主）的策划及出版，主要涉及经济管理、金融、投资理财、心理学、成功励志、生活等出版领域，下设“阅想·商业”“阅想·财富”“阅想·新知”“阅想·心理”“阅想·生活”以及“阅想·人文”等多条产品线，致力于为国内商业人士提供涵盖先进、前沿的管理理念和思想的专业类图书和趋势类图书，同时也为满足商业人士的内心诉求，打造一系列提倡心理和生活健康的心理学图书和生活管理类图书。

《价值投资：从格雷厄姆到巴菲特（第 2 版）》

- 源自哥伦比亚大学最受欢迎价值投资课程，“华尔街大师的宗师”扛鼎之作，畅销二十余年，全新扩展升级版
- 媲美格雷厄姆《证券分析》，学习价值投资门徒必读书，巴菲特及众多知名基金经理和华尔街投资大牛联袂推荐。

《聪明的期权投资者：期权交易中的价值投资策略》

- 一本系统、有效学习期权投资策略、完善投资组合、改进投资结果的实战指南书。
- 清晰而系统地指出了一条通往长期财富的路径，让投资新手可以学到期权稳赚的万能解决方案。

《巴菲特教你选择成长股》

- 价值投资追随者经典入门之作，清晰阐释巴菲特选股策略，跟着巴菲特学会找到好生意、好企业、好价格，将股王经验转化为直接可用的投资准则。
- 巴菲特推崇长期，甚至终生持有股票，而摒弃超短线操作。在他看来，市场先生短期是情绪异常、捉摸不定的。本书结合案例分析，使投资者更容易理解巴菲特的长期投资策略，并能够一步一步地跟随巴菲特的道路，在市场中找到便宜货。

《巴菲特投资圣经：价值投资的24条黄金法则》

- 献给所有追随并渴望获得如巴菲特一样成就的人。了解巴菲特朴素而富有哲学性的价值投资智慧，读这本书足矣。
- 本书揭示了巴菲特一生所遵循的24个投资原则。无论是菜鸟，还是经验丰富的投资老手，都可以用其指导以获得良好的投资效果。

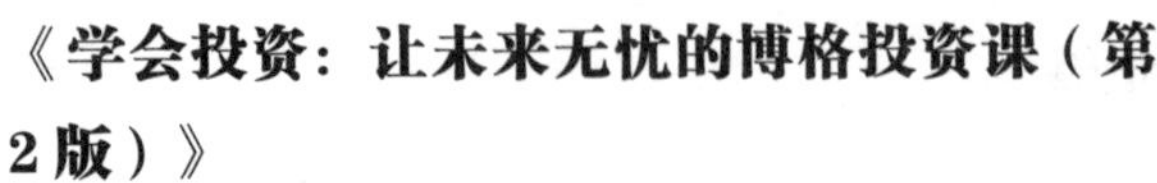

《学会投资：让未来无忧的博格投资课（第2版）》

- 那些适用于生活中大多数挑战的典型常识与方法“注定会让投资者们变穷”，理解逆向投资者的智慧就是投资获得成功的第一步。
- 本书的三位作者基于博格先生的投资智慧，通过幽默的文笔以及睿智的讲解，详细介绍了博格先生的投资原则和价值观，并总结出了投资的简单原则。